부모교육의 이론과 실제

부모교육론

Parent Education

정갑순 지음

창지사

개정판에 부쳐

본서는 1996년에 출간된 『부모교육론』의 개정판이다. 그동안 강의를 하면서 아쉽게 생각해 왔던 점을 보완하도록 노력하였다.

21세기, 오늘날의 부모는 참으로 힘들고 부모노릇하기가 어렵다. 너무나 급격하게 변화하는 지구촌의 시대에 살고 있는 부모들은 그들이 담당해야 할 업무의 양이나 질적인 면에서 많은 변화를 겪고 있기 때문에 부모교육의 필요성이 더욱 강조되고 있는 것이다. 이러한 변화에 맞춰 부모는 어떻게 변화해 가야 하는지, 또한 그들의 역할은 무엇인지를 제시해 지도하도록 하는 것이 『부모교육론』의 내용이어야 할 것이다.

그리하여 본서의 기존 내용 외에 부모를 둘러싸고 있는 "가족관계", "부모의 역할 및 아버지의 역할", "자녀들의 정신건강과 문제행동", "장애아를 위한 부모교육"에 대한 내용들을 첨가하였다. 또한 부록에 기독교인 지도자들을 위한 "성경적인 부모－자녀"를 실었다.

따라서 본서는 유아교육기관이나 초등학교 등의 지도자들이 그들에게 속해 있는 유아나 아이들과 부모들을 더욱 잘 이해하고 지도할 수 있는 측면에서 기술되었다.

본서의 구성은 다음과 같다.

1부 이론편과 2부 실제편으로 나뉘며, 1부 이론편은 다음과 같다.

1장 : 부모교육 개념, 목적, 그 필요성을 살펴보고 부모교육의 기원과 발전과정, 그리고 부모의 역할을 기술함으로써 부모교육의 본질을 개관한다.

2장 : 가족의 개념, 현대가족의 형태, 건강한 가족 등 가족관계 속에서 부모의 위치를 찾아보고자 한다.

3장 : 부모행동의 결정요인, 부모역할의 특성, 어머니－아버지 역할을 살펴보고 특별히 아버지의 역할을 임신 전부터 시작하여 출산과정, 영아기, 유아 및 아동기 아버지 역할의 중요성에 대하여 살펴본다.

4장 : 부모기의 단계를 Galinsky의 부모기 6단계를 중심으로 자녀의 성장과 함께 부모도 성장해야 함을 기술하고 있다.

5장 : 부모교육 프로그램의 유형을 다양한 각도에서 기술하였다. 즉, 여러 나라에서 실시하고 있는 부모교육 프로그램과 장애아 부모교육 프로그램을 살펴본다.

6장 : 부모교육의 이론적 체계를 부모교육의 여러 프로그램을 뒷받침하는 학자들의 이론을 토대로 부모–자녀관계, 교사–학생관계 및 인간관계 향상을 위한 제 이론을 살펴본다.

7장 : 자녀의 정신건강과 문제행동을 다룬다. 정신건강의 개념 및 영역, 문제행동과 교육적 해석, 자녀의 정신건강을 위한 함의를 기술한다.

8장 : 부모가 유아의 발달을 잘 돕고 부모 자신의 발전을 위한 유아교육기관에서의 부모–교사관계에 대해 살펴본다.

9장 : 20세기 후반 미국을 중심으로 실시되어 온 부모참여교육에 대하여 프로그램 진행과정과 프로그램의 효과 및 영향에 대하여 조명해 본다.

2부에서는 우리나라 유아교육기관에서 실시되고 있는 부모교육의 실제를 필자가 본 대학 부속유치원 원장으로서 실시했던 프로그램을 중심으로 소개한다.

부록으로 성경적인 부모–자녀 관계를 알아보기 위해 성경에 나타난 부모, 자녀에 대해 살펴본다.

본서가 유치원, 어린이집, 초등학교에서 어린이와 그들 부모를 지도하시는 선생님들과 부모교육에 관심을 가지신 분들에게 조금이라도 도움이 되기를 바란다. 본서의 개정판이 나오도록 아낌없는 후원과 배려를 해주신 창지사 김기섭 사장님과 최창숙 편집장님 이하 편집부 여러분들의 노고에 감사를 드린다.

2006년 8월, 사당동 연구실에서

정 갑 순

C O N T E N T S

차 례

1부 이 론 편

이 론 편

부모교육론 1부

Parent Education CHAPTER 01

1장 | 부모교육의 본질

1. 부모교육의 개념 및 목적
   1) 부모교육의 개념
   2) 부모교육의 목적

2. 부모교육의 과제 및 필요성
   1) 부모교육의 과제
   2) 부모교육의 필요성
   3) 부모기에 대한 민간 전승 또는 허설

3. 부모교육의 기원 및 발전
   1) 부모교육의 기원
   2) 17세기의 부모교육
   3) 18세기의 부모교육
   4) 19세기의 부모교육
   5) 20세기의 부모교육

1장 부모교육의 본질

부모교육의 본질이 무엇인가 하는 것을 한 마디로 설명하기란 어렵다. 또한 어떤 영역과 어떤 주제를 다루어야 부모교육의 본질이 설명되는지 정확하게 단언하기도 쉽지 않다.

본 장에서는 부모교육의 개념과 그 목적, 부모교육의 필요성을 살펴보고 나아가서는 부모교육의 기원과 발전과정 그리고 부모역할의 특성을 살펴봄으로써 부모교육의 본질적인 측면을 개관한다.

1. 부모교육의 개념 및 목적

부모교육이란 무엇인가 하는 개념을 정의하는 것과 그 개념에 근거하여 부모교육의 목적을 설명함에 있어서 학자마다 의견이 다양하다.

본 절에서는 부모교육의 개념을 이해하기 위한 접근으로서, 지금까지 다양하게 사용되어 온 용어를 중심으로 설명한다. 그리고 부모교육의 목적에 대하여 살펴본다.

1) 부모교육의 개념

'부모교육' 이란 용어는 일찍이 "부모를 어떻게 가르치느냐?" 와 같은 뜻으로 정의되어 왔다. 이러한 정의는 단순히 비형식적인 형태로 부모들이 모여 함께한다는 것보다는 좀 더 조직화된 프로그램을 의미할 수 있다. 즉, 부모교육이란 그 용어가 의미하는 것처럼 프로그램에 기초한 체계적인 성인교육으로, 참여하는 사람들에게 지식과 정보, 기술 등을 알려 주기 위해 의도적으로 계획된 것을 의미한다(Fine, 1980).

과거 1960년대 이전의 부모교육은 실제로 교사나 전문가들이 부모를 교육시키는, '교육받는다' 는 소극적인 의미가 함축되어 있었다. 그러나 미국의 Head Start 운동이나 유아교육의 관심 확대로 얻어진 많은 교육 프로그램들의 연구 결과, 부모교육은 교사나 전문가와 가정의 부모가 상하 주종 혹은 일방통행적인 주입의 관계가 아니라 동반자로서 동등한 입장에서 상호작용이 이루어질 때 바람직한 부모교육이 이루어질 수 있다는 주장이 1960년 이후의 일반적인 동향이다.

유아를 자녀로 둔 부모의 교육은 가정과 유아교육기관과의 긴밀한 유대관계와 환경과 그 속에서 이루어지는 교육 간의 상호작용 및 연결을 의미하며 그 개념을 정의하는 데 있어서 부모교육(parent education), 부모개입(parent involvement), 부모지지(parent support), 부모훈련(parent training), 부모참여(parent participation), 부모역할하기(parenting) 등의 용어를 특별히 구분하지 않고 혼합하여 부모교육에 포함하여 사용하기도 하고 학자마다 그 개념을 다양하게 정의하기도 한다. 부모교육을 위한 프로그램도 역시 부모교육 프로그램, 부모개입 프로그램, 부모지지 프로그램, 부모훈련 프로그램, 부모참여 프로그램, 또는 부모역할하기 프로그램 등으로 다양하게 표현하기도 한다.

Stevens(1978)는 부모참여란 유아교육 프로그램의 계획과 실천, 평가, 수정 등 모든 주요한 과정과 단계에 부모가 참여하는 것으로서, 특히 부모의 의사결정권이 강조되며 부모교육은 부모참여를 위한 전략으로써 부모역할 기능을 활성화하는 구체적인 실천 방법으로 개념화하고 부모참여는 보다 포괄적인 개념으로 구분하고 있다.

Pherson과 Robinson(1990)은 부모교육이란 부모와 자녀 간의 상호작용의 질을 개선하고, 부모와 자녀의 행동을 긍정적으로 변화시키기 위한 의도적 · 목적 지향적인 학습활동이라고 그 개념을 정의하였다.

Morrison(1978)은 부모개입이란 부모의 역할 가능성을 실현하는 과정으로서 그들의 정신력, 가능성, 부모로서의 능력을 발견하도록 이끄는 것이며, 부모역할하기는 부모로서의 상태와 부모로서 수행해야 할 과정으로 정의하였다.

Brooks(1991)는 부모역할하기란 모든 부모들이 자녀의 성장을 위해 돕는 영양 공급, 보호와 발달단계를 통해 그때그때 필요한 새로운 생활을 안내하는 것 등 부모의 과업을 의미하며, 이러한 부모역할하기는 부모–자녀 간의 계속 진행되는 일련의 상호작용의 과정으로서 이 과정은 자녀의 성장과 더불어 부모와 자녀 모두를 변하게 한다고 하였다.

부모역할하기란 용어는 최근에 등장하여 널리 사용되고 있다.

Leeper, Skipper, Witherspoon(1974)은 부모교육과 부모참여를 구분하여 부모교육은 부모가 '배우는 학습자'로서 부모역할하기를 배우는 것을 의미하고, 부모참여는 부모가 자녀의 유치원이나 학교에서 교사로서 참여하고, 나아가서는 자녀의 교사로서의 역할을 배우는 것이라고 그 개념을 정의하였다.

Grotberg(1983)는 부모교육의 개념을 정의하는 데 있어서 부모교육, 부모참여, 부모지지를 각각 구분하여 설명하고 있다. 즉, 부모교육이란 부모로서의 역할 기능을 원활히 수행할 수 있도록 부모에게 정보나 지식을 전달하고 기술을 가르치는 것을 말하며, 부모교육의 목적은 기관의 도움 없이 스스로 정보 및 서비스를 활용할 수 있도록 하는 데 있다.

부모참여는 부모가 가족생활에 영향을 주는 특정 프로그램의 구성 및 운영에 직접 참여하는 것을 의미하며, 부모참여의 목적은 참여기관 프로그램의 결정권자로서 전문가와 지식이나 정보를 나누며 그 책임과 의무를 받아들이도록 하는 데 있다.

부모지지는 친지나 교회, 부모회, 지역단체, 아동복리시설, 병원, 교육기관, 기업체, 그 밖에 다른 사회사업기관으로부터의 지지 및 지원을 포함하여 그 개념을 정의하였다.

Knitzer(1972)는 1950년대의 부모교육과 시민참여의 두 대립된 단어의 통합 개념으로 부모참여를 설명하였다. 즉, 부모참여는 첫째로 유아의 교육활동에 부모가 참여한다는 의미와, 둘째로 부모나 자녀를 위한 교육 프로그램이나 지역사회 서비스 활동에 영향력을 행사하는 정책결정에 참여한다는 의미, 셋째로 유아와 가족을 위한 모든 프로그램과 관련된 부모의 조정 등으로 유아기 자녀의 교육활동에 참여한다는 뜻으로 설명하고 있다.

서울대학교 사범대학 교육연구소 편(1981)『교육학 용어사전』에서 부모교육이란 "유치원 교육의 효과를 높이기 위해 부모들에게 아동발달 교육과정 등을 알려 주고 가정에서의 협력을 도모하고자 하는 목적으로 시작된 교육으로서 1965년 미국의 Head Start 운동 이후 유아교육 현장에 부모의 직접적 · 간접적인 참여가 강조되면서 더욱 연구된 분야이며, 부모참여를 위한 프로그램에 통합되기도 하지만 부모로서 효율적인 양육 태도 및 방법을 지니도록 교육하는 것을 일컫는다"라고 기술하였다. 또한 "신생아 교육법, 영아 및 유아를 위한 부모교육, 분만을 위한 산모교육, 유아교육 현장에서 교사 보조자 역할을 위한 교육, 청소년을 가진 부모교육 등 발달단계에 따라 다양한 프로그램이 있으며, 부모됨을 생리적인 견지에서만 보지 않고 전문직으로 보고 자녀에게 미치는 부모의 영향을 바람직한 방향으로 이끌고자 하는 것을 그 목적으로 하고 있다"라고 정의하였다.

지금까지 살펴본 것을 요약하면, 부모교육이란 부모는 자녀양육과 부모 자신의 개발을 위해 교육받는다는 것뿐만 아니라 유아교육 프로그램에 직접 참여하고 물질적 · 정신적으로 후원 및 지지하며, 유아교육기관에서 실시되는 교육내용을 이해할 수 있도록 하며, 그것이 가정에까지 연결되어 부모로서의 역할을 수행할 수 있는 가정과 유아교육기관과의 상호작용 기능까지 포함하고 있음을 시사한다. 그리하여 자녀양육과 교육활동에 관여하고 있는 부모들이 그들의 역할과 기능을 보다 효과적으로 충분히 잘 발휘함으로 부모와 자녀 양쪽 모두의 행동을 긍정적으로 변화시키기 위한 목적으로 제공되는 교육이라고 정의할 수 있다.

2) 부모교육의 목적

오늘날에는 외국 여러 나라는 물론 우리나라에서도 다양한 부모교육 프로그램이 실시되고 있다. 본 절에서는 이러한 부모교육은 과연 어떠한 목적과 목표를 갖고 있는가 하는 것을 살펴본다.

부모교육의 목적에 대해 한국행동과학연구소(1983)는 다음과 같이 설명하고 있다.

(1) 자녀의 발달을 촉진시키기 위한 부모의 역할을 인식하도록 부모를 돕는다.
(2) 자녀의 사회적, 정서적, 인지적, 언어적 그리고 신체발달과 이러한

발달을 촉진하는 환경 조성에 관한 지식을 갖도록 돕는다.
(3) 유아교육상 부모로서 당면하는 문제들을 해결하는 데 필요한 정보와 기법을 습득하도록 부모를 돕는다.
(4) 유아교육에 적극 참여하도록 부모를 돕는다.
(5) 일상생활에 필요한 일반 상식을 갖도록 돕는다.

또한 유아교육기관에 부모를 참여시키는 목적으로는 다음과 같이 상당히 구체적인 목표를 설정하고 있다.

(1) 자녀의 건전한 성장발달을 돕는다.
(2) 가정교육과 학교교육의 일관성을 유지한다.
(3) 가정과 유아교육기관과의 상호신뢰를 도모한다.
(4) 자녀지도에 필요한 정보를 상호교환한다.
(5) 부모에게 자녀교육에 필요한 지식이나 기술을 습득시킨다.
(6) 교사의 과중한 업무 분담을 줄여 준다.
(7) 유아교육기관이 효율적으로 운영되도록 도와준다.

Spodek과 Walberg(1977)는 부모교육 프로그램이 다음과 같은 목적으로 개발 및 진행되어야 한다고 하였다.

(1) 자녀를 지도하는 데 필요한 특별한 활동의 내용을 배울 수 있도록 한다.
(2) 부모들의 자존감(self-esteem)을 증진시키도록 한다.
(3) 자녀의 성장발달이 우연이나 운명에 의해 결정되는 것이 아니라 부모가 자녀의 성장과 발달에 영향을 미칠 수 있다는 신념을 갖도록 한다.
(4) 자녀들의 발달에 도움을 줄 수 있는 자료들을 판별할 수 있는 능력을 기르도록 한다.
(5) 자녀의 언어발달 및 언어자료에 관심을 갖도록 한다.

Bjorklund(1987)는 부모교육의 목표를 다음과 같이 기술하였다.

(1) 인간, 특히 인격형성기인 유아의 성장과 발달단계의 중요성을 이해하도록 돕는다.
(2) 부모는 자녀와 효율적인 인간관계를 갖도록 한다.
(3) 자녀의 발달을 촉진시키는 데 있어서 환경의 중요성과 부모역할의 중요성을 이해하도록 한다.

유아교육에 부모교육 및 참여를 새로운 과제로 등장시키는 데 직접적으로 영향을 준 Head Start 프로그램에서는 부모교육의 목적을 크게 세 가지로 나누어 설명하였다(U.S. Department of Health Education and Welfare, Office of Child Development, 1973).

(1) 유아교육 및 발달에 주요한 영향을 주는 부모역할을 지지하고 촉진시키는 활동 및 경험을 위해 계획된 프로그램을 제공한다.
(2) 부모 자신은 아동복지의 책임 있는 보호자이며 유아의 첫 번째 교육자이고, Head Start 프로그램과 지역사회의 공헌자임을 인식하도록 하는 프로그램을 제공한다.
(3) 부모는 프로그램 계획과 운영에 대한 의사결정에 직접 참여하고 고용자, 지원자, 관찰자로서 수업과 그 밖의 다른 프로그램 활동에 참여하도록 한다. 또한 발달을 돕는 프로그램에 참여하고 Head Start 직원과 협력하여 그들의 자녀와 함께하는 활동의 기회를 제공한다.

Fine(1988)은 부모교육의 목적을 다음과 같이 네 가지 영역으로 나누어 설명하였다.

(1) 부모에게 도움이 되는 강연, 집단토의, 관련 서적 읽기, 집단모임을 통해 부모 상호간의 정보 나누기(information sharing)를 할 수 있도록 한다.
(2) 부모에게 자녀양육을 위한 기술훈련(skill building)의 기회를 제공한다. 구체적인 부모훈련 프로그램에 참여하여 부모역할을 배우도록 한다.
(3) 부모가 자기 인식(self-awareness)을 증진시키도록 돕는다. 자신의

양육방식에 영향을 준 부모 세대의 방식을 인식하고 현재 부모 자신의 가치관 명료화 등 부모의 신념과 통합을 변화시킨다.

(4) 자녀양육과 자녀발달에 관련된 문제해결(problem solving)의 기본적 방법을 부모들에게 가르쳐 중재할 수 있도록 한다.

지금까지 소개한 부모교육의 목적을 다음과 같이 요약할 수 있다.

부모교육은 부모들에게 성인으로서 효과적인 교사로서의 부모역할을 증진시키고 자녀의 성장발달과 교육에 대한 올바른 이해와 인식을 증진시키는 데 있다. 이를 위해 적절한 지식과 능력을 갖도록 정보를 나누고 기술을 훈련시키며 부모 자신의 자기 인식을 증진시키며 가족간의 문제해결을 위한 방법을 가르치도록 하는 것이라고 할 수 있다.

2. 부모교육의 과제 및 필요성

아기는 태어나기 전부터 놀라운 능력을 갖고 있다. 태아는 보고, 듣고, 느끼고, 더 나아가서는 어머니의 사고(思考)와 감정까지 이해할 수 있으며, 임신 6개월쯤(어쩌면 더 빨리)부터 적극적으로 정신적인 활동을 하고 있는 하나의 인격체이다. 1960년 후반부터 새로운 의료 기술이 개발되어 태아를 어머니의 뱃속에 있는 상태에서 연구할 수 있게 되었다. 그 결과 자기를 주장하는 작은 생명으로서 놀라운 태아의 감춰진 능력이 발견되었으며, 태아와 어머니의 정보 교환 시스템에 관심을 갖게 되었다(Thomas Buny, 1981).

이러한 능력을 가진 아기는 태어나는 순간부터 주위 환경에 적응하면서 살아가는 능력을 키워 나가게 된다. 이때 부모, 특히 어머니의 역할은 유아에게 절대적인 영향을 미치게 되는데, 이러한 어머니와의 관계 속에서 아기는 새로운 경험을 쌓게 되고 나름대로 상황과 형편에 따라 해결하는 방법들을 터득하게 된다. 이러한 과정에서 형성된 인성(personality)은 거의 평생을 유지하게 되는 것이다. 그러므로 유아에게 부모를 포함한 가족이 얼마나 중요한 것인지, 가정 환경을 중심으로 형성되는 유아의 초기 경험의 중요성에 관한 많은 연구 결과들은 부모교육의 중요성과 그 필요성을 강조하는 직접적인 요인이 되었다.

1) 부모교육의 과제

현대 사회의 급속한 경제 성장과 과학적인 지식, 정보의 발달은 가족 구조 및 사회 구조의 변화를 초래하게 되었으며 이로 인해 가정, 즉 부모의 교육적 기능과 그 역할이 변화되고 가치와 문화 전달자로서의 부모의 가치 체계가 흔들리는 다양화된 사회에서 부모들은 많은 문제들에 직면하게 되었다. 따라서 부모교육의 필요성과 관련하여 당면 과제들이 나타나게 된 것이다.

오늘날 우리나라 유아교육기관을 중심으로 한 부모교육의 기본 과제를 한국행동과학연구소(1983)는 다음과 같이 설명하고 있다.

(1) 부모교육의 기본 과제는 우선 유아교육에 관한 부모들의 잘못된 견해를 바로잡아 주는 일이다.
  ① 부모들은 자신이 성취하지 못한 소망을 자녀를 통하여 이룩해 보려고 한다.
  ② 부모들은 유아교육기관이 자신들을 대신하여 자녀를 맡아 기르는 곳이라고 생각하기 쉽다.
  ③ 부모들은 항상 자기 자녀와 다른 유아들을 비교한다.
  ④ 유아교육기관을 마치 초등학교를 위한 준비 기관으로 생각하기 쉽다.
  ⑤ 가정과 유아교육기관 사이에 일관성이 중요함을 인식하지 못한다.
(2) 부모교육은 자녀교육에 관한 올바른 지식을 제공해 주어야 한다.
(3) 부모들이 원하는 여러 가지 분야를 광범위하게 알 수 있도록 기회를 제공한다. 부모가 알아야 할 학교문제, 가정문제, 사회문제, 유아의 성장과정에 영향을 미치는 여러 가지 문제 등을 배울 수 있는 기회를 만들어 준다.
(4) 부모교육의 필요성을 부모 자신이 인식하도록 해야 한다.
  ① 유아교육기관에서 유아의 성장발달 과정과 그에 따른 이론을 연구하여 교육하고 있으므로 부모 역시 그에 따른 이해가 있어야 하기 때문이다.
  ② 일관성 없는 교육은 유아의 정신생활에 혼란을 가져오며, 바람

직한 성장을 이룩할 수가 없다.

③ 유아의 성장발달 과정에서 일어날 수 있는 여러 문제를 보다 건설적으로 해결하고 그것에 관해 예방적인 입장에서 부모의 협력을 얻기 위해 필요하다.

④ 원만한 사회 조직을 장려하고 학교교육 이외의 교육적인 봉사를 지역사회를 위해 확대시켜 나아갈 수 있게 하기 위해서 필요하다.

⑤ 학교의 역할을 계속해서 부모들에게 이해시키기 위하여 부모교육은 반드시 존속되어야 한다는 것이다.

토 의

21세기, 오늘날 부모가 당면한 과제는 무엇일까?

1) 영재 교육은 어떻게?
2) 영어 교육은 어떻게?
3) 유아교육은 조기교육인가?
4) 21세기 지도자로 키우기 위한 인성교육은 어떻게?
5) 부모가 가장 중요시 해야 하는 것은 무엇인가?
6) 부모가 가장 중요시 하고 있는 것은 무엇인가?
7) 취업모의 자녀양육은?
8) 연령에 따른 부모의 당면 과제는 무엇인가?
   · 태아기 · 영아기 · 유아기 · 학동기 · 청소년기

2) 부모교육의 필요성

부모교육의 필요성은 그 시대와 사회적 요구 그리고 학자에 따라 다르게 표현될 수 있다. 다음의 주장들을 살펴보자.

사람들이 자녀양육에 대하여 지대한 관심을 갖는 것은 당연한 일이며 부모들은 때때로 좌절감과 실망을 느끼는데, 특히 자녀양육에 대해 무능력함을 느끼게 된다. Pickard와 Fiargo(1971)는 부모교육의 필요성에 대

하여 다음과 같이 언급하였다(이은화, 이경우 역, 1985 재인용).

부모들은 오늘날의 아동이 미래 사회의 변화에 대처하도록 무엇인가를 결정하는 것이 필요하다. 이러한 가치에는 ① 인격의 완성 ② 공헌할 수 있는 능력 ③ 합리성 ④ 추상적 지식의 획득 ⑤ 환경에의 적응 ⑥ 다른 사람의 요구를 고려한 자기 억제 등이 포함되어야 하며, 자녀지도를 위해 다양한 방법을 시도할 수 있는 유능한 부모가 되기 위해 부모교육이 필요함을 시사하였다.

유안진과 김연진(1992)은 부모교육의 필요성을 아동의 측면, 부모의 측면, 사회의 측면으로 나누어 설명하였다.

(1) 아동의 측면

① 아동의 사회적 · 정서적 발달은 부모의 양육태도 및 양육방법에 크게 영향을 받는다.

② 아동의 인지발달은 부모의 양육태도와 방법에 크게 영향을 받는다.

③ 부모의 양육태도와 방법은 아동의 신체발달을 조장하거나 저해한다.

(2) 부모의 측면

① 미성숙된 한 인간으로서 부모교육이 필요하다.

② 확대가족 제도의 붕괴로 인하여 젊은 세대들은 자녀양육에 따른 어른들의 도움, 조언 등을 즉각적으로 받을 수 없다.

③ 도시화, 문명화, 산업화로 인하여 개인 또는 가정 단위의 사회이동 횟수는 증가하고 있으며 국내에서의 도시간 이동은 물론 국제적인 이동도 증가하고 있다. 따라서 젊은 부모들은 정신적으로 후원하고 자신감을 갖고 자녀를 양육하도록 도와줄 프로그램이 필요하다.

④ 성역할 개념의 변화에 따라 그에 적응하고 대처하기 위해 부모교육이 필요하다.

(3) 사회의 측면

① 인적 자원의 효율적 개발이라는 측면에서도 부모교육이 필요하다. 인적 자원의 지적 · 인성적 기반은 상당히 많은 부분이 유아기에 결정되므로, 정부나 사회적 차원에서 대책을 강구해

야 한다.

② 사회 균등의 정책으로 부모교육이 필요하다. 경제 기회 균등 정책으로 볼 때 유아교육 및 부모교육은 사회복지의 장기적 계획의 일환이다.

③ 교육의 경제성을 높이기 위해 부모교육이 필요하다. 어릴수록 성형력(plasticity : 가소성)이 높기 때문에 고등교육에 투자할 때의 교육 효과보다 유아교육에 투자할 때의 효과가 더 크며, 유아를 효율적으로 교육시킬 수 있는 교사는 부모이기 때문이다.

Hamner와 Turner(1985)는 부모교육의 필요성을 다음과 같이 10가지로 요약하고 있다.

(1) 대부분의 사람들이 현재 부모이거나 미래에 부모가 된다. 그러므로 중요 역할인 부모기에 대한 훈련이 필요하다.
(2) 부모기에 대한 교육이 가정에서는 거의 제공되지 않을 뿐만 아니라 대부분의 교육 체계에서도 등한시되고 있다.
(3) 부모기를 성공적으로 수행하기 위한 지침이 충분하지 않아서 부모들을 혼란스럽게 하고 있다.
(4) 효과적인 부모역할은 특히 아동기 초기에 전반적인 발달에 걸쳐 중요하다. 가정은 한 사람의 생애에 있어서 가장 중요하며 가장 지속적인 영향을 준다.
(5) 부모역할하기는 어렵다. 자녀양육에는 상당한 스트레스가 따르고, 부모가 원하는 만큼을 자녀에게 해줄 수 없기 때문에 죄책감이 따르며 부모는 이에 대처하기 위한 지식이 필요하다.
(6) 부모들은 도움받기를 원한다. 부모들은 그들의 역할을 수행하는데 필요한 지식이나 정보를 부모모임에서 찾고 있다.
(7) 부모들은 도움이 필요하다. 급속한 사회 변화는 가족에게 스트레스를 주고 가정생활을 침해하고 있다.
(8) 어머니가 취업을 하게 됨에 따라 부모가 자녀를 돌보는 시간이 줄어들고 있다. 그러므로 질 높은 부모–자녀의 상호작용에 대한 도움을 필요로 한다.
(9) 자녀양육에 아버지가 좀 더 적극적으로 참여할 필요가 있다. 남자

도 부모역할을 효과적으로 할 수 있다는 연구 결과가 많다.

(10) 부모기에 대한 여러 허설들을 근절할 필요가 있다.

부모기에 대한 허설이란 무엇을 의미하는가?

오늘날 부모들이 부모기에 대한 바른 정립을 위해 근절해야 할 부모기에 대한 민간 전승 또는 허설에 대하여는 다음 절에서 기술한다.

3) 부모기에 대한 민간 전승 또는 허설(folklore or myth)

나라마다 풍습, 습관, 신앙, 속담, 전설 등 그 문화에 따른 민간에서 전해 내려오는 믿음이 있듯이 부모기에 대한 민간 전승 또는 허설이 있게 마련이다. 이러한 민간 전승에 대한 믿음은 모두 허설일 수는 없다. 그러나 어떤 것들은 부모됨에 대한 정설이 아니어서 때로는 부모들에게 혼란을 주거나 해가 될 수도 있다. 급변하는 사회 속에서 부모기에 대한 새로운 정립이 요청된다.

Lemasters와 DeFrain(1989)은 부모기에 대한 민간 전승 혹은 허설을 다음과 같이 20개의 항목을 들어 설명하였다.

(1) 자녀양육은 즐거운 것이다

일반적으로 자녀양육은 재미있는 것으로 생각할 수 있다. 어린이들이 귀여우니까 “나는 빨리 아기 갖기를 원해요”라고 말하는 젊은 부부들을 볼 수 있다. 사실, 많은 일 중에서 부모가 하는 일처럼 한 만큼 생색 내지 못하고 힘든 일은 없을 것이다. 부모가 된다는 것은 내리사랑이어서 부모는 주고 자녀는 받는, 마치 한쪽으로만 흐르는 강물과 같은 것이다. 자녀를 위한 부모의 사랑은 가장 관대하고 희생적이다. 물론 부모들이 자녀양육을 통해 즐거움과 만족을 얻기도 하나 결코 재미로 한다고 말할 수는 없다. 자녀양육은 힘든 일이며 때로는 몹시 성가시고 끝없는 책임이 부과되어 있다. 부모는 항상 완벽해야 하고 부모 자신이 원하는 것을 하고자 할 때 할 수 있도록 내버려 두지 않는다. 그래서 오늘날 부모들은 말없이 권위를 잃은 채 자녀를 위해 일해야 하는 조정자라고 Kenneth (1977)는 말하였다. 부모들이 좌절되는 일이 있어도 그것을 이상하게 여기지 않는 것은 그들 자녀들의 삶을 위해 마땅히 해야 할 부모의 책임이라는 것이다.

(2) 어린이들은 사랑스럽고 귀엽다

젊은 사람들이 작은 어린이들을 보게 되면 "아이가 참 귀엽군요"라고 말하곤 한다. 실제로 작은 어린이들은 사랑스럽고 귀엽다. 그러나 이러한 말은 부모들이 자녀가 귀여울 때만 생각하고 자녀양육에 대해 고려해 보지 않을 때일 것이다. Lemasters(1957)는 『위기로서의 부모기』라는 연구 보고서에서 젊은 부모들을 향해 다음과 같이 언급하였다.

"오늘날 우리 사회의 부모들은 자녀양육에 대한 로맨틱 콤플렉스(roman-tic complex)를 갖고 있다. 부모가 된 후에야 그러한 환상에서 벗어나기 위해 애쓰며 고통을 겪고 있는 것을 볼 수 있다"는 이 연구의 결과가 〈뉴욕타임스〉에 보고되었을 때 연구자의 의견에 동의하는 부모들의 우편물이 홍수를 이루었다고 하는 것은 자녀를 양육하는 부모들의 입장에서 볼 때 어린이는 사랑스럽고 귀엽기만 하지는 않다는 것을 대변해 주고 있다.

(3) 어린이들은 '좋은' 부모를 만나게 되면 잘 성장할 것이다

좋은 부모가 자녀를 잘 양육할 것이라는 것은 이론적으로 볼 때 타당하며 또 그렇게 되기를 바란다. 그러나 이러한 말이 항상 옳은 것은 아니다. 우리가 일반적으로 알고 있는 바와 같이 아주 멋진 가족으로 보이는 집안에도 '문제아'가 있음을 생각해 볼 수 있다.

자녀의 행복과 성공을 부모가 보장할 수 있다면 얼마나 위로가 되겠는가? 그러나 안타깝게도 그럴 수 없는 것이 사실이다. 어린이들은 매우 복잡하고 서로 다른 개인차가 있으며, 우리들의 사회 또한 아주 복잡해서 부모들은 그들의 자녀들을 단순히 공장의 제품 품질 관리하듯이 조정, 관리할 수 있는 것이 아니다.

실제로 자녀양육의 성공과 실패를 무엇으로 가늠할 것인가 하는 것을 현대 사회 속에서 알 수 있다는 것은 아주 흥미 있는 일임에 틀림없다. 여기에 대한 대답을 한 마디로 정의하기란 매우 어렵다. 성공적으로 자녀를 양육하였다는 그 기준을 어디에 둘 것인가? 그 시기의 기준은 언제인가? 영아기, 유아기, 학동기, 청소년기, 성년기, 아니면 인생 전반인가? 또한 물질적 성공인가, 신체적 건강인가, 정신적인 건강인가, 영혼의 건

강인가, 아니면 또 다른 무엇인가?

DeFrain(1989)과 그의 동료들은 이 질문에 답할 수 있는 연구 결과를 조심스럽게 언급하였다. 결혼을 감사하며 친자간의 적극적인 관계를 갖고 있는 300가족의 공통적인 반응을 6가지로 요약하였다.

① 이해와 감사 그리고 애정 갖기
② 의사소통을 위한 의사 전달
③ 약속 · 공약 지키기
④ 함께하는 시간 갖기
⑤ 종교 및 도덕적 가치에 대해 이야기 나누기
⑥ 스트레스나 위기에 적극적으로 대처하기 등

이 연구 결과에 대한 실행은 아주 힘든 일이나 매우 유용한 것이라고 하였다.

(4) 자녀는 부모의 결혼생활을 향상시킨다

자녀가 부모의 결혼생활을 향상시킨다는 것은 단지 멋진 생각일 뿐 실제로 그렇지 못하며 그러한 생각을 지지할 만한 연구도 없다.

"자녀들이 결혼생활에서의 부부의 문제를 해결하는 데 도움을 주며 부부생활을 향상시킨다는 아무런 증거도 없으며, 남편과 아내 사이에서 행복을 더해 주는 것은 거의 없다"라고 『아버지역할』은 언급하였다(Leonard, 1968). 놀랍게도 자녀를 양육하는 시기 동안에 부모는 부부생활을 조절하고 서로 의사전달을 할 수 있는 시간이 극적으로 감소하였다는 것이다.

Douglas(1985)는 부모가 결혼생활을 파경에 이르도록 내버려두지 않고 향상시키기 위한 유용한 방법을 다음과 같이 제안하였다.

① 부모는 정규적인 대화의 시간을 가져라.
(경제적인 문제와 역할 공유, 함께할 수 있는 활동 계획, 관계 개선을 위한 문제 등)
② 자녀양육과 가사 업무를 함께 나누어 하라.
③ 자녀를 떼어 놓고 부부만의 시간을 가져라.
④ 배우자의 취미, 취향에 맞추어 함께하는 시간을 가져라.

⑤ 배우자의 애정과 성적 욕구에 민감하라.
⑥ 부모는 결혼생활과 부모기에 대해 함께 배우라.
⑦ 관리 기술을 활용하라. 시간, 에너지, 돈 관리는 부모에게 가장 큰 문제이다.

(5) 부모가 자녀를 올바르게 양육하면 자녀는 올바른 상태에 머물러 있게 된다

과거에는 이러한 견해가 사실이었다. 그러나 오늘날에는 다시 한 번 고려해 보아야 할 것이다. 한 어머니는 독실한 가톨릭 신자로서 네 자녀를 15년 동안이나 매주 교회에 데리고 다녔으나 지금 그의 자녀 중 독실한 가톨릭 신자가 된 자녀는 한 명도 없었다고 한다. 또 어떤 부부는 좋은 모델로서 자녀들에게 본을 보이기 위해 가정에서나 가정 밖에서 알코올은 전혀 마시지도 가져오지도 않았지만, 그 자녀들은 모두 술을 마셨으며 장남은 알코올 중독으로 판명되기도 하였다. 이러한 양상은 우리 주변에서 흔히 볼 수 있는 일들인데 이것은 도대체 어떻게 설명할 것인가?

(6) 자녀양육에 있어서 어린이의 본성은 실제로 중요하지 않다—좋은 부모는 어떤 어린이들도 잘 관리할 수 있다

정신병리학자들의 연구에 의하면 특별히 어린이의 기질은 그들의 부모가 부모역할을 수행하는 데 있어서 성공적이냐, 실패하느냐에 따라 결정적 역할을 한다는 것이다.

자녀가 정신박약아와 같이 극도로 장애를 가졌거나 기질적으로 아주 까다로운 아이로 태어났을 때는 부모의 역할에서도 그 한계를 느끼게 될 것이다. 실제로 장애아들에게 있어 부모가 어떻게 그들의 삶을 변화시킬 수 있을 것인가 하는 것은 커다란 이슈가 아닐 수 없다. 또한 자녀가 장애를 갖지 않았다 할지라도 타고난 본성은 여러 가지 상황에서 부모의 예측이나 상식을 뛰어넘는 행동으로 나타날 수 있으며, 부모는 그러한 것들을 모두 인지하여 자녀를 다룰 만큼 준비되어 있지 못한 것이 사실이다.

(7) 오늘날의 부모들은 예전의 부모들만큼 훌륭하지 않다

이러한 부모의 역할에 대한 신념을 증명하기란 불가능한 것이다. 현대의 부모들에게는 여러 가지 기준이 더 높아져 있고 또한 부모들이 대처해야 할 일도 더욱 복잡해졌다.

18세기 또는 19세기 이래 '좋은 옛날(the good old day)'의 부모에 대한 영향은 약화된 경향이다. 그 좋은 옛날의 가장 좋은 부모가 어떤 것인가 하는 것을 아는 사람은 없다. 그러나 현대의 부모들과 비교해 보면 그들은 슈퍼맨이나 슈퍼우먼이 아니라 단순히 솔직한 아버지와 자애로운 어머니로서 모든 자녀에게 대했다는 것을 알 수 있으며, 과거 부모들은 항상 낭만적인 경향이 있었고, 이러한 것들은 현대의 부모들에게는 실제로 대단히 불합리한 처사로 보이는 것 같다.

가족 폭력에 대한 아주 권위 있는 연구에 의하면 반대의 현상으로 나타났음을 알 수 있다. 1975년과 1985년에 실시된 어린이와 배우자의 신체적 학대에 대한 가족 폭력 연구(1975년에는 2,143 가족, 1985에는 3,520 가족 대상)에서는 십 년 사이에 가장 현저하게 폭력 발생률이 줄어들었다. 즉, 1975년의 연구보다 1985년의 연구에서는 자녀 학대율이 47%가 줄었으며, 아내 학대율은 27%나 줄었다(Murray & Richard, 1985). 가족 폭력은 우리 사회에서 비교적 흔히 볼 수 있는 일이었으나 시대가 바뀌면서 점차 줄어들고 있다. 물론 여러 가지 예방 및 치료 차원의 훈련과 다양한 부모교육 프로그램 개발과 적용 등의 효과와 가족 내의 적은 자녀수 등의 변인을 들 수 있겠다.

(8) 자녀가 없는 부부는 쉽게 좌절되고 불행하다

이러한 말은 19세기나 20세기 초 자녀를 많이 생산하던 문화권에 해당되며, 이것이 또한 사실이었지만 현대에는 전혀 그렇지 않다.

결혼생활의 만족도에 대한 연구에 의하면 가장 높은 점수의 만족도를 얻는 그룹이 무자녀 부부였다(Leonard, et al., 1968).

오늘날의 부모에게 부모가 되는 일은 적어도 선택의 문제로 되어지고 있다. 즉, 남자가 그의 남자임을 증명하고 여자가 그의 여성다움을 증명하기 위하여 아버지가 되고 어머니가 되지는 않는다. 이러한 것이 오늘날의 부모기에 대한 올바른 경향의 한 단계인 것처럼 보인다.

(9) 자녀를 하나만 낳아서는 안 된다

Ellen Peck(1977)는 『외자녀의 기쁨』이라는 저서에서 반대의 신념을 언급하였다.

일반적인 사회 통념이 외자녀는 외롭고 버릇없는 응석받이로 생각하기 쉽다. 그러나 외자녀는 밝고 영리하며 친구들과도 더 잘 어울리고 버릇없는 아이가 적다는 것이다. 외자녀와 그들의 부모에게 이익과 불이익이 공존하겠지만, 경제적 · 정서적 욕구와 부담이 적을 것이며 부모의 관심과 보호 등 애정적인 감정을 더 많이 받게 되고 더 많은 시간을 부모와 자녀는 함께할 수 있는 것이 이점이라고 하였다.

(10) 문제의 어린이는 없다. 문제의 부모가 있을 뿐이다

이러한 말은 부모기에 대한 가장 파괴적인 통념으로 전승되어 온 것이다. 실제로 많은 연구에 의하면 자녀의 운명에 영향을 미치는 것은 부모보다 다른 요인이 더 많이 있다는 것이다. 즉, 유전적 요인, 형제들, 확대가족 안의 가족 구성원들, 조부모, 학교 선생님, 놀이 친구들, 청소년기의 또래집단 등이 있으므로 자녀의 운명을 결정짓는 요인의 책임을 부모에게만 돌리는 것은 불합리하다는 것이다(Orville, 1959). 모든 어린이들은 나쁠 수가 없고, 그 가능성이 완벽하므로 부모는 자녀들을 충분히 이해하고 자녀양육이 힘들다는 것을 안다면 어떤 자녀라도 성공적으로 양육할 수 있다고 어린이 예찬론자들은 말하고 있다.

(11) 부모는 성인이 된 사람들이다

이러한 말은 성인이라는 단어의 정의에 따라 달라질 수 있다. 실제로 미국 사회에서는 20세가 되기 전에 부모가 되는 십대 소녀가 적어도 40%나 되고 있으며, 이십대 부모들은 "나와 나의 남편은 아직 아이들이다. 그래서 우리 아기와 같이 자라고 있다"라고 말하고 있다. 이러한 현상들은 어린이 발달 전문가들에게는 놀라운 일이 아닐 수 없다. 그런가 하면, 연령적으로 볼 때 성인이 될 수 있는 부모들에게 있어서도 인격적인 면에서 충동적이며 이기적이고 자녀와의 감정 이입이 아주 부족하여 부모로서의 미성숙함이 절망적인 사람들도 있다.

(12) 실제로 오늘날 자녀들은 그들이 부모로부터 받는 모든 혜택에 대하여 바르게 인식하고 있다

이러한 견해는 오히려 반대인 것 같다. 오늘날의 어린이들은 부모에게 감사하는 마음이 오히려 더 부족한 것 같다. 미국 사회의 많은 가족들을

대상으로 연구한 결과 젊은 대학생들은 이러한 견해에 대해 아주 솔직하게 말하고 있다. 즉, 그들이 누리는 여러 가지 혜택은 부모로부터 받을 수 있는 당연한 권리이므로 특별히 감사할 일이 아니라는 것이다. 이러한 생각은 현대에 살고 있는 모든 사람들의 심리적 특성의 일종이다. 집안의 화장실, 고통 없는 치과 진료, 종교의 자유 그리고 생득권이라고 간주되는 것을 보장받지 못할 때 불평을 하는 것 등은 예사로운 일이라는 것이다. 이러한 상황에서 부모들은 자녀들에게 여러 가지 편의를 제공함으로써 얻는 만족은 거의 없고 오히려 자녀들에게 좋은 것을 제공할 수 없을 때 죄책감을 느낄 뿐이다.

(13) 자녀양육의 힘든 과업은 그 자녀들이 장차 더 좋은 세상을 만들 것이라는 사실에 의해 정당화될 수 있다

이러한 견해는 그저 위안을 주는 생각일 뿐이다. 그러나 대부분의 부모들은 이러한 견해를 지지할 만한 증거가 없는데도 그러한 생각을 잘못 받아들이고 있다. 단지 부모들의 희망 사항일 뿐이다. 현대 사회에서 일어나고 있는 범죄 증가율, 알코올 중독자 증가율, 평화에 대한 전망을 살펴볼 때 희망적이지 못한 것이 사실이다. 물론, 다음 세대들은 부모 세대보다 더 용감하고 현명해서 행복하리라고 희망을 가질 수 있다. 그러나 그렇게 될 것인가 하는 것은 의심스러운 일이다.

(14) 성교육에 관한 허설 : 어린이들은 실제 생활에서 성교육을 받게 되면 문제를 갖지 않을 것이다

어떤 한 어머니는 이렇게 말하였다. "내 딸은 6살 때부터 아기가 어디에서 오는가를 알았어요. 그런데 그 딸아이가 결혼 전 임신을 하였으니 어떻게 해야 할지 모르겠어요" 이러한 말은 우리 사회에서 성교육에 대한 신비적인 힘에 대하여 얼마나 순진한 부모들인가 하는 것을 나타내고 있다. 부모들은 정상적인 성관계가 아닌 정욕과 매혹의 무의식적인 요소의 함정에 관해서는 가르치지 않는다. 마치 성이란 항상 냉철하고 계산된 행동인 것처럼 생각하는 것 같다. 실제로 인간의 성적 행동이란 오직 이지적인 통제를 받는 것은 부분적일 뿐 비이성적인 것이다. 그렇지 않다면 우리 사회 안에 일어나고 있는 사생아 발생률은 줄어들어야 한다.

성교육은 모든 학교나 대학 교육과정 안에 포함되어 있고 또한 모든

가정 안에서도 이루어진다고 볼 수 있다. 그러나 사람들은 성지식에 관하여 많은 기대를 하지 않는다. 사람들의 태도, 가치관, 열정 등은 어떤 특정한 사람과 함께 하였을 때 그 사람과의 성적 행동을 결정짓는 요소가 될 수 있다. 사람들이 왜 성적인 행동을 하는가를 이해하기 위해서는 Freud의 잠재의식이나 무의식 요소의 분석 방법에서 찾아볼 수 있다.

(15) 부모기는 우리 사회에서 최우선적으로 받아들여진다

이러한 말은 그저 전해 내려오는 하나의 허설에 불과하다. 부모의 역할이란 현실적으로 그들의 직업이나 다른 사회적 요구, 산업적 요구에 의해 뒤로 밀려나고 있는 실정이다. 많은 아버지와 어머니들은 그들의 사회적 역할 사이에 부모역할을 끼워 넣어야만 한다. 어느 유명 인사의 부인은 이렇게 말하고 있다. "내 남편이 놀라운 아버지가 된 것은 틀림없다. 그러나 그는 자녀들이 어렸을 때 집에 함께 있던 적이 거의 없었다. 그는 항상 결혼문제 상담이나 자녀양육 문제에 대해 강연을 하기 위해 집을 떠나 있었으므로 자녀들은 항상 어머니인 내 손에서만 자라게 된 것이다."

마찬가지로, 취업모를 위하여 직장 상사들은 어머니들의 자녀양육에 대한 배려를 고려하지 않고 있으므로 자녀들이 학교에 가기도 전에 집에서 나와야 하고 자녀들이 귀가한 후에도 계속 직장에서 일을 해야 하는 실정이다. 그러므로 부모역할을 위해 사회에서 우선적으로 고려한다는 것은 어려운 일이다.

(16) 자녀에게 사랑을 충분히 쏟기만 하면 좋은 부모역할 수행이 되는 것이다.

자녀양육의 권위자인 Bettelheim(1950)은 사랑은 부모 자신이 부모로서 자기 통제를 할 수 있는 온화한 성품과 지식, 통찰력에 의하여 조절되어져야 하므로 맹목적인 사랑만으로는 충분하지 않다고 하였다. 또한 어린이 발달에 대한 과학적이고 전문적인 지식이 아무리 많다 할지라도 그것이 자녀에 대한 사랑과 부모역할 수용이 함께 합쳐지지 않으면 소용이 없다는 것이다. 대부분의 부모들은 그들의 자녀를 사랑함에도 불구하고 부모로서 자녀를 진심으로 사랑하는 것에는 실패하고 있다. 좋은 부모역할을 위한 실제적인 사랑이 무엇인가를 알아야 할 것이다.

(17) 편부모 가족은 건강한 가정이 될 수 없다

자녀들이 성장할 때 양쪽 부모가 함께 집에서 살 수 있는 것이 얼마나 도움이 되는가 하는 것을 부인하는 사람은 없다. 이러한 가능성은 두 부부의 성격이 잘 맞고 자녀양육에 대한 철학이 같을 때를 전제로 한다. 그러나 오늘날 이혼율 증가를 감안할 때 이러한 견해는 지나친 가설에 불과한 것이다. 그렇다고 해서 편부모 가족의 자녀들이 적절하게 잘 자랄 수 없다는 증거는 과연 있는가? 편부모 가족 역할과 심리학적 병리현상 간의 관계에 대한 연구에서는 양부모 가족에서 보다 더 강하게 나타나거나 항상 나쁜 것은 아니라는 것이다(Kadushin, 1970). 그러나 우리 사회에서 어린이들에게 특별히 결핍된 집단이라고 불리는 것이 있다면 그것은 아버지가 없을 때라는 것은 잘 입증되고 있는 것 같다.

(18) 자녀가 성장하여 집을 떠나면 부모역할은 끝난다

눈앞에서 보이지 않으면 마음도 멀어진다는 말은 자녀들이 성장하여 집을 떠난 후에는 부모의 걱정이 줄어든다는 의미일 수도 있겠다. 그러나 자녀가 밤늦게까지 록음악을 들으며 술을 마시고 있다는 사실을 모른다면 부모는 편히 잠을 잘 수가 있겠으나 자녀들은 어려운 일이 있으면 부모가 있는 집으로 돌아와 도움을 청하게 된다. 자녀들이 성장하여 가정이 텅 빈 보금자리가 된 후에도 오랫동안 부모는 계속 더 많이 주는 존재이고 자녀는 여전히 받는 존재이다. 이처럼 복잡한 일들인 '빈 보금자리 신드롬' 이 반대의 현상으로 일어나고 있음을 알 수 있다. 자녀들은 바깥 세상에서 일이 끝나면 곧장 집으로 돌아온다. 즉, 그들은 이혼 고통을 겪은 후 집으로 돌아오고 대학을 마친 후 집으로 돌아오며, 또한 몇 개월 동안 일자리를 구하다가 돌아와 다시 엄마 · 아빠와 살면서 직장을 그만두기도 하고, 또 다시 돌아가기도 한다. 이러한 현상들은 문제를 야기시킨다. 부모들은 자녀들이 없는 가운데 자유로움을 갖게 되며 밤에는 편히 잠을 잘 수 있게 된다. 그런데 예기치 않게 자녀들에게서 문제가 생겼다고 전화가 걸려오는 것이다. 부모는 언제나 자녀들과 관련된 이야기들과 근심거리가 있게 마련이다.

(19) 빈 보금자리 신드롬은 많은 부모들을 괴롭힌다

일반적으로 자녀들이 집을 떠나게 되면 허전해 하게 되며 특별히 어머

니들은 귀여운 자녀를 잃어버린 것 같은 슬픔으로 고통을 받으며 지금까지 해왔던 자녀양육 외에 무엇으로 삶의 의미를 찾을지 절망해 하기도 한다. 그러나 가족 연구에 대한 결과들은 이러한 생각들을 정리해 준다. Neugarten(1987)과 그의 동료들의 연구에 의하면 대부분의 중년 부모들은 소위 '빈 보금자리' 라고 하는 그 자체가 스트레스가 되는 것은 아니며, 오히려 적절한 시기가 되었는데도 자녀들이 결혼을 하여 집을 떠나지 않을 때 양쪽 부모 모두와 그 자녀들에게 스트레스를 초래하게 되었다는 것이다. 중년기 이후의 부모들은 자녀들이 보금자리를 떠난 후 만족도는 상승하며 자녀가 떠나가 버린 데 대한 고통은 책임감으로부터 자유로워진 새로운 발견에 의해 위로를 받게 된다. 이 부모들은 직장에서 은퇴하고 조부모가 됨으로써 이전보다 더 만족도는 상승하게 된다.

많은 연구자들의 대답은 이렇다. "대부분의 사람들은 오랫동안 달려가야 하는 이러한 부모역할을 후회하지 않는다. 그러므로 비현실적인 공상으로 이 일을 생각하지 않는다"

(20) 부모들은 자녀들을 혼자 키워야 한다

부모는 두 명, 점차로는 한 명의 자녀를 위해 책임이 너무 많다고 생각한다. 만일 부모가 자녀에 대한 사회적 책임에 있어서 법적인 권한을 갖고 있지 않다면 아마도 윤리적 책임을 갖게 될 것이다. 분명히 부모들은 모든 자녀들을 큰 집단농장으로 보내거나 위험한 쓰레기장 같은 나쁜 환경의 탁아소와 같은 곳에서 양육 시기를 낭비하라는 것은 아니다. 그러나 우리는 모두가 아들딸들의 양육자이며 모든 형제자매들의 보호자라는 것이다. 할머니, 친구들, 교인들, 그 외 많은 주변의 사람들과 우리의 자녀들이 관계를 갖는 것은 건전한 어린이로 성장할 수 있기 때문이다.

어린이들을 위한 좋은 양육은 자녀들을 멀리 보내고 교외에 있는 집을 사서 거기에서 외롭게 살면서 그 자신들을 위해 혼자서 헌신하며, 공허하고 무의미한 삶을 찾는 어른들에 의해 주어진 그런 것이 아니다(William, 1979). 우리나라 부모 입장에서 볼 때를 고려해 보라.

(21) 첫자식은 정이 더 많이 간다

(22) 첫아이가 아들이면 든든하다

(23) 아들은 든든한 울타리이다

만약 상황을 변화시키길 원한다면 우리 사회는 어린이의 책임과 그들의 생물학적 욕구를 받아들일 수 있는, 그들이 살고 있는 지역사회 안에서 부모는 그들의 친자나 양자가 필요로 하는 것 이상으로 어린이들을 돌보는 지역사회로 개혁되어야 할 것이다.

지금까지 살펴본 바와 같이 부모교육은 부모 자신들의 자질 향상과 자녀들의 제 발달을 돕기 위해 필요한 것이다. 또한 부모기에 대하여 전승되어 온 민간 전승 또는 허설은 부모들을 혼란에 빠뜨리고 있으므로 부모기에 대하여 올바르게 인식하고 바르게 정립해야 함을 부모교육의 필요성 측면에서 강조하고 있다.

3. 부모교육의 기원 및 발전

본 절에서는 부모교육은 과연 언제부터 시작되었는가? 그 기원은 어디서 찾아야 하며 어떻게 발전하여 오늘날까지 이르게 되었는가 하는 것을 서구 및 다른 나라를 중심으로 하여 살펴본다.

1) 부모교육의 기원

인류의 역사가 시작되기 전, 태초부터 부모는 자녀들에게 그들의 역할을 가르쳐 왔다. 즉, 아들에게는 농사짓는 방법이나 사냥하는 법 등 세상을 살아가는 데 필요한 것들을 가르쳤으며, 딸에게는 아기를 낳아 돌보며 양육하는 것을 가르쳤다.

B.C. 4~5세기경 고대 스파르타와 아테네 시대에서는 건강한 자녀를 얻기 위해 우생학적 제도를 국가가 장려하였으며, 부모가 남아에게는 체조와 음악을 교육시킬 의무를 명시하고 영아기에는 모친이 양육하며 상류층에서는 유모가 키우도록 하였던 것을 볼 때 부모역할의 중요성을 강조하여 교육하였음을 알 수 있다.

기원전 300년경 Platon은 『국가론』에서 이상적 국가는 교육에 의해 실현되므로 국가는 백성 중에서 우수한 남녀를 결혼시켜 우수한 아기를 출산해야 함을 강조하였다. Aristoteles는 유아는 7세까지는 가정에서 어머니나 유모의 양육을 받아야 하며, 5세까지는 유아의 성장이 저지되지 않도록 충분히 먹이고 추위에 길들도록 건강하게 양육해야 한다고 하였다.

로마시대에서도 자녀의 올바른 성격의 함양과 인생관, 생활 태도를 키우도록 하는 데 있어서 모친의 무릎에서 이루어지는 가정교육을 로마의 정도로 인정하였다(유안진, 1985). 물론 이 시대에는 부모 이외에 유모, 가정교사, 보모의 역할도 강조하였으나 결국은 부모의 역할을 대신 도왔으며 자녀양육의 책임은 부모에게로 귀결되므로 부모교육의 중요성이 강조되고 있는 것이다.

이러한 자녀양육과 관련된 부모교육에 관한 모든 논의는 그 기원을 구약 성서에서도 찾아볼 수 있다.

"오늘날 내가 네게 명하는 이 말씀을 너는 마음에 새기고 네 자녀에게 부지런히 가르치며 집에 앉았을 때에든지 길에 행할 때에든지 누웠을 때에든지 일어날 때에든지 이 말씀을 강론할 것이며 너는 또 그것을 네 손목에 매어 기호를 삼으며 네 미간에 붙여 표를 삼고 또 네 집 문설주와 바깥문에 기록할지니라" (신명기 6:6~9).

이 성경 구절은 이스라엘 백성들, 특히 아버지들에게 자녀양육에 관하여 의식이 깨어 있는 동안 때와 장소를 막론하고 정신을 차리고 가르치도록 언급된 내용이다.

2) 17세기의 부모교육

중세의 유아는 오늘날처럼 그들의 독특한 욕구가 고려되지 않고 양육되었으며, 그 당시의 유아는 그들을 양육하는 사람을 신뢰해야 함을 강조하지도 않았다. 부모는 자신이 자녀의 양육자라는 개념을 가졌으나 현대의 양육태도와 비교해 볼 때 아주 초보적이고 모호한 것에 지나지 않았다. 따라서 산업혁명 이전에는 양육이란 가정 단위의 것이었으며 가정의 여러 기능 중 하나였다(이은화. 이경우 역, 1985).

가족은 일반적으로 공통된 거주지, 경제적 협동체, 재생산이라는 특성을 지닌 사회적 집단으로 정의되어 왔으며 가족은 결혼이나 혈연 또는 입양과 같은 유대를 맺은 사람들로 구성되며 각자가 갖는 사회적 지위를 통해 상호작용을 하는 가장 오래되고 영구적인 사회 형태이다. 이러한 가족의 형태는 변화하는 과정에 있으며 이러한 변화 중의 일부는 부모의 전통적인 위치와 기능을 약화시키고 이전에 존재하였던 많은 부모를 위한 지지 체제들을 박탈해 버렸다.

17세기에도 이러한 친권의 약화가 나타났는데, 이는 도시경제의 성장에 기인한 것이라기보다는 여러 다양한 원인의 영향으로 볼 수 있다. Musgrve(1962)는 이러한 과정을 '친권을 대신한 부모 영향'이라는 하나의 발전과정으로 보았다. 이러한 상황의 변화는 부모들이 새로운, 이전과는 다른 역할들을 맡도록 하였는데, 특히 자녀양육에 관한 부모의 기본적인 기능들을 재계획하고 재조사하는 것이 필요하게 되었으며 자녀양육의 많은 부분들이 마치 새로운 것처럼 다시 습득되어져야만 하였다(정문자 역, 1990).

이러한 시대의 변화와 가족 기능의 변화 속에서 자녀들의 어린 시기는 독특한 독립된 시기로서 그 중요성이 인식되었으며 많은 부모들의 자녀양육에 대한 사상이 유럽의 지식층에 부활되었다. 이때에 등장한 Comenius의 어머니학교나 유아학교(The school of mother or The school of infancy)는 부모교육에 대한 새로운 정립을 시도하였다. Comenius는 모라비아형제교단의 목사로서 실학주의자, 근대교육의 아버지, 세계 최초의 실물 교육, 시청각 교육인 세계도해를 펴내었다.

어머니의 무릎이 최초의 가장 중요한 단계로 보고 가정을 교육의 장으로 인식하여 어머니가 교육자가 되어 자녀의 능력과 특성에 맞는 교육을 실시하도록 역설한 것이다. 어머니학교의 교육론은 집단교육 사상으로 발전하여 4~6세 대상의 최초의 공동학교 제창으로 발전하였다.

Comenius의 저서 『대교수학(*Great suggested didactis*)』에서 그는 0~6세까지의 교육은 어머니에 의해 이루어져야 한다는 뜻에서 「어머니학교」라고 이름지었으나 1633년 이에 대한 지침서를 저술할 때에는 「유아학교」라고 하였다. 유아학교 또는 어머니학교라는 말은 같은 개념에 근거한 것이다. 「유아학교」의 내용은 Comenius의 양육이론에 그 목적이 나타나 있으므로 요약하면 다음과 같다(이원영, 1985).

제1장 : 어린이는 하나님이 주신 가장 귀한 선물이며 보물이다.

첫째, 어린이는 원죄가 있고 하나님의 형상을 아직 이루지는 못하였고 선악을 구별할 수 없으며 오른손과 왼손을 구별할 줄 모르지만 죄는 없기 때문이다.

둘째, 어린이들은 믿지 않는 자와 뉘우칠 줄 모르는 자만 빼고 우리 모두를 구원한 예수 그리스도의 소유이며 가장 정결한 자들이기 때문이다.

셋째, 하나님은 어린이들을 무한한 사랑으로 감싸시므로 하나님의 영광을 나타내는 특별한 소유물이기 때문이다. 하나님께서는 금과 은을 천사로 하여금 지키게 하지 않지만 어린이들을 천사로 하여금 보호하게 하신다. 그러므로 집에 어린이를 키우는 자는 천사와 함께 있는 것이다.

제2장 : 어린이의 교육은 어떤 방향에서 이루어져야 하는가? 하나님께서 주신 자녀로부터 기쁨만을 느낄 것이 아니라 어린이들을 바로 교육하고 훈련함으로써 진수를 맛보아야 한다. 어린이들을 미완성되게 하신 이유는 우리들을 그의 조력자로 만들기 위함에서였다.

제3장 : 어린이들은 올바르게 교육받고자 훈련과 안내를 요구한다. 어린이들은 스스로 자신을 훈련하지 못하므로 어른들의 끊임없는 노력에 의하여 형성될 뿐이다. 나무가 되기 위해 어린 묘목을 심고 물 주고 보호해 주어야 하는 것과 마찬가지이다.

제4장 : 어린이들은 6세 이전에 무엇을 배워야 하는가? 어릴 때 굽어 버린 나무를 곧게 펴는 일은 힘이 든다. 따라서 부모들은 교사나 목사에게만 미룰 것이 아니라 6세가 될 때까지 잘 가르쳐야 한다. 가르칠 내용은 경건성(piety), 도덕성(moral), 건전한 학습(sound learning), 건강(health)이다. 경건이란 마음을 닦아 하나님을 향해 있도록 하며 존경, 사랑, 복종의 마음으로 하나님을 따르며 하나님과 늘 대화하므로 평화, 위안, 기쁨을 느끼도록 하는 것이다. 도덕성은 의식주 생활에서 절도 있고 깨끗하게 하며 남의 것에 대하여 탐내지 말며 공정하고 친절하고 사람들과의 관계에서 지켜야 할 것들을 바르게 알도록 하는 것이다. 건전한 학습이란 사물을 알기, 행하기, 말하기 등의 요소로서 자연 현상, 논리적 현상, 사회적 현상의 지식과 관련된다. 건강은 삶과 인간의 모든 일의 기본이 되는 것이다.

제5장 : 건강과 체력을 유지하고 향상시킬 수 있는 제반 내용이다.

제6장 : '학습' 으로서 보는 것과 듣는 것에 의해서 가르침을 소개한 것이다.

제7장 : 행하면서 배우기를 강조하였다.

제8장 : 말하면서 배우도록 하였다.

제9장 : 성격형성과 관련된 내용이다.

제10장 : '영혼' 을 새롭게 하도록 기도의 중요성을 언급하였다.

제11장 : 어머니는 어머니학교에 얼마나 오래 다녀야 하나?

제12장 : 학교에 입학시킬 준비는 어떻게 하는가? 학교나 선생님에 대해 좋게 이야기해 주며 공부는 꿀처럼 달다고 가르치고 앞으로 만나게 될 선생님에 대해 신뢰하고 사랑하도록 유도한다.

「유아학교」 또는 「어머니학교」 서문에는 그의 양육이론이 다음과 같이 집약되어 있다.

> 하나님을 믿는 기독교인 부모들, 교사들 후원인과 어린이들을 돌보는 책임을 맡은 모든 사람들에게!!
>
> 사랑하는 이들이여,
>
> 당신들의 맡은 바 의무에 대해 여러분 모두에게 말하고자 하는 것이 나의 목적이기에 나로서는 다음의 세 가지를 밝힐 수밖에 없습니다.
>
> Ⅰ. 하나님께서는 당신들이 보물처럼 여기는 어린이들을 그대들에게 위탁하셨다.
>
> Ⅱ. 하나님께서는 어린이의 교육이 바르게 이루어져야 한다는 목적을 갖고 계시며 이를 그들에게 (책임으로) 부여하셨다.
>
> Ⅲ. 젊은 세대는 좋은 교육을 너무나 갈망하기 때문에 만일 이를 성취하지 못한다면 필연적인 것을 잃는 것이다.
>
> 이러한 원칙을 설정하고 나는 당신들이 맡고 있는 어린 시기의 양육에 관한 여러 영역을 순서대로 설명하므로 나의 목적을 달성하고자 한다. 그대들의 지도 아래, 오 아버지시여! 하늘과 땅의 모든 세대들이 결정되어진다.
>
> John Amos Comenius

17세기 부모교육에 크게 영향을 미친 Comenius의 유아학교 교육내용은 21세기를 눈앞에 둔 현대의 유아교육과 부모교육에 여전히 이어져 아주 중요하게 적용되고 있다.

3) 18세기의 부모교육

18세기 계몽시대는 이성으로 구습과 전통을 비판하고 합리적인 인간생활을 도모하려는 사상이 대두되면서 Locke와 Rousseau의 교육사상이 자녀 및 부모들의 교육에 크게 영향을 미쳤다.

인간은 태어나면서 백지와 같은 순수 상태라는 Locke의 「백지설」 주장은 학교교육보다 가정교육을 더욱 강조하게 되었다. 부모나 가정교사에 의해 이루어지는 가정교육을 더 중요시하며 자녀의 의지와 신체 단련을 통해 좋은 습관을 기르고 지 · 덕 · 체를 겸비한 영국의 신사 기질을 유아기부터 키워야 하므로 가정교육 및 부모역할의 중요성을 강조하였다.

Rousseau는 Locke보다 더 자연주의를 제창한 사상가로서 가난하고 불행스러운 결혼생활로 다섯 자녀를 고아원에 버렸던 일을 참회하는 뜻에서 쓴 『에밀(*Emile*, 1762)』에서 그의 교육사상을 소개하고 있다.

즉, 인간은 신에게서 태어날 때는 모두 선하였으나 인간의 손에 의해 더럽혀졌으므로 아동양육은 자연스러운 발달을 돕는 자연적인 방법으로 해야 하며, 자녀는 모유로 키워야 하고 타고난 천성이 자연스럽게 자랄 수 있도록 간섭이나 지나친 강요를 삼가해야 할 것이며, 교육은 자연인을 양성하는 것이므로 유아가 스스로 보고 느끼고 깨닫고 이성에 의해 판단하며 행동하도록 돕는 것이어야 한다고 주장하였다(유안진, 1985). 특히 유아기는 종일 뛰어 놀도록 하고 가정에서 부모의 협력으로 사랑에 의해 인격이 형성되고 생활의 기쁨을 맛보도록 해야 함을 강조하여 부모역할을 역설한 것이다.

그러나 이 당시 미국 사회에서는 인간 본성에 대해 청교도적인 견해를 고수하여서 Rousseau의 주장이 받아들여지지 않았으며 아동들에게 자신의 운명을 개척하고 개인적으로 성취할 수 기회를 주어야 한다는 믿음을 갖게 하였다(이재연, 김경희, 1988).

4) 19세기의 부모교육

19세기는 인간의 모든 조직을 완성하려는 이상과 인간성의 미적 · 조화적인 발달을 추구하는 사상들로서 신인문주의시대로 지칭된다. Comenius 이후 아동양육에 영향을 미친 사람은 Rousseau이며, Rousseau의 영향을 받은 Pestalozzi는 『게르트루드는 자녀들을 어떻게 가르쳤는가?(*How Gertrude teachers her children*)』라는 양육지침서를 펴냈다. 이 책을 통해 부모는 자녀에게 도덕교육과 종교교육을 가르쳐야 함을 강조하였으며, 그 방법은 교리나 문답에 관한 것이 아니라 어머니와 자녀와의 상호관계 속에서 가정을 벗어나기 전에 가르쳐져야 한다고 주장하였다.

Pestalozzi의 제자인 Fröbel은 1840년 초기에 어머니가 자녀들에게 들려 줄 수 있는 노래와 게임, 이야기를 담은 책 『어머니의 노래와 놀이, 이야기(*Mother's songs, games, card stories*)』를 펴냈다. 이 중 1843년에 출판한 『어머니와 아기의 노래(*Mutter und kose-gieder*)』는 우리나라에도 번역되어 출판되었다(서석남 역(1991), 『어머니의 노래와 애무의 노래』, 양서원). Fröbel은 어린 시절 어머니의 역할의 중요성을 특히 강조하였다. 인간은 근본적으로 영원하고 영적 · 신적인 존재이며 이러한 영원한 존재를 어린이들에게 확신시켜 주므로 인간의 영원한 재생을 위해 자녀를 잘 양육하는 것이다. 이러한 자녀양육의 목적은 어린이가 가지고 태어난 모든 능력과 자연적 은사를 자극하여 전반적으로 발달하도록 하는 것이다. 따라서 훌륭한 어머니란 어린이의 내면에서 일어나고 있는 삶을 따라가면서 그 마음에 잠자고 있는 것들이 전반적으로 일깨워지도록 할 수 있는 사람이라고 하였다.

Comenius, Rousseau를 거쳐 Pestalozzi, Fröbel의 이론이 미국의 자녀양육 및 부모교육에 큰 영향을 미쳤다. 이러한 이론들은 구체적이고 실제적인 것으로 변화하여 왔으며 권위 존중 및 체벌 사용이라는 방법에서 이해, 자발성 존중의 방법으로 서서히 그리고 점진적으로 변화하였다. 따라서 Comenius에서 Fröbel에 이르는 동안 일반인들의 보편적인 자녀양육관은 종교적이고 도덕적인 어린이, 예절 바른 어린이, 깨끗하고 정결한 어린이, 부지런한 어린이, 관대한 어린이로 키우는 것이었다(Christensen, 1980)

이러한 자녀양육의 이론은 부모교육(parent education), 부모개입(parent involvement), 부모역할기(parenthood) 등의 이름으로 19세기 중반부터 여러 이론과 저서, 기관 및 정부의 프로그램에 의해 다양하게 발전되기 시작하였다. 1888년 최초로 뉴욕에서 미국 아동보육협회(Society for the Study of Child Nature)가 결성되어 활동하다가 1942년에 미국 아동연구협회(Child Study Association of America)로 이름을 바꾸었으며, 이 협회는 1924년에 미국 부모교육협회(National Council on Parent Education)를 창립하여 부모와 전문가들을 위해 일하였다. 1890년 미국 여학사협회(American Associate of University Women)의 전신인 'Association for Collegiate Alumm'에서는 부모교육 프로그램의 하나로 대학을 나온 여성들에게 자신의 자녀를 양육하면서 관찰한 것을 양육일기로 쓰도록 하였다. 1897년, 미국 어머니회(National Congress of Mother)가 설립되고 이 기관에서는 1924년에 전국 사친회(Parent-Teacher Association)의 일을 맡게 되었다(이재연 · 김경희, 1992)

5) 20세기의 부모교육

20세기는 아동의 세기라고 할 만큼 아동에 대한 연구 및 활동이 활발히 이루어졌다. 따라서 부모—자녀 관계에 대한 연구 및 활동도 활발하였는데 부모교육 및 부모의 양육태도를 변화시키고자 하는 데 크게 영향을 미친 것은 심리학의 발달이다. 아동 발달심리 및 성격심리학의 이론이 교육현장이나 부모—자녀 관계의 일상 생활에 적용하고자 한 노력이 눈부시게 발전한 것이다. Freud의 정신분석 이론, Erikson의 사회성 발달 이론, Piaget의 인지발달 이론, Kohlberg의 도덕성 발달 이론, Rogers의 인본중심 이론뿐 아니라 Dewey와 Montessori의 이론들도 아동의 교육은 물론이거니와 부모교육에 영향을 미쳤다. 1909년 미국의 루즈벨트 대통령은 백악관회의(White House Conference on Children)를 개최하여 세계 각국의 전문가를 초청하여 아동발달 및 자녀양육 그리고 가정에 관한 문제들을 다루었다.

1912년에는 제1회 백악관회의 결과에 따라 노동성에 아동국(Children' s Bureau)을 설립하였는데, 여기에서는 부모를 위한 자녀양육에 관한 책자를 발간하기 시작하였다. 1914년에 『영아양육(*infant care*)』이라는 책을 출판하여 이후 1976년까지 여섯 번 개정되어 총 6천만 권이 배포되었다(이재연 · 김경희, 1985)

특히 20세기의 아동양육에 있어서 Gesell과 Watson 그리고 Freud 등 세 사람의 이론이 그 주류를 이루었는데 좀 더 자세히 살펴보면 다음과 같다(Sandra Scarr, 1984 ; 현은자 역, 1992).

(1) Gesell의 성숙론적 입장의 양육이론

아동은 천성이 선하며 자신의 추진력으로 성숙이란 능력을 부여받았으므로 부모가 학대적이거나 극도로 방관하지 않는 한 부모의 세세한 양육방식에 의해 거의 영향받지 않는다는 것이 Gesell의 이론이다. 즉, 아동은 내적 지향성(internal direction)이 있으므로 '잘못된 조종' 에 의해 방향을 바꿀 정도의 순응성이 없으며 부모의 안달과는 관계없이 자연적으로 성장하게끔 결정되어져 있다. 아동은 유전적인 프로그램이 지시하는 대로 성숙하게 되므로 환경은 보조역할만을 하며 부모들은 자녀에게 좀처럼 나쁘게 영향을 주지 않을 것이라고 Gesell은 확신하였다.

Gesell의 자녀양육 방식은 튜울립 정원을 가꾸는 것과 비슷하다. 구근을 좋은 흙 속에 심고 물을 주며 봄이 되기를 기다리는 것이다. 각각의 꽃들은 이미 정해진 색, 크기, 형태를 가지고 태어나도록 성장의 기본적 양상은 그 구근 속에 존재한다. 마찬가지로 인간의 성장도 미리 결정된 발달적 양상에 따라 달라질 수 있으므로 부모의 좋은 양육방법은 자녀가 그 자신이 해낼 수 있는 최선의 모양으로 만들도록 도울 수 있다. Gesell식 아동관은 아동 자신들의 건강하고 안전한 성장을 보장받았으므로 부모들은 죄책감 없이 휴식을 취하며 부모역할을 즐길 수 있었으며 그들이 어떠한 일을 하든지 상관없이 그들 자녀들은 태어날 때 받은 것 그대로 성장한다고 믿었다.

(2) Watson의 행동주의적 입장의 양육이론

Watson은 Gesell과는 달리 아동은 전적으로 양육에 의해 형태지어지며 세밀한 훈련의 수동적 수령자이며 또한 훈련에 의해 글씨 씌어질 수 있는 백지라고 주장하였다. 행동주의의 아버지인 Watson은 부모들에게 그들의 책임과 그 중요성 그리고 아동의 발달을 손상시킬 수 있는 많은 양육방법들을 역설하여 그 시대의 부모들을 감동시켰다.

Watson이 생각하는 신생아는 "약간의 단순한 반응을 할 수 있는 살아 꿈틀거리는 한 조각의 살" 이었다. 부모들은 이러한 아기들을 그들의 뜻에 맞도록 모양 만들기를 시작하는데 이는 출생시부터 집중적인 훈련을 시작한다는 것을 의미한다(Watson, 1928).

Watson의 견해는 부모들에게 그들이 원하는 대로 자녀를 성장시킬 수 있다는 확신을 주었으므로 그들 부모들에게 매우 인기를 얻었다. Watson의 견해는 모든 사람들이 꿈꾸는 민주주의적 이상과 잘 부합되었으며 만일 그가 열심히 노력하여 일관성 있게 아동을 훈련시킨다면 그들 부모가 원하는 어떤 사람도 만들 수 있다고 하였다.

Watson의 자녀양육관에 따른 부모역할은 집을 짓는 것에 비교할 수 있다. 건축가는 집을 지을 때 자신이 원하는 양식으로 설계할 수 있으며 그 집의 크기나 세부적인 건축 기술, 가구 배치 등에 따라 집의 형태를 결정하게 되고 일단 청사진이 결정되면 건축가는 그 계획에서 벗어날 수 없으며 엄격하게 지켜야 한다.

Watson이 말하는 아동양육이란 바로 이러한 것이다. 아동은 부모가 원하는 대로 형태지어질 수 있는 한 덩어리의 찰흙과 같기 때문에 부모 자신의 뜻대로 키울 수 있다고 믿었다. Watson식 아동은 세세한 발달적 측면에서 끊임없는 주의를 요하기는 하였으나 어떠한 사람들도 헌신과 노력으로 총명한 자녀로 키울 수 있었다. 그 시대 중산층 부모들은 Watson의 견해를 매우 설득력 있게 보았으며 그 시대를 풍미한 민주주의적 낙관론은 천성적으로 선하며 훈련과 교육을 통하여 완전해질 수 있는 아동의 상(image)을 길러내었다. 이는 Watson과 미국 행동주의 산물로서 지금까지 사회과학자들에 의해 선호되고 있는 아동관 또는 자녀양육 이론이다.

(3) Freud의 정신분석적 입장의 양육이론

Gesell과 Watson이 아동과 부모의 역할에 대해 서로 상반되는 견해를 제시하고 있을 때 비엔나에서는 Freud에 의해 아동의 양육방식에 대한 새로운 이미지를 창출하였다. Freud식 아동은 믿을만한 좋은 능력이 부여된 성숙자나 틀에 넣어져 모양이 만들어지기를 기다리는 한 덩어리의 찰흙덩어리가 아니라 시한 폭탄에 설치된 파동치는 갈등의 덩어리이다. 아동은 성적으로 충동적이며 그의 과잉 성욕을 누르고 사회화시키려는 성인과 그리고 그 자신간에 피할 수 없는 갈등 상태에 놓여 있다. 그러므로 아동은 통제되어야 하는 비꼬인 에너지로 파동치는 존재인 것이다.

신경증은 너무 많은 통제로부터 오며 성격의 결함은 너무 적은 통제에서 온다는 것이다. Freud식 아동양육은 거의 불가능한 과업으로 보여졌으므로 정신적으로 건강한 아동을 양육할 수 있는 부모는 얼마 안 되는 것이다.

Freud식 아동관은 유럽의 중앙 문화의 영향을 받아 생성되었으며 부모들은 심리적으로 복잡한 훈련을 통하여 자녀의 영혼을 구해야만 한다. 아동이 받을 심리적 쇼크는 매우 심각할 것으로 예상되어 아동이 자신의 병세의 탓을 부모에게 돌리는 것이 허용되었다. 미국에서 Freud의 견해는 그들 자신과 그들 자녀의 미래를 통제하기 위해 애쓰는 부모들의 노력에 의해 발달하였다.

(4) 오늘날의 자녀양육관

현대의 발달심리학자들은 강건하며 생물학적으로 조직된 아동관을 선봉한다. 아동발달은 환경이 보조하는 한 내적인 생물학적 계획에 의해 순조롭게 진전된다는 것이 가장 최초의 견해이다.

Bronfenbrenner와 그의 동료들은 아동이 그 안에서 살고 자라는 좀 더 넓은 사회적 · 경제적 정황에 초점을 맞춘다. 오늘날의 전문가들은 이전 세대의 Watson과 Freud파의 전문가들보다 아동발달에 더 낙관적이다.

모든 사람들이 아동의 생물학적 발달을 인정하나 아동의 발달 경로에 영향을 미칠 수 있는 세부적인 부모의 양육방식에 있어서는 다르다. Gesell파의 전문가들은 발달의 생물학적 조직을 더 중요하다고 하며 Watson파의 지지자들은 아동의 환경이 합리적으로 주어져야 함을 강조한다. 그 차이는 어디에 강조하느냐에 있지 근본적인 아동의 개념에 있는 것이 아니다.

현대 아동관과 부모역할관은 현대 문화에 그 기저를 둔다. 아동의 최상의 발달을 성취하기 위해서는 순수한 Watson식보다는 덜 집중적인 부모역할을 요구하며, 순수한 Gesell식 아동보다는 더 많은 관심을 필요로 한다. 지속적인 아동복지에의 관심과 여성 권리와 역할에 대한 합법적인 관심으로 반 Gesell식 아동이 1980년대 이후 자녀의 좋은 상이 되었다.

부모들은 자녀양육에 대한 양립할 수 없는 여러 견해들과 그들이 주는 양육에 대한 조언들로 정신을 차릴 수 없을 정도로 20세기에는 그 변화가 더 빨리 진행되었다.

사회 · 역사적인 입장에서 보면 부모교육의 성장은 다양한 발달적 과정과 관심의 결과로 볼 수 있다. 부모교육은 부모가 부모역할을 수행하는 데 필요한 지침, 원조 그리고 강화를 제공하는 기제로서 전통적으로는 존재해 온 것을 형식화하려는 노력에서 그 기원을 찾을 수 있다. 이러한 초기의 시도에 덧붙여 아동의 발달과 성장에 대한 사회과학자들의 관심이 증가하였는데 이는 과학적 통찰이 규범적인 자녀양육 형태에도 적용되어야 한다고 믿었기 때문이다(정문자 역, 1990).

2장 | 가족관계

1. 가족의 개념 및 정의

2. 현대가족의 형태
   1) 가족구조에 따른 유형
   2) 가족구성에 따른 유형

3. 건강한 가족
   1) 건강한 가족개념
   2) 건강한 가족의 특성

4. 부모의 역할

2장 가족관계

부모교육 · 자녀교육 또는 바람직한 부모–자녀 관계, 바람직한 자녀 양육을 이야기할 때에는 "가족관계"를 떠나서는 설명할 수가 없다. 사람은 가족이라는 집단 안에서 다른 가족구성원과의 관계가 인정될 때 그 사람의 삶의 양식을 이해할 수 있기 때문이다. 좋은 부모로서 부모역할을 할 수 있는 것은 가족관계가 어떠한지와 관련되어 있는 것이다.

따라서 본 장에서는 가족에 대한 기본적인 이해를 통해 가족관계에서 부모역할을 조명해 보도록 한다.

1. 가족의 개념 및 정의

현대사회의 여러 관점으로 보아 가족에 대한 정의를 한 마디로 규명하기란 대단히 어렵다. 많은 인류학자, 사회학자, 심리학자, 가족학자들도 가족을 어떻게 정의할 것인지에 관심을 갖고 각기 독특한 관점을 제공해 왔지만 "무엇이 가족인지"에 대한 합의점을 찾지 못하고 있다(박경란 외, 2003).

그러나 현실적으로 가족은 인간이 가져온 제도 중에서 가장 오래된 것으로 사회의 변화와 변천에 따라 여러 가지 영향을 받으며 꾸준히 지속되어온 기본적인 사회제도이다.

따라서 가족이란 부부와 그들의 자녀로 구성되는 기본적인 사회집단으로서 서로의 이익관계를 초월한 애정적인 혈연집단이며, 같은 장소에서 기거하고 취사하는 동거동재 집단이고, 그 가족만의 고유한 가풍을 갖고 있는 문화집단이며, 양육과 사회화를 통하여 인격형성이 이루어지는 인간발달의 근원적 집단임과 동시에, 사회변동 · 변천과 함께 의도적인 정치적 개입에 의해 변화하며 그러한 변화에 대하여 역동적으로 적응할 수 있는 사회제도의 하나이다(유영주, 1993; 조홍식 외, 1997).

이러한 가족은 인간의 삶을 지탱하도록 존재해 온 사회적 제도이기 때문에 사회나 문화의 다양성에도 불구하고 보편적인 가정들이 있음을 Cox(1999)는 다음과 같이 제시하고 있다(정현숙 외, 2004 재인용).

첫째, 가족은 인간조직의 가장 기본적인 단위이다.

둘째, 자유롭고 창조적인 사회에서의 가족은 자녀양육과 같은 가족의 기능이 충족될 수 있도록 구조적인 형태를 제공한다.

셋째, 가족생활은 고정된 현상이 아니라 변화와 연속성을 동시에 포함하고 있다.

넷째, 문화에 따라 각각의 가족은 독특할 뿐만 아니라 다른 가족들과 공유되는 보편적인 특성도 갖고 있다.

다섯째, 사회의 안정성 약화, 개인의 고립화로 인한 인간관계의 소원함으로 가족의 중요성이 더욱 강조된다.

여섯째, 환경이 가족에 미치는 영향은 직접적이라기보다는 환경에 대한 가족성원의 태도와 반응에 의해 사회화에 영향을 미친다.

일곱째, 같은 문화권 안에서도 하위문화권(즉 사회계층, 종교 등)에 따라 가족은 독특성을 갖게 된다.

여덟째, 현대 사회에서 가족은 기본적인 경제단위로서 가계운영, 소비자로서 국가경제 기반의 주체가 된다.

아홉째, 다양한 문화는 다양한 사람으로 구성되고 거기에는 다양한 가족 유형이 존재한다.

이와 같이 가족은 두 명 이상의 개인이 결혼, 혈연, 입양으로 연결되며, 함께 거주하는 집단으로서 사회의 가장 기본적인 단위이며 또한 경제 단위, 정서적 단위, 친밀하게 상호교류하며 상호의존적인 사람들의 단위이다.

또한 가족은 가장과 자녀 양육자와 같은 지위를 형성하고 이러한 지위가 상호작용하는 구조를 갖고 있는 사회적 집단이나 제도이다. 생물학적으로 규정되는 친족집단이 있고 거주를 공유하게 된다.

2. 현대가족의 형태

현대사회에서 가족을 이해하기 위해서는 가족의 구조적 측면에 초점을 맞춘 전통적 개념보다는 가족 구성원들 사이의 상호작용을 중요시하는 기능적 측면에 초점을 맞추고 관심을 집중시키고 있다. 따라서 가족의 형태는 여러 측면에서 분류할 수 있겠으나 가장 일반적이며 쉽게 찾아볼 수 있는 가족구조 · 가족구성원을 중심으로 살펴보면 다음과 같다(박경란 외, 2003).

1) 가족구조에 따른 유형

가족구조는 부모의 수, 혼인정착 방식과 관련된 가족형태이다.

(1) 핵가족: 전형적인 가족형태로서 부모와 자녀로 제한된 가족을 의미한다. 모든 가족형태는 이 형태에서 파생된 것으로 간주한다.

(2) 동거가족: 동거하고 있는 부부와 그들의 자녀로 구성되는 형태이다. 핵가족은 법률혼에 의해 이루어졌으며 동거가족은 사실혼에 의해 이루어진 것이 서로 다르다.

(3) 편부모가족: 한쪽부모(부 또는 모)와 그들의 자녀로 이루어진 가족형태이다. 오늘날은 편부모가족의 형태가 증가하고 있는 실정이다.

2) 가족구성에 따른 유형

가족구조가 한 가족 또는 그 이상의 가족을 포함하기도 하며 배우자가 둘 이상, 두 가족 또는 두 부모, 편부모가족이 큰 가족과 함께 가족을 이루는 경우를 들 수 있다.

(1) 확대가족(extended family): 보통 세 세대가 함께 거주하는 가족이다. 조부모－부모－자녀－손자들은 물론 미혼자녀 또는 친족을 포함하여 함께 살고 있으며 동일 가계하의 노부모의 권위하에 있는 가족 형태이다.

(2) 수정확대가족(modified extended family): 확대가족의 구성형태이지만

같이 살지는 않고 가까이 살면서 서로의 개별성과 자율성을 유지한다. 상호긴밀한 유대관계를 갖고 지원, 보호하며 모든 가족원이 한 가족으로 포함된다.

(3) 직계가족(stem family): 부모와 동거하는 장남과 그의 아내, 자녀들로 이루어지는 가족으로 우리 전통사회의 이상적인 가족유형이다.

(4) 합동가족(joint family): 부모와 함께 사는 모든 성인 아들들과 그들의 부인들, 그리고 자녀들로 구성되는 가족유형이다.

(5) 계부모가족(stepparent family): 재혼부부와 이전의 관계에서 낳은 자녀들로 구성된 가족이며, 혼합가족은 재혼부부와 이전의 관계에서의 자녀와 계부모 가족에서 태어난 자녀들로 구성된다.

(6) 복혼가족(polygamy): 한 남성 또는 한 여성이 둘 또는 그 이상의 배우자와 결혼하는 형태이다. 이는 일부다처제(polygyny)와 일처다부제 (polyandry)로 나누어진다.

오늘날과 같이 급변하는 사회에서는 가족에 대한 전통적인 개념들이 수정되도록 요구하고 있다. 높은 이혼율은 편부모가족과 복합가족을 양산하고 있으며 늘어나는 입양아 부부는 출산하지 않은 자녀들도 가족의 일원으로 당연히 포함되고 있다. 또한 무자녀 부부들, 동성애가족도 하나의 가족으로 포함되고 있는 추세이다. 편부모가족, 노인가족, 일인가구, 동거가구, 비동거가족, 공동체가족, 동성가족 등으로 인하여 비전통적 가족형태가 점점 증가하는 추세이다. 따라서 오늘날은 '가족은 무엇인가' 보다는 '무엇을 가족으로 볼 수 있는가' 에 초점을 맞추고 전형적인 가족현상을 규정하려 하지 않고 존재하는 그대로의 생활양식을 중심으로 가족 현실에 관심을 갖는 실정이다(Adams, 1980; 손승영, 1995; 조홍식 외, 1997).

3. 건강한 가족

가족의 심리적 · 사회적 · 신체적 건강은 가족생활의 복리와 직결되어 있다. 좋은 부모–자녀 관계를 형성하며 부모역할을 제대로 할 수 있는 것은 건강한 가족 상태나 조건하에서 가능하기 때문이다. 바꾸어 말하면 건강한 가족상태가 형성되지 못한 가족 안에서는 부모교육—자녀교육이 제대로 이루어질 수 없는 것이다.

따라서 좋은 부모역할을 조명하기 위한 건강한 가족을 살펴보면 다음과 같다.

1) 건강한 가족개념

건강한 가족에 대한 관심은 가족을 정신병리의 기본적 단위로 보는 가족 치료적, 정신의학적 관점이 약화되면서 건강한 가족이란 정신병리적 특성이 없는 기능적인 가족을 뜻하기도 하였다. 그러나 1960년대 와서는 가족의 정신병리적 특성의 유무보다는 개인과 가족이 최적으로 건강하게 발달하는 측면을 강조하게 되었다.

건강한 가족이란 긍정적인 가족정체감을 형성하고 가족구성원간에 만족스러운 상호작용이 일어나도록 강화시키며, 가족의 개인적 잠재력을 북돋아 개발되도록 하는 사회심리적 특성을 갖고 있는 가족관계 유형을 의미한다(Otto, 1962). 또한 부부관계에서나 부모—자녀 관계에서 행복도가 높고 서로의 요구를 충분히 만족시켜 주는 가족이며, 개인적 차원에서 가족구성원 개개인의 성장과 발달을 도모하고 가족관계 차원에서 가족원간의 상호작용이 기능적이고 원만하며 가족체계가 잘 유지되면서 가족가치관을 지속적으로 발달시키고 있는 가정이라고 정의하고 있다. 가족원 개개인의 건강한 발달(신체적 · 심리적 · 사회적 · 도덕적)을 도모하고 가족원간의 상호작용(대화기술, 의사결정과정, 스트레스 대처방안)이 올바르고 적합하여 집단으로서의 가족체계를 잘 유지하고 있는 가족으로 규정하고 있다(Stinnett & DeFrain, 1985; 어은주 · 유영주, 1997; 유영주, 1999; 박경란 외, 2003).

이와 같이 건강한 가족에 대한 여러 학자들의 정의에 대한 공통점은 가족이 기능적으로 잘 유지되어 건전한 상태임을 의미하며 반면 건강하지 못한 가족은 무엇인가 잘못 되어가고 있으며 취약하고 병리적인 상태임을 지적하고 있다.

건강한 가족이란 문제가 없는 가족을 의미하는 것이 아니라 도전과 위기, 스트레스에 직면할 수 있을 때 다른 가족에 비해 이러한 문제를 잘 대처해 나가며 어려운 상황이나 환경을 잘 적응해 나가는 가족을 건강한 가족이라고 정의하고 있다(Olson & DeFrain, 1994; 박경란 외 2003 재인용).

2) 건강한 가족의 특성

일반적으로 건강한 가족적 관점(family strengths framework)에 기초한 건강한 가족(strong family)은 가족의 병리적 측면보다 건강한 가족의 특성을 파악하는 데 초점을 둠으로써 가족문제를 예방하고 가족생활을 증진하는 가족생활교육(family life education) 및 가족향상(family enrichment) 분야에서 보다 활용되는 관점이다.

따라서 건강한 가족은 흔히 Healthy Family, Strong family, Family Strength, Optimal Family, Functional Family 등으로 다양하게 기술되고 있다(정현숙 · 유계숙, 2004).

건강한 가족의 특성을 결정하는 것은 쉽지 않다. 건강한 가족의 기능적 특성을 다 열거한다 해도 문화적 그리고 근원가족의 경험과 그 가족의 흐름과 관련된 가족역사(family history)나 가계(family tree)에 따라 차이가 현저하게 다르기 때문이다.

여러 학자들의 건강한 가족의 특성을 정리하면 〈표 2-1〉과 같다.

〈표 2-1〉 건강한 가족의 특성

Otto(1962) 가족 강화	· 가족의 신체적 · 정서적 · 정신적 욕구에 대한 제공 능력 · 가족구성원들의 욕구에 대한 민감한 지각 능력 · 의사소통 능력 · 지원, 지지, 격려 능력 · 가족 내외에서 성장할 수 있는 관계 설정 및 유지 능력 · 자녀들과 더불어 그리고 자녀들을 통한 성장, 발달 능력 · 자립능력과 필요시 적절하게 도움받을 수 있는 능력 · 융통성 있게 가족역할을 수행하는 능력 · 가족구성원의 개성에 대한 존중 · 가족단결, 충성심, 상호협조에 대한 관심 · 이웃, 학교, 지역사회, 정부와 건설적이고 책임감 있는 공동체 관계 구축 및 유지 능력

Barnhill(1979) 건강가족	· 상호성 · 개별화 · 명료한 역할	· 명백한 부모–자녀 경계 · 융통성 대 경직성 · 명백한 의사소통
Curran(1983) 건강 가족	· 의사소통과 경청 · 타인에 대한 존경심 · 공동의 책임의식 · 공통된 종교 · 봉사에 대한 가치부여 · 가족의 단란한 시간과 대화 · 여가시간을 함께 즐김 · 풍부한 의례와 전통 및 강한 가족의식	· 상호간의 확신과 지지 · 상호간의 신뢰 · 균형된 상호작용 · 사생활 존중 · 문제의 인식과 도움 요청 · 놀이와 유머에 대한 감각 · 옳고 그름에 대한 판단력 교육
Beavers 등 (1983) 최적 가족	· 체계지향성 · 맥락적 명료함 · 자율성 · 능숙한 협상 기술	· 분명한 경계 · 동등한 권력과 친밀감 · 편안하고 즐거운 관계유지 · 초월적 가치의 소유
Stinnett & DeFrain(1985) 건강한 가족	· 헌신 · 영적 안녕 · 감사와 애정	· 함께하는 시간 · 긍정적 의사소통 · 스트레스와 위기에 대처하는 능력
Krysan 등 (1990) 건강 가족	· 가족의 참여 · 개개인에 대한 격려 · 식사 함께하기 · 가족의례 · 상호간의 지지 · 사회와의 연계(connectedness)	· 시간 공유 · 사생활 존중 · 책임 공유하기 · 의사소통 · 종교적 지향
어은주 · 유영주 (1995) 건강 가족	· 가정생활이 화목한 가족 · 상호 이해가 이루어지는 가족 · 규칙적인 생활을 하는 가족 · 가족원으로서의 역할에 충실한 가족 · 건전하고 긍정적인 사고방식을 가진 가족 · 대화(양, 질, 분위기)가 잘 이루어지는 가족 · 서로 사랑하며 가정 내에 사랑이 충만한 가족 · 가족 공통의 가치관과 가훈이 있는 가족 · 함께 많은 시간(여가, 식사 등)을 보내며 그것을 즐기는 가족	· 부모나 웃어른을 공경하는 가족 · 사생활을 존중해 주는 가족 · 문제를 잘 해결하는 가족

자료: Olson & DeFrain(1994)을 인용한 박경란(2003) 370–371, 재인용

또한 Olson과 DeFrain(1999)은 건강한 가족은 가족성원들이 문제나 위기에 처했을 때 도움을 주며 다음세대가 행복하고 성공적으로 자라나도록 밑거름이 되어주는 역할을 한다고 하였다. 따라서 다음 〈그림 2-1〉과 같이 인종, 민족, 국가를 막론하고 건강한 가족은 응집성(cohesion), 적응성(adaptation)이 균형적이며 긍정적으로 의사소통(communication)을 하고, 가족이 처한 난관을 극복할 수 있는 굳은 신념체계(belief system)를 갖고 있으며 친족체계(extended family system)나 사회체계와 유대감을 유지하면서 상위체계와 연계된 공통점을 갖고 있다고 하였다(정현숙 · 유계숙, 2004 재인용).

〈그림 2-1〉 건강한 가족과 가족체계

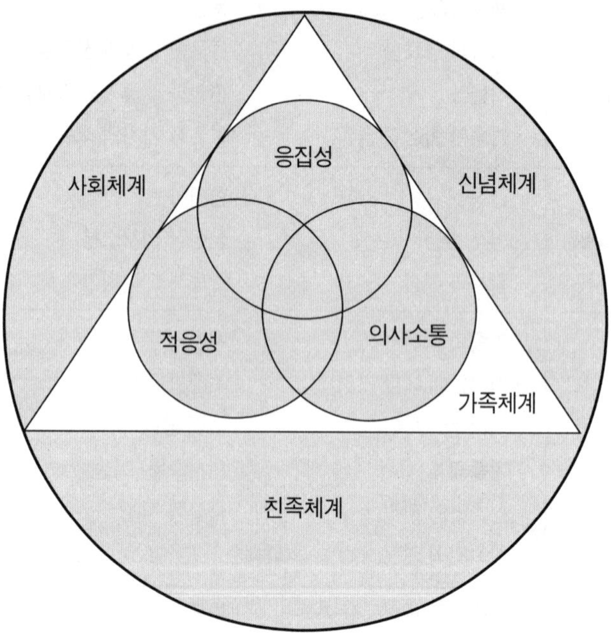

자료: Olson & DeFrain(1999), p.52를 인용한 정현숙 외(2004), 495. 재인용

가족의 심리적 · 사회적 건강에 대한 학자들의 개념을 정리하면 다음과 같다.

〈표 2-2〉 가족의 심리적 · 사회적 건강에 대한 개념

가족건강성 차원 / 학자명 및 건강한 가족의 명칭	응집성 (cohesion)	적응성 (adaptability)	의사소통 (communication)	상위체계와의 연계 (connectedness to suprasystem)
Otto(1962)의 건강한 가족 (strong family)	긍정적인 가족정체감, 가족원간의 만족스러운 상호작용	가족의 잠재력 북돋음		
Stinnett & Defrain (1985)의 건강한 가족 (strong family)	몰입(commitment), 함께 시간 보내기	스트레스와 위기에 대처하는 능력	긍정적 의사소통, 감사(appreciation of values)	종교적/윤리적 가치
Walsh(1998)의 회복력 있는 가족 (resilient family)	유대감 (connectedness)	적응성	의사소통	가족 신념체계, 친족 및 사회 관계망의 지원
Olson(1989)의 균형 잡힌 가족 (balances family)	견고한 부부관계, 높은 가족 응집성	융통적인 적응성, 스트레스와 위기에 효과적으로 대처	가족원간의 긍정적인 의사소통	
Olson(1993)의 균형 잡힌 가족 (balances family)	응집성	적응성	의사소통	
Beavers & Hampson(1990)의 최적의 가족 (optimal family)	구심성(centripetal), 원심성(centrifugal), 친밀감(closeness), 부모의 연합 (parent coalition), 자율성(autonomy)	적응성, 평등한 부부권력, 목표 지향적 협상, 갈등해결 능력	명료한 표현, 풍부한 느낌, 개방적 의사소통, 공감, 이해	
Olson & Defrain (1999)의 건강한 가족 (strong family)	응집성	적응성	의사소통	친족 · 사회 · 신념 체계와의 연계
서병숙(1994)의 건전 가정 (functional family)		발달과업 수행		

옥선화(1995)의 건강한 가족 (strong family)	응집성	적응성		
어은주 · 유영주 (1997)의 건강한 가족(strong family)	가족원간의 유대	문제해결 능력	의사소통	가족원간의 가치체계 공유
유영주(1999)의 건강가족 (healthy family)		가족원의 건강한 발달 도모, 의사결정 과정, 스트레스 대처방안	대화 기술	
최희진 · 유영주 (1999)의 기능적 가족 (functional family)	긍정적인 가족정서, 가족의 일 공유, 가족 행사 참여		의사소통	

자료: 정현숙 · 유계숙(2004), 건강한 가족개념, P. 496

4. 부모의 역할

가족관계에서 부모의 역할을 조명하기 위하여 가족의 개념, 가족의 형태, 건강한 가족에 대하여 살펴보았다.

21세기 현대 가족 관계는 그 개념이나 형태가 급격하게 변화해가고 있으며 따라서 건강한 가족이 되기 위하여 부모가 중심이 되어 가족관계를 바람직하게 유지하지 않으면 가족관계가 해체되고 가정이 붕괴되는 현상이 일어나는 혼란한 시대이다.

그러므로 가족 관계 안에서 부모역할의 중요성이 과거 어느 시대보다 더 중요하게 대두되고 있는 것이다. 따라서 부모의 역할을 다음 장에서 다시 살펴보기로 한다.

3장 | **부모역할**

1. 부모행동의 결정 요인
   1) 문화적 영향
   2) 부모의 성격
   3) 양육에 대한 부모의 태도
   4) 역할 모델링

2. 부모 역할의 특성

3. 어머니 역할

4. 아버지 역할
   1) 아버지의 양육 능력과 역할
   2) 출생 전 아버지 역할
      (1) 수태 이전의 심신관리
      (2) 임신기간 중 아버지의 지원
   3) 출산 과정—아버지 역할
      (1) 분만 시 아버지 참여
      (2) 폭력 없는 탄생
      (3) 제왕절개 수술 및 자연분만 시 아버지 역할
   4) 영아와 아버지
   5) 유아 · 아동과 아버지
      (1) 아버지와 자녀의 성역할 · 사회화 발달
      (2) 아버지와 유아 · 아동의 인지 · 학업 및 지적 발달
      (3) 아버지 부재와 자녀
   6) 아버지 역할에 대한 함의
      (1) 아버지는 지금 나의 자녀에게 어떻게 하고 있나?
      (2) 역기능 가정 및 순기능 아버지 특징
      (3) 아버지와 함께하기

3장 부모역할

양쪽 부모가 모두 있는 가정에서 자란 사람은 아버지와 어머니의 역할이 여러 면에서 다르지만 자녀를 양육하는 측면에서는 서로 비슷한 점을 발견하게 된다. 이 과정에서 중요한 것은 부모를 통해서 부모행동의 모형을 영향받게 되는 것이다. 부모와 자녀간의 관계는 부모의 역할 행위를 배우는 기본적인 방식이 된다.

본 장에서는 자녀의 생활양식에 결정적 역할을 하는 부모행동의 결정요인은 무엇이며 그러한 부모역할의 특성은 무엇인가? 또한 자녀의 성장과 발달을 위해 아버지의 역할은 무엇이며 또한 어머니의 역할은 무엇인가 하는 것을 중심으로 기술한다.

1. 부모행동의 결정 요인

성인 남녀가 결혼을 하여 부부가 되면 자녀를 갖게 되는 것이 일반적인 사회의 통념이며 부모가 되고자 하는 것은 성숙 과정의 일부로서 다른 사람을 돌보아주고자 하는 타고난 동기의 표현이라고 한다.

Johnson과 Medinnus(1974)는 부모행동을 결정짓는 요소를 다음과 같이 문화적 영향, 부모의 성격, 양육에 대한 부모의 태도, 역할 모델링으로 나눈다(이은화 · 이경우 역, 1985 재인용).

1) 문화적 영향

많은 연구들을 통해 자녀양육 형태에 있어서 사회 계층에 따라 아동의 성격과 행동에 영향을 미친다는 것을 발견하였다.

중류 가정은 자녀에게 그들의 욕구와 바람을 찾도록 가르친다는 것이다. 중류 계층 가정에서는 교육과 학업 성취에 중요한 가치를 두며 중류 계층의 어머니들이 아동에게 문제해결 행동을 가르치는 방식은 하류 계층의 어머니들과 다르다. 부모의 행동방식은 부분적으로 사회 계층의 가치 체계에 의해 결정된다는 것이다.

2) 부모의 성격

Johnson과 Medinnus(1974)는 부모와 아동간의 관계는 정서적인 관계라고 하였다.

부모 자신이 소유한 성격이 어떠하냐 하는 것이 부모행동을 결정짓게 되며 자녀와의 정서적 관계의 질을 결정하게 된다. 부모가 매우 긍정적이면 부모에 의해 이러한 분위기와 행동방식이 아동에게 전해지게 되며 반대로 매우 부정적이면 또 다른 분위기와 행동방식이 아동에게 전해진다. 자녀양육에 대한 관습에 따르면 훌륭한 성격의 부모를 둔 아동은 자라서 훌륭한 성인이 되도록 양육될 것이라고 믿는다.

3) 양육에 대한 부모의 태도

부모의 행동을 결정짓는 중요한 요인 중의 하나가 아동과 자녀양육에 대한 그들의 태도이다. 이러한 부모의 양육태도는 부모들의 성장과정에서 사회화 과정과 과거 경험의 결과에서 온 것이다. 부모가 독재적 태도를 갖느냐, 허용적 태도를 갖느냐, 권위적 태도를 갖느냐 하는 것은 아동

〈그림 3－1〉 Schaefer의 자녀 양육태도에 대한 가설적 모형

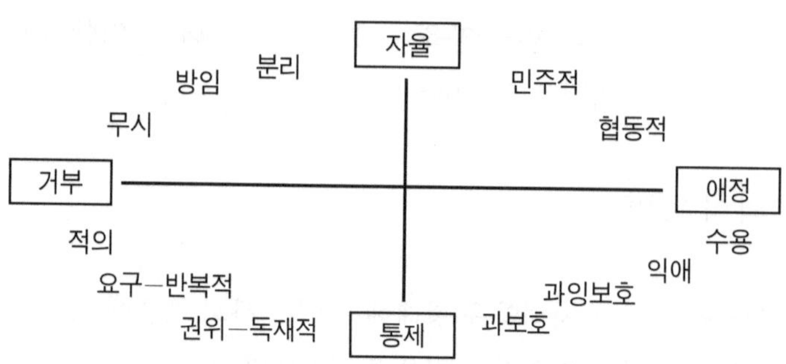

출처. Schaefer. E. S.(1961). Parental attitudes and behavior. p. 83.

과 상호작용하는 행동방식의 기초가 된다.

Schaefer(1959)는 30년 동안 장기 연구를 통해 신생아기부터 초기 청년기에 이르는 동안의 발달과 양육 태도를 분류하여 〈그림 3-1〉과 같이 소개하였다.

Schaefer의 분류에 따라 부모의 양육태도 유형을 구체적으로 살펴보면 다음과 같다(Martin, 1975).

· **애정적-자율적 양육태도** : 가장 이상적인 양육태도로 부모가 자녀에게 애정을 갖고 자녀를 인격적으로 존중하는 태도로서 자녀의 행동에 독립심과 자율성을 인정한다. 따라서 이런 부모에게서 자란 자녀는 부모와 신뢰감이 형성되어 자신의 감정을 자유롭고 쉽게 표현하며 남을 사랑하고 관용적이다.
· **애정적-통제적 양육태도** : 부모가 자녀에게 애정을 갖고 있으면서 동시에 자녀의 행동에 간섭과 통제로 과보호와 소유적 태도를 보인다. 이런 부모는 자녀에게 언어적, 심리적, 신체적인 방법으로 선택을 강요하므로 자녀는 의존적이며 사회성, 창의성이 부족하고 불안정한 정서를 지닌 내성적인 성격을 나타낼 수 있다.
· **거부적-자율적 양육태도** : 부모가 자녀에게 애정을 가지고 돌보지 않으면서도 자녀가 마음대로 행동하게 하여 무관심, 방임, 태만, 냉담적인 태도로 나타난다. 이런 부모에게서 자란 유아는 공격적이고 자신의 행동 근절에 애로를 보이며 부적응적 행동을 보인다. 자녀는 부모의 애정이 부족하여 정서적으로 불안하며 소극적이며 사회적-정서적 미성숙한 행동을 보일 수 있다.
· **거부적-통제적 양육태도** : 부모가 자녀에게 애정을 보이지 않을 뿐 아니라 관대하지 않고 신체적, 언어적, 심리적 체벌을 가하는 권위적, 독재적, 요구반복적인 태도로 거부적인 반응으로 상호작용한다. 불행한 마음, 미성숙한 불안정한 부모들이 보이는 양육 태도로서 일관성 없이 훈육하는 태도이다. 이런 부모 밑에서 자란 유아는 자아에 대한 문제, 내면화된 갈등, 고통을 갖고 있으며 수줍음이 많고 사회성이 부족하며 퇴행적, 자학적 행동을 보이기도 한다.

부모의 양육태도에 대한 개념은 학자마다 보는 관점이 일치하지 않을 수 있다. 그러나 부모의 양육태도는 자녀의 인성 및 모든 발달과 관계가 있다.

4) 역할 모델링

Harris(1959)에 의하면 만일 어떤 삶이 자기가 양육된 방식과 현재의 상태에 대해서 만족한다면 부모가 사용하였던 방식과 태도를 그대로 모방한다고 한다. 반면 지나친 통제와 간섭 때문에 부모의 행동방식에 만족하지 못하는 사람은 부모의 방식과 태도와는 정반대로 행동하려고 한다. 자녀들은 부모역할에 대한 행동 방향을 결정하는 데 있어 관찰과 모델링을 통해 배운다. 아동을 양육하는 부모들이 명심해야 할 중요한 사항은 부모역할이 자녀의 성장과정에 맞추어 변화해야 한다는 것이다. 동시에 이상적 부모역할이나 표준적 부모행동은 사회적 변화와 함께 변한다는 사실이 지적되어야만 한다(장휘숙, 1995 재인용).

2. 부모 역할의 특성

사회학자들은 성역할과 관련된 용어로서 '아내—어머니', '남편—아버지'의 역할에 대해 설명한다. 전통적인 관점에서 볼 때 아내—어머니의 역할은 가족구성원간의 중재자이며 또한 위안자이고, 남편—아버지 역할의 특성은 도구적 기능으로서 관리자이며 행정자이다. 아버지는 자녀의 행동에 대한 벌과 훈련, 통제의 최종 결정자이며 집행자로 설명한다(Zelditch, 1955 ; Bigner, 1979).

Rossi(1968)는 부모 역할의 특성을 다음과 같이 네 가지로 기술하고 있다.

(1) 남자보다 여자가 부모 역할 수행에 있어서 문화적 압력을 더 많이 받는다. 남자는 부모로서의 역할보다 직업인으로서의 역할이 일반적인 역할로서 더 중요하게 사회화되고 여자는 어릴 때부터 부모역할에 대해 더 사회화되고 있다.

(2) 부모의 역할은 언제나 자발적으로 되는 것은 아니다. 직업의 선택

은 자유가 부여되나 부모의 역할은 선택의 기회가 주어지지 않는다. 피임, 임신 중절의 방법은 있으나 그러한 방법이 항상 용이한 것은 아니다.

(3) 부모역할은 취소될 수 없다. 직장은 그만둘 수도 있지만 일단 부모가 된 후에는 그 역할을 그만둘 수가 없다. 부모로서의 역할은 특별한 경우 외에는 취소될 수가 없다.

(4) 부모역할 수행을 위한 준비나 훈련은 성인의 다른 역할에 비해 그 준비과정이 아주 부족하다. 부모되기 위한 교육 프로그램을 통하여 구체적인 교육을 받거나 성공적인 부모행동에 대해 도움을 받은 것이 아니라 어느날 갑자기 부모가 되는 것이다(Bigner, 1979 재인용).

이재연, 김경희(1989)는 부모역할의 특성을 다음과 같이 12가지로 기술하고 있다.

(1) 부모역할은 명확하게 정의되어 있지 않다.
부모의 역할은 모호하여 부모들은 혼돈되고 좌절되는 경우가 많다. 어떤 경우에 자녀에게 벌을 주어야 되는가? 체벌을 사용해도 되는가? 부모들은 실제로 어떤 권리를 가졌는가? 부모의 역할은 언제 끝나는가? 이러한 질문에 확실하게 대답하기란 어렵다.

(2) 부모는 실수의 여지가 없다.
인생사에서는 누구나 실수가 있게 마련이다. 이러한 것은 교육, 의학, 법, 행정, 상담 등 어떤 분야에서도 완전하기를 기대할 수는 없다. 전문가들을 찾아가 도움을 청할 때 이들이 모든 사람을 구해줄 수 있으리라고 기대하지 않는다. 그러나 부모는 각각의 자녀 모두를 성공적으로 키우도록 기대하게 된다. 옛날처럼 자녀를 많이 낳지 않고 한두 자녀만을 갖는 오늘날의 상황에서는 실수의 여지가 거의 없어야 하므로 이러한 점이 부모에게 큰 걱정과 죄책감을 준다.

(3) 부모는 도중에 그만둘 수 없다.
부모 노릇이 어렵다고 도중에 그만둘 수는 없다. 만일 그렇게 하면 어린이 유기죄에 해당된다. 설령 부모로서 자격이 부적절하다고 느껴 그 일을 제대로 수행할 수 없는 상황이라도 일단 부모 노릇을 시작하였으면 계속할 수밖에 없다.

(4) 부모의 권위는 없고 의무만 있다.
지난 몇십 년을 지나면서 부모의 권위는 급속하게 손상되어 왔다. 자녀를 심하게 나무라거나 때린 부모는 아동 학대의 이유로 일시적으로 자녀를 만날 수 없게 된다. 자녀에 대한 최종적인 책임은 부모에게 주어지고 있다.

(5) 부모들이 따를 전통적인 자녀양육 모델이 없다.
대가족이 한 울타리 안에서 살 때는 조부모 등 자녀양육 모델이 있었다. 그러나 급격한 사회 변화로 핵가족화되면서 더 이상 이러한 본보기를 찾을 수 없을 뿐 아니라 이러한 방법들 중에는 더 이상 현사회에 적용할 수 없는 것들도 있다.

(6) 부모는 자녀를 부모 자신보다 더 나은 존재로 키우도록 기대하고 있다. 현대의 부모들은 자녀를 변화, 발전해 가는 사회에 적응해 나갈 수 있도록 더 나은 존재로 키워야 한다.

(7) 부모는 자녀에 대한 총책임을 진다.
일반적으로 사회에서의 역할은 한 분야에 대해서만 책임을 지운다. 교육자는 학생을 가르치는 일에만 책임을 질 뿐 그들의 이성친구나 장래에 대한 책임은 지지 않는다. 그러나 부모는 자녀에게 어떠한 일이 생겨도 결국은 부모로서 책임을 진다.

(8) 부모 두 사람이 한 팀이 되어 자녀를 양육한다.
자녀는 부모가 협력하여 양육한다. 부부가 협력하여 자녀를 양육하는 일이 좋은 점이 될 수 있지만, 부부 사이가 원만하지 못하거나 이혼에 이르게 될 때에는 한 팀으로서의 협동에 심각한 문제가 생긴다.

(9) 부모는 자녀마다 그 독특함을 인정해야 한다.
부모가 첫째 자녀를 잘 이해하게 되면 둘째 자녀도 잘 이해할 수 있으리라 기대하지만 그렇지 않을 수도 있다. 아동은 저마다 다르기 때문에 이 점이 부모역할을 더 어렵게 하고 있다.

(10) 대부분의 부모들은 부모됨에 대한 준비나 훈련 없이 부모가 된다.
세상사에서는 어떤 역할을 맡을 때 그에 대한 소정의 교육이나 훈련을 미리 받는 것이 상례이다. 교사, 의사, 군인, 정원사가 되기 위해 그리고 자동차를 운전하려면 이러한 과정을 거쳐야 한다. 그러나 부모에게 소정의 교육과 훈련을 실시하여 자격증을 발부하는 곳은 없으며 부모의 임무가 점점 복잡해 가고 있음에도 불구하고 유일하게 아마추어 영역으로 남아 있는 것이 부모역할이다.

(11) 부모역할은 점진적으로 시작하는 것이 아니다.

일반적으로 전문 직종에 종사하려면 그 책임을 맡기 위한 준비과정을 점진적으로 거치게 된다. 그러나 부모 되는 일은 그렇지가 않다. 물론 10개월간의 임신 기간을 거치기는 하지만 이 기간을 어머니로서 혹은 아버지로서 준비하는 기간으로 보기란 어렵다. 부모역할을 수행할 수 있는 사람에게도 부모가 되게 하거나 아무 계획 없이 임신을 하거나 원치 않는 임신을 하는 경우 그리고 부모역할에 대한 적절한 교육과 지침이 없는 것 등은 부모역할을 점진적으로 이행하는 데 어려움을 갖게 한다.

(12) 부모역할이 끝나는 시기에 대해서는 알려지지 않았다.

사람들의 부모역할은 다른 어느 동물보다 길고 무겁다. 부모의 의무와 책임은 어디에서나 철저하게 시행되고 요구되고 있으나 어느 정도가 적절하고 바람직한지 그 한계를 분명히 할 수가 없다. 그리고 언제쯤 부모의 역할은 끝나게 되는가? 자녀를 모두 시집장가 보낸 후인가? 아니면 자녀나 부모가 이 세상을 떠나는 날인가? 부모의 역할은 끝이 없고 다양하다.

3. 어머니 역할

어머니의 역할이란 과연 무엇인가? 누구를 위해 무엇을 해야 하는가? 어머니가 될 수 있는 사람은 누구인가? 어머니의 역할은 성별에 따라 결정되고 출산 가능한 사람에게 한정된 것인가? 아니면 그 이상으로 확대될 수 있는가? 어머니 역할에 대해 자세히 규명하고 설명하기란 쉽지 않다.

Rudolph Schaffer는 그의 저서 『Mothering』에서 생후 2년 동안의 영아와 어머니의 관계에 초점을 맞추어 어머니 역할을 다음과 같이 4가지 측면으로 나누어 설명하고 있다(장휘숙 역, 1989).

(1) 신체적 돌보기로서의 어머니 역할이다.

초기 경험의 영향을 중요시한 심리학자들은 아동의 다양한 발달단계에서 독특한 행동결과를 야기시키는 경험의 종류에 대해 관심을 가져왔다. 너무 빠른 이유, 거친 훈육 등에 대한 연구들은 서로 일치되지 않는 점도 있으나 신체적 보살핌의 효과는 적어도 보살핌을 제공해 주는 그 당시에는 아동의 행동에 즉각적인 영향을 주게 되며 장기적인 효과에 대해서도 연구되어 왔다. 어머니는 출생 후 아동에게 음식물과 신체적 위안을 제공해 주며 애착을 형성하는 중요한 존재로 인식한다. 영 · 유아의 모든 발달은 신체 발달에서부터 오게 된다. 사고, 정신, 인성, 언어 발달 등은 감각운동기, 전조작기의 신체적 발달이 기초가 되기 때문에 중요하다.

(2) 일련의 태도로서의 어머니 역할이다.

부모의 양육방식과 아동의 행동 사이의 관계를 연구하는 대부분의 연구들은 양육방식을 개별적인 사건으로 취급함으로써 양자 사이의 관계를 규명하지 못하고 있다. 부모의 양육방식이 보다 광범위한 부모태도의 맥락 내에서 평가될 때 양육방식과 아동의 행동 사이의 관계는 보다 분명하게 밝혀질 수 있을 것이다.

하나의 동일한 양육방식이 양육적인 어머니나 적대적인 어머니에 의해 동시에 사용될 수 있으며 편안한 분위기를 갖는 가정 내에서는 물론 엄격하고 권위적인 가정 내에서도 사용될 수 있다. 또한 동일한 양육태도는 애정적 환경 내에서는 물론 증오로 가득찬 환경 내에서도 사용될 수 있다. 아동의 성격형성에 영향을 주는 결정적 요인은 양육방식 및 태도 그 자체가 아니라 양육이 실시되는 환경 조건의 특성들이다.

어머니는 자녀의 성격발달에 영향을 미치는 일련의 태도로 환경조건의 특성 안에서 의식적 · 무의식적으로 상호작용하며 양육하고 있다.

(3) 자극으로서의 어머니 역할이다.

영아가 환경과의 능동적인 상호작용을 시도할 때 양육자는 영아에게 무엇을 제공해 주어야 하는가? 그것은 바로 자극이다. 자녀의 발달은 진공 속에서 우연히 이루어지는 것이 아니다. 양육을 담당한 사람들의 능동적인 참여와 최대한 상호작용 기회 제공을 위한 환경 구성이 요청된다. 어머니는 자녀와 놀이하고, 이야기하고, 설명하고, 노래하고, 흔들고, 껴안고, 쓰다듬음으로써 자극을 제공한다. 어머니는 아기의 내적 상태, 주의 집중 능력 및 상호작용하려는 아기의 의지와 연결될 수 있는 자극을 제시함으로써 자극을 일반화한다.

(4) 대화자로서의 어머니 역할이다.

대화에 참여하는 두 사람은 대단히 복잡한 사회적 기술을 지니고 있어야 한다. 어머니와 아기 사이의 상호작용도 이와 같은 방식으로 진행되는 것이 분명하다. 어머니와 아기의 의사소통에서 중요시하는 것은 어머니가 제공하는 자극의 양이나 관심 혹은 양육의 양이라기보다는 아기의 어머니에 대한 의존도, 매달리기, 쳐다보기와 같은 두 사람의 반응에서 나타나는 시간적 동시성이다.

사회적 상호작용은 '순간적 사건' 이 아니며 항상 시간을 필요로 하고 하나의 일관성 있는 흐름 속에 반응을 통합시킬 수 있는 쌍방의 능력을 요구한다.

아기와 어머니의 관계는 지시–명령의 관계가 아니라 오히려 동반자의 관계에 해당한다. 아기와 어머니 사이의 상호작용을 자세히 살펴보면 두 사람 상호간의 조화와 적응은 보다 더 분명해진다. 우유를 먹고 있는 아기, 놀고 있는 아기, 목욕하는 아기, 잠자는 아기, 어머니 무릎에서 놀고 있는 아기들로부터 대단히 복잡한 상호작용 패턴을 발견할 수 있다.

이러한 상호작용 패턴은 초기에는 내재적 체제를 바탕으로 이루어지나 후기에 이르면 상호간의 접촉 경험에 의해 발달된다. 이와 같이 어머니는 다양한 의사소통의 방법으로 자녀와 상호작용하며 대화해 나간다.

이재연, 김경희(1989)는 어머니 역할의 특성을 다음과 같이 6가지 측면에서 설명하고 있다.

(1) 아내로서의 어머니 역할

오늘날의 아내는 전통사회에서의 아내와는 다른 존재로서 단순히 남편에게 복종만 하도록 기대되지 않으며 성적인 면이나 취미생활에서도 동반자로서 아내의 역할은 확장되었다.

(2) 수준 높은 어머니 역할

오늘날의 어머니는 높은 수준의 역할이 요구된다. 가정에서 자녀양육뿐 아니라 자녀의 교육적인 면에서도 지역사회와 관련하여 자녀에게 필요한 것이 무엇인지 알고 대처할 수 있는 능력이 필요하다.

(3) 가정 관리자로서의 어머니 역할

가계를 계획하고 운영하며 물품을 구입하는 데 있어서 오늘날의 어머니들은 더 많은 일을 하게 된다. 다양하고 많은 생산품 중에서 좋은 것을 선택하는 일, 가족에게 무엇이든 필요한 것들을 사는 일 등 의식주와 관련된 일들을 더 적극적으로 더 많이 참여하도록 어머니 역할이 확장되었다.

(4) 지역사회에서의 어머니 역할

어머니는 지역사회나 친척과 커뮤니케이션의 중심 역할을 하고 있다. 자녀 학교 방문, 친척간의 대소사, 병원 등 보건기관과의 일, 사찰이나 교회 등 종교기관과 사회복지와 관련된 일 등 어머니역할이 확장되고 있다.

(5) 가족 부양자로서의 어머니 역할

직업을 가진 어머니들이 증가하고 있음에도 그들은 여전히 가정 주부로서의 역할은 남아 있다. 퇴근길에 시장을 보아야 하고 집에 와서는 저녁식사 준비와 가사일을 해야 한다. 가정부나 파출부와 같이 어머니의 일손을 덜어 주는 사람이 있어도 어머니의 집안일을 대신해 줄 만한 사람은 없다. 어머니가 자녀를 키우면서 전문적인 직업을 가져 실제로 가사일과 직장일 모두를 잘 해내기란 어려운 것이다. 그러나 가족 부양자로서의 어머니 역할은 확장되고 있다.

(6) 가정 내 의사결정권자로서의 어머니 역할

여성이 직업을 가지고 가정의 한 수입원이 되면서 가정 안에서의 권한도 증대되는 것으로 보인다. 이러한 것이 이혼율을 높이는 한 요인이기도 하나 이것을 새로운 변화와 성장의 기회로 만들어 더 나은 가정생활로 이끌기도 한다.

오늘날 여성들은 가정과 직장을 오고가며 자신들의 생각과 소신을 잘 발휘하여 가정 내에서 의사결정자로서도 남편의 파트너가 되어 그 역할을 확장해 가고 있다.

어머니 역할은 우리 사회에서 매우 중요하다. 어머니 역할은 여아가 사회화되는 최초의 역할이었으며 수년간 어머니가 되는 것은 여성다움의 증명이며 여성의 성인생활의 핵심이 되었다.

많은 가정에서 어머니는 계속해서 자녀에게 표현적인 역할을 수행하는 중요한 사람이다. 표현적인 역할의 특성은 "좋은 어머니로서 하는 일 중 다섯 가지를 말한다면 무엇인가" 하는 질문을 하여 그 반응을 다음과 같이 전통적인 개념과 진보적인 개념의 두 범주로 분류하였다(Bigner, 1979).

〈표 3-1〉 Duvall의 좋은 어머니에 대한 전통적인 개념과 진보적인 개념

전통적인 개념	진보적인 개념
1. 가사 임무 수행(요리, 청소, 빨래) 2. 자녀의 신체적 욕구 충족 3. 자녀 훈련-규칙적 습관 4. 자녀의 도덕교육 수행 및 훈련 5. 자녀 훈련	1. 자녀의 자신감과 자율성 훈련 2. 자녀의 정서적 욕구 충족 3. 자녀의 사회성 발달 4. 자녀의 지적 성장 자극 5. 자녀의 양육 환경 제공 6. 개인의 발달적 욕구 충족 7. 이해심 있는 자녀 훈련

＊ 자료 : Bigner(1979), Parent-child relationship, Macmillan, p.47

Schvanevnldt(1970)와 그의 동료들은 어머니와 아버지의 역할에 대하여 아동이 그의 부모를 어떻게 지각하고 있는가를 중류층 유치원 유아들(86명)과 면담하여 조사하였다. 대부분의 어린이는 가정, 양육, 훈육 그리고 사회적인 행동과 관련된 기능으로 좋은 어머니를 묘사하였다. 즉, 좋은 어머니란 음식을 만들고 항상 행복하고 아기를 돌보며 키스해 주고 자녀를 돌보는 일을 하는 것이고 나쁜 어머니는 아이를 때리고 키스해 주지 않으며 집을 깨끗이 정돈하지 않는 사람으로 응답하였다(Bigner, 1979 재인용).

4. 아버지 역할

전통적으로 아버지들은 자녀양육에 참여하지 않는 것으로 간주되었기 때문에 어떤 문화인류학자는 아버지는 생물학적으로 필요한 존재일 뿐 사회적으로는 우연적인 존재에 지나지 않는다고 하였으며, Freud는 아버지는 젖먹이기, 갈증과 같은 기본적인 생리적 욕구를 충족시켜 주지 않으므로 어머니보다 덜 중요하다고 생각하였다. 과연 그럴까?

1) 아버지의 양육 능력과 역할

오늘날의 아버지상은 과연 어떤 것일까? 현대에 와서는 과거보다 다양해진 아버지의 모습을 발견할 수 있다. 자녀양육에 여전히 무관심한 아버지가 있는가 하면 스스로 자녀양육에 능동적으로 참여하는 아버지들이 부쩍 늘어나고 있다. 급변하는 사회 속에서는 아버지 역할에 대한 재정의가 요청되고 있으며 아버지의 자녀양육 참여는 불가피하게 되었다.

Parke는 영아에 대한 아버지의 양육능력과 역할에 대하여 여러 가지 연구 결과를 다음과 같이 기술하였다(황웅연 · 장휘숙 역, 1989 재인용).

(1) 남편은 아내의 임신을 가족적 사건으로 받아들인다.
아버지가 된다는 것은 하나의 단순한 사건이 아니라 새로운 가족 역할의 요구와 그에 수반되는 기쁨에 익숙하게 되는 점진적인 과정이므로 남편은 아내의 임신 기간 동안 아내가 겪는 변화와 동일한 변화를 겪는다.
남편이 임신과 출산을 경험하는 방식은 문화에 따라 상당히 다양하다. 어떤 원시 문화에서는 특별한 예식을 치르게 함으로써 아버지 역할의 시작을 구분하도록 한다. 남편이 신생아에 대한 관심이 커지고 아버지 역할에 대한 기대도 커짐에 따라 자녀양육과 부모역할에 관해 구체적으로 참여하고 있다.

(2) 남편은 아내가 임신하였을 때 아내의 정신적 지원을 제공할 수 있다. 임신에 대한 남편의 높은 관심은 자녀 출생 후의 아버지 역할과도 관련이 깊다. 남편이 아내의 임신에 대해 행복해 하면 할수록 아내는 즐거운 마음으로 갓 태어난 아기를 돌본다.

(3) 아버지는 출생할 자녀 이외에 다른 자녀를 돌본다.

남편은 아내의 임신 기간 동안 아내에 대한 지원은 물론 다른 자녀에 대한 지원도 요구되어 새로운 가족 구성원이 한 생에 적응할 수 있도록 자녀를 도와주는 역할을 할 수 있다.

(4) 남편을 출산과정에 참여시키는 획기적인 개혁이 시도되고 있다.

이는 아내와 남편 모두에게 출산과정을 바람직한 경험으로 지각할 수 있도록 하였다.

(5) 아버지는 영아의 요구를 이해하고 함께 놀아 줄 수 있다.

아버지는 영아양육에 능동적으로 참여하지는 않지만 아기들의 신호를 정확하게 인지할 수 있는 유능한 사회적 동반자이다. 그리고 아기들은 사람들과 상호작용하며 놀 수 있는 준비가 되어 있다. 아버지는 아기와 함께 능동적인 놀이 친구가 될 수 있다.

(6) 아버지는 자녀의 사회화와 성역할 발달에 도움을 줄 수 있다.

아동의 사회성 발달은 가족간의 맥락에서 발달된다. 아버지와의 긍정적이고 좋은 관계를 가진 자녀는 매일매일의 생활에서 역할모델로서 사회성 발달과 인격 형성, 성유형화 과정에 영향을 주고 있다.

(7) 아버지는 자녀의 지적 발달을 도울 수 있다.

아동의 지적 발달은 유전의 영향도 있지만 환경의 영향을 아주 중요하게 생각한다. 그 환경 요인으로서 아버지 역할을 들 수 있다. 자녀의 학교생활, 자녀의 직업선택 등에 대하여 아버지의 영향은 크게 미친다. 아버지의 태도와 행동, 격려는 자녀가 읽기를 좋아하고 수학을 싫어할 것인가 혹은 비평가나 역사학자보다는 물리학자나 기계공학자가 될 것인가를 결정하는 데 영향을 미친다.

사회과학자들은 가족 단위에 아버지 역할이 포함되고 있으며 아버지 역할이란 사회의 소산물이므로 가족들은 가정 내에 아버지를 깊이 참여시킬 수 있는 근거를 찾아야 한다고 한다. 사회적 역할에 의해 아버지는 처자식을 부양하기 위해 보호하고 먹을 것과 살 곳을 마련하는 책임을 지게 된다(Mead, 1949).

좋은 어머니 개념에 관한 Duvall(1946)의 연구와 같이 Elder(1949)의 연구는 아버지 역할에서 전통적 개념과 좀 더 발달된 진보적인 개념에 대하여 〈표 3—2〉와 같이 분류하였다(Bigner, 1979).

진보적인 개념은 전통적 개념보다 도구적인 특성이 적어지나 아버지가 자신의 발달은 물론 자녀의 자율성이나 자기 조정의 발달에 관심을 갖는다는 것이 주목할 만하다. 또한 진보적 개념과 전통적 개념에서 다른 점은 아버지의 훈육이나 위엄에서 나타난다. 전통적 아버지역할에서 훈육이나 위엄이 현저하게 나타나고 있다.

〈표 3—2〉 Elder의 좋은 아버지의 전통적인 개념과 진보적인 개념

전통적인 개념	진보적인 개념
1. 자녀를 위해 목표 세움 2. 자녀를 위해 일하고, 자녀에게 주는 것을 강조 3. 자녀에게 좋은 것이 무엇인지 안다고 생각함 4. 아버지는 항상 옳고 강함 5. 자녀가 복종하기를 기대함 6. 의무감으로 부모가 됨	1. 자녀 행동의 자율성 강조 2. 자녀와 자신을 이해하려고 노력함 3. 자녀와 자신의 개인적 특성을 인정함 4. 자녀의 성숙된 행동을 고무함 5. 부모가 되기를 선택함

* 자료 : Bigner(1979), Parent-child relationship, Macmillan, p.57

Parson과 Bales(1955)에 의하면 아버지 역할의 도구적 특성은 아버지가 자녀의 교사라는 뜻이 내포되어 있으며 아버지는 사회의 책임자이며 가정생활과 모든 문화생활과 연결하는 교량과 같고 자녀에게 충분한 가치를 가르쳐 사회의 유능한 일원으로서 책임감 있는 사람이 되도록 하는 사람이라고 하였으며, Zelditch(1955)는 아버지란 교사이며 의사결정과 문제해결자로서 가족 전체의 삶과 존속을 위해 생존한다고 하였다(Bigner, 1979 재인용).

오늘날의 아버지는 사회에서 효과적으로 살아가는 것과 관련된 기술과 가치를 자녀에게 모델링을 통하여 가르친다. 또한 많은 연구들은 아버지의 행동 특성들을 바탕으로 하여 아버지 역할이 출생 직후부터 시작되고 있음을 다음과 같이 주장하고 있다(장휘숙, 1995).

(1) 아버지는 어머니와 똑같이 영아의 행동적 단서에 민감하게 반응한다. 따라서 영아에 대한 민감성은 성—특징적(gender-specific)이기보다는 종—특징적(species-specific)이다.
(2) 남성들은 여성들만큼 유능하게 영아를 보살필 수 있고 애정과 자극을 줄 수 있다.
(3) 어머니 역할과 아버지 역할을 유사하게 지각하는 남성들일수록 영아에게 더 많은 관심을 갖고 아동양육에 더 적극적으로 참여한다.
(4) 어머니들은 일차적으로 영아의 신체적 욕구를 충족시키는 데 관심을 갖는 반면 아버지들은 영아를 관찰하고 사회화시키는 데 관심을 갖는다.
(5) 남성들은 여성들과 동일하게 아들과 딸을 다르게 취급하지 않으며 여성들이 성차에 더 민감하게 반응하는 경향이 있다.

위에서 살펴본 바와 같이 어머니와 아버지는 어머니로서 또는 아버지로서 그 자신과 다른 가족 구성원들과의 관계와 상호작용에 있어서 직접·간접으로 자녀들의 발달에 영향을 미치고 있으며 또한 가족 내에서 전통적인 역할에서 진보적인 역할로 변화해 가고 있음을 알 수 있다.

2) 출생 전 아버지 역할

유대인의 탈무드에는 "하나님은 자신이 만든 세상을 다 돌볼 수 없어서 이 땅에 아버지를 두기로 작정하셨다"는 이야기가 있다. 이것은 자녀들에게 있어서 아버지가 얼마나 중요한지를 설명하고 있는 것이다. 오늘날에는 아버지라는 존재는 아이가 태어난 후부터 필요한 것이 아니라 출생 전, 나아가서는 임신 전부터 고려되어져야 함을 강조하고 있다.

(1) 수태 이전의 심신관리

아기가 잉태되기 이전의 양친이 신체적·정신적·정서적으로 건강해야 건강한 아기를 생산할 수 있다. 오늘 수정되는 정자는 3개월 전에 형성된 정자라고 한다. 건강한 정자를 갖는다는 것은 아버지가 되기 위한 심신의 건강관리로서 가장 중요한 과정인 것이다.

과거 우리나라 전통사회에서도 부친의 태교를 강조하였다. 이는 남성을 위한 성교육으로 주로 잉태를 위한 합방시 기피해야 할 때 장소, 신체 상태를 제시하였으며 이것은 서당이나 가정에서 결혼 전에 가르쳤다(이연섭 외, 2001).

일반적으로 아기의 잉태와 관련하여 어머니 쪽에 강조되는 것은 많으나 아버지에 관한 사항은 별로 중요시 되지 않은 것이 사실이었으나 이는 대단히 주목해야 할 사항인 것이다.

부부가 합방하기 위한 시기를 언제로 할 것인가? 어디에서 할 것인가? 그리고 부친의 신체상태, 즉 건강상태는 어떠한지를 고려하는 것은 태어날 다음 세대를 위하여 대단히 과학적이고 합리적인 전략인 것이다.

(2) 임신 기간 중 아버지의 지원

아버지가 된다는 것은 우연한 사건이 아니다. 새로운 가족역할의 요구와 거기에 수반되는 기쁨과 함께 책임과 관련하여 염려도 포함되게 마련이다. 따라서 오늘날은 아내의 임신은 가족적인 사건으로서 아내만이 아니라 부부 공동의 과업으로서 부부가 임신한 것으로 받아들여 임신 기간 동안 남편의 역할의 중요성을 강조하여 실천하고 있는 실정이다.

임신 기간 동안 남편은 어떻게 반응하는가? 남편이 임신과 출산을 어떻게 받아들이며 경험하는지의 방식은 문화에 따라 상당히 다양하다. 어떤 원시문화에서는 특별한 예식을 치르게 함으로써 아버지 역할의 시작을 분명하게 구분될 수 있도록 한다는 것이다.

임신 기간 동안 남편들은 많은 조심을 하게 된다. 남편은 아내가 겪는 실제적인 고통 그 이상을 조심하며, 또한 진통의 시작에 맞추어 병원에 갈 수 있을 것인가, 태어날 아기가 건강할 것인지, 또한 출산에 따른 병원비와 자녀양육비 등에 대해 염려하게 마련이다. 또한 아내가 임신을 하게 되면 남편은 아내의 정서적 지원요구에 긍정적인 반응을 보이다가 출산 후 4개월경이 되면 임신 이전의 수준으로 되돌아간다는 것을 보고하고 있다. 임신 기간 동안 남편의 정서적 지원의 중요성은 어머니의 정서상태와 초기 영아의 발달과의 관계 연구에서 보고하고 있다. 즉, 임신 기간 동안 조용하고 안정된 상태를 유지했던 임부의 영아들은 출생 후 3일 동안 과민하지 않았으며, 2개월 된 영아들도 과민성 정도와 혼란으로부터 회복하는 능력이 생리적으로 좀 더 건강하였다고 한다(Parke. 1989. 27 - 34).

따라서 출산 전에도 남편은 아버지가 되기 위한 과정에서 아내의 정서적 지원뿐 아니라 육체적으로 힘든 가사노동과 다른 자녀돌보기, 분만준비와 관련된 함께 담당해야 할 과업이 중요시 되고 있다. 그리하여 출산준비 교실을 함께 부부가 참여하여「라마즈분만법」과 그 외의 남편의 역할을 배우고 있는 것이다.

3) 출산과정–아버지 역할

(1) 분만 시 아버지 참여

분만 시 신생아에게 감염을 우려하여 남편의 참여를 제외시켰으나 분만실에 아버지를 입실시켰어도 아무런 불상사도 발생하지 않았다. 아버지들은 분만실 밖에서 서성거리며 무기력하고 성가신 존재라고 생각해 왔던 것은 잘못된 것임이 입증되고 있다.

아버지도 출산준비를 위한 사전 지식과 진통시의 호흡 조절 방법에 대해 배울 수 있으며, 또한 실제로「라마즈분만법」을 배워서 아내의 진통과정을 어떻게 도왔는지를 다음과 같이 보고하고 있다(Parke. 1989).

> **"남편은 진통의 지속시간을 재면서 아내와 함께 호흡을 하였으며, 고통을 이겨낼 수 있도록 아내의 등을 문질러 주었다. 얼음을 넣은 주스를 가져오고, 의사와 간호사에게 아내의 요구를 전달하였다. 심한 진통이 계속될 때에는 아내에게 아내 혼자만 있는 것이 아니라는 것을 알려 주었고, 진통은 곧 끝날 것이라는 것을 상기시켜 주면서 격려하였다."** (Parke. 1989).

출산과정에 대한 아버지의 사전훈련은 산모를 정서적으로 안정되게 하고, 분만 시 진통제 요구를 감소시켰다고 한다. 분만 시 약물사용은 태아를 졸리게 하고 무기력하게 만들며 태아의 주의 집중 능력을 저하시키기 때문에 사용을 가능한 한 줄이는 것을 권장하고 있다.

분만 시 전 과정을 남편이 참여했을 때는 산모들이 더 적은 고통을 경험하게 되고, 출산을 하나의 절정경험으로 지각하였으며, 남편 자신에게도 어떤 질적 경험을 갖도록 하였으며, 대기실에서 기다리는 것보다 아내와 함께 있다는 것이 남편에게는 더 중요한 일이었다고 한다.

분만과정에 참여하지 못한 아버지:

"나는 불안했다. 대단히 불안했다. 아! 얼마나 긴 시간이었던가!?
아내를 버려둔 것 같은 그런 기분이었다. 간호사를 통해 "나는 남편을 만나고 싶다"는 아내의 말을 전해 들었을 때, 나는 얼마나 놀랐던지! 오! 신이여, 무슨 일입니까? 나는 나의 일을 다 하지 못했다는 생각이 들었다." (Parke, 1989).

분만과정에 참여했던 아버지들의 긍정적 반응:

"굉장했습니다. 이전에 경험해 보지 못한 경험이었습니다. 좋은 경험이었습니다.", "굉장한 경험이었습니다. 환상적이라고 할까. 내가 마치 운동경기에서 승리를 획득한 것 같았습니다.", "내 생애에서 그렇게 기뻐해 본 적이 없었습니다. 가장 위대한 경험이었지요. 지금까지 경험해보지 못한 가장 행복한 순간이었습니다" (Parke, 1989).

따라서 분만 과정에 참여한 아버지는 그렇지 못한 아버지들보다 신생아를 더 많이 안아 주게 되고, 또한 이러한 행동은 아기와 아버지의 빠른 접촉으로 아버지 역할에 대한 자각을 강화시켜 주었으며, 친자간에 우호적인 관계를 갖게 하는 애착관계가 더 높은 것으로 보고되고 있다 (Peterson, Mehl & Leiderman, 1979).

(2) 폭력 없는 탄생

태아가 열 달 동안 어머니의 자궁 속에 있다가 이 세상 밖으로 나오는 일은 참으로 경이로운 일이 아닐 수 없다.

이 세상에 태어나는 아기에게는 허파에 들어가는 첫 공기의 뜨거운 감각보다 더 놀라운 어떤 공포도 없다고 한다. 프랑스 산부인과 의사인 프레드릭 르봐이에 교수는 9천 명의 신생아를 받는 동안 공포에 질린 아기들을 보고 그 문제점을 발견하였다. 아기는 어두운 곳에서, 그리고 따뜻한 방에서 조용하게, 친절하게 받아서 탯줄을 즉시 자르지 말고 아기를 엄마 배 위에 5−6분 엎어 두었다가 탯줄의 박동이 그친 다음에 자르자고 호소하였다. 이렇게 받아낸 아기는 심하게 울지도 않고 이내 눈을 뜨고 주변을 살피며 적응하기 시작하며 평온한 표정으로 잠든다는 것이다 (프레드릭 르봐이에, 1979). 이러한 과정을 "폭력 없는 탄생"이라고 하며, 출생 시의 여러 상황은 일생을 사는 데 영향을 미친다고 한다.

모든 아기가 정상적인 분만과정을 통해 출산되는 것은 아니다. 산소결핍증, 체중미달, 유도분만, 제왕절개 수술 등을 실시할 수도 있다.

아버지는 출산 전 평소에 정기검진 시 함께 병원에 동반하여 여러 가지 발생될 수 있는 상황에 대비 및 대처할 수 있는 지식 및 준비가 필요한 것이다. 폭력 없는 탄생이 이루어지도록 하기 위하여 함께 준비해야 한다.

(3) 제왕절개 수술 및 자연분만 시 아버지 역할

제왕절개 수술은 태아가 어머니의 산도를 정상적으로 통과하기 어려울 때 실시한다. 이 수술은 마취를 해야 하는 과정이 포함되므로 아기에게 위험할 수도 있다.

남편이 수술 시 함께 참여할 수 있을 때 산모는 위안을 받을 수 있고 출산경험에 대해 긍정적인 반응을 나타내었다. 남편들은 수술 후 회복기간을 요구하는 산모를 더욱 잘 돌보며, 또한 아기를 잘 돌보며 육아활동에 더 많은 시간을 할애하고 있는 것으로 보고하고 있다(Parke. 1989).

그러나 아기의 출생은 자연분만으로 이루어지도록 해야 한다.「자연분만은 신의 선물」이라고 한다. 제왕절개 수술로 출산한 어머니들은 상실감, 허전함, 아쉬움을 갖게 되었으며 이 아기를 자신이 낳았는지 의심을 갖게 되었다고 한다.

다음은「신의 선물—자연분만」, KBS TV, 생로병사(2006.3.27)의 자료이다.

지난 2003년도의 연구에 의하면 제왕절개수술을 실시하는 국가들 중, 독일이 23.3%, 미국 24.4%, 캐나다 22.4%, 한국 40.5%로 나타났다.

쥐를 대상으로 제왕절개수술과 자연분만의 차이점을 실험하였을 때 다음과 같은 결과를 보였다.

제왕절개수술 어미	자연분만 어미
● 5시간 후—새끼에게 무관심함 ● 수술, 마취로 스트레스 보임 ● 모성 호르몬인 옥시토신이 분비되지 않음	● 새끼를 핥으며 모성행동 보임 ● 모성호르몬이 분비됨 ● 새끼가 옥시토신으로 인하여 자동으로 빠져나가도록 함

따라서 자연분만은 옥시토신이 모자간의 가장 가까운 감정을 느끼도록

도우며, 태아에게도 제왕절개 수술 때보다 옥시토신이 두 배를 갖고 온다고 한다. 이러한 출산과정의 접촉은 아주 중요하다. 좁은 산도를 빠져나오면서 강한 자극을 받게 되고 이때 신경관이 확산되며 머리와 온몸도 부드럽게 피부자극을 받게 된다. 이러한 출산과정에서의 접촉은 지능지수를 더 높게 하며, 장속의 면역체계를 북돋우어 소화면역기구도 돕게 된다. 이러한 자연분만의 고통과 기쁨을 「신이 주신 선물」이라고 부른다.

이렇게 자연분만한 아기에게 모유수유는 모자간의 첫 접촉으로서 애정과 강한 애착관계를 형성하게 되며, 사랑의 호르몬은 한 시간 이내에 강하게 작동한다. 그러므로 출산과정에서 모자간의 연대감을 갖고 애착형성을 갖게 되는 자연분만이 이루어지도록 출산 준비 과정에서 아버지가 알아야 하고 훈련해야 하는 역할이 대단히 중요하게 대두되고 있다.

4) 영아와 아버지

최근에 이르러 영아기의 아버지 역할에 대한 연구들이 증가함에 따라 영아기 아버지 역할의 중요성이 강조되고 있다.

아버지도 아기를 안고 있을 때 어머니보다 더 많이 흔들어 주고, 말하고, 모방하는 경향이 있었고, 만지기, 살펴보기, 쳐다보기, 미소짓기는 어머니와 아버지가 유사하였다는 연구보고가 있다(Parke & O' Leary, 1976). 즉, 자극적이고 애정적인 행동은 아기를 안아볼 수 있는 기회가 얼마나 많은가 하는 것에 달려 있다. 일단 이런 기회를 가지면 아버지도 어머니와 비슷하거나 능가할 정도의 행동을 보인다는 것이다. 신생아기 동안 아버지는 양육적이며 적극적인 상호작용의 상대로서 육아활동을 수행할 수 있는 능력을 갖고 있는 것이다.

Pendersen(1975)은 남편과 아내의 관계에서 수유에 간접적으로 영향을 주는 아버지의 역할을 다음과 같이 그 결과를 보고하였다.

"남편—아내 관계는 어머니—영아 관계와 연결되어 있다. 아버지가 어머니에게 보다 더 지지적일 때, 즉 어머니 기술을 보다 더 긍정적으로 평가할 때 어머니의 수유 능력은 더 우수하였다. 나아가 능력 있는 어머니는 남편으로부터 보다 더 긍정적인 평가를 이끌어낼 수 있었다. 반대로 긴장과 갈등이 심한 결혼일 경우에는 어머니의 수유 능력이 떨어졌다" (Lamb, 1981 재인용).

다시 말해서 아버지는 직접적으로 아기에게 수유를 하지는 않지만 아내와의 관계를 통하여 여전히 영향을 미친다는 것이다.

Power와 Parke(1981)의 연구에 의하면, 어머니와 아버지가 이용한 놀이의 차이는 어린 영아에게만 국한된 것이 아니다. 아버지들은 어머니보다 뛰기와 들어올리기 놀이를 더 많이 하였고, 반면에 어머니들은 장난감을 움직이거나 흔드는 등 쳐다보기 게임을 하였다. 즉, 아버지는 촉각적이고 신체적이며, 어머니는 언어적이었다. 분명한 것은 영아가 아버지로부터 단순히 더 많은 경험을 하는 것이 아니라 질적으로 다른 자극을 받는다는 것이다.

일반적으로 영아기에 아버지는 어머니보다 양적으로 참여를 덜하지만, 아버지와 어머니가 놀아주는 역할의 형태는 분명히 다르다는 것을 나타내고 있다.

상호작용을 덜한다고 해서 영아발달에 중요한 영향을 미치지 않는 것은 아니다. 상호작용의 양보다는 오히려 질적인 면이 영아의 인지적 · 사회적 발달의 중요한 예언변인인 것처럼 아버지의 역할도 같은 가정이 적용될 수 있다(Lamb, 1981 재인용).

아버지도 영아의 여러 가지 유형의 울음을 식별할 수 있다. 예를 들면, 미숙아의 울음은 신생아의 울음과 달리 날카로우며 고음이다. 아버지는 영아양육에 능동적으로 참여하지 않지만 영아의 신호를 정확하게 인지할 수 있는 유능한 사회적 동반자이다. 영아를 성공적으로 양육하기 위해서는 신호의 의미를 단순히 이해하는 것 이상이 요구된다. 유능한 양

육자는 신호를 이해할 뿐 아니라 그것에 대해 적절하게 반응할 수 있어야 한다. 따라서 아버지는 영아의 신호를 인지할 수 있을 뿐 아니라 신호에 대한 적절한 반응도 할 수 있는 것이다.

아버지와 영아의 관계는 어머니와 영아의 관계에서와 똑같이 서로서로 영향을 주고받는다. 아버지는 영아의 신호에 반응해 주고 반대로 영아는 아버지의 양육방식에 영향을 주는 의사소통 수단을 학습한다. 영아는 이러한 아버지와의 상호작용을 통하여 일찍부터 중요한 사회적 조절수단을 학습하게 된다. 즉 영아는 자신의 행동을 통하여 다른 사람에게 영향을 주는 방법을 터득하게 된다(Parke. 1989. 57 - 58).

Bowlby(1951)는 어머니－영아간 애착의 중요성에 대해 논의하면서 아버지가 아기를 제대로 돌보지 못하면서도 자녀 발달에 간접적으로 영향을 미칠 수 있음을 다음과 같이 언급하였다.

> "아버지는 아내에게 사랑과 동반자의식을 줌으로써 아내가 헌신적으로 아이를 기르게 한다. 남편은 아내를 정서적으로 지지함으로써 아기의 성장을 조화롭게 돕도록 분위기를 유지한다. 그러므로 어머니－자녀 관계에 대한 언급은 많았으나 아버지－자녀 관계에 대한 언급은 거의 없었다. 그러나 아버지는 어머니에 대한 경제적 · 정서적 지지자로서의 가치가 자녀의 발달에 영향을 주는것이다." (Bowlby, 1951).

따라서 아버지는 영아와 애착형성은 물론, 영아와의 놀이, 영아의 지적 · 정서적 · 사회적 관계 발달에 영향을 미치며, 아버지의 역할은 영아의 선호성뿐 아니라 상호작용의 정도 및 유형에도 영향을 미치게 되는 것이다.

따라서 오늘날 아버지와 영아관계는 광범위하고 자세하게 연구되고 있기 때문에 아버지는 더 이상 "아이 발달에 잊혀진 공헌자"라고 여겨질 수 없다(Lamb, 1975a).

5) 유아 · 아동과 아버지

대부분의 심리학자들은 영 · 유아의 생활에서 가장 중요한 사회적 대상은 어머니라는 데 인식을 같이 하였다. 그러나 오늘날은 견해가 바뀌고 있다. 유아–어머니와의 상호작용이나 관계에 대한 연구보다 유아–아버지와의 상호작용과 관련된 연구가 적은 것은 사실이나 아버지 역할에 대한 관심이 고조되고 있는 실정이다.

어머니의 취업이 증가하고 어린이집이나 가정보호, 놀이방에서 돌보아야 하는 유아들이 증가하고 있음에도 어머니가 육아책임을 감당해야 하며 아버지에게는 육아가 포함되지 않고 있는 실정이다. 그러나 아버지도 어머니처럼 신생아–영아–유아들을 돌보고 양육의 능력이 있음을 입증하고 있다(Parke & O' Leary, 1975).

(1) 아버지와 자녀의 성역할 · 사회화 발달

아버지가 자녀의 성역할 발달 및 성정체감(gender identity)에 미치는 영향은 가족에서 아버지의 영향에 관한 중요한 연구주제로 다루어지고 있다. 유아가 긍정적이고 적절한 성역할 기능을 발달시키는 것은 아주 중요하다. 즉, 긍정적인 성역할 지향과 자신의 성(性)에 적합한 기본적인 능력을 발달시키는 유아는 더욱 확고한 자기 신뢰와 아울러 기존의 역할 고정관념에 매이지 않고 적절하고 융통성 있는 성역할 기능을 발달시킬 수 있는 것이다. 이러한 성역할 기능의 발달은 유능한 어머니와 유능한 아버지가 있는 가족에서 이루어질 수 있다(Biller, 1974; LAmb, 1981 재인용).

자녀의 성역할 기능은 다양한 환경적 · 사회적 상호작용 속에서 개인의 행동을 중재할 수 있다. 아버지는 사회현실에 대한 대변자인 동시에 성적으로 적합한 행동에 대한 판단자이며 또한 놀이를 함께할 수 있는 친구가 될 수 있다. 이러한 아버지 역할은 자녀의 발달에 광범위한 영향을 미치게 된다. 이러한 기능은 자녀의 사회성 발달 및 사회화의 과정에도 영향을 미치게 된다. 아버지의 남성성, 아버지의 양육, 아버지의 한계설정 등은 남아인 자녀의 남성성 발달과 여아인 자녀가 미래의 남성에 대한 이미지를 형성하는 데 중요한 요인으로 작용하게 된다는 연구들이 제시되고 있다.

따라서 자녀가 가정에서 접하게 되는 가장 결정적인 요인은 아버지와 어머니가 주고받는 상호작용의 영향이므로 부모간의 상호작용의 질과 아버지와 어머니간의 상호존경과 협력은 자녀의 남녀 관계에 대한 개념과 성역할 기능의 전반적인 특성과 사회화를 발달시키는 데 강한 영향을 주게 된다(Lamb, 1981).

(2) 아버지와 유아 · 아동의 인지 · 학업 및 지적발달

아버지의 양육은 여아보다 남아의 인지능력과 더욱 밀접하게 관련되어 부자간의 친밀한 관계는 자녀의 분석적 인지 양식의 발달을 촉진시킨다. 강력한 아버지의 권위는 공부할 때 협박용으로 사용되지만 않는다면 자녀의 인지발달을 촉진시킬 수 있다. 딸의 학습과정에 대한 아버지의 관심이 자녀의 지적 성장을 자극하지만, 어느 정도의 자율성과 아버지로부터의 거리감은 여아의 인지능력과 관련되는 것으로 보았다. 자녀의 IQ 변량의 25% 정도가 아버지의 교육수준으로 설명되며 나머지 75%는 다른 변인에 의해 설명되고 있다. 유아의 IQ와 아버지의 교육수준과의 상관관계는 6세 남아보다 3세 여아에게서 더 일찍 나타났다. 아버지의 교육수준과 자녀의 지적 능력간의 관계가 유전인자때문인지, 환경때문인지, 또는 이 두 요인의 복합적인 영향때문인지는 밝혀지지 않았다(Lamb, 1981). 분명한 것은 여러 가지 지식의 제한에도 불구하고, 아버지라는 존재는 다양한 통로를 통하여 자녀의 정신적 · 지적 · 인지발달과 학습에 영향을 미친다는 것이다. 즉, 아버지의 가계(family tree)로부터 이어받은 유전적 배경, 자녀에게 표현하는 행동, 자신과 자녀에 대해 아버지가 취하는 태도, 아버지가 모방하는 행동, 가족체제 내에서의 아버지의 위치, 자녀에게 제공해 줄 수 있는 물질적 자원들, 어머니의 행동과 자세에 미치는 아버지의 영향, 민족과 그 가정 내에 흐르는 전통과 유전, 자녀에 대해 갖는 비전을 통해 자녀의 모든 발달과 학습에 영향을 미친다.

(3) 아버지 부재와 자녀

자녀발달에서 아버지 부재는 부성실조(father deprivation)를 초래할 염려가 있다. 부성실조란 아버지의 부재로 인하여 자녀의 성장발달에 장애 또는 왜곡을 초래하게 됨을 의미한다. 아버지 부재는 사망, 이혼, 장

기출장, 유학, 별거 등을 통한 것뿐만 아니라 한 가정에 살고 있으면서도 무관심, 방임, 거부 등을 통하여 부성실조를 초래할 수 있는 것이다.

오늘날은 아버지 부재의 가정이 점점 증가하고 그러한 가족들이 겪는 사회적 · 경제적 · 심리적 문제들에 관심과 인식이 확산되면서 아버지 역할에 대한 관심이 더욱 증가되고 있다.

아버지 부재나 아버지 역할이 불충분할 때 다른 남성 모델들이 대리역할을 할 수 있다. 형, 아저씨, 할아버지 또는 남자 동거인, 그리고 또래집단에서의 남자 교사 등은 남아들에게 유능한 성인 남성과의 접촉경험을 대리 모델로 제공해 줄 수 있으므로 남자 교사들은 아버지 부재의 남아들에게 상당한 영향을 미칠 수 있다(Biller, 1974a; Lee & Wolinsky, 1973).

여아들도 남아만큼 아버지 부재에 의해 사회적 · 양성적 발달에 영향을 받는다. 또한 아버지 부재는 여아의 여성적 발달과 전반적인 이성간의 적응을 방해할 수도 있다. 아내와 어머니라는 여성적인 역할을 거부했던 여성들은 파탄 가정의 출신이 많았다고 보고되고 있다(Seword, 1945; White, 1959; Lamb 재인용).

아버지 부재는 개인적 적응과 사회적 적응에서도 영향을 미치는 것으로 불안감, 자기 통제와 도덕성 발달, 비행, 정신병리 등의 측면에서도 아버지 부재의 자녀들이 많은 것으로 나타나고 있다.

따라서 유아원, 어린이집, 유치원 그리고 초등학교 저학년 학급에 남자 교사들이 많다면 부성실조의 영향을 보완시킬 수 있을 것이라는 교육적 시사점을 고려해 볼 수 있다.

6) 아버지 역할에 대한 함의

다음은 아버지 역할에 대하여 생각하며 자신을 돌아볼 수 있는 체크리스트이다(두란노 아버지학교, 2005).

(1) 아버지는 지금 나의 자녀에게 어떻게 하고 있나?

① 아침에 일어나면서 하시는 첫마디는 무엇인가?

② 일터로 나가기 전까지 당신의 아침 시간에 어떤 일을 하는가?

③ 아침에 자녀와 주고받는 말은 대부분 어떤 것인가?

④ 주로 몇 시에 귀가하며 어떤 얼굴로 집에 들어오는가? 어떤 말들로

가족과 첫 관계를 맺는가?

⑤ 저녁시간을 통해 자녀들에게 아버지의 어떤 모습을 보여 주며 경험시켜 주는가?

⑥ 칭찬합니까? 안아 줍니까? 기도해 주십니까?

⑦ 하루에 자녀들과 몇 분이나 대화합니까? 대화의 내용은 어떤 것입니까?

⑧ 자녀들과 놀아 주는 시간이 있습니까? 그리고 자녀와의 놀이시간을 어떻게 보냅니까?

⑨ 야단을 치십니까? 욕을 하십니까? 매를 드십니까? 소리를 지르십니까? 인상을 쓰십니까? 난폭한 행동을 취하십니까?

⑩ 잠자리에 드는 자녀들에게 비춰지는 당신의 마지막 모습은 어떻습니까?

⑪ 하루를 마감하며 자녀들을 위해 기도해 주십니까?
가정예배 드리십니까?

(2) 역기능 가정 및 순기능 아버지 특징

▪ **역기능 가정 아버지 특징**

① 문제가 있음을 부인함
② 친밀감에 공백이 있음
③ 가정의 기반을 수치심에 두고 있음
④ 고립되고 경직된 역할에 의해 특징지어짐
⑤ 가정구성원들은 속박된 경계선 안에서 삶
⑥ 서로의 개인적인 필요를 충족시킬 수 없음
⑦ 진정한 인격적 접촉이 없음
⑧ 한 개인은 타인을 위해 존재함
⑨ 가정의 규칙은 비인간적이며 비타협적임
⑩ 비밀된 사건이 있음
⑪ 문제를 해결치 않고 각자의 역할을 강요함
⑫ 갈등과 좌절을 부인함
⑬ 가족들 사이의 자아경계가 결여되어 있음

- 순기능 가정 아버지 특징

① 도전과 위기를 긍정적으로 반응함
② 필요에 따른 변화를 스스로 시도함
③ 명확하게 설정된 세계관을 갖고 있음
④ 명확하고 일관성 있는 정확한 의사를 전달함
⑤ 개방적이고 융통성 있는 역할을 가짐
⑥ 문제해결을 위한 책임감을 공유함
⑦ 서로의 언약을 중요시 여김
⑧ 융통성 있는 가정규칙을 중요시함
⑨ 대화 가운데 자신의 감정을 표현함
⑩ 협상을 통해 갈등을 해소함
⑪ 가족관계에서 친밀감을 가짐
⑫ 상호신뢰의 관계를 유지함

(자료: 두란노 아버지학교, 2005, pp. 45–46)

- 아이의 성공을 부르는 아버지 십계명

① 하루 30분 이상 자녀에게 쓰라.
② 가족을 우선으로 생각하라.
③ 바쁠수록 사랑한다고 말하라.
④ 집에 와서 TV부터 켜지 마라.
⑤ 독서습관을 아버지가 잡아 주라.
⑥ 아침식사는 반드시 가족과 하라.
⑦ 함께 여행하며 세상을 가르쳐라.
⑧ 인성교육은 아버지가 맡아라.
⑨ 진로지도, 아버지가 책임져라.
⑩ 어느 정도 자라면 홀로 서게 하라.

이해명(2006. 5. 15. 조선일보 D2), 아빠교육학

참조 : 부모의 자기진단: 좋은 아버지 10계명(pp. 348–353)

(3) 아버지와 함께하기

요람 속의 고양이

어느 날 내게 한 아이가 태어났습니다.
그는 남들과 꼭 같은 방법으로 세상에 왔지만 그러나 그에게는 밟아야 할 단계가 있었고 지불해야 할 계산서가 있었습니다.
그 아이는 내가 없는 동안 걸음마를 배웠습니다. 또 내가 알지 못하는 사이에 말도 배웠습니다. 그는 자라가면서 말했습니다.
"아빠, 나는 아빠같은 사람이 될래요. 아시겠죠? 나는 아빠와 같은 사람이 되겠어요."

"아빠, 집에 언제 오실거에요?
"글쎄, 얘야 잘 모르겠구나. 그러나 내가 돌아오면 그때 함께 지내자꾸나. 알겠지? 그 때 우리는 즐거운 시간을 보낼 수 있을거야."

어느 날 아들은 열 살이 되었습니다. 그는 말했습니다.
"아빠, 공을 사주셔서 고마워요. 오셔서 나랑 함께 놀아요. 내게 던지는 법을 좀 가르쳐 주시겠어요?"

나는 말했습니다. "오늘은 안된다. 얘야, 내게 할 일이 많이 있단다."

그러자 그는 "알았어요."라고 대답하고는 밖으로 나갔습니다.
그러나 얼굴에 미소가 사라진 것은 아니었습니다. 계속해서 말했습니다.
"나는 아빠같은 사람이 될테야. 그래, 나는 아빠같은 사람이 될테야."

"아빠, 집에 언제 오실거에요?
"글쎄, 얘야 잘 모르겠구나. 그러나 내가 돌아오면 그때 함께 지내자꾸나. 알겠지? 그 때 우리는 즐거운 시간을 보낼 수 있을거야."

어느 날 그는 대학에서 돌아왔습니다. 내가 먼저 말을 걸었습니다.

"얘야, 네가 참 자랑스럽구나. 잠시만 내 곁에 앉을 수 있겠니?"
그는 미소를 띤 얼굴로 말했습니다. "내가 진짜 원하는 것은, 아버지의 차 열쇠를 빌리는 것이에요. 나중에 뵈요. 좀 빌려도 되겠죠?"

"아들아, 집에 언제 올거니?"
"글쎄요, 아버지, 잘 모르겠어요. 그러나 제가 돌아오면 그 때 함께 지내요. 아셨죠? 그 때 우리는 즐거운 시간을 보낼 수 있을거에요."

그 후로 나는 은퇴하여 집에 있은지 오래됐고 아들은 멀리 이사를 갔습니다. 어느 날 나는 그에게 전화를 걸었습니다. 전화를 끊었을 때 불현 듯 생각나는 것이 었었습니다. 그는 꼭 나 같은 사람이 되었습니다. 내 아들은 꼭 나 같은 사람이 되었습니다.

"아들아, 너만 괜찮다면 한 번 보고 싶구나."
그는 말했습니다. "아버지 저도 굉장히 그러고 싶어요. 시간만 난다면, 그러나 아버지도 아시다시피 새 직장이 무척 힘들고 아이들도 감기에 걸려 있어요. 아버지께 양해를 구하는 것이 좋겠죠? 아버지 양해해 주세요."

나는 전화를 끊었을 때 불현듯 생각나는 것이 있었습니다. 그는 꼭 나 같은 사람이 되었습니다. 내 아들은 꼭 나 같은 사람이 되었습니다.

자료: 정갑순(2005), 기독교가정의 자녀교육론, pp. 94–95

4장 | 부모기의 단계

1. Veevers의 부모기의 사회적 의미
   1) 도덕적 · 종교적 행위
   2) 시민으로서의 책임감
   3) 자연의 섭리
   4) 성정체감 및 성역량
   5) 결혼의 목표
   6) 정상적인 정신 상태

2. Galinsky의 부모기의 6단계
   1) 제1단계: 이미지 형성기
      (1) 임신의 수용(임신 후 첫 3개월)
      (2) 부모기의 준비(임신 4~6개월)
      (3) 출산 준비(임신 후 7~9개월)
   2) 제2단계 : 양육하는 단계
      (1) 출산 : 상상과 실제와의 조정
      (2) 애착 감정 다루기
      (3) 아기의 기질
      (4) 양육 단계의 재정립
   3) 제3단계 : 권위 형성 단계
      (1) 권위의 발달
      (2) 거리감 두기
      (3) 성역할과 성정체감 다루기
   4) 제4단계 : 설명하는 단계
      (1) 부모로서 자신에 대해 설명하기
      (2) 자녀들에게 자녀들 자신에 대해 설명하기
      (3) 분리와 결속
      (4) 자녀에게 세계에 대해 설명하기
      (5) 개입 정도에 대해 결정하기
   5) 제5단계 : 상호 의존 단계
      (1) 더 이상 지속될 수 없는 과거의 이미지

4장 부모기의 단계

각 나라의 문화권에 따라 부모기에 대한 관습이나 통념이 조금씩은 다를 수 있다. 그러나 결혼한 부부는 자녀 갖기를 기대한다. 따라서 대부분의 부모들은 자녀를 갖고 부모기(parenthood)를 맞이하게 되지만 결혼을 하여 부부가 되었으나 부모가 되지 않거나 부모가 되기를 거부하는 부모도 있게 마련이다.

자녀들은 태아기에서뿐만 아니라 태어나서 2년 동안은 모든 발달 측면에서 놀랄 만큼 빠르게 성장하며 연이어 유아기, 학동기, 청년기를 거치면서 그 성장의 변화는 실로 괄목할 만하다. 반면에 이러한 자녀의 성장을 지켜보며 자녀의 성장과 더불어 부모도 성장하는가? 부모가 성장한다면 그것은 무엇을 의미하는 것이며 또한 부모들의 성장에도 어떠한 단계가 있는가?

본 장에서는 Veevers(1973)의 부모기에 대한 설명을 간단히 언급하고 주로 Galinsky(1987)의 부모기 6단계(The six stage of parenthood)를 기술한다.

1. Veevers의 부모기의 사회적 의미

사회학자인 Veevers(1973)는 부모기(parenthood)와 비부모기(nonparenthood)로 나누어 현대 사회가 요구하고 있는 부모기의 의미를 다음과 같이 6가지 주제로 설명하고 있다.

1) 도덕적 · 종교적 행위

부모가 되는 것은 도덕적인 의무를 이행하고 있음을 뜻한다. 즉, 기독교나 가톨릭 같은 종교인들은 결혼을 하여 가정을 이루고 자녀를 갖는 것은 종교의 목적을 이루는 일이므로 성인이 되어서도 부모가 되지 않는 것은 가정을 이루도록 한 절대자와 종교적 권위를 거부하는 비윤리적인 행위로써 도덕적인 문제라는 것이다.

2) 시민으로서의 책임감

부모가 되는 것은 시민으로서 지켜야 할 의무이다. 즉, 국가나 사회가 지속, 유지되기 위해서는 그 구성원이 필요한 것이다. 그러므로 자녀를 생산하지 않는 부모는 시민으로서의 책임을 다하지 못함을 의미하게 된다.

3) 자연의 섭리

자녀를 낳아 부모가 되는 것은 자연의 섭리인 것이다. 즉, 성인이 되어 성생활을 하다 보면 자연히 부모가 된다는 인간의 본능에 의존하는 견해이다.

4) 성정체감 및 성역량

부모가 되는 것은 하나의 남성 또는 여성으로서의 성정체감, 즉 자신의 성에 대한 동일시를 받아들이는 것과 자신의 성역량을 나타내는 중요한 지표가 된다. 즉, 부모가 되기를 거부하는 사람은 자신의 성에 대한 정체감을 제대로 갖지 못한 것으로 해석되기도 하며 또한 자녀를 갖게 되어 부모가 된다는 것은 자신들의 성적인 역량을 나타내는 것이 된다.

5) 결혼의 목표

결혼의 목표가 자녀를 갖는 것으로 인식되어 자녀를 둔 부부가 무자녀 부부보다 더 행복하고 안정된 결혼생활을 할 수 있을 것으로 인식되고 있다. 즉, 자녀는 부모의 부부생활을 결속시켜 줄 수 있을 것이라는 사회적 통념이다.

6) 정상적인 정신 상태

자녀를 가진 부모는 정신적으로나 사회적으로 정상 상태임을 의미한다는 것이다. 즉, 부모는 정신위생상 부모기의 경험이 없는 부부보다 사회적으로 성숙하고 더 건강하고 만족할 것으로 기대되고 있는 것이다. 반면에 부모되기를 원치 않는 사람은 비정상적이고 정신 상태가 좋지 않은 것으로 보게 되며 이들은 다른 사람들보다는 자신들의 복지에 더 관심을 가진다는 것이다.

이와 같은 Veevers의 6가지 주제의 부모기에 대한 사회적 의미는 모든 사람들의 생각을 대변하여 반영한다고 할 수는 없다. 그러나 부모기와 비부모기에 대한 사회적 의미에 대한 평가에 영향을 미치고 있는 것은 사실이다.

2. Galinsky의 부모기의 6단계

Galinsky(1987)는 자녀의 성장과 더불어 부모도 성장하는지, 성장한다면 부모들도 자녀들처럼 어떤 단계를 거치는지 하는 것에 의문을 갖고 부모들을 관찰하여 그들의 인식 패턴, 공통된 주제의 패턴을 찾기 위하여 다양한 유형의 부모들을 대상으로 연구하였다. 즉, 연구대상에는 동거부모, 이혼부모, 홀부모, 계부모, 양부모와 후견인, 십대 부모와 나이 많은 부모, 첫아이 부모, 대가족 속의 부모, 영재아 · 장애아의 부모가 포함되었으며 사회 · 경제적, 인종적, 지리적, 종교적 배경을 가진 부모들을 고려하여 태아에서부터 18세까지의 자녀를 둔 228명의 부모를 인터뷰하여 부모기의 단계를 도출하였다. 단계란 하나의 개체가 자신의 정서적 · 지적인 에너지를 해결해야 할 하나의 중요한 심리적 과업이나 해결해야 할 문제에 정서적 · 지적 에너지를 집중시키는 시기라고 그는 말하였다. 부모기의 단계는 생애 주기의 단계와는 그 개념이 다르며 그 단계는 이미지 형성기, 양육하는 단계, 권위 형성 단계, 설명하는 단계, 상호

의존 단계, 떠나보내는 단계로 나눈다.

1) 제1단계: 이미지 형성기 (the image making stage : 임신 기간)

이미지 형성기란 임신 기간 동안 예비 부모들이 태아를 중심으로 하여 출산과 부모기에 대한 자신의 이미지를 형성하고 수정해 가는 과정을 일컫는다. 이들은 자신의 내부뿐만 아니라 다른 중요한 사람들과의 관계에서 일어나는 여러 가지 변화에 대하여 준비하게 된다.

자녀의 출산을 기다리는 예비 부모들은 비교적 조용해 보이지만 여러 가지 상상으로 가득차 있으며 새로운 학교에 입학하기 전, 이사하기 전, 결혼하기 전과 아주 유사한 감정을 갖게 된다.

태어날 아기의 출생을 기점으로 새로운 인생을 맞게 되는 것이므로 미래에 대한 이미지를 형성하며 예측할 수 있는 미래와 예측할 수 없는 미래에 대하여 준비하게 된다. 이 기간 동안에 어떤 부모가 되기를 원하는지 생각하며 자신의 어린 시절 부모와의 경험을 되돌아보고 친구, 친척, 이웃을 점검하고 분석하며 부모로서의 이미지를 형성한다. 이러한 이미지는 자신의 어린 시절에 대한 복합적인 동일시와 기억에 기초하며 또한 주변의 환경과 그들이 속해 있는 문화의 영향을 받게 된다.

(1) 임신의 수용(임신 후 첫 3개월)

이미지 형성 단계에서 중요한 과업은 임신이 진행되는 발달적 패턴에 따라 전개된다. 임신 이후 수일 또는 수주일 동안 임신 그 자체를 받아들이는 것이 이미지 형성 단계의 첫 번째 과업이다. 임신을 수용하는 데 있어서는 기쁨과 걱정이 교차하는 상반되고 불안정한 느낌을 가질 수 있다. 참으로 오랫동안 기다리고 원했던 임신일 수도 있고 반면에 원치 않는 임신일 수도 있다. 임신 이후 첫 3개월은 이미지 형성이 변화하며 계속 재형성된다.

(2) 부모기의 준비(임신 4~6개월)

임신 이후 맞게 되는 두 번째 3개월은 태아에 대한 이미지를 형성한다. 이때부터 아기와의 분리를 수용하는 일이 시작된다. 즉, 아기와 어머니의 동일시에 대한 정서적인 분리와 신체적인 분리에 관심을 갖게 되며 임신과 부모기의 첫해에는 정서적인 분리와 신체적인 분리가 혼합되어 있다. 임산부는 부드러운 태동을 통해서 분리에 대해 생각하기 시작한다.

다음 예비 부모가 아기와의 분리를 수용함과 더불어 또 다른 과업은 아기에 대한 느낌을 형성하는 것이다. 즉, 태동으로부터 아기의 존재를 느낀다든지 의사로부터 진찰을 받을 때 태아의 심장 고동소리를 들을 때 임신에 관한 의미를 갖게 되며 아기에 대한 느낌을 형성하게 된다. 이때 아기에 대한 행복하고 사랑스러운 느낌만 갖는 것이 아니라 기형아나 사산아를 출산할까 두려워하는 마음도 갖게 되는데, 이 두려움의 원인은 과거의 일로 인한 죄책감과 미신적인 생각들이 포함될 수 있다.

Leifer(1977)에 의하면 애착은 이미 임신에서 시작된다. 출산 시 부모와 아기와의 유대관계가 형성되며 임신 중에 태아와의 애착관계는 출산 후 곧 바로 아기와의 애착관계로 발전되는 것이다.

태동이 시작된 후 이미지와 현실은 일치하지 않을 수 있다. 태아를 위하여 얼마나 자신의 생각과 행동 그리고 섭식을 절제하느냐, 절제하지 못하느냐하는 문제 등을 안고 흥분과 두려움 속에서 출산을 기다린다. 또한 예비 부모들은 자신의 부모와의 관계를 평가하고 동일시하면서 자신들은 사고와 행동면에서 차이가 있음을 인식하며 자신의 자녀에 대한 책임을 지고 싶어하는 마음과 누군가로부터 보호받고 싶어하는 마음 등 양면성을 갖게 되는데 이와 같이 주는 것과 받는 것에 관한 느낌은 부모기에 나타나는 또 다른 특징 중의 하나이다.

이 시기에 나타나는 또 다른 이미지 형성은 배우자와의 관계 변화에 대하여 대비하는 일이다. 임신과 출산 후 부부관계의 변화에 대해 어떻게 적응해야 할 것인지 깊이 생각하게 되며 배우자의 미래의 역할에 대해서도 이미지를 갖게 된다. 아기양육에 대한 이미지가 서로 다를 때 부부는 후에 충돌의 원인이 될 수 있다.

(3) 출산 준비(임신 후 7~9개월)

세 번째 3개월은 출산을 기다리는 동안 기쁨, 슬픔, 이해, 기대, 조용함, 우울, 흥분 등 여러 가지 감정 속에 사로잡히게 된다. 예비 부모들은 출산을 앞둔 마지막 주에 향수와 초조함을 느끼게 되는데 이러한 감정은 부모기 동안 지속되는 주제(theme)이다. 부모기를 준비하는 마지막 단계가 출산 준비인데 분만 시간이 가까워질수록 분만에 대한 생각이 강해지며 난산이나 통증에 대해 걱정하게 된다. 아무리 걱정을 하여도 부모가 된다는 것은 피할 수 없는, 예비 부모의 기분과는 상관없이 일어나는 것이다. 분만을 앞둔 예비 부모가 죽음에 대한 상상과 공포를 느끼는 것은 일반적으로 흔히 나타나는 현상이다.

지금까지 살펴본 바와 같이 임신 기간 동안 여러 가지 생각과 느낌들로 이미지를 형성하고 가능한 한 자신들이 가장 훌륭한 부모가 될 것이며 가장 예쁘고 건강한 아기를 낳게 될 것이라고 확신한다. 그러나 어떤 예비부모는 아기에게 어떤 사고가 날 것 같아 걱정을 하기도 하며 행복감에 젖기도 하고 우울해지기도 한다. 그리하여 Bibring(1959)은 임신 기간을 "위기의 시기"라고 표현하였다. 왜냐하면 이 기간 동안 임산부는 방어력이 약해지고 심한 갈등만이 요동치는 심리적 상태를 갖게 되기 때문이다. 그러나 임신 기간은 변화를 맞을 준비를 하고 연습하고 이미지를 형성하며 이제 다른 어떤 새로운 것을 시작하는 시기이다.

2) 제2단계 : 양육하는 단계 (the nurturing stage : 출생~생후 2년)

양육하는 단계는 자녀의 출생에서부터 영아기가 끝날 무렵인 18개월에서 24개월까지를 일컫는다. 이 기간의 부모들은 출산에 대한 이미지와 자녀와 부모로서 스스로에 대한 이미지를 실제의 경험과 비교하게 된다. 이 단계에서 주요한 과업은 부모는 아기와 애착관계를 형성하게 되고 이러한 과정에서 언제, 어떻게, 얼마나 많이 베풀어야 할 것인가를 배우며 부모로서 자신에 대한 개념은 분명하지 못하나 계속 변화한다.

(1) 출산 : 상상과 실제와의 조정

출산은 태어난 아기와 애착을 형성하는 일의 한 부분으로서 상상의 아기와 현실에 태어난 아기를 조화시키며 또한 새로운 역할을 받아들이고 출산으로 인한 가족 내의 불균형을 바로잡아 자아감의 균형을 이루어야 하는 과업을 맞게 한다. 또한 부모가 아기와 첫 대면하는 순간은 출산과 똑같이 중요하다. 부모들이 아기가 자기를 닮기 원하는 것은 잘못된 것이나 자연스러운 것이다. 그들은 의식적이든 무의식적이든 자신의 아기에 대해 많은 기대를 갖고 있다. 태어난 아기가 미숙아, 병이 있는 아기, 장애아, 사산아의 경우에는 충격과 의심, 거부의 반응으로 나타날 수 있으며 상상과 실제의 조정에 많은 시간이 걸릴 수 있다.

엄마와 아기의 첫 만남을 연구한 Klaus와 Kennel(1976)은 부모가 갓 태어난 아기를 알아나가는 의례적인 방식이 있음을 발견하였다. 부모들은 제일 먼저 아기의 손과 발을 살펴보고 다음에는 아기의 등을 뒤로 돌려 뒤쪽을 살펴보았다. 만약 아기가 이불을 덮고 있으면 이불 속에 손을 넣어 아기를 만져 보거나 토닥거려 보기도 하였다. 또한 아기의 눈을 중요하게 생각하여 눈을 응시하면서 아기가 눈을 감고 있으면 가볍게 흔들어 깨워 쳐다보도록 하였다는 것이다. Klaus와 Kennel은 이 첫 대면의 순간을 '황홀감의 절정' 이라고 표현하면서 이 순간은 부모와 자녀 사이에 최초의 유대감을 형성할 수 있는 최상의 시간이라고 하였다. 그리하여 엄마와 아기가 최초의 유대감을 형성하기 위한 최상의 시간인 민감기(sensitive period)가 있다고 결론을 내렸다.

Greenberg와 Morris(1974)는 출산과정에 참여한 아버지와 참여하지 못한 아버지를 비교한 결과 출산과정에 참여한 아버지는 아기를 보다 쉽게 구별할 수 있었으며 또한 아기와 더욱 친숙하고 애착형성이 잘 되었다는 것을 발견하였다. 아버지도 어머니와 마찬가지로 자신의 아기에게 매우 열중하며 유대감을 형성하게 되었다고 하였다.

아기가 출생 후 진찰을 받기 위해 병원에 단기간 머물거나 미숙아이거나 선천적인 병으로 인하여 장기간 병원에 머물게 되어 부모와 격리될 때 부모는 아기를 잘 돌보지 못하게 된다. 이와 같이 장기간 격리에 대한 연구 결과 아기들은 자주 '성장장애' 라는 병을 앓게 되어 다시 병원에 온다는 것을 발견하였다(Klaus & Kennel, 1976). 이러한 경우 아기에게 크게 잘못된 것은 없었으나 성장을 잘 하지 못하였는데 그것은 부모와 아기 사이에 강력한 애착 결핍 현상으로 일어난 것이었다고 한다.

이 시기의 애착형성에서 부모와 아기의 초기 접촉이 매우 중요하지만 부모 자신이 느끼는 부모기에 대한 상상과 실제 사이에서 오는 상실감, 실패하였다고 느끼는 데서 오는 우울감은 친자간의 신체적 격리보다 서로 가까이 갈 수 없는 심리적 격리를 갖게 한다는 것이다.

(2) 애착 감정 다루기

어떤 부모들은 아기가 막 태어난 후 그 아기가 첫아기이든 아니든 누구나 "정말 이 아기가 내 아기일까?" 하고 의구심을 갖는다고 한다. 새로 태어난 아기의 부모로서 첫 번째 해야 할 일은 그 아기가 자신의 아기라는 것을 인정함으로써 아기와 새로운 관계를 형성하는 일이다.

산후 간호인이나 조부모로 인하여 엄마와 아기가 함께하는 시간을 주지 않아 아기를 자기 아기라고 생각하는 데 오랜 시일이 걸리거나 방해가 되기도 한다. 이러한 상황에서 부모는 아기가 자신의 일부가 되었다 아니었다 하는 과정을 거치게 되는데 이것은 아기와 애착을 형성하게 되는 최초의 과정으로 매우 정상적인 것이다.

출산 후 초기 애착형성 과정에서 또 하나의 중요한 요소는 아기가 부모들 자신을 닮았거나 닮지 않았다고 느끼는 것이다. 아기의 얼굴형, 머리색, 피부색 등 그 외모의 특징에 따라 부모가 아기에 대해 갖는 느낌은 다양하다. 아기가 부모와 닮았다는 느낌이 반드시 애착을 촉진시키는 것은 아니고 더욱 결정적인 요인은 부모가 자기 자신과 아기에 대해 어떻게 느끼는가 하는 것이다.

부모들이 새로 태어난 아기를 자신의 아이로 받아들이는 일과 함께 부딪치는 또 다른 문제는 "내가 아기를 정말 잘 돌볼 수 있을까?" 하는 것이다. 아기가 자궁 속에서는 안전하게 있었지만 세상에 나와서 잘 살아갈 수 있을지, 부모인 자신들이 아기의 생존을 확실하게 보장할 수 있을지 걱정하게 된다. 이러한 과정은 부모가 아기에 대해 알고 아기를 돌볼 수 있게 되고 양육하고 애착을 형성해 나가는 일부분이 되는 것이다. 아기의 수유, 수면, 울음, 양육비 등에 관해 출산 전에 미리 계획하고 예비지식을 갖고 있었지만 이것들은 실제적인 문제로 대두된다. 따라서 "정말로 내가 이 아기의 부모가 될 능력을 갖고 있는가?" 라는 근본적인 생각을 갖게 된다. 부모가 된다는 것은 다른 직업을 갖는 것과는 다르다. 놀라움과 근심의 순간들을 경험하면서 부모로서 조금씩 성장하게 되며 아기에 대한 근심과 걱정이 아기를 알아가는 한 과정이며 태어난 한 인간 아기와의 관계를 형성해 가는 것이다.

(3) 아기의 기질(temperament)

부모들은 아기들이 각기 다른 인성을 갖고 있다는 사실에 대해 알아야 한다. Chess(1965)와 그의 동료들은 231명의 어린이들을 대상으로 한 연구 결과를 발표하였다. 아기들의 개인차에 나타난 9가지 특징들을 기질이라고 분석하여 다음과 같이 기술하였다.

(1) 활동 수준 : 어떤 아기는 신체적으로 보다 활동적인가 하면 어떤 아기는 덜 활동적이다.
(2) 생물학적 규칙성 : 아기들은 먹고, 자고, 배설하는 등의 생리적 시간의 규칙 및 불규칙의 상황이 각기 다르다.
(3) 새로운 상황에 대한 반응 양상 : 어떤 아기들은 새로운 상황에 대해 능동적으로 접근하지만 어떤 아기들은 보다 소극적으로 반응하거나 철회한다(접근 혹은 회피).
(4) 일상생활 변화에 대한 적응 : 시간이 흐름에 따라 아기가 변화에 대해 반응하는 양상은 각기 다르다.
(5) 민감성의 수준 : 밝은 불빛, 소음, 혼란스러움, 젖은 것, 질감이 다른 옷 입기, 고통 등에 대한 아기의 반응이 다양하다. 어떤 아기들은 다른 아기들보다 이러한 경험에 대해 더 고통스러워한다.
(6) 긍정적 또는 부정적 분위기 : 아기들도 역시 성격적으로 분위기를 갖고 있는데 긍정적이고 적극적 분위기의 아기가 있는 반면 부정적 분위기의 아기도 있다.
(7) 반응의 강도 : 반응 강도는 아기의 힘씀 정도를 의미한다(기분을 표현할 때 사용하는 에너지의 정도).
(8) 산만함 정도 : 산만함은 아기의 집중 정도를 말한다. 어떤 아기는 산만하지 않고 집중을 잘 하는 반면 어떤 아기는 산만하다.
(9) 끈기와 주의력 : 어려운 문제에 부딪쳤을 때 또는 방해가 있어도 다시 시도하며 계속 해결하고자 하는 능력의 차이는 아기에 따라 실로 다양하다.

부모와 자녀 관계는 상호작용에 의존한다. Lewis와 Rosenblum(1974)에 의하면 영아와 유아는 그들이 속한 사회적 · 경제적 · 정치적 · 생물학적 세계에 의해 영향을 받을 뿐 아니라 실로 영아 자신들도 그들의 주변 세계에 영향을 미친다. 아기의 출생 후 한 달 반 내지 두 달 동안을 '최초의 적응 시기' 로 본다. 이때의 엄마들은 적어도 부분적으로나마 아기의 욕구에 자신의 느낌을 감정 이입시키며 아기를 자신으로부터 분리된 하나의 개체로서 바라보는 객관성을 위해 균형을 유지할 수 있게 된다.

부모가 아기에 대해 알게 되는 것은 바로 자기 자신에 대해 더욱 잘 알 수 있게 되는 기회이며 부모와 아기가 점차로 서로에 대해 알아나가는 과정에서 중요한 것은 분리와 결속의 문제이다. 부모는 아기가 자신과 분리되거나 결속된 상태의 양극단을 왔다갔다 한다.

공생(symbiosis)과 유대(bonding)와 같은 용어는 아기와 부모의 완전한 융합, 즉 결속된 상태를 의미한다. 애착이란 어떤 사람을 다른 특별한 사람과 공간적으로 함께 하며 시간적으로 영속시킬 수 있도록 묶어 주는 애정적인 끈이다(Ainsworth, 1973). 이러한 애착형성은 쉽지 않고 신체적인 결속과 정서적인 결속 둘다를 포함하며 중단되었다 계속되었다 하기도 하며 시간이 지남에 따라 변하며 아기의 연령과 환경에 따라서도 변화한다. 애착은 부모가 아기에게 열렬하게 열중하는 상태이며 아기와 분리감 또는 결속감을 느끼는 상태이다. 최근에는 출산준비교실에 참여하는 예비 아버지들이 증가하고 분만과정에 아버지의 참여가 허용되며, 육아에서 아버지의 역할이 증대되면서 아기와 아버지의 관계에 대해 관심이 높아졌다. 자녀의 아버지에 대한 애착은 아버지가 아기와 상호작용하는 정도에 따라 다르다. 부모는 똑같이 자녀에게 열중하고 사랑하지만 서로 다른 방법으로 자녀를 돌본다는 것을 발견할 수 있다. 즉, 아버지는 아기와 많이 놀아 주는 것을 더 좋아하고 엄마는 그저 아기를 돌보아 준다는 것이었다(Lamb, 1975). 아기가 임시 보호소나 영속적으로 아기를 맡아 줄 수 있는 어떤 기관에 속해 있을 때는 애착을 형성하지 못할 수도 있다. 그런 아기들은 비록 신체적으로 적절한 보호를 받을지라도 심리적으로 점점 더 냉담해지고 위축되며 심하면 죽기까지 한다. 아기들은 그들이 생존하고 잘 성장하도록 열정적으로 돌보아 줄 수 있는 성인을 필요로 한다. 아기는 부모와 애착관계를 통해서 자신을 둘러싸고 있는 환경에 대해 신뢰하게 되는 법을 배우게 되는데 이것은 Erikson이 말하는 세상에 대한 기본 신뢰감을 형성하는 것이다. 부모가 아기에게 적절히 반응해 줄 때 긍정적 자아개념과 자신감을 갖게 되는 것이다.

아기가 출생한 후 부모에게 나타나는 변화 또한 이 단계에서 간과할 수 없는 한 부분이다. 부모는 아기와 애착을 형성함에 따라 자신의 자아가 변화하고 있음을 알게 된다. 자아 위축, 자아 상실 등 자기 자신에 관한 것은 모두 뒤로 밀려나고 아기로 인하여 엄마의 생활이 완전히 바뀌게 되며 부모의 생활 리듬이 엉망이 되어 버리기도 한다. 자아감의 변화는 여성의 외모에 대한 관심에서도 나타나며 심한 마음의 동요와 변화로 산후우울증에 빠지기도 한다. 산후우울증은 여러 가지 원인에서 기인된다. 호르몬의 변화, 수면 부족, 가족 생활양식 변화, 부모 자신에 대한 자아감 변화 등에서 올 수 있으며, 출산에 대한 비현실적 이미지나 아기에 대한 비현실적 이미지, 부모역할에 대한 비현실적 이미지를 가졌을 때도 우울증이 올 수 있다. 그리하여 많은 연구자들은 출산 단계를 '위기의 시기' 라고도 한다. 아버지의 입장에서도 아내가 너무 바쁘고 아기에게만 신경을 쓰므로 불만, 질투를 느끼기도 한다. 아기의 출생은 부부 중심 패턴을 붕괴시키고 3인 또는 3각 체제로 재조직하도록 하기 때문이다.

아기의 출생은 조부모, 형제간, 친척, 친지간의 관계를 변화시킨다.

많은 부부들이 성공적인 부모역할을 위하여 임신중과 출산 후에 부모로서의 책임감을 배우는 프로그램에 참여하여 부모기에 대한 준비를 함으로써 아기양육으로 인한 스트레스에 대해 잘 대처한다고 하였다.

(4) 양육 단계의 재정립

아기의 출생은 가족 내의 균형을 일시적으로 깨뜨린다. 그러므로 부모는 아기 출생 후 불안정한 기분을 바로잡아야 하며 새 아기와의 관계는 물론 가족 내의 시부모, 부부, 다른 자녀와 식구들간의 관계를 재정립해야 한다.

양육하는 단계의 부모기는 '얼마만큼 주고받아야 하는가?' 하는 문제로 요약된다. 즉, 부모 자신과 자녀의 행동과 심리적 단서를 파악하는 데 있어서 시행착오를 거듭해 가는 과정이다. 명확하고 일관성 있게 해나가기도 하지만 실수도 인정할 수 있어야 하고 자신의 결점과 부딪쳐야 하며 자녀가 변함에 따라 부모도 변해야 한다. 이 단계의 부모기는 평행적인 발견의 시기로서 자신과 자녀에 관한 여러 가지 발견을 하게 되며 자녀 또한 새로운 언어와 개념, 장소, 사람들을 접촉하게 됨을 발견한다.

부모와 자녀 사이에는 언제나 분리와 결속의 관계가 수반된다. 자녀를 보다 독립적인 아이로 키우기 위해 몰아붙이려 하는가 하면 어린 아기로 남아 있기를 바라기도 한다. 붙잡아 두려 하면서도 내버려 두려 하는 친자간에 존재하는 분리와 결속관계의 특징이 있다. 이러한 특징은 걸음마

시기에 현저히 나타난다. 양육하는 단계의 부모는 자녀와의 관계 이외에도 또 다른 여러 가지 일에 직면하게 된다. 아기와 더불어 조부모와의 관계를 확장시키고 재정립해 나가야 한다. 조부모와의 관계는 간단하지 않다. 자녀양육 단계에서 조부모의 영향은 여러 가지로 크다. 조부모는 성장한 자녀의 개별성을 인정해 주어야 하는데 그렇지 못할 때 갈등을 갖게 마련이다. 부모는 부부로서 자신들의 관계형성을 잘 유지해야 하며 가족 내에 아기를 포함시키는 일을 잘 유지시켜야 한다.

아기 출생 후 사이가 나빠져 이혼에 이르는 부부도 있다. 아기와 부모와의 균형을 이루는 일은 양육하는 단계와 그 이후 계속되는 과제이다.

이 단계에서는 주고받는 것이 중요하므로 친구관계도 부모에게 영향을 미친다.

맞벌이 부부들은 자녀에 대해 죄책감과 불안을 느끼고 있다. 대리 양육자가 아기와 애착을 형성하게 되는 처음 몇 주 동안은 부모와 대리 양육자 모두에게 경쟁, 질투, 분개의 감정이 일어날 수 있다. "나는 어떤 부모가 되기를 원하나? 현재 나는 어떤 부모인가?"와 같이 이미지 형성 단계에서 시작되었던 정체감은 계속 이어진다.

부모가 된다는 것, 자녀를 양육하는 것은 다른 어떤 직업과는 다르므로 여기에는 연습이 없고 갑자기 전이가 요구되며 지속적인 변화와 기술이 요구된다. 부모가 된다는 것은 심오한 기쁨과 만족을 가져다 주며 다른 한 인간을 완전히 돌보며 그 성장을 지켜보고 새로운 견지에서 자기 자신을 쳐다보며 더욱 인생에 대하여 잘 이해하게 되는 것이다.

3) 제3단계 : 권위 형성 단계
(the authority stage : 2세~4, 5세)

권위를 형성하는 단계는 자녀의 나이가 만 2세경부터 4~5세까지를 일컫는다. 이 단계의 부모는 어떤 유형의 권위가 있는지, 규칙이란 무엇이며 그 규칙은 어떻게 정해지고 언제 시행되며 또한 언제 그 규칙이 깨어질 수 있는지 결정해야 하는 일들을 맞게 된다.

이미지 형성 단계에서 나타난 '조절과 조절의 부족'이라는 과제가 계속 이어져 절정에 달하게 될 때 바로 부모는 권위를 형성하는 단계에 놓이게 된다.

이 시기에 권위를 형성하도록 재촉하는 것은 자녀들의 의사소통 능력이 급격히 증진되면서 친자간에만 통하는 언어 양식이 발달되는가 하면, 자녀는 "싫어, 아니야, 내가 할래, 나는 할 수 있어"와 같은 말들을 하게 되며 자신의 행동을 어떻게 해야 할 것인가를 결정해야 하는 것이다. 또한 이 시기는 자녀의 사회적 세계가 확장되는 중요한 단계이다. 자녀는 3세가 되면 사회적 이유기(social weanling)를 맞아 사회적 반경이 부모나 가족 이외 다른 사람에게로 확장된다. 즉 부모, 가족, 친척, 아주머니, 의사 정도였던 사회적 관계가 슈퍼마켓, TV의 장난감 광고, 다른 아이들과 그들이 가진 물건들 그리고 다른 사람들, 놀이방이나 유아교육기관에 관한 것들로 보다 넓은 세상으로 확장되는 것이다.

전 단계인 양육하는 단계에서는 자녀를 보호한다는 명목으로 부모는 많은 요구들을 정당하게 강요할 수 있었으나 권위를 형성하는 단계에서는 지금까지 경험하지 못하였던 '권위'라는 문제에 직면하게 된다. 이러한 상황에서 부모는 새로운 차원의 책임감을 수용하고 자녀를 다스릴 수 있는 권위를 가져야 하는 것이 주요한 과제가 되는 것이다. 부모는 이러한 권위를 어느 정도 행사해야 하는지를 결정하고 또한 수행해야 한다. 이러한 과정에서 부모는 자녀와 분리된 것을 느끼며 자녀가 자신의 분신으로서의 연장이 아니라는 것을 이해하기 시작한다.

(1) 권위의 발달

유아들은 모두 다르게 태어났을 뿐 아니라 활동 수준이나 의사소통 방식도 다르다. 기질적으로 조용한 아이거나 시끄러운 아이를 막론하고 이 시기의 유아들은 대단한 탐색가이다. 보행과 언어 획득, 배변 훈련, 이유식, 혼자서 먹기, 동생의 출생, 유아교육기관 입학 등 많은 발달과업을 이룩한다. 이러한 발달을 이룩하는 과정에서 부모의 의사소통하는 방식, 즉 양육방식은 자녀에게 영향을 주며 또한 여기에 대한 자녀의 반응 역시 부모에게 영향을 주게 된다.

대부분의 부모들은 그들의 자녀를 위해 훌륭한 부모가 될 것이라는 기대를 안고 부모기에 임하게 된다. 그러나 자녀양육을 하며 실제 생활에서 직면하게 되는 부모기는 다르며 자신이 기대하였던 부모상은 착각 또는 환상의 이미지였음을 스스로 발견하게 된다. 즉, 다음과 같은 일들을 깨닫게 된다(Galinsky, 1987).

① 부모는 화를 내면 안 된다는 이미지는 붕괴된다. 자녀들의 공격적인 행동은 부모에게도 강한 공격심을 일으킬 수 있다. 그리하여 자녀에게 분노를 폭발한 다음 후회하곤 한다.
② 부모는 자녀를 무조건 사랑해야 한다는 고정관념의 이미지 때문에 갈등하게 된다. 자녀가 버릇없이 행동하고 있을 때 사랑만으로 해결할 수 없으므로 자녀에게 분노를 느끼지만 그 분노를 스스로 인정할 수 없어서 상당한 기간 동안 우울감에 빠지기도 한다.
③ 부모는 자신의 부모와는 다르다는 이미지가 깨어져 버린다. 즉, 자신의 부모와는 아주 다른 부모가 될 것이라는 기대를 갖고 있던 부모가 자신들도 역시 기대하지 않았던 그들 부모의 상을 그대로 본받아 같은 문제를 갖고 있다는 것을 발견하게 된다.
④ 어린이는 항상 착하다는 이미지는 환상에 불과하다는 것을 깨닫는다. 때때로 자녀들이 부모를 당혹스럽게 할 때 그런 행동에 대한 대처가 준비되어 있지 않아 일종의 충격을 느낄 수 있다.
⑤ 우리 아이는 항상 변하지 않고 그 상태에 있을 것이라는 이미지는 환상에 불과하다. 자녀는 계속 자라고 있으며 항상 변하고 있다는 사실을 알고 있으면서도 부모는 자녀의 변화가 마치 상실처럼 느껴질 수 있으며 마음 한 구석에는 아이가 늘 같은 상태로 머물러 있기를 바라는 부당한 기대를 갖기도 한다.

환경은 이미지 손상에 영향을 줄 수 있다. 부모의 이혼, 질병, 실직 그리고 가족이나 친지의 죽음 등은 부모기에 대한 이미지 손실에 영향을 미치며 결혼생활에 아무런 갈등이 없는 부부도 고독과 외로움으로 자신의 부모역할에 대해 평가 절하할 수 있다. 또한 조부모와의 갈등 역시 부모기에 등장하는 중요한 과제이다.

이 시기 부모기에 부딪치는 여러 가지 문제들을 대처하기 위한 의식이 바로 '권위 형성하기' 과정에서 직면하게 되는 주요 과업인 것이다. 즉, 부모는 자녀를 위해 한계를 설정하고 그것을 강화시켜야 할 필요를 느끼면서 한편으로는 자녀에게 자유를 주어 주도성을 확립시켜야 함을 느끼는 양면성 속에서 혼돈을 갖게 된다.

이 시기 유아들은 매우 정확한 센서(sensors)를 갖고서 부모가 자신들의 제한에 확고한 신념을 갖고 있는지 판단하며 부모를 시험하곤 한다.

따라서 부모는 자녀와 어떻게 의사소통할 것인지, 설정해 놓은 제한을 어떻게 강화할 것인지, 자녀가 둘 이상이라면 자녀들간의 갈등을 어떻게 다루어야 하는지 등 여러 과제가 이 시기 부모의 과업이며 이에 권위를 형성하는 것은 계속되는 실수와 그것을 수정해 나가는 과정에서 이루어지는 것이다.

부모가 권위를 형성하기 위해서는 여러 가지 기술이 필요한데 그 중에서도 특히 자녀를 이해하는 기술이 필요하다. 즉, 부모는 친자간에 서로 닮은 유사성과 이질성에 대해 분석해 보며 자녀들의 발달 특징, 발달단계에 대한 지식을 필요로 한다. 그러한 지식은 부모로 하여금 지적인 만족과 이해를 갖게 하며 자녀에 대해 보다 연령에 적합한 기대를 할 수 있게 한다.

다음은 친자간의 힘겨루기를 피하는 기술이 요청된다. 부모와 자녀간의 의지 대결은 부모가 반드시 이겨야만 된다는 주장과 부모가 져 주는 편이 자녀를 기죽지 않게 키우는 것이라는 갈등 속에서 나타난다.

또한 부모는 자녀의 변화에 따라 변화할 줄 아는 기술이 요청된다. 이러한 기술은 부모 자신들이 야기시킨 문제해결과 자녀의 변화에 따른 변화이다.

부부는 자녀에게 같은 유형의 권위를 원하는지 또는 그렇지 않은지 하는 것은 배우자와의 관계와 조부모와의 관계가 중요한 변수로 작용할 수 있다.

권위를 형성하는 단계에서 성공적인 부모기가 되기 위해서는 남편, 아내, 친구 그리고 조부모 등 주변 사람들의 지지가 필요하다. 때로는 전문가나 어떤 기관의 지원이 필요할 수도 있다. 이 단계를 성공적으로 이끌지 못하고 자녀가 실행할 수 없을 만큼 많은 원칙을 고수하도록 강요함으로써 결국 자녀 학대자가 될 수도 있다.

(2) 거리감 두기

부모들은 완벽한 부모가 되기를 기대하며 권위 형성기에 접어들었으나 그 기대와는 점점 멀어져 있음을 알게 된다. 친자간의 정체감이 아직 분리되지 않은 상태에서 걸음마 시기가 끝날 무렵 부모로서의 자아 정체감을 확인하게 되며 이때 부모–자녀 관계의 다른 변화가 생긴다. 부모는 자녀를 세상에 보내어진 자신들의 사절단으로 기대하게 된다. 이때 부모의 과제는 자녀와의 관계에서 친자간의 일체감 또는 동일시감에서 벗어나 보다 많은 거리를 두는 일이다. 자녀의 행동이 바람직하지 못할 때 다른 사람들이 자신을 평가한다고 생각하게 되며 또한 그것은 자신들이 잘못 행동하였기 때문이라고 느끼며 죄책감을 갖게 된다. 죄책감은 이전 단계에서 가졌던 부모기에 대한 이미지가 실현되지 못하였다고 느낄 때 또는 자녀를 부모의 연장선으로 보는 감정에서 벗어나지 못하고 있을 때 일어날 수 있다.

또한 권위 형성기에서 부모는 자기 자신을 위한 시간과 자녀를 위한 시간을 어떻게 조정해야 하는가 하는 문제에 직면하게 된다. 가정 안에서 사소한 일들, 즉 잡지를 읽을 것인지 아이에게 동화를 읽어 줄 것인지 하는 것에서부터 시작하여 어머니가 직업을 갖는 일에까지 다양한 종류의 역할 분담의 종류와 양도 결정해야 한다. 또한 이 시기의 부모들은 자녀와의 분리 및 결속의 문제로 자녀에 대한 감정에서 밀고 당기는 신경전이 있을 수 있다. 부모는 자녀에 대해 사람들이 일반적으로 가질 수 있는 모든 감정, 즉 사랑, 미움, 부러움, 분노, 슬픔, 공포, 흥미 등을 가질 수 있다. 질투, 분노, 공포와 같은 부정적인 감정들은 부모에게 놀라운 일일 수 있겠으나 그러한 감정들은 분명히 부모에게 존재하는 것이므로 다루어져야 할 문제들이다(Galinsky, 1987).

이 단계에서 자녀의 확장된 세계는 부모들에게 많은 긍정적인 감정들도 있겠지만 부정적 측면도 있다. 즉, 작고 의존적이던 자녀가 자신의 사고와 감정, 분노와 즐거움, 지각들을 갖춘 한 어린이로 변하게 된 사실에 감탄하지만 유해한 TV 프로그램이나 자녀를 유혹하는 각종 상품들, 또한 주위의 많은 사람들이 때때로 자녀들의 성장에 해를 끼칠 수 있으므로 이러한 주변의 요소들은 이 단계의 과업인 부모와 자녀간의 거리감 형성을 방해하는 요인이 될 수도 있다.

권위 형성기에서 많은 부모들은 완벽한 부모가 되겠다던 이미지를 재평가하게 된다. 그들은 자신들이나 자녀들, 그리고 그들에게 의미 있는 주변의 사람과 사회에도 결함이 있다는 것을 발견하게 되며 완벽한 부모에 대한 자신의 환상을 버리고 불완전한 인간으로서의 자기 자신을 받아들이게 된다. 부모는 더 이상 자녀가 자신의 한 부분으로써 연장(extension)이 아니라는 것을 깨닫게 된다. 가족의 구조, 관습, 규칙을 자녀에게 제공해 주는 일과 자녀에게 문제가 발생하였을 때 스스로 좌절을 견디어 나가도록 도와주는 일 등 모두가 이 단계의 부모기의 역할이다.

(3) 성역할과 성정체감 다루기

권위 형성기에 부모가 직면하는 또 다른 주요 과업은 자녀의 올바른 성역할 개념과 성정체감을 갖도록 도와주는 일이다. Frish(1976)의 연구에 의하면, 성인들은 여아에게는 보호적이고 남아에게는 활동적이 되도록 고무시킨다. 부모들은 대개 자녀의 성역할에 대해 어떤 기대나 이미지를 갖게 마련이다.

성역할(sex roles)은 어떤 한 사회에서 여성 또는 남성으로서의 역할의 일부인 행동, 태도, 권리, 의무 그리고 책임인 것이다. 유아들은 언제, 어떻게 성역할이나 성정체감에 대한 생각들을 발달시키는지, 자신의 성을 어떻게 알게 되는지, 자신의 성역할이나 고정관념에 얼마나 알맞게 행동하는가 하는 것을 이 단계의 부모는 이해해야 한다. 유아가 자신이 여아 또는 남아라는 것을 알게 되는 것은 성동일시(gender identity)와 성의 안정성(gender stability) 그리고 성의 불변성(gender constancy)의 3단계를 거쳐서 이룩된다(Bee, 1989).

성동일시란 유아가 자신의 성을 정확히 분류하고 타인을 남성 혹은 여성으로 정확하게 동일시하는 능력이다. 생후 2년 반에서 3년쯤 되면 이러한 능력이 생기게 된다. 성의 안정성이란 사람이 평생을 같은 성으로 있다는 것을 이해하는 것으로 약 4세경에 대부분의 유아들은 성의 안정성을 이해하게 되며, 성의 불변성은 유아 자신이 다른 옷을 입거나 머리 모양을 달리하여도 역시 같은 성으로 성은 변하지 않는다는 것을 인식하는 것으로서 5~6세가 되어야 이해하게 된다(조희숙 외, 1994).

이러한 자녀의 성장과 함께 부모는 생명과 성의 기원에 대한 자녀의 직접적 또는 간접적인 질문과 행동들에 대하여 대답하고 대처해야 할 과업에 직면하게 된다.

또한 이 단계에서는 자녀와의 오이디푸스적 관계가 일어날 수 있다. 자녀가 한쪽 부모에게 관심을 쏟을 때 다른 쪽 부모는 강한 반작용이 일어날 수 있으며 이러한 반응들은 많은 부모들로 하여금 적절한 남성상 또는 여성상의 모델로서 자신들의 배우자를 재평가하는 요인이 되기도 한다.

또한 이 단계에서 가장 결정적인 요소는 부모에게 대하는 자녀의 행동을 부모가 어떻게 규정할 것인가 하는 점이다. 이 과정에서 부모는 막 싹이 트는 자녀들의 자아 정체감을 볼 수 있기 때문이다. 4~5세 유아들은 자신의 영속적이고 내적인 특질보다는 외모에 대하여 주의를 기울이며 외모에 기준하여 자신을 평가하게 된다.

권위를 형성하는 이 단계에서 부모는 권위라는 기본적인 문제에 부딪히게 되는데 이러한 문제에서 벗어나야 자녀는 바람직하게 성장하게 되고 부모는 바람직한 부모기를 보내게 된다.

4) 제4단계 : 설명하는 단계
(the interpretive stage : 5세~초등학교 시기)

이 단계는 5세경부터 시작하여 초등학교 시기인 사춘기에 접어들 무렵까지를 일컫는다. 자녀의 유치원, 초등학교 입학은 부모로 하여금 부모기에 대한 이미지를 검토해 보는 계기가 되고 그 이미지가 잘 실현되었는지 자문하게 된다. 이 단계 부모기의 주요 과업은 설명해 주는 일이다. 부모들은 자녀들에게 설명해 주며 당면한 현실을 설명하고 자녀들의 질문에 대하여 설명하며 자녀의 자아 개념을 어떻게 발달시켜야 하는지 또한 어떤 종류의 지식, 기술 그리고 가치 등을 향상시켜야 하는지 등 새로운 관심 분야에 직면하게 된다. 이 과정에서 부모는 다시 자신들의 지나온 부모기를 평가하고 재해석하며 자신들의 자녀양육 이론과 부모기에 대한 생각을 필요에 따라 수정하며 미래에 대한 이미지를 형성하는 일에서 출발하여 새로운 단계에 대비하게 되며 변화하게 된다. 또한 자녀가 유치원이나 학교에 입학하게 될 때 유치원이나 학교는 부모기에 대한 새로운 갈등을 갖게 한다. 자녀가 학교생활에 잘 적응할지 공부는 잘하며 친구들과는 잘 어울리게 될지 등의 걱정과 즐거운 기대가 엇갈리게 된다.

(1) 부모로서 자신에 대해 설명하기

대부분의 부모들은 그들 스스로 더 좋은 부모가 되기 위한 지식을 갖고 있음을 알 수 있다. 그들은 자녀들이 싸우고 울며 서로 위협을 할 때 어떻게 반응하며 자녀들의 잠자리 들기나 깨우기에 대처하는 방법을 알고 있다. 많은 부모들이 실제적으로 그들 자녀들의 행동에 상응하여 자신들의 부모기에 대한 개념을 갖고 있다(Galinsky, 1987). 즉, '나는 기본적으로 좋은 부모라고 생각한다' 또는 '나는 이처럼 좋은 부모는 아니다' 라고 자녀들의 행동에 따라 자신들이 갖고 있는 이미지에 기초하여 부모로서 자신들을 평가하고 설명한다. 또한 이 단계에서 부모는 부모로서의 역할에 대해 다시 생각해 보면서 자녀들에게 주고 싶고 남기고 싶은 자신들의 이미지를 다시 생각하게 되며 가정에서의 문제나 어떤 주제에 대해 자녀들과 얼마나 함께 나누어야 하는지 그 단계를 결정해야 하는 과업에 직면하게 된다. 실제로 부모가 느끼는 감정을 함께 이야기 나누거나 가정 경제적인 압박과 관련된 자녀의 이해와 균형을 찾는 노력은 참으로 어려운 것이며 또한 중요한 것이다.

(2) 자녀들에게 자녀들 자신에 대해 설명하기

설명하는 단계의 자녀들은 이전보다는 성장의 각 영역에서 그 발달 상태가 오래 지속되므로 부모는 자녀행동에 익숙해져 잘 이해하게 된다.

부모들은 자녀에 대한 많은 이미지를 갖고 있다. 자녀가 그 이미지에 맞는지, 그 이미지에 미치지 못하는지, 혹은 능가하는지 등 부모들이 갖고 있는 이미지에 근거하여 자녀를 평가한다. 많은 부모들은 아들에 대한 기대, 첫아이에 대한 기대가 딸에 대한 기대나 다른 자녀들에 대한 기대보다 높다고 한다. 또한 자녀의 행동을 형제자매 또는 같은 반 어린이들, 이웃 친구들의 행동과 비교하여 평가한다. 자녀들은 부모, 형제자매, 친구, 친척, 교사, 조부모 등 주변 사람들의 생각과 자기 자신에 대한 자신의 평가를 참조하여 자아 개념을 형성하기 때문에 부모가 자녀를 어떻게 설명할 것인지 하는 것은 이 단계 부모의 주요한 과업이다. 이때 부모의 설명은 아주 중요하다. 자녀를 하나의 독특한 인격체로 인정하는 일은 부모기의 계속적인 과정으로서 주요한 과업의 한 부분인 것이다.

이 시기도 역시 자녀를 하나의 인격체로 수용하는 것은 부모와 자녀 사이의 거리를 인정하고 부모가 갖고 있는 자녀에 대한 이미지와 자녀의 실제 모습간의 타협이라 할 수 있다. 이 과정에서 부모들은 잘못된 이미지를 검토한다. 부모는 자녀에 대한 다른 사람의 판단을 받아들여야 하는 일에 직면하게 된다. 특별히 자녀 학교의 교사는 자녀의 사회적 기술, 학업 성취도 등 모든 행동에 대하여 판단하게 되는데 부모의 생각과 일치하지 않을 수 있다. 이때 부모는 자녀에 대한 판단을 조정해야 하는 것이 주요한 과업이다. 이러한 과정에서 부모는 자녀에 대한 다른 사람의 판단에 대처해야 하는 일과 자녀 자신의 판단이나 자녀 자신에 대한 평가를 아울러 잘 알아차리고 예민하게 대처해야 하는 것이다.

설명하는 단계의 자녀들은 부모되기에 대한 자신의 이미지를 형성하기 시작한다. 이러한 이미지는 부모와 반대되는 유형일 수도 있다.

(3) 분리와 결속

이 단계의 특징은 자녀가 더욱 독립적으로 되어 부모와의 분리감이 증대되는 것이다. 친구들과 더 많은 시간을 보내며 부모가 중요하게 생각하는 가치관에 대해 대수롭지 않게 여기거나 반대하기도 하므로 부모는 이전에 지녔던 이미지를 바꾸어 새로운 이미지를 갖게 된다. 이와 같은 자녀의 변화된 모습은 부모와 자녀간의 분리와 결속의 문제에 직면하게 되며 특히 직업모, 이혼 부모, 배우자 사별 등의 환경적인 요인은 더욱 분리와 결속의 문제를 가중시킨다. 이러한 분리감이 증가하면서 동시에 새로운 결속이 되도록 이전과는 다른 방식으로 부모는 자녀와의 상호작용 방법을 찾아 대처해 나간다.

(4) 자녀에게 세계에 대해 설명하기

설명하는 단계의 부모는 공유하기를 원하는 것들, 가르치고자 하는 행동과 자세, 전하고자 하는 가치들을 결정하여 자녀에게 설명해야 하는 과업이 있다. 즉, 부모는 자신들이 바라는 삶의 방법과 부모가 제공할 수 있는 삶의 양식을 결정하여 설명해야 한다. 그리하여 자녀에게 무엇을 줄 것이며 언제 승낙하고 승낙하지 않을지를 결정하여 언어적으로든 비언어적으로든 자녀와의 생활 속에서 설명해 주어야 한다. 자녀의 주변세계에서 일어나고 있는 사실들을 설명하고 기술을 전달하며 사회적 세계를 설명해야 한다. 부모는 설명하고 말하는 것 뿐 아니라 자녀의 말이나 자녀의 세계에 대해 들을 줄도 알아야 한다.

부모는 자녀의 행동 기준을 설정해야 한다.

이 단계는 오래 전 앞 단계에서 시작하여 계속되어 온다. 자녀의 공격성, 반항, 불순종은 이 단계에 다루어야 할 주제들이다. 권위를 형성하는 단계에서의 갈등이 해결되지 않고 계속 남아 있을 수 있다. 그래서 그들이 정립한 이미지와 일치하는 권위관계를 형성하면 부모와 자녀 모두 성장하게 된다.

이 단계에서 어린이들은 추리 능력이 발달되고 인지적 발달도 구체적 조작기 시기이므로 부모의 지시에 대해 무조건 순종하는 것이 아니라 자신의 생각을 표현하게 된다. 6세의 어린이들은 그들이 원하는 것이 곧 공정한 것이며, 8~9세가 되면 고정적이고 실제적인 공정성의 개념을 갖게 되고, 12세가 되면 상대적인 평등의 개념을 갖게 되는데, 이는 어떤 사람에게 정당한 것이 다른 사람에게는 정당하지 않을 수 있다는 것을 아는 것이다. 부모는 자녀의 자기 추론에 의한 정당성 개념에 대한 합리화에 대처해 나가야 한다.

(5) 개입 정도에 대해 결정하기

부모가 자녀에게 얼마만큼 개입하는 것이 옳은가 하는 것은 부모기의 첫날부터 시작되어 온 것이다. 이 시기의 부모는 자녀의 신체적 요구에는 덜 개입하게 되나 자녀와 함께 무엇인가 한다는 생각에서 더 많이 개입하게 된다. 부모개입에 대한 이미지는 부모 자신이 어렸을 때 그들의 부모가 자신과 얼마나 많은 시간을 보냈는가 하는 것에서 영향을 받게 된다.

부모는 자녀와 지나치게 동일시하지 않도록 주의해야 하는데, 개입이 너무 부족하여도 곤란하나 지나친 것도 삼가해야 하며 가장 적절한 개입의 정도를 결정해야 하는 것이다.

부모가 자녀의 요구에 끊임없이 시달리고 있을 때 부모 자신만을 위한 시간이 필요한 것이다. 부모가 자신만을 위한 시간을 조절하고, 때로는 자신의 일을 갖고, 배우자를 위한 시간을 가질 수 있는 균형의 문제가 대두된다. 부모가 자녀의 일에 언제, 얼마만큼 적절하게 개입하며, 자녀가 독립적으로 여러 가지 일을 시도해 볼 수 있도록 하는 것은 부모 자신들의 노력이나 부모기에 대한 이미지로서만 가능한 것이 아니다. 때로는 주위의 어른들이나 친구, 조부모, 선생님, 상담자 등의 개입을 어떻게 수용하는가 하는 것이 포함된다. 부모의 다른 성인들과의 긍정적인 관계는 부모를 격려하게 되고 부모의 능력을 신장시킬 수 있다. 주변의 중요한 사람들, 즉 남편이나 아내, 부모, 친구, 전문가의 지원 없이 부모기를 보내려고 하는 사람들은 중요한 것을 잃어버린 사람이라고 하였다.

설명하는 이 단계에서 부모는 자녀와 새로운 관계를 형성한다. 즉, 유아기 자녀와의 불평등한 권위관계에서부터 12세 자녀들과는 비교적 평등한 관계로 부모와 자녀 양쪽을 서로 설명해 가는 변화가 가속된다.

또한 설명하는 단계는 사춘기 직전으로 아동기의 마지막을 나타내며 청소년기에 대한 새로운 기대에 대한 접근을 의미한다.

이 시기의 부모들은 부모기의 성공과 실패에 대하여 따져 보며 부모 자신들의 부모기에 대한 이미지와 믿는 것들을 자녀에게 설명하면서 끊임없이 변화하고 성장하게 된다.

5) 제5단계 : 상호 의존 단계
(the interdependent stage : 십대의 시기)

상호 의존 단계는 자녀의 십대 시기 동안 계속된다.

이 단계에서는 제3단계의 권위 형성기에서 부딪치게 되었던 허용과 통제와 같은 새로운 해결책이 요구되며 부모는 거의 성인이 다 되어가는 자녀와 함께 새로운 관계형성을 유지하게 된다. 십대들의 부모들은 어느 날 갑자기 변해 있는 자녀들을 보고는 깜짝 놀라곤 한다. 자녀들은 신체적으로만 변해 있는 것이 아니라 행동이나 감정도 달라져 가고 있으며 헤어스타일, 좋아하는 음악 등 관심 분야가 눈에 띄게 변해서 부모들은 놀라움과 충격을 받게 되며 예기치 않았던 일 등으로 당황하게 된다.

(1) 더 이상 지속될 수 없는 과거의 이미지

부모는 자신의 자녀가 언젠가는 십대가 되고 사춘기를 맞게 될 것을 마음속으로 생각하고 있지만 막상 이 시기가 되면 과거에 가지고 있던 이미지를 상실하게 된다. 그리고 예상하던 시기가 생각했던 것보다 너무 빨리 왔다고 느끼며 놀라게 된다.

부모는 자녀가 언제나 그대로일 것이라는 이미지를 갖고 살아간다. 자녀의 달라진 모습을 보고 놀라는 일은 십대에 와서 처음 경험하는 일은 아니다. 갓 태어나 칭얼대던 아기가 혼자 앉아서 장난감을 가지고 놀 때, 천방지축 휘젓는 대여섯 살 때도 부모는 갑자기 달라진 자녀의 모습에서 놀란다. 이러한 현상은 자녀에 대하여 충분히 준비하지 못하고 과거의 이미지를 쉽게 버리지 못하여 자녀가 변한 후에야 새로운 이미지를 형성하기 때문이다.

부모는 십대와 생활하면서 성숙한 자신의 부모기에 대한 이미지를 포기하게 된다. 자녀가 십대가 되면 마치 네다섯 살 때로 돌아간 것처럼 행동하고 말하며 부모에게 무리한 요구를 하는, 그들의 정서 상태가 질풍노도와 같이 움직이고 있음을 쉽게 볼 수 있다. 이러한 일들은 부모를 매우 흥분시키고 때로는 화나게 하며 심한 경우에는 자녀를 때리는 일까지 생기게 된다. 이러한 과정에서 부모는 혼란과 좌절을 겪으며 새로운 친자간의 이미지를 정립해야 하는 과업에 직면하게 된다.

십대의 자녀를 둔 부모들은 긍지와 고통 등 상반된 감정을 갖고 있다. 기쁨이나 긍지의 순간과 벼랑 아래로 떨어지는 것 같은 고통의 순간이 교차되는 감정을 경험하게 된다.

또한 부모들은 자녀의 가장 싫어하는 점이 자기 자신을 닮았다고 느낄 수 있다. 자녀에 대한 강한 거부감은 오랫동안 자기 자신에 대해 느껴 왔던 부정적인 감정으로서 자신과 자녀를 동일시하여 느끼는 것과 관계가 있는 경우가 많다.

청소년기 자녀에 대한 이미지는 잠깐 있다가 사라진다. 부모의 기대는 곧 어긋나게 되고 부모들은 기대 수준이 너무 높았다고 생각하며 이미지를 변화시키거나 유지하게 되는데 이러한 일은 전 부모기를 통해 계속 일어나는 현상이다. 이미지를 변화시키며 새로운 해결책을 찾는 과정은 성장한 자녀와 부모가 새로운 관계를 맺게 되는 중요한 과업이다.

(2) 새로운 권위 형성 단계

십대의 청소년들은 어른도 아니고 그렇다고 어린이도 아니다. 십대들은 성숙한 것같이 보이지만 일면에는 아주 미성숙함을 보인다. 그들은 자기 자신들에 대해서 너무 몰두하고 있어서 주변을 전혀 의식하지 않고 맹목적인 행동도 하며 부모를 시험해 보기도 하고 때로는 부모의 의견이나 생각을 무시해 부모를 걱정시키고 불량배 같은 행동을 하여 놀라게 하기도 한다. 이러한 여러 가지 십대들의 문제들은 마치 낯선 외국인들처럼 보이게 한다. 부모들에게는 이러한 자녀들의 문제에 대해 어떻게 대처할 것인지, 그냥 지켜보기만 할 것인지 결정해야 할 과업이 주어진다.

십대들의 주변에는 사방에 위험한 일이 도사리고 있음에도 불구하고 부모의 통제력은 점점 약화되어 간다. 자녀가 성장할수록 부모의 도움 없이 모든 일을 해나가게 되며 자기들만의 세계를 갖고 있다. 아직은 부모의 도움이 필요하지만 부모 앞에서 당당하게 자신의 몰입된 삶을 주장하여 부모는 자녀에 대한 자신의 영향력이 줄어가고 있음을 인식하게 된다. 그리하여 자녀의 성장을 기쁨으로 받아들여야 함과 자녀들 사이에 더이상 머물러 있을 수 없음에 대한 서운함이 교차하게 된다. 자녀는 새롭게 변화된 세계 속에서 살고 있으므로 부모들은 자녀에 대한 권위관계를 재정립해야 한다.

부모들은 자신이 갖고 있는 이미지가 제대로 이해되지 않고 있다고 느끼게 되면 실망과 불만을 갖게 되며 그러한 감정을 곧 배우자나 다른 사람의 책임으로 돌리는 경우가 있는가 하면, 자신의 과거의 이미지를 포기하고 보다 현실적인 것으로 수정하기도 한다. 또한 어떤 부모는 현실과 전혀 거리가 먼 이미지를 갖고 있는가 하면 아직 이미지를 실현시키지 못하였지만 새로운 이미지를 세우려고 노력하고 있으며, 다행히 자신의 이미지가 다소나마 실현되고 있음을 발견할 수도 있다. 상호의존하는 단계에서 부모는 자녀와 대화를 나누며 자녀의 행동에 어떤 한계를 설정해 주어 거기에 따라 자녀를 안내함으로써 부모–자녀의 권위관계를 재정립해야 한다. 특히 대화는 중요하며 새로운 대화 기법을 연구하고 배우는 일에 전력을 다해야 하는 과업에 직면하게 된다.

십대의 자녀들을 둔 부모가 자녀들의 문제에 대처하기 위해서는 부모 자신에 대한 이해가 요청된다. 자신이 무엇을 생각하며 자신의 기준은 어떤 것인지 하는 것을 명확히 해야만이 문제되는 상황에 직면할 때 자신의 입장을 분명히 취할 수 있다. 부모가 자신에 대한 이해는 물론 자녀를 이해하고 그들에게 얼마만큼의 안내와 지도가 필요한지를 판단할 수 있어야 한다. 또한 부모는 자녀의 변화에 민감하게 대처하여 부모–자녀 간의 거리를 좁힐 수 있도록 자녀들이 변함에 따라 부모들도 함께 변화해야 한다. 그리고 이 단계에서 부모의 권위를 재정의하기 위해서는 가능한 한 자녀와 극단적인 의견 충돌을 피할 수 있는 방법을 모색해야 하는 것도 주요한 과업 중의 하나이다.

(3) 자녀의 성정체감 수용하기

부모에게 자녀의 성에 대한 대처 기술이 요청된다.

어느날 갑자기 자녀의 신체가 그 기능상 완전한 성인이 되어 있는 것을 발견하게 된다. 딸의 초경이나 아들의 변성, 턱밑의 거무스름한 흔적들을 발견하고는 이제 더 이상 어린이가 아니라는 것을 깨닫고 어린이로서의 자녀를 잃은 것에 슬퍼할 수도 있다. 십대의 자녀는 성장하고 있고 그 성장은 곧 변화이다. 상호 의존 단계에서 가장 큰 변화 중의 하나는 부모와 자녀의 신체적 관계의 변화이다. 십대들은 성적으로 보다 성숙해지며 매일매일 일상생활에서의 일들을 성적인 시각으로 보게 된다. 부모는 자녀의 성에 대한 관심과 태도 그리고 성적인 성숙을 받아들여야 한다. 부모는 자녀의 성과 관련된 질문과 행동에 대처해야 할 일, 수용해야 할 일에 직면하게 된다.

십대의 자녀를 둔 부모들이 맞게 되는, 또 다른 주요한 주제가 자녀의 정체감을 수용하는 일이다. 만 2세였을 때 자녀는 자신과 다른 사람을 구별하는 일이 주요한 과업이었으나 청년기에 와서는 정체감(identity)을 형성하는 일이 아주 중요한 과업이다. 십대들은 자기가 아는 모든 사람과 자신이 어떻게 다른지 구별함으로써 자신을 찾으며 자신에 대해 새롭게 정의한다. "나는 누구인가?" 하는 '나'를 찾는 과정에서는 부모로부터의 분리가 반드시 따르게 된다. 이러한 정체감을 형성하기 위하여 십대들은 저항하고 반대하고 반항하는 어떤 실험 기간을 거쳐 자신을 시험해 보게 되는데 이러한 모든 것들이 자신을 찾는 데서 긍정적으로 작용한다. 그러므로 이 단계에서 부모-자녀 관계의 재정의는 결국 분리된 자녀의 정체감을 수용해 가는 과정이다.

십대의 자녀가 자신의 정체감에 대해 의문을 갖듯 부모도 "나는 누구인가?" 하고 자기 자신에게 끊임없이 의문을 갖고 묻게 된다. 부모 자신이 자기를 어떻게 평가하는지 또는 자녀가 부모를 어떻게 평가하는지 하는 것들은 부모의 정체감을 갖게 하는 데 영향을 미친다.

(4) 성장한 자녀와의 새로운 결속 형성

부모와 자녀의 분리는 점진적인 과정이다. 이제 자녀들은 이전처럼 안아 주고 길러 주는 부모가 필요하지 않고 혼자 살아갈 수 있다. 그래서 부모에게만 의존하거나 결속된 것이 아니라 가족과 친구 사이를 시계 추처럼 왔다갔다 한다. 부모는 그런 자녀가 하숙생처럼 느껴지기도 하고 때로는 친구 같기도 한다. 이제 부모는 자녀와의 새로운 관계를 형성하여 그 거리감을 어떻게 유지하여야 하는지 다루어야 할 과업이 주어진다.

부모는 자녀가 자신으로부터 멀어져 갈 때 여러 가지 상념에 사로잡히게 되는데 그 중에 질투나 공포, 적대감, 긍지와 같은 감정들이 그 대표적인 예이다. 부모들은 자기의 배우자나 자녀간의 관계를 질투하여 결속을 싫어하게 되며 자녀를 더이상 보호할 수 없고 자녀에게 닥칠 위험을 막아 줄 수 없다는 것을 인식할 때 공포를 느낀다. 이어서 자녀의 분리와 함께 부모는 자신의 죽음에 대해 생각하기도 한다.

부모–자녀 관계의 변화에서 오는 또 다른 감정은 적대감과 긍지이다. 자녀로부터 비난을 받게 될 때 자녀의 성장에 대한 뿌듯한 긍지와 더불어 비난받는 자녀에게 적대감을 느끼게 된다.

상호의존하는 단계에서 또 다른 주요 과업은 부모–자녀 관계를 재정의하는 것이다. 분리와 결속, 거리감과 친밀감 등 이러한 새로운 관계는 양극 요소처럼 보이는 것들이 서로 결합되어 있다.

이 단계의 부모들이 어떻게 하나의 인간으로 바로 설 수 있을까? 그것은 자녀를 부모와 분리된 하나의 독립된 완전한 성인으로 인정하는 일이다. 그렇게 할 수 있을 때 부모 자신도 하나의 성숙한 인간으로 바로 설 수 있게 된다. 이제 자녀들은 성장하였으며 부모–자녀의 관계도 달라졌다. 그들은 부모만큼이나 커 있다. 그들은 내 자녀인 동시에 부모와 함께 살아가는 다음 세대의 사람들이다.

6) 제 6단계 : 떠나보내는 단계(the departure stage : 청년기)

이 단계는 자녀가 집을 떠나는 시기이다.

부모들은 자녀들이 언젠가는 부모 곁을 떠날 것이라는 생각을 해왔지만, 이 시기가 되면 그 문제에 대해 더 깊이 생각하게 된다. 즉, 실제로 일어나고 있는 상황들에서 그들이 갖고 있는 이미지를 조정하며 이미 다 성장한 자녀의 부모로서 자신을 재정의하고 또한 부모로서의 성취, 실패에 대하여 검토해 보면서 부모기의 모든 경험들을 평가하고 자녀의 떠남에 대해 준비하게 된다.

(1) 떠나보내기 위한 준비

부모들은 앞의 여러 단계에서 자녀가 변화되는 과정을 대비하여 준비한 것처럼 이제 자녀와의 헤어짐에 대한 준비와 기대를 하면서 앞으로의 이미지를 형성하고 수정하게 된다. 어떤 부모는 자녀와 너무 밀착되어

떠나보낼 것에 대해 아쉬움과 두려움을 갖는가 하면, 어떤 부모는 자녀들이 떠난 후의 조용하고 안정된 휴식을 기대하기도 한다.

또한 부모 자신의 삶이 만족스러울 때는 자녀들을 떠나보내고 부부만 남는 빈 둥지와 같은 상황을 쉽게 받아들일 수 있으나 부모가 지녔던 이미지가 실현되지 못할 때나 자녀가 성공적으로 독립하지 못할 때는 문제가 되기도 하며 부모 자신의 성공도 무의미하게 느껴지기도 한다.

이 단계 부모들은 자기 부모의 죽음을 경험하게 되는데, 이제 스스로 자신들의 차례가 다가옴을 느끼며 인생의 덧없음에 대하여 깊이 직면하게 된다. 부모들은 자녀들의 어린 시절을 회상하면서 자신의 부모기 시작에 대하여 회상하곤 한다. 또한 다른 사람들의 어린 자녀들에 대하여 관심을 보이며 자녀를 떠나 보낸 후의 외로움에 대한 생각을 하게 된다.

(2) 떠나보냄에 대한 적응

부모는 자녀를 떠나보낸 후 그 허전함을 가라앉히고 일상생활과 또 다른 새로운 일들에 익숙해지면서 자신의 정체감에 대하여 재발견하게 된다. 부모로서의 자기 자신이 아니라 한 인간으로서의 자기 자신에 대하여 생각하게 되며 이전에 중요하다고 생각하였던 부분들이 자신의 삶에 아주 중요한 부분으로 차지하게 된다.

자녀를 떠나보낸 후 부모는 다른 중요한 관계에 대하여 재검토하게 된다. 홀로 된 부모의 경우에는 외로움에 대하여 어떻게 할 것인가 하는 문제가 대두되나 오랫동안 부부가 함께 살아왔을 때는 부부로서의 정체감을 재정의하게 된다.

자녀들이 떠난 후 어떤 부부는 더 행복해지기도 하지만 그렇지 못한 부모들도 있다. 이 시기 대부분의 중년 부인들은 잠재된 자질과 능력을 새로운 방향으로 사용할 수 있는 시기의 시작으로서 이전보다 훨씬 더 자유로워지지만, 중년의 남편들은 늘어나는 일들에 더 많은 압력과 시달림을 겪게 된다(Neugarten, 1969).

자녀를 떠나보낸 후 부모는 그들의 부모기가 끝났다고 생각하며 자유로워지기를 기대한다. 그러나 여전히 자녀들의 생활에 관여하고 걱정하며 자녀들에 대한 기대와 갈등을 겪으면서 이미지를 수정해 나가기도 한다.

떠나보낸 자녀는 그들의 결혼생활, 직장, 자녀를 갖는 것 등이 잘 되어

가고 안정될 것이라는 이미지를 갖게 된다. 그러나 때때로 결혼에 실패하여 돌아오는 경우도 있다. 이때에 부모는 돌아오는 자녀를 받아들이기 어려울 수도 있고 기꺼이 받아들일 수도 있다.

부모는 자녀가 떠난 뒤 자녀와의 관계에 대한 이미지를 갖게 된다. 자녀를 자신의 생활로 내어보내는 부모가 있는가 하면, 부모가 늙을 때까지 보살펴 주기를 기대하는 부모가 있다. 또한 성취되지 못한 이미지에 대하여 현실을 통합해 가면서 자신의 삶에 대한 이미지를 변화해 간다.

(3) 완화된 통제

처음에 형성된 가족 구성은 변하였고 자녀들은 자라서 떠나버렸으며 또한 부모의 역할도 변하였다. 대부분의 부모들은 새로운 가족관계를 유지하기 위한 방법을 찾아야 한다. 특별히 생일, 명절, 가족 행사를 축하한다든지 또는 주 1회 편지 쓰기, 주일날 아침 전화하기, 정규적인 회식 등을 통하여 가족 구성원으로 결속되어 있음을 확인하게 된다.

떠나보내는 단계에서 부모는 자녀를 포기함으로써 변화된 분리와 결속의 관계를 맺게 된다. 부모–자녀의 권위적 단계는 엄격한 통제에서 느슨하고 완화된 통제로 변화된다. 성장한 자녀는 이제 자신이 책임질 의무가 있기 때문에 부모는 통제보다는 염려와 도움을 주는 복합적인 방법을 취하게 된다. 또한 이 단계에서 부모는 성장한 자녀의 분리된 정체감을 수용하는 일이다. 어렵기는 하지만 부모의 기대와 자녀의 능력 그리고 자녀에 대한 실제적인 평가가 어긋날 수 있으나 부모와 자녀는 분리될 수 있다는 사실을 이해하고 수용해야 한다.

자녀는 부모를 떠나 다른 사람과 더불어 사는 것을 배우게 되며 또한 배워야 한다.

(4) 부모기에 대한 결과 평가

성장한 자녀들은 그들이 원하는 삶의 유형에 따라 그들의 과거나 그들의 부모의 삶 그리고 그들의 가정교육에 대해 평가한다. 마찬가지로 떠나보내는 단계에서 부모는 그들 자신과 자녀들이 그의 부모기 동안 쌓아온 이미지에 따라 어떻게 살았는가를 평가한다. 이 평가는 자녀들의 부모에 대한 평가에도 영향을 받게 된다.

부모가 자신의 부모기에 대한 성공과 실패를 판단하는 과정에서 가장 만족해하는 것은 그들 자녀를 분리된 존재로 수용해 왔던 부모들이다 (Galninsky, 1987).

부모기 동안 직면하게 되는 가장 큰 고통은 자녀의 죽음을 맞게 되는 것이다. 자녀는 미래를 향하여 열려 있으며 항상 미래와 관련되어 있고 부모보다 더 오래 살 것이라는 부모의 가장 확고한 이미지와 기대가 있다. 이러한 기대에 역행하는 자녀의 죽음은 부모에게 분노, 죄책감, 슬픔을 가져다 준다. 부모는 이러한 자녀의 죽음을 통하여 죽음이 가져다 주는 의미나 교훈 그리고 자신들의 성장의 기회 등을 평가하면서 계속 성장해 간다.

자녀에게 모든 면에 있어서 완벽하기를 기대하는 것은 부모의 잘못된 생각이다. 자녀가 스스로 선택한 삶이 부모의 이미지에 맞지 않더라도 그들이 즐거워한다면 부모는 그들의 이미지를 수정하여 행복하고 만족할 수 있어야 한다.

자녀는 청소년기의 반항과 방황을 끝내고 부모도 역시 완벽해야 한다는 생각에서 벗어날 때 부모-자녀는 재결합을 이룩할 수 있는 것이다.

위에서 살펴본 바와 같이 부모는 자녀의 성장에 따라 그 부모기가 다르며 부모기는 부모들을 변하게 한다. 그래서 자녀를 가진 사람들과 자녀를 갖지 않은 사람들간에 많은 것이 서로 다르다. 부모기를 보내는 동안 자녀를 갖기 이전보다 더 책임감이 있고 수용적 · 관용적이며 또한 부모인 자기 자신과 삶 그리고 인간에 대해 넓게 이해하게 되며 그들의 세계가 그들 자녀의 성장과 함께 풍성하게 성장해 간다.

5장 | 부모교육 프로그램의 유형

1. 부모참여 정도에 따른 부모교육
   1) 부모가 수동적인 형태
   2) 부모가 교육기관에 참여하는 형태
   3) 부모가 전문가로서 참여하는 형태

2. 자녀의 성장발달 측면에서 본 분류
   1) 사회정서 발달을 위한 프로그램
   2) 신체발달을 위한 프로그램
   3) 인지발달을 위한 프로그램
   4) 학교 성적을 중시하는 프로그램
   5) 종합적인 발달을 위한 프로그램

3. 가정 및 기관 중심 부모교육의 유형
   A. 가정 중심 프로그램
      1) High/Scope infant education project
      2) MCHP : The Mother-Child Home Program
      3) HOPE : Home Oriented Preschool Education
      4) EHIP : Educational Home Intervention Program
      5) The Florida Parent Education
      6) Home Start Program
      7) The Parent/Child Toy Library Program
      8) HATAF Program과 HIPPY Program
      9) PGEE Program : The Portage Guide to Early Education
   B. 학교 및 기관 중심 부모교육
      1) 교사 및 보조교사로서 부모참여 프로그램
      2) 장난감 도서관 프로그램(Toy lending library)

4. 대중매체를 통한 부모교육
   1) 미 국
   2) 영 국

5장 부모교육 프로그램의 유형

본 장에서는 부모의 교육 기능을 활성화함으로써 자녀의 성장발달을 돕고 부모 자신의 부모됨을 위한 자질 향상과 부모역할을 돕는 다양한 부모교육 프로그램을 소개한다.

1960년대 이후 미국을 중심으로 하여 발전해 온 부모를 위한 프로그램 모형들로서 오늘날에도 국내외에서 실시되고 있는 유형들을 부모참여 정도에 따른 부모교육, 어린이 성장발달 측면에서 본 분류, 교육 장소(가정 및 기관, 지역사회)에 따른 부모교육, 아버지를 위한 부모교육, 방송매체를 통한 부모교육, 장애아 부모를 위한 교육, 그 밖에 캐나다, 일본에서 실시된 부모를 위한 프로그램 등으로 나누어 기술한다.

1. 부모참여 정도에 따른 부모교육

부모가 자녀교육을 위해 교육자나 학교기관(유치원 등)과의 관계에서 어떤 형태로 개입, 참여, 교육하게 되느냐 하는 측면에서 세 가지 형태로 그 유형을 나누어 설명한다(Schickedanz, 1977).

1) 부모가 수동적인 형태

부모의 개입이나 참여 정도가 가장 낮고 수동적인 상태로서 부모는 교사의 전문성, 학교(유치원) 행정에 대하여 어떠한 형태로든 간섭이나 제재를 하지 않는다. 부모도 학교에 대한 지식이나 정보를 교사를 통하여 간접적으로 전달받는다. 가정통신, 개인면담, 부모를 위한 강의 수강 등이 그 형태이다.

2) 부모가 교육기관에 참여하는 형태

부모가 학교와 교사의 관계에서 단순히 수동적인 차원을 떠나서 직접 참여하는 형태이다. 수업에 참관 및 참여하고 보조교사로서 자원봉사를 하면서 자녀를 효율적으로 지도하는 능력을 기를 수 있는 경험을 갖게 한다. 또한 교구 제작, 놀이지도, 여러 가지 잡무 처리 등을 하여 교사를 도우며 학교(유치원)와 교사 그리고 자녀에 대하여 더욱 깊이 이해할 수 있도록 하는 형태이다.

3) 부모가 전문가로서 참여하는 형태

부모를 교사와 동등한 입장에서 교육 전문가로 인정하여 학교 정책 결정자로 참여하게 한다. 교육 프로그램의 구성, 조직, 계획, 예산안 심의, 교직원 임용 및 해고 등의 행정에 직접 참여하는 부모의 능동적이고 적극적인 자세와 전문적인 소양과 자질, 능력이 요청되는 형태이다.

이와 같이 부모는 어떤 수준의 형태이든 자녀의 교육과 관련된 기관, 교육자들 그리고 프로그램들과 부딪치며 해결해야 할 과제들이 있다. 그 참여 정도에 따라 부모의 역할과 기능, 자녀에게 미치는 영향도 달라질 수 있다.

2. 자녀의 성장발달 측면에서 본 분류

부모를 위한 프로그램의 효과는 결과적으로 자녀양육 및 자녀교육을 보다 효율적으로 수행하도록 하는 데 그 목표를 둔다. 그러므로 자녀들의 연령에 따라 태아를 위한 부모교육, 영아를 위한 부모교육, 취학 전 유아를 위한 부모교육, 초 · 중 · 고등학생을 위한 부모교육으로 나누어 자녀의 성장발달 단계에 맞추어 부모의 역할을 훈련 및 교육시키는 형태이다.

이러한 형태는 미국뿐만 아니라 일본에서도 상당히 많은 유형으로 실시되고 있다. 특히 영 · 유아 발달 측면에서는 사회정서 발달, 신체발달, 인지발달, 학교 성적 중심 그리고 종합적인 발달을 중심으로 하는 프로그램으로 그 유형을 분류하였다(Alvy, 1981; 양옥승, 1988 재인용). 그 내용을 더 구체적으로 설명하면 다음과 같다.

1) 사회정서 발달을 위한 프로그램

이 프로그램은 어린이의 감정 표현과 이해 그리고 사람들과의 상호작용인 대인관계와 정신위생 측면을 강조하여 다루었다. 부모훈련 프로그램, 행동수정에 입각한 프로그램 등을 들 수 있다. PET(Parent Effectiveness Traning) 프로그램, STEP(Systematic Training for Effective Parenting) 프로그램, Confident Parent 프로그램, Child Management 프로그램, Child Study Association of American 프로그램 등이다.

2) 신체발달을 위한 프로그램

이 프로그램은 부모에게 영양교육, 질병예방, 치료 등 의료서비스 활용, 안전교육 등을 제공하여 자녀들의 신체적 복지를 돕고자 한 것이다. Head Start 프로그램, 가족발달 연구 프로그램 등이 여기에 속한다.

3) 인지발달을 위한 프로그램

이 프로그램은 부모의 교육 기능 활성화를 통하여 자녀의 인지발달을 도울 수 있도록 강조한 보상교육, 조기교육의 측면에서 적용되었다. Head Start, Follow Through 프로그램 중에서도 실시되었다.

4) 학교 성적을 중시하는 프로그램

이 프로그램은 자녀의 읽기, 쓰기, 셈하기 등 3R' s와 관련된 학습지도, 숙제지도를 잘 할 수 있도록 부모는 훈련을 받는다. 그리하여 부모는 자녀의 가정교사 역할을 할 수 있도록 하는 것이다(DISTAR program 등).

5) 종합적인 발달을 위한 프로그램

이 프로그램은 아동복지, 가정복지 서비스를 통하여 자녀의 전반적인 발달을 도울 수 있도록 실시된 프로그램이다.

3. 가정 및 기관 중심 부모교육의 유형

부모–자녀를 위한 프로그램을 계획, 실시함에 있어서 그 교육의 장이 가정일 수도 있고, 학교(유치원)나 어떤 기관일 수도 있다. 즉, 취학전 자녀를 둔 부모–자녀를 대상으로 가정을 중심으로 이루어지는 교육을 가정중심 프로그램(home–based program)이라 하고, 학교나 어떤 기관을 중심으로 이루어지는 부모교육 프로그램을 학교(센터, 기관) 중심 프로그램(school or center/agency based program)이라고 한다. 또한 지역사회를 중심으로 이루어지는 교육을 지역사회 중심 프로그램(community based program) 또는 평생교육의 한 일환이라고 한다.

한편, Gordon(1977)은 위의 분류는 서로 영향을 주는 체계와 영향을 받는 체계로 보고 가정중심 부모교육은 가족의 인지 및 정서적 요인이 어린이의 발달에 영향을 주며 가족역할 및 상호관계 개선에 영향을 줄 것이라는 기대에서 가족 영향모델(family impact model)이라 하고, 학교/기관 중심 부모교육은 자녀양육에 대한 이해의 차원은 물론, 학교(유치원) 운영에 직접 참여하는 것까지 포함하게 되므로 학교/기관 영향모델(school/agency impact model)이라 하였다. 또한 가정, 학교, 지역사회는 서로 상호의존 체제로 보고 저소득층 유아와 그 가족을 위하여 국가적인 지원체제 아래 이루어지는 부모교육을 지역사회 영향모델(community impact model)이라 하였다.

본 절에서는 가정, 학교(기관), 지역사회 등 부모–자녀를 위한 교육의 장이 어디인가 하는 측면에서 주로 미국에서 실시하였던 프로그램을 중심으로 기술한다.

A. 가정 중심 프로그램

미국의 학교(유치원) 프로그램에서의 부모참여와 부모교육 프로그램은 다양하며 또한 긴 역사를 가지고 있다. 따라서 부모가 훈련된 기술을 활용하여 자녀의 발달단계에 맞춰 교재를 사용하며 상호작용하도록 실시한 가정 중심 프로그램의 발전도 상당히 괄목할만하다. 가정을 교육의 장으로 옮겨 부모와 자녀를 돕는 프로그램의 주장자들은 다음과 같은 가설을 제시한다(Hiller, 1977).

· 어린이에게 있어 가정의 영향은 중요하고 광범위하다.
· 저소득층 가정의 자녀들은 학교생활을 성공적으로 하기 위한 적당한 자극, 동기유발, 경험, 부모와의 관계를 가지지 못한다.
· 실질적인 학습은 학령전 프로그램에 들어가기 오래 전인 어린 시절부터 일어난다.
· 어머니, 아버지, 보호하는 사람은 어린이에게 가장 중요한 최초의 선생이다.

부모교육 프로그램은 어린이는 부모의 행동을 통해 긍정적인 영향을 받는다는 가정하에 부모가 단순히 개입자이기보다 촉진자가 되도록 한다(Baratz, 1970). 즉, 다음과 같이 도와준다.

· 부모들이 그들 자신의 힘과 능력을 활용하도록 돕는다.
· 부모들이 그들의 목표를 스스로 정의할 수 있도록 돕는다.
· 부모들이 그들의 목표를 실행하는 과정을 돕는다.

1) High/Scope infant education project

1966년 Ypsilanti Home Teaching 프로그램은 4세아를 둔 저소득층 가정에 교사를 보내어 어머니들에게 언어학습과 어린이를 다루는 기술을 가르쳤다.

프로그램 내용은 주로 인지적 발달을 돕는 것이었으며 어머니와 자녀가 융통성 있게 운영한 David Weikart의 프로그램이다.

부모는 자녀에게 강화자가 되고 부모 자신들의 가치, 능력을 향상시켜 주고 자녀의 가치를 인식시켜 주며 지역사회에서도 긍정적인 영향을 줄 수 있도록 한다. 또한 자녀들의 개인적 욕구, 기대, 사회적 · 경제적 상황에 맞는 교수방법과 전략을 발달시키도록 구성되어 있다(Lambie, 1974). 어머니와 자녀 양자간의 요구를 고려하는 가운데 'give-and-take' 관계를 형성하도록 하며 아주 어린 자녀를 둔 어머니는 가정방문 전문가와 좋은 관계를 유지하면서 감각운동기의 발달을 도와주도록 하였다.

2) MCHP : The Mother-Child Home Program
– verbal interaction project

MCHP는 어머니와 자녀간의 언어적 상호작용을 자극함으로써 자녀의 인지발달과 정서적 발달을 촉진시키기 위해 Levenstein(1977)과 그의 동료들이 고안한 프로그램이다.

교사나 전문가는 장난감이나 교구를 가지고 가정방문하여 어머니나 가족들 앞에서 모델을 제시하여 시범을 보여 줌으로써 부모는 그 활동의 상호작용 방법을 익힌다.

교재는 VISM(Verbal Interaction Stimulus Material)으로서 유아의 인지 · 정서 발달을 도울 수 있는 자료로 고안된 것을 사용한다.

(1) MCHP의 기본 가정

MCHP는 다음과 같은 가정들을 기초로 하고 있다.

① 자녀의 인지발달을 촉진하는 프로그램은 어머니와 자녀간의 언어적 상호작용을 자극하는 것에 초점을 맞추는 것이 중요하다.
② 어머니는 자연스러운 언어적 상호작용을 통해 자녀를 돕고 상징화, 개념화, 지능에 대한 내적 능력을 발달시키는 독특한 존재이다.
③ 어린이의 사회인지는 발달수준에 따라 단계적 자료를 제공할 때 도움을 받는다.
④ 어린이의 가정(home)은 프로그램을 수행하는 데 가장 적절하다.
⑤ 가정방문자는 어머니–자녀간의 언어적 상호작용을 자극하도록 훈련되어진다.
⑥ 언어–인지 교육을 위한 자료는 내적 동기를 유발시킬 수 있어야

한다.

(2) MCHP의 내용

MCHP의 교육 내용은 다음과 같이 구성되어 있다.

① MCHP의 목표는 어린이의 개념 및 언어 향상을 도우며 어머니의 부모기 기술(skill)과 자기 존중감 함양을 돕고 가정이 안식처로서 또한 사회화 기능에 부합되도록 강화시키는 것이다.
② MCHP의 자료인 VISM은 12권의 책, 11가지의 놀잇감으로서 2년 동안 제공된다.
③ MCHP의 교육과정은 인지발달, 감각운동 기술, 개념발달, 언어발달, 애정발달을 위한 프로그램으로 구성되어 있다.
④ MCHP의 발달을 위한 연구는 학교, 가정보조기관, 교회, 정신병원, 인디언 보호구역 등의 다양한 환경 속에서 30개소에 달하는 센터로 확장되었다(Levenstein, 1975).

3) HOPE : Home Oriented Preschool Education

1971년 미국 애팔래치아 교육실험국(Appalachia Educational Laboratory)에서 3, 4, 5세 자녀를 위한 애팔래치아 지역 시골 탄광업자들의 고립된 가정들을 대상으로 실시한 교육개입 프로그램이다(Hiller, 1977).

교사가 가정방문을 하여 TV를 활용하여 현지까지 이동수업을 하도록 계획되어 9개월 동안 실시되었다.

이 프로그램의 목적은 자녀의 언어적, 지각–운동, 구술능력의 향상을 통해 학교생활을 위한 준비도를 발달시키고자 하였다. 또한 부모가 가정에서 부모–자녀 관계의 향상을 통해 자녀의 보다 좋은 교사역할을 할 수 있도록 돕는 것이다.

이 프로그램의 구성 요소는 3가지로 되어 있다.

① 1일 30분의 TV 프로그램 : 어린이는 TV를 시청하고, 훈련받은 요원은 부모–자녀의 상호작용을 관찰하면서 지도 기술을 향상시킨

다. 활동과제는 수 개념과 같은 기본 기술교육을 강조하였다.

② TV 방송에 맞춰 준전문가인 가정방문자가 주 1회 방문하여 TV를 함께 시청하고 상호작용을 도울 수 있는 안내 지침서를 주고 모델로서 시범을 보여준다. 한 주간의 과제가 주어지고 다음 주 TV 프로그램에 대해 부모와 함께 토론하도록 한다.

③ 훈련된 요원과 함께 이동식 교실을 매주 방문한다. 이동식 교실에서도 TV 프로그램이나 가정 프로그램이 반복된다. 이 프로그램은 사회적 기술, 부모–자녀 관계, 인지능력, 운동발달의 잠재적인 결핍을 보완하여 향상시키도록 구성되었다.

4) EHIP : Educational Home Intervention Program

1960년 초 Karnes와 Zehrbach(1977)는 일리노이 주에 있는 유치원에서 고등학교까지 다니는 학생으로서 지적으로 부족하고 실조된 자녀를 둔 부모가 자녀와 함께하는 가정개입 프로그램을 실시하였다. 여기에서 얻은 결과로 부모 프로그램을 발달시키는 데 실험적인 기초를 세웠다.

Karnes는 자녀의 연령수준에 따라 프로그램을 구성하였다. 즉, 18개월 이하의 영아, 18개월에서 36개월 유아, 3세에서 5세 유아로 나누어 각각 가정에서 부모가 가르칠 수 있도록 한 것이다. 프로그램 구성의 목표는 부모의 입장과 자녀의 입장 등 두 가지 측면에서 설정하였다.

(1) 부모의 목표

부모가 자녀를 위하여 훈련 프로그램에 참여함으로써 아래와 같은 기술(skill), 지식, 태도를 배울 수 있다.

① 부모는 자녀와 언어적인 상호작용에서 긍정적인 용어를 사용한다.

② 부모가 장난감이나 자료를 사용할 때 언어를 구조적으로 활용하도록 돕는다.

③ 부모가 행할 수 있는 방법을 자녀에게 말할 때 긍정적 강화와 피드백을 사용할 수 있도록 한다.

④ 부모는 자녀의 발달단계에 알맞는 활동을 선택하도록 한다.

⑤ 부모는 자녀들의 욕구에 맞는 활동을 적용하도록 한다.

⑥ 부모는 일반화된 학습을 자녀들이 변화시킬 수 있도록 돕는다.
⑦ 부모는 자녀들과 언어적인 상호작용의 양을 늘리도록 한다.
⑧ 부모는 자녀들의 잘못된 행동을 바람직한 행동으로 조절하도록 하고, 바람직한 행동을 고무시키도록 기술을 촉진시킨다.
⑨ 부모는 자녀들의 야망을 북돋아 주도록 돕는다.
⑩ 부모는 자녀들이 좀 더 넓은 문화를 접하고 넓은 세계로 향할 수 있도록 돕는다.
⑪ 부모는 자녀들이 더욱 더 적절하게 독립심을 갖도록 돕는다.
⑫ 부모는 자녀들이 정규학교로부터 최대한의 혜택을 받을 수 있도록 활동의 설계, 지식, 기술을 가르칠 수 있도록 한다.
⑬ 부모는 자녀들이 건전한 가치 체계를 형성하도록 돕는다.
⑭ 부모는 자녀가 자신이 중요한 사람이며 능력 있는 학습자라는 것을 느낄 수 있도록 돕는다.

(2) 부모의 태도

부모는 훈련 프로그램에 참여함으로써 다음과 같은 태도들을 기를 수 있다.

① 부모는 자녀의 유능한 교사가 될 수 있는 태도를 기른다.
② 사람의 운명은 크게 조절될 수 있다는 확신을 갖는다.
③ 부모는 가족의 복지를 증진시키기 위해 좀 더 적극적인 역할을 할 수 있다는 욕망을 갖게 된다.
④ 부모는 지역사회에서 더 적극적으로 상호작용할 수 있는 욕망을 갖게 된다.

(3) 자녀의 목표

가정개입 프로그램을 통하여 자녀는 그들의 발달단계에 적합한 지식, 기술, 태도를 발달시킬 수 있다.

① 자녀들은 소근육, 대근육 등 적절한 운동기능을 발달시킨다.
② 어른과 어린이들이 적극적으로 상호작용할 수 있는 사회적 기술능력을 획득하도록 한다.

③ 자녀들은 그들의 잠재능력을 충분히 발휘할 수 있도록 인지적 · 언어적 능력을 획득하도록 한다.
④ 자녀들은 독립심을 갖도록 하며 자조능력 기술을 갖도록 한다.
⑤ 긍정적인 자기 존중감에 대한 감정을 발달시킨다.
⑥ 자녀들은 만족할 만한 학습이 되도록 동기유발되어질 수 있다.
⑦ 자녀들은 타인에 대한 신뢰감을 형성하게 된다.
⑧ 자녀들은 정보를 찾고 문제해결하는 방법을 배운다.
⑨ 자녀들은 자신의 행동을 조절할 수 있는 능력을 기른다.
⑩ 자녀들은 자신의 능력을 충분히 사용하기 위한 열망을 갖게 된다.
⑪ 자녀들은 자신의 과제가 완전히 끝날 때까지 몰두할 수 있게 된다.
⑫ 자녀들은 다른 상황에서도 그 학습을 적용할 수 있게 된다.

(4) EHIP 내용 구성

EHIP 내용 구성은 자녀의 연령에 따라 다음과 같이 나눈다.

① Karnes Infant Activities(0~18개월)
115개의 활동들로서 앞으로의 언어획득에 중점을 두었다.
· 0~3개월 : 아기가 머리를 들고 몇 초 동안 그 상태로 있도록 한다.
· 6~9개월 : 아기가 물체의 더미를 칠 수 있도록 한다.
· 9~12개월 : 아기가 소리를 모방할 수 있도록 한다.
· 15~18개월 : 아기가 사진에서 가족의 인물을 바르게 지적할 수 있도록 한다.

② Karnes Early Language Activities(18~36개월)
자녀의 언어발달을 위한 200개의 활동이 있으며 이 활동들은 운동, 청각, 시각, 언어 등 4개의 형태로 되어 있다.

③ Karnes home-based Language Program(3~5세)
어머니나 다른 가족들에 의해 가정에서 가르칠 수 있도록 200여 개의 전문적인 수업계획으로 보기학습, 듣기학습, 이동학습, 읽기학습 등으로 구성되어 있다.

훈련된 부모조정자 한 사람이 매주 2시간 동안 10~15명의 어머니들을 훈련시켰다. 부모조정자는 예산, 물리적인 시설, 교육적인 자료들을 행정적으로 뒷받침하며 자문적인 봉사 등을 제공할 수 있는 행정적이며 감독 능력이 있는 사람이어야 한다. 사회사업가, 심리학자, 언어치료자 등이 때때로 보조적인 역할을 한다.

이 프로그램은 집단모임과 가정모임의 두 측면에서 실시되는데, 집단모임은 편리한 장소나 시간에 모여 자녀교육, 가족계획, 전 주간의 가정교수의 문제점 등을 토의하고 견학, 필름을 통하여 자녀발달을 도울 수 있는 전략을 배운다. 또한 부모조정자는 장난감 활용, 책읽기, 만들기, 노래, 손유희 시범을 보인다. 어머니는 격주로 가정에서 부모 조정자와 만나 교수에 대한 평가를 받고 자료 검토 및 당면 문제를 토의한다.

5) The Florida Parent Education

이 프로그램은 1967년 미국 플로리다 주의 한 흑인 지역사회의 탐색 연구에서 실시된 신생아집단 어머니와의 면담부터 병원에서 시작하였다. 6주 후에는 가정방문하여 1~2년간 실시토록 한 Ira. J. Gordon과 그의 동료들을 중심으로 플로리다대학에서 이루어진 프로그램이다(Gordon, Guinagh & Jester 1977 ; Hiller, 1977). 그후 변형되어 영아기에서 초등학교 1학년까지의 어머니들에게 제공되었다.

이 프로그램은 어머니와 자녀간의 상호작용에서 만족감을 주고 자녀의 지적 발달과 인성발달을 돕고자 하였으며 어머니 자신의 성장과 향상 그리고 발전을 돕는 기회를 제공하였다. 즉, 부모 자신에게 자신감을 강화시키고 자아의 변화를 초래하게 하며 부모는 자녀의 발달에 영향을 준다는 믿음을 갖게 함으로써 자녀의 발달을 돕도록 하였다.

가정은 자녀의 인성뿐 아니라 지적 발달에도 가장 중요한 원동력이며, 개입(intervention)은 어리면 어릴수록 자녀의 발달에 더 중요하다는 것, 그리고 가정은 자녀가 학교생활을 잘 할 수 있도록 부가적인 역량과 방법을 제공한다는 이론적인 가설에 기초하여 부모교육 프로그램을 개발하였다.

(1) 프로그램 내용 조직

처음 가정방문 프로그램은 3~12개월 된 영아들을 위하여 발달 순서에 따른 활동을 시리즈로 구성하였다. 즉, 누워 있거나 엎드려 있는 영아,

보조물을 갖고 앉는 영아, 혼자 앉고 상체를 굽히는 영아, 기는 영아, 걷는 영아를 위하여 단계별로 구성되어 있다.

그후 자녀가 성장하면 연령에 따라 부모교육자는 준전문가들로서 주 1회 가정방문하여 활동의 시범을 보이고 내용을 설명하며 도구와 자료를 제공한다. 부모는 가정방문한 준전문가로부터 배운 활동을 자녀에게 가르친다.

6) Home Start Program

이 프로그램은 1972년에 실시된 기관 중심인 Head Start 프로그램을 가정으로 끌어들이려는 3세아를 위한 Head Start의 시범 프로그램이다(Hiller, 1977). Head Start와 Home Start 모두 영양, 건강, 교육, 사회적·심리적인 서비스를 포함하며 3~5세 유아를 대상으로 하고 있다. 이 두 프로그램의 중요한 차이점은 Home Start는 도시에서 농촌 가정에로 서비스를 옮겨 부모의 기술발달에 초점을 두었으며, Head Start는 부모교육을 중요시한 반면에 Home Start는 부모교육이 목적이 될 수 있다.

부모는 그들 자녀의 최초의, 최상의 영향력 있는 교사라는 개념이 프로그램의 교육적인 면을 강조한다. 프로그램의 목적은 자녀의 발달에 대한 이해를 돕고 게임과 학습활동을 위한 교재나 자료들을 사용할 수 있도록 도우며 앞으로의 성공적인 학교생활이 될 수 있도록 돕는 데 있다.

프로그램은 3~4주 동안 훈련받은 준전문가들이 담당하며, 한 사람이 8~15 가정을 맡는다. 식단계획, 음식 저장 및 구입 그리고 구매 등까지 어머니를 도와서 직접적인 건강과 영양을 도울 수 있도록 강조하였다. 가정방문자들은 어린이를 위해 학습경험이 될 수 있는 여러 가지 활동과 그 방법에 대하여 시범을 보였다. 또한 어린이와 가족을 위한 사회적·심리적 서비스와 건강을 위한 서비스를 제공하며 어머니가 자기 자신과 자녀들을 조절할 수 있는 학습방법이 되도록 하였다.

7) The Parent/Child Toy Library Program

부모-자녀 장난감 도서관 프로그램은 1969~1971년에 Nimnicht와 그의 동료들이 미국 Far-West 교육연구소에서 개발한 프로그램으로서

3~8세 아동과 부모를 위한 8주 과정으로 구성되었다. 그 구성 내용은 부모를 위한 과정, 교육적 장난감 도서관을 운영하고 부모를 가르칠 교사를 위한 과정으로 되어 있다(Nimnicht, Arango, Adcock, 1977).

(1) 부모를 위한 과정

부모를 위한 과정은 다음과 같이 5가지 영역으로 나눈다.

① 자녀의 신체적 · 정서적 · 지적 발달을 도울 수 있는 특별한 행동을 연습한다.

② 자녀의 개념 및 기능발달을 도울 수 있는 교구와 게임활동의 시범을 관찰하여 익힌다.

③ 교구와 게임을 다른 성인과 역할놀이를 통해 그 사용법을 익힌다.

④ 부모는 자녀에게 사용하기 위해 가정에 대여해 간다.

⑤ 자녀의 교육문제에 관련된 주제들을 토의한다.

(2) 프로그램 자료들

① 8세트의 기본 교구와 그 교구를 가지고 활동할 수 있는 42가지 활동들

② 기본 교구에 대한 부모 지침서와 대여할 수 있는 교구활동 안내서

③ 부모-자녀 장난감 도서관 프로그램의 안내 책자

④ 20가지의 활동을 소개한 8세트의 영화 필름

⑤ 교사용 1주일 훈련을 위한 책자

유아들은 지적 능력의 발달을 위해 최소한의 자극적인 환경이 필요하고 교실이나 탁아소와 같은 기관에서는 매일 3시간 이상 보낼 필요가 없으며 부모는 자녀의 지적 발달을 자극시킬 수 있으며, 또한 자녀의 자아개념 발달에 중요한 역할을 할 수 있다는 이론적 배경에 기초하고 있다.

(3) 프로그램의 목표

프로그램의 중요한 목적은 부모가 자녀의 건전한 자아 개념을 길러 주고 자녀의 인지적 발달을 도모해 줄 수 있는 최적의 환경을 마련해 주도록 하는 것이다.

① 부모는 자신이 중요하다고 믿고 있는 자녀들이 배워야 할 기술과

개념을 도울 수 있는 유능한 사람임을 느끼도록 한다.

② 부모는 그들 자녀들의 교육에 영향을 미칠 수 있는 결정자임을 느끼도록 한다.

③ 부모는 그들 자녀가 능력 있는 학습자이므로 더 잘 이해하고 성공적일 수 있다는 감정을 갖도록 한다.

④ 자녀들은 그들 부모와의 상호작용을 통하여 어떤 특별한 개념과 기술을 학습하도록 한다.

이와 같이 교구와 장난감을 부모와 자녀가 함께 사용함으로써 상호작용의 효율성을 높일 수 있게 하는 학교 중심 프로그램인 반응교육 프로그램과 이론적 배경이 같다.

8) HATAF Program과 HIPPY Program

이스라엘에서는 영아와 그 가족을 위한 가정 중심 또는 부모교육 프로그램인 HATAF(Home Activities for Toddler and their Families) 프로그램과 유아기 어린이를 위한 가정교수 프로그램인 HIPY(Home Instruction Program for Preschool Youngsters) 프로그램을 통하여 그들의 부모가 자녀를 도와주도록 하였다.

HIPPY는 1968~1971년에 히브리대학의 교육연구소(Hebrew University School of Education' s Research Institute for Innovation)에서 국립유태인여성협회의 후원으로 개발되었다(Lombard, 1986).

처음에 4~6세 유아를 위한 HIPPPY 프로그램을 실시하여 성공하자 대상 연령을 낮추어 1~3세 유아를 대상으로 한 HATAF 프로그램을 개발한 것으로서 좀 더 자세히 살펴보면 다음과 같다(이기숙, 1983).

가. HIPPY 프로그램

(1) 프로그램 조직

① 전국 조정자 : 히브리대학 연구소와 교육부가 공동으로 주관하는 연구소 연구원을 겸하고 있는 전국 조정자가 예산 책정, 프로그램을 위한 지침과 부수적인 문제들을 위해 교육부의 교육복지 프로

〈그림 5 - 1〉 HIPPY 프로그램 조직

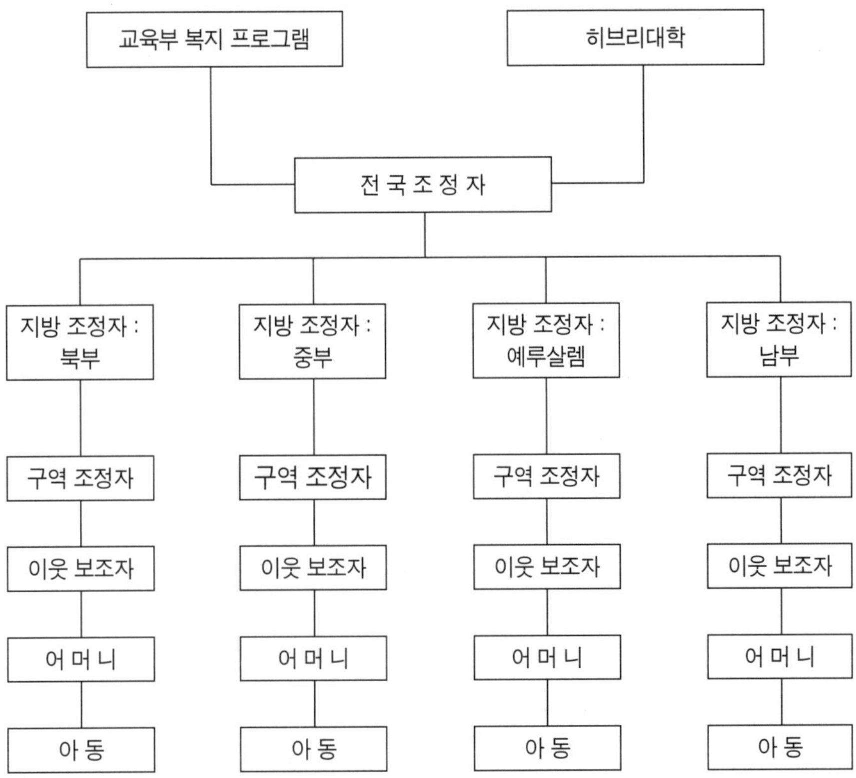

그램 담당관과 긴밀한 협조관계를 갖는다.

② 지방 조정자 : 전국 조정자 아래에 4명의 지방 조정자들을 직접 선정하여 자신의 관할구역 20~25개의 구역 조정자들을 감독하고 조정하도록 한다.

③ 구역 조정자 : 구역 조정자들은 고등교육을 받고 어머니와 자녀가 함께 하는 활동에 참여한 경험이 있고 대상 주민들의 생활방식에 대해 잘 알고 그들에게 친숙감을 가진 사람들을 선정한다. 여기에서 이웃 보조자들을 선정한다.

④ 이웃 보조자 : 이웃 보조자는 구두 및 문자표현 능력이 있고 같은 구역 내의 어머니들과 어린이들을 잘 이해하고 조화를 이루며 일해 나갈 사람으로 선발되며 대학 연구진의 감독자나 지방 조정자에 의해 면접을 거쳐 고용된 어머니들은 이웃에 있는 이 프로그램에

참여하는 어머니들에게 매주의 학습자료를 제공받는다.

(2) 교육활동 내용

언어, 변별력, 문제해결 능력 등 인지적 영역이 포함되어 있으며 3년간 걸쳐서 단계적으로 훈련하도록 구체적으로 자료가 준비되어 있으며 어머니가 반드시 부모교육의 중심인물이 되어야 하고 지도자는 반드시 그 지역에서 선택되어야 한다.

나. HATAF 프로그램

(1) HATAF의 조직

HATAF의 대상은 11~12년 이하의 학력을 가진 어머니로서 첫 자녀가 1세 영아인 경우 어머니와 영아가 2년간 매주 교육을 받을 수 있도록 하였다. 어머니는 매주 실시하는 교육과 2~3주에 1회씩 부모집단 모임에 참석할 수 있는가 하는 것을 확인한 다음 등록하도록 한다.

HATAF에 등록하여 드는 비용은 아주 적은 납입금으로서 무료 혜택은 의존심을 갖게 되므로 책임감을 갖도록 하는 의도에서 지불하도록 하며 다과비, 강사 초청비로 사용하는 데 쓰여지게 된다.

HATAF의 보조자들은 해당 지역 구성원 중에서 선정하는데 지역사회 기관의 추천 또는 프로그램 조정자의 인터뷰를 통해 선정된 어머니들로서 대상 어머니들과 교육 정도, 배경이 비슷한 사람들로 구성된다.

(2) HATAF의 목표

① 어머니와 자녀의 언어를 증진시키기 위하여 질 높은 언어적 상호작용을 하도록 돕는다.

② 어머니의 감수성 개발을 돕는다. 즉, 어린이의 요구를 민감하게 인식하고 긍정적 반응을 하도록 어린이발달과 관계되는 기본 개념, 지식 등을 배워 부모역할의 중요성과 그 내용들을 배우도록 한다.

③ 어머니가 가정에서 학습환경을 조성하는 능력을 갖도록 돕는다. 즉, 매일 일과와 생활 주변에서 찾을 수 있는 활동을 활용하도록 훈련을 시킨다.

④ 어머니가 어린이와의 상호작용에서 강화를 잘 할 수 있도록 돕는다.

⑤ 놀이기술을 습득시킨다. 즉, 놀이의 중요성과 1~3세 유아에게 알맞는 놀이활동을 선택할 수 있는 훈련을 받는다.

(3) HATAF의 교육내용

어머니들을 위한 교육내용은 HATAF 프로그램의 목표를 달성시킬 수 있는 활동으로서 8가지 영역으로 구성되어 있다. 즉, ① 강화할 수 있는 대화법 ② 동화책 읽어 주기 ③ 상상놀이 ④ 눈과 손의 협응력을 위한 수공 놀이 ⑤ 대근육 발달을 위한 활동 ⑥ 분류활동 ⑦ 인지발달에 자극을 줄 수 있는 기억활동 놀이 ⑧ 음식 만들기 등이다.

위의 각 활동은 어머니를 위한 교재에 상세하게 설명이 되어 있어서 훈련받은 어머니 보조자들이 대상 어머니들에게 설명할 수 있도록 구성되었다.

9) PGEE Program : The Portage Guide to Early Education

PGEE 프로그램은 Bluma, Shearer, Frohman, Hilliard 등이 중심이 되어 개발한 프로그램으로서 처음에는 장애아교육 프로그램으로 시작되었으나 6년간 실험을 거쳐 장애아이든 정상아이든 정신 연령 0~6세에 이르는 유아들에게 적용할 수 있도록 개발한 가정교수 모델이다(Shearer, 1974). 즉, 가정방문한 교사가 부모들이 자녀에게 보다 효과적인 부모역할을 할 수 있도록 훈련시키는 프로그램이다.

이 프로그램에서는 발달적 접근을 통하여 부모의 교수방법을 강화하고 학습내용에서 요구되는 행동기술을 세분화하여 제공하며 자녀의 현재 행동수준과 교육 기간 동안 학습된 행동수준을 기록하는 방법을 가르치고 새로운 행동기술을 배울 수 있도록 하였다.

(1) PGEE의 학습 내용

이 프로그램이 구성하고 있는 교육내용은 6가지 영역으로서 영아기 자극, 언어발달, 인지발달, 사회화, 자조능력 발달, 운동능력 발달로 좀 더 자세히 설명하면 다음과 같다(이연섭, 1983).

① 영아기 자극(infant stimulation)

어린이의 발달과 학습과정은 대부분 영아기 때 받은 자극과 강화의 여부에 달려 있다는 발달이론에 기초하여 부모가 자녀인 영아로부터 적당한 반응들을 이끌어 낼 수 있도록 실제 활동과 자료들을 공급하였다.

② 언어 발달(language development)

유아가 태어나서 6세에 이르는 동안 성취할 수 있는 것 중 최대의 과업이 언어발달이다. 그리하여 유아가 언어를 획득하도록 돕는 직접적인 교수방법과 거기에 따른 자료들 그리고 언어학습을 도울 수 있는 환경 조성과 부모의 역할에 대한 안내 지침을 제공하였다.

③ 인지 발달(cognitive development)

유아가 자기 자신과 주변 세계에 대하여 알고 주변 세계에 대하여 관심을 갖고 인지하는 것으로 시작하여 수 개념, 이야기하기, 비교하기, 분류하기 등의 기술을 내용으로 구성되어 있다.

④ 사회화(socialization)

유아가 다른 사람들과 생활하며 상호작용하는 데 필요한 적당한 행동을 알도록 돕는다. 다른 사람을 모방하거나 그룹에 참여하여 자신의 생각을 표현하도록 하며 다른 사람들과의 관계를 통하여 사회적 기술을 익히며 확신을 갖도록 한다.

⑤ 자조능력 발달(self-help development)

유아가 가정이나 지역사회에서 행복하고 독립적인 구성원이 되도록 돕는 것이다. 즉 스스로 먹고, 옷을 입고, 씻으며, 배변을 할 수 있는 행동들을 훈련시킨다.

⑥ 운동능력 발달(motor development)

유아의 신체발달 중 주로 대근육 · 소근육 협응운동을 돕도록 한 것이다. 운동능력 발달은 다른 발달영역의 기술을 표현하는 수단으로 사용할 수 있는 능력이 되며 또한 유아들의 인지 · 언어 발달의 기초가 되기 때문에 중요한 발달영역으로 다루어지게 된다.

(2) PGEE 프로그램 운영

① 문제 확인 및 선별과정

이 프로그램에 참여하고자 원하는 가정은 포타지 프로젝트 중심 요원의 가정방문 교사가 부모와 자녀를 만나기 위해 가정방문을 한다. 이때 교사는 PGEE 프로그램을 구체적으로 설명하여 교사–부모 사이에 충분한 공감적 유대감을 갖게 되며, 부모는 이 프로그램을 받기로 결정하게 된다. 따라서 자녀의 행동수준을 평가하는 과정으로 이어지게 된다.

② 유아의 행동수준 평가 및 교육 프로그램 계획 과정

교사는 유아의 발달 정도에 따라 학습해야 할 내용을 프로그램에 반영하기 위해 유아의 현재 행동수준을 평가한다. 주로 비형식적 평가를 통하여 유아를 관찰하여 유아의 행동 장면, 분위기, 유아에 대한 가족의 기대, 환경과의 상호작용에 대한 정보를 수집하여 유아에게 적합한 교수방법과 특별한 교육 프로그램을 계획할 수 있게 한다.

③ 가정에서의 교수활동 과정

교사는 유아의 학습 출발점을 어디서부터 시작할 것인지 판단하여 다음 한 주 동안 실시할 활동을 계획하여 활동자료 및 진행과정표를 부모에게 소개하여 준다. 이때의 자료는 한 주일 내에 성취할 수 있는 것으로서 부모–자녀가 모두 성공감을 맛볼 수 있는 것으로 교사가 부모에게 시범을 보여 부모가 자녀에게 활동할 수 있도록 훈련을 받는다. 부모는 교사가 지켜보는 앞에서 자녀에게 그 활동을 전개하여 잘 해나가고 있는지 교사의 점검을 받아가며 자녀와 상호작용한다. 이것은 자녀의 발달뿐 아니라 부모에게 개별화 교육이 이루어지도록 하는 데 큰 장점을 갖고 있다. 이때 자녀의 행동목적을 계획할 때 반드시 부모를 참여시키며 매주 가정을 방문하는 교사는 활동기록을 토대로 하여 다음 주 활동을 계획해서 진행해 나간다.

PGEE와 같은 부모–자녀를 위한 가정 중심 프로그램의 장점을 Shearer(1974)는 다음과 같이 언급하고 있다.

첫째, 자연스러운 가정환경 안에서 자연스러운 강화자인 부모에 의한 교육은 일반화되기 쉽고 오래 지속될 수 있다.

둘째, 자연적으로 일어나는 자녀의 행동을 부모는 수시로 직접 접할 수 있게 된다.

셋째, 온 가족이 그 가정의 어린이를 위해 교수활동에 참여할 수 있다.

넷째, 가정 안에서 자주 일어나는 바람직하지 않은 행동을 발견하여 수정할 수 있다.

다섯째, 가정방문 교사는 부모와 자녀를 개별적으로 만나므로 부모와 자녀 모두를 위한 실제적인 개별화 교육을 실시할 수 있다 (PEGE 프로그램은 우리나라 영유아들에게 적용하여 출판되어 있다. 이연섭 편역 1990, 자녀양육 프로그램 태어나서 2세까지, 자녀양육 프로그램 2세에서 6세까지, 이레서원).

B. 학교 및 기관 중심 부모교육

학교 및 기관 중심 부모교육은 부모의 교육기능을 활성화하여 그들 자녀를 바람직하게 양육하도록 돕는 것은 물론 부모 자신들의 긍정적 자아개념을 고취시켜 그 효과가 가정에서 시작하여 학교나 기관으로 확장되도록 계획, 구성하는 것이다. 즉, 부모가 학교(유치원)나 기관에 나와서 단순히 교육을 받는다는 차원을 벗어나 그 운영에 직접 참여하는 것까지 포함된다. 부모교육을 통하여 학급의 수업 참여뿐 아니라 예산 책정 및 심의, 의사결정 과정에 참여할 수 있는 능력을 기른다.

미국에서의 학교 및 기관 중심 부모교육(school/agency based parent program)은 Head Start 이후 부모들을 교육의 현장에 참여시키는 프로그램이 다양하게 발전되면서 부모들의 참여수준도 다양하였다. Gordon(1977)은 부모의 참여수준을 다음과 같이 6가지로 분류하였다.

① 집단회의 참여, 가정통신문을 통한 수동적 역할
② 자녀에 대한 관점을 의논하는 능동적 역할
③ 자녀의 교사로서 참여
④ 학급에 자원봉사자로서 참여
⑤ 훈련된 유급 보조교사로서 참여
⑥ 학급 및 학교의 의사결정자로서 참여

학교는 부모로 하여금 자녀의 학교생활에 적극 참여하도록 유도하며 이를 위해 학교가 중심이 되어 여러 활동을 준비하고 주도해야 한다는 것이다.

그 결과, 다양한 학교 중심 교육이 발달하게 되었는데 이러한 부모교육 활동을 Berger는 다음 그림과 같이 분류하였다.

학교 및 기관 중심 부모교육의 유형을 살펴보면 다음과 같다.

〈그림 5 - 2〉 학교가 중심이 된 각종 활동(Berger의 모형)

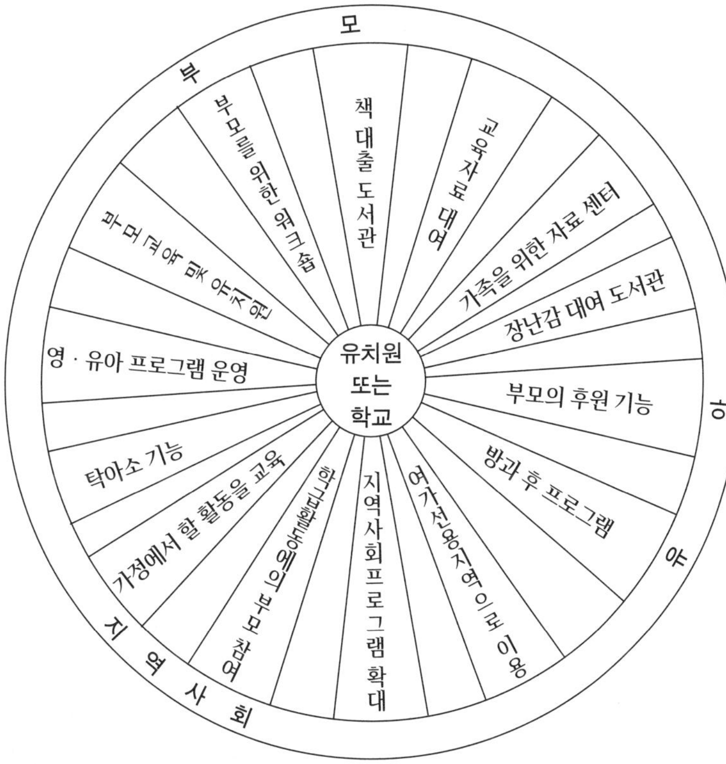

자료 : Berger(1981, p.182)를 인용한 이원영(1985, 부모교육, p.237) 재인용.

1) 교사 및 보조교사로서 부모참여 프로그램

부모가 학급의 교사, 보조교사 또는 의사결정자로서 참여하는 형태이다. 협동 유아원에서는 학급경영 계획에 참여하며 교사역할도 함께한다.

(1) Washington D. C. 협동놀이 프로그램 : 영 · 유아들의 놀이활동에 부모를 참여시켜 놀이를 지도하고 보호할 수 있도록 한 것이다.
(2) DARCEE 프로그램 : 이 프로그램은 가정을 중심으로 한 프로그램도 실시하였으며 부모를 학교(기관)에서 참관, 역할놀이, 시범훈련을 시켜 교사로 가르칠 수 있도록 구성되어 있다.
(3) Follow Through Project : 초등학교 저학년 학급에 부모를 보조교사 또는 자원봉사자로 참여시킨다.
(4) Head Start 프로그램 : 부모는 학급수업에 참관할 뿐 아니라 프로그램 계획, 운영에 대한 의사결정에 참여하여 후원, 지지, 지원하도록 구성되었다.

2) 장난감 도서관 프로그램(Toy lending library)

부모를 유아교육기관에 참여, 훈련시키면서 기관과 가정과의 원활한 관계 형성 및 상호협조할 수 있도록 하는 프로그램으로서 남캘로리나에서 Eleaner Duff가 시작하였다. 즉, 어린이의 성취, 호기심, 지속성, 창의력에는 부모의 적극적인 참여가 중요하므로 가정과 센터가 연계성을 갖고 어린이를 교육하기 위하여 남캘로리나대학 부속 어린이센터에 등록된 어린이 교사들이 시작한 프로그램이다.

이와 같이 학교 및 기관을 중심으로 한 부모교육은 자녀양육 및 교육을 위한 훈련에서부터 시작하여 학급에서의 보조교사 역할 훈련, 학급운영 및 의사결정 그리고 서비스 영역까지 다양하게 실시되었다.

그 밖에도 가정, 유아학교, 지역사회는 상호의존 체제로서 유아와 그 가족을 위하여 지역사회 및 국가적 지원 및 지지 아래 이루어지는 지역사회 영향 모형 프로그램 그리고 부모 되기 전에 자녀양육 및 부모로서의 자질을 향상시킬 수 있도록 계획된 청소년들을 위한 프로그램과 예비 부모, 미혼부모를 위한 계몽, 서비스 안내 역할을 할 수 있는 프로그램들도 있다.

지역사회 영향 모형으로서 Head Start 프로그램이나 Follow Through 프로그램, Parent–Child Center 프로그램을 통해 저소득층 가정의 유아와 그 가족을 위한 교육, 건강, 부모참여, 사회적 서비스 등을 제공받는 프로그램들이 있다.

4. 대중매체를 통한 부모교육

TV, 라디오, 신문, 잡지, 전문 서적, 팸플릿, 뉴스레터 등 대중매체를 통하여 부모들에게 직접 또는 간접의 학습경험을 갖도록 하는 유형이다.

현대 사회에서는 매스미디어의 접촉 없이는 하루도 생활할 수 없을 정도로 방송 및 인쇄매체에 영향을 많이 받고 있으며, 특히 교육적 활용에도 각종 방송매체를 학습 장면에 도입하게 되었다. 그리하여 유아교육에 있어서도 어린이의 교육환경 변인의 주체인 부모를 대상으로 하는 대중매체가 세계 여러 나라에서는 일찍부터 개발되어 활용되어 왔는데 주로 방송매체를 통한 프로그램의 사례를 살펴보면 다음과 같다(홍기형, 1988).

1) 미 국

유아나 아동을 둔 부모와 17~25세 연령층의 예비 부모를 위하여 계획된 30분짜리 30개의 TV 프로그램이 시리즈로 된 「Foot Steps Program」을 들 수 있다.

이 프로그램에서의 주제는 출산준비, 훈육, 조기자극, 창의성 계발, 장애아, 영양 및 식생활 습관, 놀이, 동일시 개념 형성, 발달과제, 애착과 독립심, TV 학습, 죽음의 개념, 공포감 등을 단원별로 다루고 있다. 그 외에도 Home Start 프로그램의 효율성을 높이기 위한 애팔래치아 HOPE (Home–Oriented Preschool Education) 프로그램 그리고 유아교육 프로그램으로 Sesame Street 프로그램을 활용하기 위한 Dilenowisco Early Childhood Development 프로그램, Florida Parent Education 프로그램

등이 있다.

2) 영 국

1975년 이후 지역사회 교육의 일환으로 부모교육 프로그램이 「Family and community」라는 코스로 실시되었다. 즉, 임신과 출산, 1세 유아, 2세에서 5세아를 위한 유아기, 5세에서 10세의 아동기, 부모와 십대 등 성장과정의 단계별로 프로그램의 종류를 다양하게 자녀의 연령에 맞게 필요한 지식과 태도를 제시하여 부모로 하여금 자신감과 지식 및 기술을 습득하도록 하는 프로그램이다.

3) 일 본

1959년부터 TV를 통한 학교 교육방송이 실시되어 사회 교육방송이 활성화되면서 여러 형태의 부모교육 프로그램이 TV나 라디오를 통하여 방영되고 있다. NHK(Nippon Hoso Kyokai) 방송망을 통한 어머니교실(classroom for mother)이 그 대표적인 예이다. 프로그램의 내용은 유아의 단계적인 지적 성장 과정, 유아의 정서 및 인성발달과 사회에의 적응, 유아의 신체적 성장발달과 성의식의 발달, 가정 환경과의 관계 및 적응지도, 건강관리 놀이친구 및 놀이장소 등을 주제에 따라 시리즈로 구성하여 방송과 함께 간단한 인쇄물이 제공되며 이웃 어머니들과 토론을 권장하고 있다.

4) 우리나라

방송매체를 통한 부모교육이 체계적으로 이루어지지 못하였다. 취학전 자녀와 그 부모를 대상으로 하는 정기적인 프로그램이라기보다는 주부나 여성을 대상으로 하는 성인교육 프로그램의 일부로서 산발적으로 방영되어 오다가 1981년 UHF(KBS 제3TV) 채널의 개설과 함께 유아교육 및 부모교육 프로그램이 본격적으로 시작되었다. KBS의 Studio 830, 주부대학, MBC의 자랑스런 새싹들 등에서 자녀교육 및 아동발달에 관한 방송이 부분적으로 실시되었으며, KEDI에서 어머니교실, 부모의 시간이라는 프로그램을 TV와 라디오에서 연간 단위로 기획, 방영하고 있다.

5. 아버지참여 프로그램

유아교육자들은 오랫동안 유아들의 모든 양상, 즉 인지 · 사회 · 정서 · 신체 발달에 있어서 부모역할의 중요성에 관해 깨달아 왔으며 최근 몇 년 동안에는 유아발달에 있어서 아버지 역할의 중요성에 관해 강렬한 관심을 갖고 아버지를 위한 프로그램을 개발, 실시해 오고 있다.

부모는 자녀의 학교를 방문하여 부모–교육자는 동반자로서 동등한 권리를 갖고 서로 동등한 입장에서 서로를 이해하고 협력해야 함을 강조하고 있다(Greenberg, 1989).

1) 아버지참여 수준

Parke Sawin(1977)는 아버지 역할의 비중이 적은 자녀의 수유기 동안 어머니는 직접 수유를 통하여 신체적 · 애정적 접근을 하고, 아버지는 시각적 · 청각적 자극을 제공해 주면서 아버지도 양육자임을 밝혔다. Lamb(1986)는 아버지참여 수준에 대해 다음과 같이 언급하였다(McBride, 1989).

(1) 첫 번째 수준은 자녀의 활동, 놀이, 대화에 일대일로 개입하여 상호작용하는 것이다(engagement/interaction 단계).
(2) 두 번째 수준은 어머니가 가정에서 제반 일상생활의 일과 자녀를 돌보는 일처럼 덜 지시적이고 비형식적인 형태로 아버지가 직접 참여하여 자녀가 가까이 친근하게 접근하기 쉽도록 하는 것이다(accessibility 단계).
(3) 세 번째 수준은 책임의 단계이다(responsibility 단계). 이 수준은 아버지가 자녀의 사회적 · 정서적 · 인지적 · 신체적인 다양한 욕구와 관련된 양육과 복지 측면에 관한 책임을 깨닫고 직접 개입, 참여하는 것이다.

일반적으로 남자들은 부모 역할 행동에 대한 기본적 기술, 지식 및 사회적 준비가 부족하고 부모가 되기 위한 준비가 되어 있지 않았기 때문에 Lamb' s 참여 수준 훈련에서 참여의 효율적인 동기를 갖게 된다는 것이다.

2) 아버지참여 프로그램의 예

아버지교육 프로그램은 출생 전 · 후 프로그램과 유아기 동안 참여 프로그램으로 나눌 수 있다.

(1) 출생 전 · 후 프로그램

① 탄생준비교실(child birth preparation class) : 아버지가 되기 위한 준비와 가족 내에서 아버지의 역할을 효율적으로 할 수 있도록 훈련하며 자녀의 출생 전 · 후에 부인과의 효율적인 상호작용을 할 수 있도록 가르치는 프로그램이다.

② 라마즈 프로그램(lamaze program) : 라마즈법(무통분만법의 일종이지만)에서는 부인이 임신하였을 때 힘든 가사일을 도와주도록 하고 출산 후 입원 기간 동안 아내와 자녀를 돌보게 하여 아내가 임신 초기에 느끼는 불안, 자녀와의 친밀한 관계 부족 등을 극복할 수 있도록 돕는 것이다.

(2) 유아기 동안 아버지참여 프로그램

① 토요학교(saturday school) : 4세 유아의 지적 운동기술, 자녀와의 의사소통 강화, 강화기술의 적절한 사용법, 자녀의 학습 준비도 높이기, 아버지와의 운동협응의 발달을 통하여 자녀와 아버지와의 상호작용을 보다 효율적으로 하기 위한 프로그램으로서 1972년부터 Fergusan-Florissant School에서 실시해 왔다.

② Resnick, Parker, Wilson의 프로그램 : 여기서는 자녀의 연령별로 4개의 반을 편성하여 두 과정으로 된 프로그램을 실시하였다. 즉, 6개월 이전반, 6개월에서 1세반 학급, 1세반에서 2세반 학급, 2세 이후 반으로 나누어 한 과정은 아버지만 참여하여 자녀의 연령별 발달과 그에 따른 역할 모색, 불만 해소 방법을 배우고, 다른 한 과정

은 아버지와 자녀가 능동적으로 함께 참여하여 교육받은 지식과 기술을 기초로 하여 다양한 놀이활동에서 자녀와의 상호작용을 하도록 하며 또한 자녀와의 친근한 대화를 할 수 있도록 고안된 프로그램이다.

③ 입시란티 프로젝트(ypsilanti project peabady university program) : 아버지를 위한 가정방문 프로그램 중의 하나로서 아버지와 자녀가 함께 놀 수 있는 방법을 가르쳐 어머니교육에 주가 되어 있는 현실에서 아버지들의 중요성에 대한 새로운 역할 인식을 시도한 프로그램이다.

④ 부모–교사 동반자 프로그램(parent-teacher partnership program) : 유아교육과 성인교육을 함께 진행한 것으로서 부모가 자녀의 놀이를 관찰하여 관찰일지를 기록하여 부모 자신이 자녀교육의 태도를 변화하도록 하였는데, 이 프로그램에 아버지도 참여시켰다. 성인교육은 주 1회 3시간씩 실시 후 자녀의 놀이를 관찰하여 토의하며 연 1회 집단토의 모임을 갖고 유아교육 계획에서 활동까지 책임을 지도록 권한을 부여받는다.

⑤ 켄터키 퓨랄 어린이 보호 프로그램(Kenturky pural childcare project) : 유아가 낮잠 자는 오후 시간을 이용하여 아버지에게 목공일을 가르치고 야간반에서는 지역 주민을 위한 여러 가지 주제로 강연회를 주최하는 프로그램이다.

⑥ 시카고대학 부모교육 프로젝트(Chicago university parent education project) : 저녁 시간에 아버지들만의 연구토론 집단을 만들어서 자녀양육, 지도, 교육에 대한 것을 주제로 하여 토론하는 프로그램이다.

⑦ CYC 프로그램(the center for young children) : 메릴랜드대학에서 부모, 특히 아버지의 역할을 중요시하여 등록된 아버지의 자신감과 자녀의 발달을 도울 수 있는 「Dad' s Day at the CYC」 프로그램을 개발하여 실시하고 있다.

CYC 프로그램에 대하여 좀 더 구체적으로 살펴보면 다음과 같다 (McBride, 1989).

▪ CYC의 목적

① 유아기의 부모가 자녀양육에 참여함으로써 책임을 가질 수 있도록 필요한 지식, 기술, 부모참여 활동에서 필요한 정보를 제공받는다.

② 대학 연구소로서의 역할, 즉 어린이 발달과 유아교육에 관한 연구로서 아버지와 자녀의 다양한 단계의 형태와 질적 수준을 연구한다.

③ 아버지가 자녀양육에 참여함으로써 자녀를 기르는 데 취사 선택해야 할 것들이 증가하여 더 많은 프로그램이 필요함을 알고 그것을 제공하기 위한 것이다.

▪ 아버지의 목적(father' s goals)

이 프로그램을 통하여 아버지는 부자관계가 강화되고 일반적인 어린이들과 그들 자신의 자녀들의 특별한 점에 관해 배우고 알기를 원하며 다른 아버지들과의 유대관계를 통하여 홍미, 취미가 연결되기를 원하고 또한 부모 자신들의 성장에 지지와 만족을 찾고 자녀의 활동에 활발하게 참여할 수 있는 역할을 알고자 한다. 그리하여 자녀가 활동 자료와 다른 어린이들 그리고 아버지와 상호작용함으로 창의성, 사회성, 지적, 신체적 발달이 육성되기를 원하며, 나아가서는 아버지 자신을 둘러싼 환경과 자신에 대한 인식을 발달시키고 자녀와 즐겁고 유익한 놀이를 할 수 있는 기회와 교육하며 즐길 수 있는 장소를 갖고자 함이 아버지들의 바람이다.

▪ Dad' s Day at the CYC Program의 하루 일과

9:30~10:15	전체 자유놀이
10:15~10:30	그룹활동과 전체 이야기 시간
10:30~10:40	어린이 간식 시간
10:40~11:25	어린이—자유놀이, 아버지—그룹 토의
11:25~11:30	친교활동(closing activity)

▪ CYC에서 토의된 주제들

① 좋은 아버지, 좋은 부모는 어떤 것이며 부모가 되는 도리나 이치는 무엇인가?

② 부모는 자녀의 유아기의 학습기술을 습득하도록 얼마나 개입하고 압력을 주어야 하는가?

③ 서로의 아버지들에게 질문 : 자녀를 사랑하며 양육하는 데 있어서 지금까지 실시해 온 확고한 훈육방법은 어떤 것인가?
④ 유아와 형제들 사이에서 일어나는 적대감이나 경쟁은 어떻게 취급하며 해결해 나가나?
⑤ TV 프로그램이나 만화에 나타나는 난폭한 인물들이나 난폭한 장면의 부정적 영향을 어떻게 막고 있는가?
⑥ 연령에 따라서 신체적 · 인지적 기술이 어떻게 습득되어지며 그 발달단계는 어떠한가?
⑦ 아버지의 일과 휴식 그리고 자녀들 사이에서 시간적 균형을 어떻게 유지하며 또 건전한 자신만의 시간을 어떻게 유지하는가?
⑧ 자녀와 함께하는 시간이 질적으로 좋은 시간이 되도록 하는 활동의 형식은 어떻게 다른가?

이와 같이 유아들의 발달과 부모들의 인식 고취를 위한 부모참여는 물론 아버지의 자녀교육에 관한 역할 인식이 변하여 많은 프로그램들이 개발되고 또한 참여의 추세가 증가하고 있다.

6. 장애아 부모를 위한 교육

오늘날 특수교육의 흐름은 장애아를 일반 학교교육의 장으로 통합하는 데로 모아지고 있다. 그리하여 장애아를 유아교육기관의 일반 학급에서 함께 교육시키는 통합교육(mainstreaming)의 실시는 전 세계적으로 요청되고 있는 것이다. 그동안 일반학급의 일반아를 위한 부모교육 프로그램은 다양하게 개발, 실시되어 왔으나 장애아 교육 프로그램에서의 부모참여는 매우 빈약하였다. 장애아의 부모는 자녀의 장애로 인하여 많은 스트레스와 좌절 그리고 위기를 겪게 된다.

1) 장애아 부모의 위기

장애아를 둔 부모는 자녀의 출생과 더불어 그 성장과정에 따라 양육과 교육 그리고 자녀의 독립된 삶을 위하여 겪게 될 위기에 직면하게 된다.

(1) 첫 번째 위기 : 장애아가 태어날 경우 대부분의 부모는 충격과 슬픔에 빠지게 되며 그러한 현실을 받아들이기까지는 상당한 갈등을 겪게 된다. 그리하여 장애아 부모는 그들 자녀를 수용하기까지는 충격 · 불신 · 거부 → 분노 → 타협(협상) → 침체 · 실망 → 수용의 과정을 밟는다(장관식, 1986).

(2) 두 번째 위기 : 자녀의 장애를 인정하면서도 진단 및 치료를 받아야 할 때에 위기를 맞게 된다. 전문가들로부터 긍정적 조언이나 만족할 만한 평가를 받기 위해 동분서주하면서 불안한 생활에 사로잡힌다.

(3) 세 번째 위기 : 자녀가 유치원이나 정규 학교에 들어가게 될 때 위기가 온다. 정규 학교에 갈 수 있을지, 학교에서는 입학을 허가해 줄 것인지, 또한 가정 밖의 생활에 적응할 수 있을 것인지 하는 것들이 부모에게 스트레스가 된다.

(4) 네 번째 위기 : 자녀가 사춘기를 맞게 될 때이다. 이때가 되면 장애를 가진 청소년도 비장애 청소년들과 마찬가지로 생리적 · 사회적 · 심리적 변화를 경험하고 이성에 대한 호기심을 갖게 된다. 부모는 자녀의 성과 장애와의 관계를 생각하면서 불안과 혼란에 빠지게 된다.

(5) 다섯 번째 위기 : 자녀가 학교에서 받을 수 있는 형식적 교육이 끝났을 때이다. 자녀의 취업 등 현재와 미래에 대해 현실성을 갖기 위해 부모는 도움이 필요하게 된다.

(6) 여섯 번째 위기 : 부모가 나이가 많아져서 더 이상 자녀를 도와주는 책임을 수행하기 어려울 때이다. 자녀의 장래에 대한 두려움, 즉 취업 여부, 가정을 갖는 일, 생계를 위한 일 등에 대한 불안의 위기를 맞게 된다(유안진 외, 1993).

이와 같이 장애아를 가진 부모들은 자녀가 장애아라는 심리적인 충격과 그 장애에 대한 죄책감, 책임감 등으로 인해 자녀의 교육이나 부모 자신의 삶에 대해서도 바르게 이해하지 못할 수도 있다. 그러므로 바람직한 부모의 태도를 가질 수 있도록 도와야 한다. 즉, 부모는 죄책감이나 수치심에서 벗어나 가능한 빨리 전문가와 상담을 하여 그의 진단에 따르도록 해야 한다. 또한 자녀에게 능력 이상의 것을 요구하지 않도록 하며 애정과 인내심을 갖고 일관성 있는 태도로 자녀를 격려하며 좌절하지 않고 꿋꿋이 버텨 나갈 수 있도록 주위에서 도와야 한다.

2) 장애아 부모교육의 필요성

유아교육을 극대화하기 위해서는 단순히 유치원이나 어린이집과 같은 교육기관에서의 교육만이 아니라 가정에서 전개되는 부모와의 교육이 중요함은 재삼 논의할 필요가 없는 것이다. 아직 어린 유아들은 주변의 어른들이나 부모를 전적으로 의존해야 함은 당연한 것이다. 하물며, 장애를 가진 유아들은 그들의 발달과 장애를 극복하는 데 도울 수 있는 주변의 사람들과 부모에게 의존해야 함은 두말할 여지가 없는 것이다. 그리하여 오늘날 장애 유아나 비장애 유아 모두에게 있어서 부모역할의 중요성은 아무리 강조하여도 지나치지 않을 것이다. 따라서 오늘날 국가적 차원에서 유아교육기관에서의 장애 유아 통합교육의 필요성과 그 당위성이 강조되고 있는 실정에서 장애 유아 통합교육에 대한 장애유아 부모들의 태도와 행동은 통합교육의 성공에 대단히 중요한 영향을 미치게 된다. 그들 부모들은 통합교육에 직접 참여하여 가정과 유아교육기관에서 조력자로서 역할을 수행해야 하며, 교사와 마찬가지로 장애 유아에 대한 이해와 통합에 대한 긍정적인 태도를 갖고 상호협력적인 긴밀한 유대관계가 필요하다. 장애유아 부모들도 통합교육의 긍정적인 측면에서 많은 관심과 기대를 갖고 있으나 통합교육이 실시되기 시작한 초창기에는 비장애아들과 자녀를 비교하게 되고 자녀의 장애와 관련된 사회적인 낙인과 주변의 시선을 날마다 상기하게 되며, 특히 비장애아의 부모들과는 공통적인 관심사를 형성할 수 없다는 느낌을 받게 되는 등의 부정적인 영향에 대한 우려가 제기되기도 한다(Turnbull & Blacher-Dixon. 1980).

장애 유아는 유아교육기관이 특수교육을 받는 시간 외에는 그들의 부모와 하루 종일 거의 함께 시간을 공유하고 있게 마련이다. 그러므로 장애유아에게 있어서 가장 중요한 교사는 그들 부모, 특히 어머니라는 관점은 아무리 강조하여도 지나치지 않다. 그러나 부모는 장애유아를 지도하거나 다룰 수 있는 전문적 지식이나 경험이 부족할 수 있으므로 그들 자녀를 어떻게 도와야 하며 또한 어떻게 지도해야 하는지를 안내하고 도울 수 있는 부모교육 프로그램과 가정에서 도울 수 있는 프로그램 등 가족지원 프로그램이 절실히 요청되고 있는 실정이다. 그리하여 장애를 가진 자녀의 발달을 촉진시키고 나아가서는 부모 자신의 긍정적인 자아감과 자신감 그리고 장애 자녀로 인한 좌절감에서 벗어나도록 도울 수 있는 방법을 모색해야 하는 것이 장애아 통합교육을 실시하고 있는 유아교육기관의 중요한 역할로 대두되고 있는 것이다. 따라서 본 절에서는 장애유아 부모교육을 통하여 장애유아와 그들 부모를 돕고 보다 효율적인 장애유아 통합교육이 될 수 있는 방향을 살펴본다.

3) 장애아 부모교육 프로그램

장애아와 그들 부모들을 돕기 위한 부모교육 프로그램이 1970년대에 미국을 중심으로 실시되어 왔다. 과거 장애 유아 교육의 초점은 유아에게만 있었으나 많은 중재들은 장애 유아뿐만 아니라 가족구성원들과 장애아교육에 부모가 참여하는 것이 보다 효과적이라는 연구결과가 보고되면서(Berkowitz &Grazian, 1972; karnes & lee, 1978) 장애아를 교육시키기 위하여 부모를 함께 훈련시켜야 한다는 움직임이 있어 왔다.

이러한 움직임은 학교(유치원)나 기관을 중심으로 한 프로그램(school/center-based program)과 가정을 중심으로 한 프로그램(home-based program)으로 실시 및 발전되어 왔다.

(1) 학교/기관 중심(center based program) 장애아 부모교육

이 프로그램은 장애를 지닌 자녀가 다니는 학교/기관을 중심으로 해서 부모교육이 실시되는 것이다. 즉 부모로 하여금 학급 보조교사로서 학급활동에 참여하게 한다든지, 부모역할에 대한 정보제공, 학교수업 참관, 부모회의 참여 등과 같이 교육기관이나 학교가 중심이 되어 부모의 자질을 향상시키고 자녀교육에 대한 관심과 참여도를 높이며 더 나아가서는 부모 자신의 발전을 도모하고 학교 정책 방향에 영향을 주도록 고안하는 것이다.

가. 미국 대학에서 개발 된 프로그램

① 남가주 대학 프로그램

Bolen(1973)에 의해서 개발된 남가주 대학 프로그램은 중도장애 유아들을 기관 중심 상황에서 도울 수 있도록 그 부모들을 교육 및 훈련시키는 것이다. 주된 부모교육 내용은 행동수정의 원리를 적용한 훈련에 초점을 맞추고 나아가서는 교과과정 개발, 교수방법 훈련, 일상교육 프로그램에 관한 정보 제공까지 포함되어 있다.

② 워싱턴 대학 프로그램

Hayden(1975)에 의해서 워싱턴 대학에서 개발된 부모교육 프로그램은 정신지체의 영아들을 대상으로 실시되었다.

이 프로그램은 장애영아에게 지적, 정서적, 감각적, 신체적, 사회적 자극을 주는 방법을 부모에게 훈련시키는 것으로 그 내용은 일반 유아원에서 실시되는 교육과정과 유사하게 구성되었다.

③ 노스캐롤라이나 대학 프로그램

Woodside(1975)에 의해 North Carolina 대학에서 개발된 부모교육 프로그램은 지역사회에 대학이 연계하여 운영된 프로그램으로서 장애를 가진 유아의 부모교육에 그 목표를 두었다. 즉, 부모는 주 1회 한 번씩 유아교실을 방문하여 1시간 동안 행동수정기법에 관한 교육을 교사로부터 받으며 또한 사회복지사, 특수교사, 건강 및 보건사로부터 가족복지 향상을 위한 지도와 도움을 받게 된다(강문희, 1990 재인용).

이밖에 미국 전역의 대학에서 장애아를 둔 부모를 위한 교육이 실시되고 있는데, 주로 대학 부설유아원, 유치원, 아동발달연구소 등을 중심으로 이루어져 오고 있다.

나. 지역을 중심으로 한 프로그램(RIP: Regional Intervention Program)

이 프로그램은 발달지체 및 정서장애를 가진 유아들에게 교실에서 부모가 직접적으로 도움을 줄 수 있도록 고안된 테네시 주에서 시작한 것이다. 즉, 부모는 전문가의 지도 아래 어떻게 자녀를 도울 것인지 구체적으로 그 과정을 3단계로 설정하였다. 1단계는 시작단계로 가족들이 RIP 접근방법에 관해 익숙해지도록 도우며 훈련받는 것이다. 2단계는 개인교수 단계로서, 부모가 자녀에게 기본적인 의사소통을 위한 언어와 환경에 적응하는 행동방법을 일대일 관계에서 학급에서 지도하도록 전문가가 훈련시킨다.

3단계는 일반화된 훈련단계로 다양한 상황 속에서 자녀를 지도할 수 있도록 부모에게 정보와 지식 등을 제공하여 훈련시킨다. 부모가 각 단계의 기술을 습득하고나면 다른 부모들을 훈련시키는 조교로서 역할을 수행하게 되므로 장애유아 부모들 간의 상호작용이 자연스럽게 일어날 수 있도록 자극을 주게 된다.

다. Karnes의 장애아 정밀 조기교육 프로그램(PEECH: Precise Early Education for Children with Handicape)

이 프로그램은 일리노이 대학의 Karnes 등에 의해 개발된 Acquaint, Teach, Support, Expand 및 Maintain, 즉 ATSEM의 5개 영역에 따라 장애아 부모교육이 구성되었다.

① Acquaint 단계(친숙기): 교사는 가정에서나 유치원에서 자녀의 성장을 최대화시킬 수 있는 활동에 부모나 가족들이 참여하도록 훈련시킨다(가족의 참여수준 평가).

② Teach 단계(교수기): 부모는 자녀에게 새로운 지식과 행동을 가르치는 데 도움이 되는 지도기술과 교육방법, 태도를 배운다(구체적인 자료 제시).

③ Support 단계(지지단계): 부모들에게 정서적, 사회적, 경제적 성격의 특별 지지를 제공한다. 특수교육에 대해서 그리고 상급학교 진학문제 등에 관해 부모가 스스로 해결하도록 지지한다.

④ Expand 단계(확장기): 부모가 정서적, 사회적으로 안정감을 갖게 되면 자녀와의 관계와 활동범위가 자연스럽게 확장된다. 즉, 타인의 시선을 두려워하거나 수치스러워하지 않고, 시장이나 공공장소에 데리고 다닐 수 있게 된다.

⑤ Maintain 단계(유지기): 지금까지 부모교육 과정에서 이룩한 성과들을 계속 유지하도록 노력하는 시기로서 새로 이 프로그램에 참여하는 부모를 도울 수 있다.

Cook와 그의 동료들은(1987) 학교 및 기관 중심의 장애아 부모교육의 장점을 다음과 같이 제시하였다.

① 자녀지도, 교수방법을 교사가 구체적으로 학급에서 시범을 보여 줄 수 있으며 이것을 부모는 가정에서 잘 활용할 수 있다.

② 음악, 미술 등과 같은 예능과목에 재질을 갖춘 부모는 학급활동에서 보조교사로서 도움을 줄 수 있어서 긍정적 자존감과 자신감을 갖도록 한다.

③ 가까운 곳에 견학을 갈 때 동반함으로서 이런 상황에서 장애유아의 행동을 관찰하고 지도할 수 있는 기회를 갖는다.

④ 학급에서 참여수업은 다른 비장애와 자기 자녀가 크게 다르지 않음을 재인식하면서 자녀 행동의 향상을 관찰하면서 용기나 희망을 갖게 된다.

한편, Karnes와 그의 동료들(1980)은 학교 및 기관 중심의 장애아부모교육의 장점을, 교사의 자질을 배워 자녀에게 보다 개별화된 프로그램을 가능하게 하며, 교사와 부모간의 긴밀하고 지속적인 유대관계를 가짐으로써 보다 효율적인 부모교육이 되게 하며 나아가서는 자녀발달과 진도에 직접적인 영향을 줄 수 있다고 하였다.

(2) 가정 중심(home-based) 부모교육

장애유아를 위한 가정 중심 프로그램이란 유아의 가정에서 교육 서비스를 제공하는 것이다. 교사나 전문가가 한 달에 한 번에서 한 주에 두 번까지 매우 다양하게 가정방문 해서 신생아나 36개월 이하의 영아를 그리고 나이가 든 아동에게까지 프로그램을 제공한다. 프로그램에 따라서 부모들에게 자녀를 가르치는 방법, 놀이방법을 시범을 보이기도 하고, 정보를 주기도 하며, 좀 더 넓은 차원에서 전반적인 가족 지원을 위한 프로그램을 제공한다.

가. 장애유아 교육프로그램 (HCEEP: Handicapped Childrens Early Education Program)

이 프로그램은 다양한 형태의 서비스로 개발 · 보급하였는데, 장애유아의 부모를 위하여 프로그램 계획, 개발, 운영 및 평가 그리고 부모훈련 프로그램에 제시된 교육적, 치료적 활동에 참가하도록 하여 기관 및 가정 중심을 동시에 실시하였다(Hocutt & Wiegerint, 1983).

나. CSID (Communication and Sensory Integration Disorder) 프로그램

이 프로그램은 Georgia에 있는 Rutland 센터에서 5년 동안 의사소통과 감각에 장애가 있는 유아들을 위한 프로그램과 그들 부모를 위한 프로그램 그리고 가정 프로그램을 고안하여 실시하였다(Bachraeh, Mosley, Swindle, Wood, 1975).

다. 가정개입 교육 프로그램(EHIP: Educational Home Interven-tion Program)

이 프로그램은 1960년대 초 Karnes와 Zehrbach(1977)가 일리노이 주에 있는 유치원에서 고등학교까지 다니는 학생으로서 지적으로 부족하고 장애가 있는 자녀를 둔 부모가 자녀와 함께하는 가정개입 프로그램이다. 여기에서 얻은 결과로 부모 프로그램을 발달시키는 데 실험적인 기초를 세웠다. 즉, 18개월 이하의 영아, 18개월에서 36개월 유아, 3세에서 5세 유아를 나누어 각각 가정에서 부모가 가르칠 수 있도록 한 것이다(정갑순, 1996 재인용).

이 프로그램은 집단모임과 가정모임의 두 측면에서 실시되는데, 집단

모임은 편리한 장소나 시간에 모여 자녀교육, 가족계획, 전 주간의 가정 교수의 문제점 등을 토의하고 견학, 필름을 통해 자녀 발달 전략을 배운다. 부모조정자는 장난감 활용, 책읽기, 만들기, 노래, 손유희 시범을 보이고 어머니는 격주로 가정에서 부모조정자와 만나 교수에 대한 평가를 받고 자료검토 및 당면 문제를 토의한다.

라. 포타지 프로젝트(PGEE: The Portage Guide to Early Education)

포타지 프로젝트는 장애의 자녀를 가정에서 직접 가르칠 수 있도록 Sheare(1974)와 그 동료들에 의하여 고안된 그 대표적인 프로그램이다. 주요 내용은 행동수정기법을 사용하여 자녀를 훈련시키도록 부모를 교육하는 것이다. 즉, 신생아기에서부터 6세까지의 유아의 행동장애, 정서장애, 정신지체, 신체장애 및 문화실조 유아들을 대상으로 그들의 부모에게 자녀의 발달단계에 따른 효율적인 학습과 지도방법, 보상방법, 행동관찰법 등을 가르쳐 훈련시키는 것이다. 보다 구체적인 학습내용은 영아기 자극(infant stimulation), 언어발달(language development), 인지발달(cognition development), 사회화(socialization), 자조능력 발달(self-help development), 운동능력 발달(motor development)로 구성되어 있다.

이와 같은 내용의 프로그램을 대상 유아의 가정으로 교사가 방문하여 유아를 측정 · 평가한다. 즉, 장애유아의 문제 확인 및 선별과정 ⇨ 유아 행동수준평가 및 교육 프로그램 계획과정 ⇨ 가정에서의 교수활동과정으로 진행된다. 450개의 행동목록을 발달순서에 따라 목록화하였으며 각각의 행동은 목표와 이 목표를 달성하기 위한 활동의 내용 및 평가로 구성되었다. 따라서 가정에서 전문가의 지도하에 자녀의 전 발달 영역에 걸쳐 행도지도 및 학습지도를 할 수 있을 뿐 아니라 부모가 자녀를 직접 지도함으로써 모자간의 상호작용을 촉진시키면서 부모의 적극적인 협조를 얻을 수 있다(Karnes & Lee, 1980; Sheare, 1974).

마. 종합훈련 프로그램

이 프로그램은 미국 위스콘신 주 밀워키에서 뇌성마비 아동을 대상으로 출생에서 3세 사이의 장애유아, 특히 신체장애아를 훈련시키도록 그 부모를 교육시키는 것이다(Karnes & Lee, 1980). 프로그램의 내용은 부모의 직접적이고 적극적인 참여를 통해 자녀에게 각 영역의 발달을 촉진시키도록 구성되어있다. 장애의 자녀가 그가 속해 있는 환경을 통하여 학습이 일어날 수 있도록 돕는 것이며, 또한 부모교육뿐 아니라 장애아 가족에서 일어날 수 있는 여러 가지 문제점을 개별 및 집단적으로 토의하고 상담할 수 있는 가족 지원 서비스를 제공해 준다. 주말 및 월례모임 등을 통해 자녀교육, 훈련문제에 함께 참여할 수 있는 기관 중심 프로그램도 겸하고 있다.

바. 시각장애아를 위한 프로그램

이 프로그램은 Fraibeg(1969)와 그의 동료들이 보고한 것으로 시각장애아를 위한 가정 중심 프로그램이다. 임상심리학자가 매달 2회씩 시각장애를 가진 영아의 가정을 방문하여 자녀 훈련의 시범을 보이는 것이다. 시각장애를 가진 영아의 촉각, 청각, 언어를 발달시키기 위한 노력을 강조하며 대인관계에 대한 반응, 물건 찾기, 걷기 훈련 등을 가르친다.

Karnes와 Lee(1980)는 가정 중심 부모교육의 장점으로 ① 학교교육과 가정교육 간의 연계가 가능하며, ② 부모가 직접 자녀를 가르칠 수 있으며, ③ 각 가정의 요구에 맞게 프로그램을 개별화시키기 용이하며, ④ 프로그램에 의해 가족 모두가 유익할 수 있는 가족지원 프로그램이 될 수 있음을 강조하였다.

또한 Cook(1987)와 그의 동료들은 가정 중심 프로그램의 장점으로 ① 어린 유아들에겐 가장 자연스런 가정 환경 안에서 교육이 진행될 수 있으며, ② 일상생활에서 교육적 목적을 가진 활동이 전개될 수 있으며(예: 식사 도중 언어교육 등), ③ 교사가 유아의 환경적 특징을 교육계획에 반영할 수 있는 점 등을 강조하였다.

(3) 장애유아 가족 지원 프로그램

장애아에 대한 개입 관점으로 재활치료, 특수교육, 장애아 통합교육 외에 장애아 가족의 욕구에 초점을 맞춘 가족지향적 접근을 시도하는 가족지원(family support) 프로그램이 새롭게 부각되고 있다. 가족지원이란 유아의 장애를 가족이 이해하고 유아와 가족이 상호 융화되는 것과 관련한 모든 활동으로서 궁극적으로는 가족체계를 강화하고 유지하도록 하는데 중요한 의의가 있다. 가족지원에 대한 관점을 세 가지 측면에서 다음과 같이 설명할 수 있다(오혜경, 2003). 첫째로 '가족에 의한 지원' 으로 가족이 장애가 있는 사람을 물리적, 정신적으로 지탱하고 있는 경우이며, 둘째로 '가족에 대한 지원' 은 장애아 가족이 원하는 것에 대한 직접적인 지원을 말하며, 셋째로 '가족과 함께하는 지원' 은 가족과 함께 사회가 지역에서의 자원으로 생활을 지원하는 것으로 지역사회를 근간으로 한 자원 활용과 가족–지역사회 간의 친밀한 협조 관계가 포함된다.

PL99-457(1986년 개정 전 미국 장애아동교육법: 0~2세 영아에 대한 조기교육 프로그램 실시가 규정)에서는 영 · 유아 장애아를 포함한 모든 장애아동에게 제공되는 프로그램에 개별화 가족 지원 계획을 적용할 것을 강조한다. 개별화 가족지원계획 개입을 위한 단계별 과정을 거쳐 실시할 수 있다. 즉, 초기 면접 단계 ⇨ 사정 계획 단계 ⇨ 아동 사정 단계 ⇨ 가족 사정 단계 ⇨ 개입 전략과 서비스 계획 수립 ⇨ 실행 단계 ⇨ 평가 단계의 절차이다. 따라서 가족의 욕구를 반영한 다양한 가족지원 프로그램이 필요한 것이다. 우리나라 장애아동 관련 가족지원 프로그램은 한정되어 있고 수준도 미약한 편이다.

조기의 장애 영 · 유아 중재에서 가족지원은 1970년대 이후부터 장애 영 · 유아와 부모, 그리고 가족을 위한 프로그램의 성공에 결정적인 요소로 부각되고 있으며(Odom & McLean, 1996), 그 결과 부모참여를 포함하는 가족지원은 정책결정의 새로운 분야로 부상하였으며, 1990년대부터는 단순히 부모역할에만 초점을 맞추기 보다는 조부모, 형제, 자매나 가까운 친지들까지로 확대할 필요성을 갖고 '가족' 이라는 용어가 '부모' 를 대치하고 있다(Turnbull & Turnbull, 1997). 따라서 중재의 효과는 장애유아뿐만 아니라 가족구성원들에게 초점을 맞추게 된 것은 장애유아가 가족구성원들 모두에게 영향을 미치고 있음을 재인식하게 됨에 따라 더욱 강조되고 있다. 조기가족 참여 또는 가족지원을 통하여 장애자녀의 양육, 및 보호, 교육 등에서의 대처능력과 적응력을 길러 주며, 장애에 대한 장기적인 해결력을 길러 주어 가족 안에 존재하는 특별한 욕구들을 스스로 해결해 나갈 수 있는 장기적인 힘을 가지도록 돕게 된다.

〈표 5—1〉 장애영유아와 가족을 위한 지원 프로그램

구 분	아동 중심	가족 중심
직접적인 서비스	아동상담, 아동진단, 영아교육, 조기교육(유아교육), 통합교육, 교구대여, 언어치료, 물리치료, 작업치료, 감각반응촉진치료, 운동집단치료, 수중재활치료, 심리치료, 심리운동치료, 놀이치료, 음악치료, 미술치료, 발달 증진 · 사회 적응 행동 강화, 학교생활훈련, 일상생활 훈련, 체험학습, 개별교육, 집단교육, 대기자 프로그램	가족상담, 양육 상담, 주간보호, 부모교육, 부모기능강화, 부모역할훈련, 형제자매캠프, 장애형체기능강화, 자조집단, 가족지지, 가족관계증진, 자녀양육기술, 가족통합지원, 가정도우미, 쉼터 제공
간접적인 서비스	장애아보육시설 설치기준마련, 특수교육대상의 정의와 기준제시, 유아특수교육시책 강구, 장애발생 예방에 관한 조사연구, 모자보건사업 강화, 장애 조기발견 · 치료 시책 강구, 사회통합을 위한 교육내용과 방법개선, 장애인 복지시설 설치규정 제시, 장애가능성 있는 영아를 위한 의료지원서비스	장애아동부양수당, 장애수당, 의료비 지원, 교육비 지원, 주택보급, 조세감면, 이용료 감면, 유치원 과정 무상교육

자료: 오혜경 외(2003). 영유아기 장애아동의 양육부담과 가족지원. p.166

7. Canada Alberta 부모참여 프로그램 : A~Z 유형

캐나다 앨버타 유아교육국 프로그램 중 아주 중요한 하나가 부모참여 프로그램(parent involvement)이다. 이 프로그램은 부모가 그들의 자녀, 자녀의 선생님 그리고 다른 부모들과 함께 서로 자신들의 생각과 아이디어를 나눌 수 있도록 함으로써 그들의 활동영역을 확장시키도록 하였다.

부모참여는 가정과 유치원 그리고 지역사회 어디에서나 실시될 수 있는 것이다. '참여한다' 는 것은 단순히 회합에 가거나 견학, 여행을 하는 것을 의미하지 않는다. '참여한다'는 것은 자금을 조달하는 것에서부터 아침에 자녀들의 학교준비를 돕는 것에 이르기까지 어디에서든 일어날 수 있다. 부모참여는 부모가 자녀의 성장에 대하여 더 잘 알고 도울 수 있는 새로운 지식, 기술, 태도를 제공할 수 있다. 자녀들은 가정과 유치원에서 교육적 경험을 동시에 나눌 때 가장 잘 배운다는 것을 전제로 하여 부모참여의 영역은 다양하다. 어떤 부모도 자신은 참여할 수 없다고 느낄 필요는 없다. 부모로서 자녀의 영 · 유아기와 학동기 시절에 많은 것을 얻을 수 있도록 도움을 줄 수 있는 가능성의 범위는 무한하다. 중요한 것은 부모 자신이 참여하기 위한 방법을 조심스럽게 선택하고 또 즐기는 일이다. 부모의 참여는 부모들을 새로운 경험과 새로운 관심으로 안내하게 될 것을 강조하고 있다.

Alberta 유아교육국에서는 부모들과 그들 자녀들을 위하여 부모들이 참여할 수 있는 다양한 활동들을 소개하여 부모들의 적극적인 참여를 고무시키고 있다. 그 활동들을 다음과 같이 알파벳순으로 제시하고 있다(Alberta Education, 1983).

1) 부모참여의 A~Z 유형

(1) A형 : Assisting in the classroom—학급지원 역할

부모들은 학급 안에서 소그룹 지도를 하거나 학급을 위해 여러 가지 자원을 공급해 줄 수 있다. 즉, 방문자로서 애완견 등 유치원 유아들의 학습이나 놀이와 관련된 자료들을 제공해 줄 수 있다.

(2) B형 : Brainstorming for ideas—회의 참석

브레인스토밍이란 여러 사람들의 다양한 의견을 모아 가장 최선의 것을 찾도록 하는 회합이다. 부모들은 가정과 자녀양육 등 여러 관심 분야와 문제들에 대하여 가능한 해결방안을 논의하기 위해서 다른 부모들, 교사, 전문가들과 함께하는 회의에 참가한다.

(3) C형 : Community action or advocacy—지역사회 활동 및 지지

부모들은 Block Parent가 되어 그 지역의 어린이들을 도울 수 있으며 어린이 학대예방에 참여할 수 있다. 또한 어린이들의 등 · 하원 시간에 교통수단을 도우며 안전지도에 참여할 수 있다(Block Parent는 p.170에 자세히 소개되어 있다).

(4) D형 : Developing service—발달서비스 활용

부모는 장난감 도서관 이용, 사륜마차 등 움직이는 놀잇감의 대여, 창의적인 운동장 사용, 그리고 아기 돌보기 교대, 의복이나 장난감 및 아기 양육 비품 등의 교환 등 다양한 자녀양육 및 교육에 필요한 서비스를 활용할 수 있다.

(5) E형 : Evaluating program—평가 프로그램

부모는 자녀들과 함께 프로그램에 대하여 서로 의논하며 질문 사항을 작성하고 조사하며 그것들을 완성한다. 자녀의 선생님에게도 피드백을 제공하며 변화하는 지역사회, 부모들 그리고 자녀들의 욕구에 대해 대처해 나가도록 돕는다.

(6) F형 : Fund raising—자금 조달

부모들은 헌 병을 모아서 판매하기, 빵 만들어 판매하기, 자동차 세차하는 일 등을 통하여 자금을 만들어 학교기관이나 유용한 것에 사용하는 일에 참여할 수 있다.

(7) G형 : Grand parents club—조부모 및 노인 섬기기

부모들은 자녀들이 동네의 연세 드신 분들을 찾아뵙고 그분들을 할아버지 할머니로 받아들여 섬기도록 한다. 또한 학교나 유치원에서는 조부모들을 초대하여 그들을 위한 프로그램을 계획한다.

(8) H형 : Home visits—가정방문

부모는 자녀의 선생님이 가정방문할 수 있도록 가정으로 초대한다. 교사의 가정방문을 통하여 자녀의 학교생활이나 자녀의 성장에 관하여 폭넓게 이야기 나눌 수 있다.

(9) I형 : Interests to pursue—관심거리 찾기

부모는 그들이 선택한 참여활동에서 즐거움을 찾고 또한 새로운 관심

과 흥미거리를 발견하도록 돕는다.

(10) J형 : Joining a parent group—부모모임에 참여

부모는 부모들 모임에 참가하여 상호간의 흥미와 관심거리에 관하여 탐색하며 문제해결을 찾을 수 있다. 또한 티파티나 사회적 모임에서 새로운 친구를 사귀도록 한다.

(11) K형 : Keeping informed—정보 수집, 지식 계발

부모는 부모—교사 면담에 참여하여 자녀양육 및 부모역할에 대한 정보와 지식을 얻으면서 부모의 자질을 향상하기 위하여 자녀양육 및 문학과 관련된 책을 읽도록 유도되어진다. 또한 이러한 지식과 관련하여 다른 부모들과 이야기할 수 있도록 한다.

(12) L형 : Listening to children read or tell a story—자녀의 독서지도를 위해 잘 들어 주기

부모는 자녀들이 읽고 있는 것에 대하여 질문하고 함께 이야기 나누도록 한다. 그리고 자녀가 부모에게 책을 읽어 주거나 책의 내용에 대하여 이야기할 수 있도록 유도한다.

(13) M형 : Maintaining or improving the learning environment—자녀의 학습환경 조성

부모는 자녀가 책을 읽고 학습할 수 있는 조용한 장소를 마련해 주는데 신경을 쓰도록 하며 또한 자녀들을 수시로 도서관에 데리고 가도록 돕는다.

(14) N형 : News letters—새 소식, 회보를 통한 정보 습득

부모는 부모회보, 가정통신문 등 다양한 정보지를 읽고 그것을 잘 보관하면서 자녀양육에 대한 지식을 얻으며, 또한 그러한 정보지에 아이디어를 제공하여 다른 부모들을 돕는다.

(15) O형 : Observing child at school—수업 참관 및 참여

부모는 자녀의 학교(유치원) 수업에 참여한다. 어떤 특별한 활동이나

주제에 따라 선생님을 도와서 학급을 보조할 수 있도록 한다. 단순한 관찰뿐 아니라 참여하며 도움을 줄 것을 계획한다.

(16) P형 : Potluck dinners/brown bag luncheons—음식 만들기 보조

부모는 자녀들이 간단한 음식을 만들거나 빵을 굽거나 어떤 음식파티를 계획하는 것 등 어떤 상황에서든 자녀들을 도와준다. 또한 부모가 계획한 음식 만들기에 자녀를 참여시키도록 돕는다.

(17) Q형 : Questioning—질문하기

부모는 자녀의 선생님에게 학교(유치원)에서 자녀가 어떻게 지내고 있는지 수시로 물어본다. 자녀에게 유치원 프로그램에 관한 질문을 하도록 한다. 그리고 다른 부모들의 관심에 대하여 생각하도록 돕는다.

(18) R형 : Recreation activities—여가 선용

부모는 자녀와 함께 스케이팅, 수영, 쇼핑 등의 활동에 참여하며 공원이나 도서관 박물관을 찾는 일에도 힘쓰도록 돕는다.

(19) S형 : Sharing skills—나누는 경험 갖기

부모는 원장, 교사, 프로그램 조정자 또는 부모를 돕는 모임과 접촉하여 자신의 생각을 함께 나누며 자녀와 학교(유치원)기관의 발전을 위하여 의견을 제시한다. 또한 부모 자신의 소질이나 능력, 전문적 기술이 있는 영역을 자녀의 학교에서 협조하여 도움을 주도록 한다(예 : 음악, 미술, 목공, 빵굽기, 이야기 나누기 등).

(20) T형 : Toy lending library—장난감 대여

부모들은 자녀에게 필요한 여러 가지 장난감, 게임, 퍼즐, 책, 레코드 등을 빌리거나 부모를 위한 도서를 빌리는 활동에 참여하도록 한다.

(21) U형 : Understanding your child—자녀 이해하기

부모는 자녀들의 이야기를 듣고 함께 이야기함으로써 자녀들을 이해하도록 하며 자녀들의 능력과 성취를 칭찬해 준다. 그러면서 자녀들의 생각이나 관점이 무엇인지를 발견하도록 돕는다.

(22) V형 : Visit to parent' s place of work—부모의 직장 방문

부모는 때때로 부모의 직장에 소그룹의 어린이들을 초대하여 직업에 대한 다양한 경험을 하며 사회에 대한 인식을 넓힐 수 있도록 도울 수 있다(예 : 은행, 우체국, 비행장, 구청, 병원, 박물관, 도서관, 전시회장, 예술품 창작실 등 다양한 직업의 현장).

(23) W형 : Workshops—워크숍에 참여

부모는 자녀의 성장발달, 시간관리 등 자녀들을 위한 워크숍에 참여하도록 계획한다.

(24) X형 : Xeroxed articles—부모용 자료 복사 활용

부모는 그들에게 흥미와 관심이 있는 주제와 관련된 기사 또는 팸플릿을 복사하여 활용하도록 돕는다.

(25) Y형 : Yard clean-up and beautification—청소와 환경 미화

부모들은 지역사회 발전계획 활동에 참여할 수 있다. 마을을 청소하고 아름답게 꾸미는 일에 가족들이 함께 참여하도록 돕는다.

(26) Z형 : Zeroing in on needs—욕구 충족하기

부모는 자신과 자녀들의 욕구를 알도록 하며 특별히 부모 자신을 위한 시간을 갖도록 한다. 또한 부모 자신의 특별한 관심과 취미를 찾고 부모기에 필요한 정보를 획득하도록 한다. 때때로 부모들은 너무 바빠서 부모들이 원하는 것만큼 자녀들과 함께 시간을 보낼 수가 없다. 그래서 친척이나 다른 어른들이 부모의 책임을 나누어서 어린이들의 경험을 제공하도록 도울 수 있다. 또한 부모참여는 조부모 프로그램 증진과 아기 돌보기 교대 등을 통하여 실제로 부모 자신들의 시간을 더 유용하게 활용하도록 도울 수 있다.

2) 가정—유치원의 협력관계

Alberta 교육국에서는 가정—유치원 협력관계의 중요성을 강조한다. 부모들은 자신들의 자녀가 유치원에서 무엇을 배우고 있는지 알 권리가

있다. 이러한 것은 수업참관, 가정통신문, 교사와의 면담을 통하여 알 수가 있다.

부모는 자신의 자녀에 대해 누구보다 많이 알고 있으므로 특별한 욕구, 희망 그리고 그들의 자녀가 갖고 있는 열망에 대하여 유치원측에 알리는 것도 부모의 책임이며 또한 권리이다. 종종 선생님들은 이와 같은 자녀에 대한 작은 정보가 부모의 자녀에게 필요한 적절한 프로그램을 계획하는 데 도움이 되므로 매우 고마워하게 된다.

부모-교사간의 긴밀한 유대관계는 부모들과 선생님들간의 관심사에 대해서 토론하는 좋은 방법이 될 수 있다. 즉, 부모는 프로그램에 대한 기대에 대하여 논의할 기회를 가지며 선생님은 부모와 자녀로부터 무엇을 기대하는지 발견할 수 있는 기회를 가질 수 있다. 또한 이러한 협의는 선생님이 각각 어린이들에 대해 더욱 확실한 이해를 할 수 있는 기회를 갖게 한다.

(1) 가정-유치원의 협력이 자녀에게 도움이 된다

① 무한한 가능성을 지닌 자녀의 욕구를 만족시키도록 도울 수 있다.

② 더 큰 가능성을 지닌 자녀가 건강하고 책임감 있게 그리고 안전하게 성장하도록 도울 수 있다.

③ 자녀들의 특별한 욕구를 더 잘 인식할 수 있는 기회가 될 것이며 그러한 욕구에 필요한 도움을 받을 수 있는 더 좋은 기회를 갖게 될 것이다.

④ 자녀의 성장을 증진시키는 능력을 향상시킬 수 있다.

(2) 가정-유치원의 협력은 부모에게 도움이 된다

① 부모는 자녀의 학습태도에 대하여 더 잘 이해하게 된다.

② 자녀의 성장발달에 영향을 미칠 수 있는 부모의 인식을 증진시킬 수 있다.

③ 부모 자신의 능력에 대하여 예민한 통찰력을 갖게 한다.

④ 부모 자신의 욕구를 발견하고 그 욕구를 언어로 표현할 수 있으며 또한 이러한 욕구를 어떻게 충족시킬 것인지 계획할 수 있는 기회를 갖게 한다.

⑤ 부모는 자녀의 나이 또래 아이를 가진 다른 부모들을 지역사회 속

에서 만날 수 있는 기회를 가질 수 있다.

⑥ 부모는 자녀의 성장에 도움을 줄 수 있는 활동에 대한 정보를 얻을 수 있다.

⑦ 부모들은 다른 부모들과 지역사회기관의 직원들 그리고 지역사회의 사람들과 서로 교제하며 배울 수 있는 기회를 가질 수 있다.

(3) 가정－유치원의 협력은 유치원에도 도움이 된다

① 유치원 프로그램의 효율성이 증진된다.

② 유치원 학급에 더 많은 양의 다양한 자료들이 유용하게 사용되어질 수 있다.

③ 학급운영에 있어서 질적인 면이나 학습효과가 증진될 수 있다.

④ 가정과 유치원과의 긴밀한 유대관계가 형성된다.

⑤ 교사는 유아들의 욕구에 관하여 통찰력과 지식을 가질 수 있다.

⑥ 더 많은 행사계획이 가능할 수 있다(예 : 견학, 소풍 등).

3) Alberta 교육 및 유아교육의 목표

부모참여는 교육의 목표, 특히 유아교육의 목표를 성취하는 데 가장 중요한 수단으로 간주될 수 있다.

부모와 직원들 그리고 지역사회 전 직원이나 사람들, Alberta 교육국이 바라는 것들은 다음과 같다.

(1) 유아들의 신체적 발달을 증진시킨다. 즉, 적절한 건강을 유지하도록 돌보며 영양 · 치아 관리 그리고 대근육 · 소근육 발달, 지적 운동 발달 기술을 증진하도록 한다.

(2) 유아들의 정서발달, 사회적 발달을 강화시킨다. 즉, 감정의 표현과 경험을 갖게 하며 독립심이 발달되도록 도우며 다른 사람들과의 관계가 긍정적이고 적극적이 되도록 한다.

(3) 유아들의 긍정적 자아 개념이 형성되도록 돕는다. 즉, 하나의 개인으로서 자기 자신을 인식하고 수용하며 평가할 수 있도록 도우며 한 개인으로서 다른 사람을 수용하고 평가하여 깨달을 수 있기를 바란다.

(4) 유아들의 지적 발달을 확장시킨다. 즉, 사고과정의 진보와 언어습

득과 언어사용을 돕는다.

(5) 유아의 창의성 발달을 강화시킨다. 즉, 새로운 아이디어, 진기한 접근방식, 독창적인 창작품을 창출시키기 위해 과거의 경험을 활용하도록 하며 창의적인 사고, 언어, 음악, 신체표현, 드라마 그리고 미술활동을 통하여 자신을 표현할 수 있도록 한다.

(6) 부모의 참여를 격려한다. 즉, 유아교육 프로그램의 발달, 수행, 평가의 하나로서 부모참여를 선택하여 실행하도록 한다.

(7) 유아교육 프로그램을 발달시키고 적용하여 수행하고 평가하는 유아교육국 직원들의 지식과 기술이 향상되도록 돕는다.

(8) 유아교육국의 포괄적이고 잘 조정된 체계가 부모와 그들의 자녀를 잘 도와줄 수 있도록 한다.

4) Block Parent

한 도시의 안전은 그 도시 사람들에게 달려 있다. 어떤 경찰국도 시민들의 직접적인 협력과 지지 없이는 생명과 재산을 효율적으로 보호할 수 없다. 「The Block Parent」 프로그램은 같은 수준의 사회에 살고 있는 시민 행동 프로그램이다. 그리고 Block Parent 프로그램은 전적으로 자발적인 의사를 가지고 있는 시민에게 달려 있다.
도시를 안전하고 건강한 장소로, 한 가족을 잘 가꾸고 행복한 장소로 만드는 것은 그 사회 안에서 함께 일하는 경찰과 시민들과의 관계 안에서 형성될 수 있는 것이다.

○○○ 경찰국장

(1) 「Block Parent」 프로그램은 왜 필요한가?

어린이들을 보호하는 조직 방법을 사회 안에서 마련하기 위한 방편이다. 경찰국이나 소방서, 119 구급대 등 관련 기관에 위급 상황의 문제를 신속하게 보고하기 위해서이다.

오늘날 사회는 너무나 유동적이어서 우리 자녀들이 종종 친척들을 알지 못하고 살며 집에서 가까운 이웃들조차도 서로 알지 못한 채 살고 있다. 거기다가 일하는 어머니들이 늘어나고 있어서 학교에서 귀가한 어린이들은 보호자가 없는 상태에 놓이게 된다.

「Block Parent」 집이 없다면, 겁먹은 어린이들은 그들을 돕기 위한 어떤 사람을 만나기 전에 여러 집을 전전하며 방황하게 될 것이며 이러한 상황은 비극적인 결과를 가져올 수도 있을 것이다.

(2) 누가 「Block Parent」인가?

어려움을 당한 어린이를 위한 안전한 피난처로서 집을 제공할 수 있는 사람, 즉 어린이의 안전하고 좋은 상태에 관해 충분히 염려하는 책임 있는 성인으로서 만 16세 이상이 되면 독신이든 기혼이든 누구든지 「Block Parent」로서 지원할 수가 있다.

(3) 「Block Parent」란 표시는 무엇을 의미하는가?

「Block Parent」 가정이란 공식적 표시이며 프로그램 자체를 말한다. 길거리에서 누구나 잘 보일 수 있도록 쉽게 알아볼 수 있는 그래픽 디자인 간판을 창문 안쪽에 붙여 놓는다. 이 집을 지나는 위급한 상황에 처한 어린이에게 직접 도움을 줄 수 있다는 것을 알리는 표시이다.

이 지역의 범법자나 위험한 자들에게 이곳의 어린이들이 보호받고 있으며 모든 시민들이 경계하고 있는 것을 알리는 표시이다.

「Block Parent」 표시 간판은 가능할 때에만 붙여야 한다. 즉, 휴식중이거나 다른 일로 분주하여 생활방식에 변화가 없어야 한다. 어떠한 이유에서든 「Block Parent」가 불가능한 경우에는 이 표시판을 붙여서는 안 된다.

(4) 「Block Parent」가 책임져야 할 것과 책임지지 않아도 될 일은 무엇인가?

① 위험한 사람이나 위협적인 상황에 처해 있는 어린이에게 안전한 장소를 제공한다.
② 고통받고 있는 사람을 위해 상황에 따라 필요한 긴급 전화를 걸어 도움을 요청한다(예 : 경찰서, 소방서, 응급실, 119 구급대, 어린이 학부모 등).
③ 그 지역의 혐의자나 범법자의 거동을 알려 줌으로써 경찰을 도울

수 있다.

④ 「Block Parent」에게 음식이나 음료수 제공을 요청하거나 화장실 사용, 교통 편의, 응급 치료를 기대하지 말아야 하며 싸움을 말리기 위해 그들의 집을 나와 달라고 한다거나 어떤 위험스러운 자가 행동으로 도와달라고 요청할 수는 없다.

⑤ 어린이들은 낯선 사람이나 위험스러운 동물로부터 위협을 느낄 때나 그들 자신이나 놀이친구가 사고를 당하였을 때, 아플 때, 길을 잃었을 때, 괴롭힘을 당할 때 「Block Parent」를 이용할 수 있다.

(5) 사람들이 「Block Parent」가 되지 않는 이유들

그 블록에 이미 「Block Parent」가 충분하게 있거나 직장생활을 하는 사람들은 참여할 수 없다고 말한다. 또한 어린이들이 많이 오는 것이 싫거나 어린이들을 좋아하지 않는 사람들도 있고 낯선 사람에게 자신들의 집을 개방하는 것이 싫을 수도 있다.

그러나 때때로 「Block Parent」를 찾지 않아서 표시판을 떼어야 할 때도 있는데, 그것은 사고가 없다는 증거로서 이 프로그램의 성공을 보여주고 있는 것이라고 설명하고 있다.

이와 같이 캐나다에서는 부모와 그들의 자녀를 위해 가정, 기관, 지역사회, 정부가 함께 협력하여 다양한 프로그램을 개발, 실시하고 있음을 알 수 있다.

8. 일본의 영 · 유아 부모교육 프로그램

일본에서는 유아기의 가정교육 진흥시책으로서 부모를 위한 다양한 프로그램을 실시하고 있다. 0세에서 1세 반의 자녀를 둔 어머니를 대상으로 하는 북해도(北海道) 이와미자와(岩見沢) 시 교육위원회에서 주관하여 실시하는 가정교육학급과, 군마겐 다카사기(群馬縣高山奇) 시 교육위원회에서 실시하는 0세에서 5세의 유아와 부모를 위한 구라카노(倉賀野) 고우민캉(公民館) 유아(乳幼) 학급, 시마네겐 하마다(島根縣洪田) 시 교육위원회에서 실시하는 유아건강교실, 교토후 오오에초우(京都府大江町) 교육위원회에서 실시하는 유유아(乳幼兒) 모친학급을 위시하여

전국 시, 도, 군, 마을의 교육위원회가 주관하여 0~5세의 자녀를 둔 부모교육 프로그램이 다양한 이름으로 실시되고 있는데 좀 더 구체적으로 살펴보면 다음과 같다(文部省社會教育局, 1982).

1) 교육대상

교육대상은 자녀를 둔 부모로서 자녀의 연령에 따라 학급을 편성하기도 하고 어머니만 따로 모이는 학급 또는 부모 함께 모집하는 학급, 부모의 연령별로 모집하는 학급이 있어 그 대상 영역은 자녀의 연령에 따라 다양하며 대상에 맞게 다양한 프로그램과 함께 교육내용이 실시된다.

2) 운영방법의 예

실시 기관에 따라 차이가 있겠으나 보통 교육기관은 연간 교육계획을 중심으로 하여 주 1회 혹은 월 몇 회로 하여 주로 저녁 시간으로 모임을 갖게 된다. 한 번 모이면 2~3시간 강의를 받게 된다.

처음 실시하였을 때는 우리나라 마을의 4H 클럽모임과 같은 곳에서 시어머니와 며느리의 고부간의 문제, 자녀들의 문제를 토의하여 가족간의 상호작용을 도울 수 있는 내용들을 다루기 시작였는데 점차적으로 확대되어 각 마을, 군, 시 단위 교육위원회가 주관하여 정부의 재정적 지원 아래 교육내용, 강사문제 등 전체 운영을 관할하게 되었다. 연간 운영 예산액은 국비와 시비 그리고 군, 마을에서 지원하여 운영하게 되며 그 규모 및 교육내용, 운영 조직 또한 실시 기관에 따라 다양하게 운영된다.

그 중에서 처음에 시작한 한 기관을 소개하면 다음과 같다.

도와다 시 세츠요우(十和田市切用) 오시도리 학급

(1) 실시 기관

아오모리겐 도와다(青森縣十和田) 시 교육위원회

(2) 특 색

① 유유아(乳幼見)의 부모가 가정 안에서 스스로 할 수 없는 자녀교육

을 실시한다. 즉, 자녀의 심신 발달이 균형 있게 성장할 수 있도록 부모의 양육태도 및 육아법에 대한 지식, 자녀의 심신 발달을 도울 수 있는 기술을 학습하도록 하며 가족계획 및 생활 설계 등을 학습하도록 한다.

② 대상자는 양친 부모가 함께 참가하며 40쌍으로 구성하고, 모임은 저녁 시간 혹은 일요일로 한다.

③ 지역은 시골로 부부가 함께 일하고 있다.

(3) 시책 연혁

1980년 6월에 창설하였으나 1978년부터 시 단독사업으로 오시도리 명칭으로 시작되었다.

(4) 학급 개설 운영 경위

이 프로그램은 1978년에 시 단독사업으로 오시도리 강좌로 발족하여 1986년부터는 국고 보조로 학급을 편성하여 「도와다 시 세츠요우 오시도리 학급」이라고 불렀다.

오시도리 강좌는 청년단원으로 활약하던 구성원이 결혼하여 가정을 이루게 되면 여러 가지 갈등이 생기게 되는데 이러한 갈등을 해결하며 인간관계의 교류를 위하여 시작한 것이 처음에는 주된 목적이었으나 점차로 고부간의 문제, 부부간의 문제, 자녀양육의 문제로 관심이 확대되어 부부가 함께 집을 나오는 일이 어렵지만 함께 모임에 참석하여 정보를 교환하고 「3세의 비밀」과 같은 자녀의 발달에 대한 TV 프로그램을 시청한 후 토의하였다. 이 프로그램에 나올 때는 반드시 시어머니의 의견을 듣고 나오는 법을 만들기도 하였다. 3년째부터는 2년간의 경험을 토대로 하여 학습내용, 프로그램 전개방법도 정선되었으며 국고 보조로 강사에게 사례를 할 수 있게 되어 지역 전체의 부모가 적극적인 학습태도를 보이게 되었다.

(5) 학습 목적

① 유아의 부모가 육아법을 학습하고 풍요한 가정을 만드는 데 노력한다.

② 같은 지역의 자녀를 둔 부모집단으로서 내 집에서부터 시작하여 가

족적 연대 의식을 깊게 하고 함께 발전하기 위해 노력한다.

③ 조화를 이룬 생산 활동, 휴식 활동, 학습 활동, 여가 활동 등 일상생활 속에서 육아와 가정을 생각하면서 새로운 농촌의 부부상을 구축한다.

(6) 교육내용

① 처음 일 년 동안은 고부간의 문제만 다룬다.

② 육아법, 수태 조절, 산모의 건강 관리 및 보호 등 유아를 위한 제반 교육내용을 다룬다.

③ 가정 환경을 조화있게 하며, 자녀의 연령별로 그 발달단계에 맞게 구체적인 교육내용으로 부모학급을 운영한다.

그 밖에 야마구치겐 와기초우(山口縣和木町) 교육위원회에서 실시한 유유아(乳幼見) 학급의 교육내용의 주제를 살펴보면 "유아교육의 목표, 유아의 심신 발달, 유아의 발달단계에 맞는 예의 범절, 유유아의 식생활, 유유아와 가정 환경, 유아의 건강 관리, 가정에서 할 수 있는 유아의 음악지도, 예의범절을 가르치는 목표와 부모의 바람직한 자세, 사회성 발달과 그 지도, 어린이 그림지도와 평가 방법, 반항기 유아의 예의범절 지도" 등 유아의 성장발달 단계와 관련되는 모든 영역을 부모들에게 학습하도록 하였다.

이와 같이 일본에서의 부모교육은 교육위원회가 직접 주관하여 마을, 군, 현, 시, 도 등 전국적으로 실시된다는 것과 교육내용도 우리나라 유아교육과 학생들이 이수하는 교육과정에 버금가는 교과 영역들로 구성되어 있음을 알 수 있다.

지금까지 부모교육의 유형에 대하여 미국을 중심으로 하여 캐나다, 이스라엘, 일본 등 다른 나라들이 실시해 왔던 프로그램들과 장애아 부모교육에 대해 살펴보았다.

프로그램의 유형과 방법은 서로 다르지만 그 공통점은 자녀를 위해 부모가 참여하고 교육을 받을 수 있도록 학교, 사회, 기관 그리고 정부의 적극적인 관심과 지지, 지원이 있었음을 알 수 있다.

유아교육은 유치원이나 기관에서만 이룩되는 것이 아니라 가정에서 부모가 함께 하지 않으면 교육목표를 효과적으로 달성할 수 없다는 것과 또한 부모의 역할이 얼마나 중요한 것인지를 깨닫고 다른 나라에서는 일찌기 서둘러 부모를 위한 프로그램이 아주 전문적이며 또한 체계적으로 실시되어 왔다.

이러한 다른 나라의 부모-자녀를 위한 프로그램들이 우리나라에 어떻게 적용될 수 있을 것인지 연구 및 검토, 토의되어야 하며 또한 숙제로 남게 된다.

6장 | 부모교육의 이론적 체계

1. Dreikurs의 민주적 부모교육 이론
    1) 배 경
    2) 부모-자녀 관계에 대한 Dreikurs의 견해
    3) 부모교육의 원리
        (1) 직접적 목표 또는 행동전략 파악
        (2) 어린이의 잘못된 행동목표 변경에 대한 전략
    4) 부모교육의 형태

2. Ginott의 인본주의적 부모교육 이론
    1) 배 경
    2) 부모-자녀 관계에 대한 Ginott의 견해
    3) 자녀양육의 원리
    4) 부모교육의 형태
    5) 부모교육과정 단계
        (1) 첫째 단계 : 이야기하기 단계
        (2) 둘째 단계 : 민감성 향상 단계
        (3) 셋째 단계 : 개념 형성 단계
        (4) 넷째 단계 : 기술 익히기 단계

3. Gordon의 효율적인 부모훈련 이론
    1) 배 경
    2) Gordon의 부모-자녀 관계에 대한 견해
    3) Gordon의 P. E. T. 원리
        (1) 수용성 수준 파악하기
        (2) 문제의 소유자 가려내기
        (3) 자녀문제에 대처하는 새로운 통찰력
        (4) 부모-자녀간의 의사소통의 12가지 걸림돌
        (5) 상호성장을 돕는 경청 기술들
        (6) 나-전달법
        (7) 제3의 방법 : 무패방법

4) 부모교육의 형태

5) P. E. T. 프로그램의 효과

(1) 부모들에게 나타난 변화　(2) 자녀들에게 나타난 변화

(3) 그 밖의 사람들에게 나타난 변화

4. Berne의 상호교류분석 이론

1) 배 경

2) 상호교류분석 이론의 기초

3) Berne의 인성 구조

(1) 어린이 자아상태　(2) 성인 자아상태

(3) 부모 자아상태　(4) 자아상태의 폐쇄와 오염

4) 상호교류(transaction)의 유형

(1) 보완적 상호교류　(2) 교차적 상호교류

(3) 잠재적 상호교류

5) 게임과 스크립트

5. 행동수정 이론

1) 배 경

2) 부모-자녀 관계에 대한 행동주의 심리학의 견해

3) 자녀양육의 원리

(1) 목표행동의 정의　(2) 기록하기

(3) 행동분석　(4) 강화와 벌

4) 부모교육의 형태

(1) READ project　(2) 부모는 교사다

(3) 반응적인 부모훈련 프로그램　(4) 어린이사랑하기

(5) 어린이와 함께 살기　(6) 장애아 부모 프로그램

(7) 자녀관리

6. 효율적 부모역할 수행을 위한 체계적 훈련 : STEP 프로그램

1) 부모-자녀 관계에 대한 견해

2) 자녀양육의 원리

(1) 부모와 자녀는 사회적으로 평등한 사이이다.

(2) 자녀의 행동을 이해해야 한다.

(3) 자녀의 잘못된 행동에는 그 이유(목표)가 있음을 알아야 한다.

(4) 부모-자녀를 위한 긍정적 관계의 기본 요소를 알아야 한다.

3) 부모교육의 형태

6장 부모교육의 이론적 체계

20세기에 와서는 부모의 역할 및 자질 향상을 위한 이론들이 보다 다양하게 연구되어 부모들에게 직접·간접적으로 보급되어 왔다. 이러한 부모교육의 이론적 체계(parent education theoretical framework)는 Freud, Erikson, Adler, Watson, Piaget, Rogers 등의 발달심리학적 이론이 그 기초를 이루도록 도왔다.

18세기 이전에는 전성설(preformationism)■에 의존하여 자녀를 기르던 자녀양육의 관점이 과학과 발달심리학의 발전으로 인하여 전성설이 무너지면서 어린이들은 어른의 축소판이 아닌 그 독자성과 무한한 가능성의 존재로, 또한 하나의 인격체로 인정되기 시작하였으며 따라서 부모 역할의 중요성이 구체적으로 밝혀지기 시작하였다. 그리하여 20세기 후반부터는 정신분석학적 접근, 발달성숙론적 접근, 행동주의론적 접근, 인지발달론적 접근, 실존적-현상학적 접근 등의 자녀양육 이론이 다양한 부모교육 이론적 접근으로 도입되어 부모-자녀 관계에 적용할 수 있는 종합적이고 복합적인 형태로 발전해 왔다.

본 장에서는 이러한 다양한 이론적 접근을 기초로 한 Dreikurs의 민주적 이론, Ginott의 인본주의 이론, Gordon의 효율성 훈련 이론, Berne의 상호 교류 이론, 그 밖에 행동주의 이론 및 STEP 이론 등에 관하여 기술한다.

■ 전성설이란, 아기들은 수태할 때 조그맣고 완전하게 만들어진 인간, 즉 축소 인간이 정자나 난자에 이식되어서 인간이 창조되는 순간에 '前成' 되며 출생 때까지는 단지 크기와 부피만이 성장한다고 믿는 설.

1. Dreikurs의 민주적 부모교육 이론

1) 배 경

Dreikurs의 민주적 이론은 Frued(1856~1939)와 Adler(1870~1937)의 영향을 받아 Adler의 개인심리학 이론을 부모교육에 적용하여 발전시킨 것이다. Frued와 Adler는 같은 시대에 살면서 Frued는 처음에 내과의사로 심리학에 관심을 갖고 연구하던 중 1902년에 Adler를 초청하여 Frued 학파에 참여하게 하여 실제적으로 Frued의 정신분석 이론에 열중하여 그의 이론을 확장시켰다. 그러나 Adler는 스스로 자신을 Frued의 제자라고 생각하지 않았으며 1908년 그의 논문 『공격본능』에서 성본능을 부인하는 이론을 주장하여 Frued와의 관계는 나빠졌다. 그 사건을 계기로 두 사람은 결별하고 1912년 Adler는 개인심리학회를 창설하여 신경증에 관한 사회적 관심을 발전시켰다(Fine, 1980).

Adler는 인간은 선천적으로 사회적 존재이자 유기체로서, 경험을 설명하고 의미 깊게 하는 고도의 개인적이며 주관적인 체계로서의 창조적 자아를 소유하고 있으며, 또한 독특한 동기, 특성, 관심, 가치의 구성체라고 하였다. 이러한 성격의 독자성을 그의 개인심리학에서 강조하였다(Calvin & Lindzey, 1978).

Dreikurs는 이러한 이론을 정립하고 있는 Adler의 초기 학생 중의 한 사람이었으며 비엔나에 있는 아동지도센터에 참여한 동료였다. 그는 Adler 학파의 이론을 정립하고 실천하며 발전시키고 확장시키는 데 노력하였으며 Adler학파 운동을 Dreikurs학파로 새 이름을 붙이는 등 Adler의 명성을 높이고 Adler 심리학을 실행, 가능하게 하는 데 혼신을 기울였다.

1939년 시카고의 아브라함링컨센터에 Adler식 부모상담센터를 공식적으로 개설하여 본격적으로 부모교육을 위한 가정상담, 교육, 정신요법 등을 실시하였다. Dreikurs의 상담센터에서 교육받은 부모는 다른 부모 집단에서 지도자로서의 역할을 담당하였으며 심리치료보다 부모교육과 가정교육에 역점을 두고 프로그램을 구성하였다. 그후 상담센터를 가정교육협회(Family Education Association : FEA)로 개칭하여 가족상담을 실시하였다. 1958년에 Lowe(1974)에 의해 오레곤대학에 Adler학파의 부모—교사 교육센터가 설립, 운영되어 왔으며 Dreikurs는 미국뿐만 아니라 전세계에 Adler의 이론을 발전시키고 실천하여 부모교육, 가족상담, 교육, 심리치료 등에 영향을 미쳤다(Chritensen & Thomas, 1980).

2) 부모—자녀 관계에 대한 Dreikurs의 견해

Dreikurs는 가족 내에서 일어나는 사회화 과정의 중요성을 강조하였으며 여기에 관련된 많은 업적을 남겼다.

> **"사람은 특별히 가족이라는 집단 안에서 다른 가족 구성원과의 관계가 인정될 때 그 사람의 삶의 양식을 이해할 수 있다. 가족이라는 집단에서는 자녀들에게 어떤 태도나 습관 행동에 대하여 억지로 강요하지 않는다. 단순히 그들이 확신하는 순리에 이르는 방법을 제시해 주는 것이다. 자녀들은 다른 가족 구성원들의 희생물이 아니라 아주 일찍부터 가족들과의 관계형성을 위한 틀을 잡는 데 참여하게 되는 것이다. 사람의 인성발달에서 가장 중요한 사람은 그와는 다른 대부분의 형제들이다."** (Dreikurs, Grunwald & Pepper, 1964)

> **"사람의 태도나 자세, 가치관 그리고 가족 내에서 직접적으로 관련되는 것들, 즉 가족의 분위기는 어린이들의 성격형성에 있어서 최초이면서도 가장 결정적인 매개체가 된다. 가족 내에서의 경험을 통해 어린이들은 자신과 다른 사람들에 대한 이미지를 형성하고 나아가서는 더 큰 세계에 대한 개념을 확장해 나간다. 이러한 과정에서 가치관을 형성하게 되고 또한 자신이 속해 있는 곳에서 소속감을 갖게 되며 스스로 의미 있는 사람임을 느끼도록 하는 자신의 행동규정을 설정해 나가는 것이다"**{Terner & Pew(1978)를 인용한 Chritensen & Thomnas(1980) 재인용}

Dreikurs는 어린이가 건전한 성격을 형성하며 성장해 나가는 데 있어서 가족들, 특히 부모와 형제들 역할의 중요성을 강조하였으며 가정이라는 사회적 단위의 분위기가 얼마나 중요한가 하는 것을 『Dreikurs의 생애와 업적』이라는 저서에서 Terner(1978)와 그의 동료들은 언급하고 있다.

어린이들은 어른들에 비해 어리고 모든 것이 미숙하여 부족하지만 한 인간으로서의 가치측면(value or worth)에서는 동등하기 때문에 상호존중하는 태도를 취해야 한다는 Adler 이론의 평등주의를 강조하였다. 인간으로서의 동등한 권리를 부여한다는 것을 지나친 허용성(permissiveness)과 혼돈하여 사용하는 경우가 자주 있는데, 그것은 무질서한 민주적인 양육태도를 의미하는 것이 아니다. 권위적인 양육은 자유 없는 질서(order without freedom)를 유지하는 것으로 정의되지만, 무질서는 정돈 · 질서 없는 자유로 정의되어지며 민주적이라는 것은 질서 속에서의 자유(freedom with order)를 유지하는 것으로 특징지어진다. 그러므로 어린이들은 주어진 한계 내에서 자유를 경험할 수 있는 민주적인 태도로 양육되어야 한다는 것이 Dreikurs의 견해이다.

부모는 어린이를 이해하고 격려하며 어린이들 스스로 자신의 행동을 조절하고 스스로 만족할 수 있는 어린이로 훈련되어질 수 있도록 동기유발을 시킬 수 있는 민주적 가족이 되어야 한다는 것이다(Chritensen & Thomas, 1980).

이와 같이 Dreikurs는 성인과 어린이의 관계가 동등한 관계로 이루어져야 한다고 주장하기 때문에 그의 이론을 「동등성을 찾는 양육이론」 또는 「민주적 전략」 이론이라고 부르고 있다(Chritensen & Thomas, 1980 ; Bigner, 1979 ; 이원영, 1985).

3) 부모교육의 원리

Dreikurs의 민주적 부모교육 이론은 부모가 자녀의 행동을 이해하고 부모-자녀간의 평등한 인간관계를 형성하고자 하는 데 주된 목적을 갖고 있다. 그리하여 Dreikurs는 부모는 가정에서 생활 환경을 개선하여 자녀들이 건설적인 생활 목표를 설정할 수 있도록 도우며 부모-자녀 사이에 바람직한 상호작용이 이루어지도록 해야 함을 강조하고 있다.

어린이들은 가족 내에서 부모와 생활하는 동안 삶의 형태를 형성해 나가기 때문에 부모들은 그들의 자녀가 잘못된 심리적 · 행동적 목표를 설정하고 형성해 나가지 않도록 세심한 배려를 해야 하며 혹시 자녀가 잘못된 목표를 설정하여 행동으로 나타낼지라도 바로잡을 수 있도록 도와줌으로써 부모-자녀 관계를 민주적 관계로 유지해야 한다는 것이다.

Dreikurs는 어린이의 잘못된 행동을 관심 끌기, 힘 행사하기, 앙갚음, 무능함 보이기 등 4가지 범주로 나누어 설명하였다. 잘못을 저지르는 어린이는 좌절하게 마련이며 어린이 자신이 좋은 방법으로는 인정받거나 소속될 수 없다고 느낄 때 잘못된 행동을 함으로써 소속되려고 한다. 즉, 잘못된 행동을 통해 어떤 것을 성취하려고 한다는 의미에서 이러한 범주를 「목표」라고 부른다.

이러한 어린이들의 잘못된 행동의 목표는 크게 세 가지 심리적 목표로 나눌 수 있다. 즉, 즉시 상황이 일어날 때마다 설정하는 직접적 목표(immediate goals)와 심리적 · 신체적 편안함, 다른 사람을 기쁘게 하기, 다른 사람을 조정하기, 다른 사람보다 우세하게 느끼기, 삶의 의미 찾기 등을 추구하는 중간적 목표(intermediate goals) 그리고 모든 상황에서 주의 집중을 받아 중심이 될 수 있도록 목표를 설정하고 그것을 위해 조정하려고 노력하며 항상 좋은 사람이 되려고 하는 장기적 목표(long range goals or final fictional goals)가 그것이다(이원영, 1985).

어린이들은 발달특징상 단기적인 안목으로 즉각적인 상황에 반응하기 때문에 특히 직접적인 목표를 적용한다고 Dreikurs는 말하고 있다.

어린이들의 심리적 목표에는 여러 가지 행동특징들을 동반하기 때문에 부모역할에 대한 전략을 다음과 같은 가정(假定)에 기초를 두고 있다(이은화, 이경우 역, 1985 ; 이원영, 1985).

① 행동에는 목적이나 원인이 있다. 즉, 행동은 우연히 일어나는 것이 아니다.
② 행동은 사회적인 관계성이나 배경 내에서 이해할 필요가 있다.
③ 심리적 목표 및 행위의 목적은 행동을 설명해 준다.
④ 어린이의 행동을 이해하려면 어린이가 경험한 사건에 대해 스스로 설명하게 하고 경청할 필요가 있다.
⑤ 연령의 많고 적음을 막론하여 사람은 누구나 사회집단에 속하려는 기본 욕구가 있다.
⑥ 어린이를 포함하여 인간은 누구나 그들의 행동에 대한 지침(비록 이러한 지침들이 그릇된 가정에 기초를 두었다 할지라도)으로 인생을 설계한다.

Dreikurs는 위와 같은 가정이 부모와 자녀와의 상호작용을 이끌어 나갈 지침이 되어야 한다고 하였다.

어린이들은 심리적 목표를 설정하고 삶을 계획하기 때문에 잘못된 행동목표를 설정하지 않고 긍정적 행동목표를 설정하도록 부모들은 어린이들의 심리적 목표 및 행동전략이 무엇인지 잘 파악할 수 있는 안목을 키워야 한다.

(1) 직접적 목표 또는 행동전략 파악

어린이들이 설정한 직접적 목표를 관심 끌기, 즉 주의 집중 또는 서비스 받기(attention or service), 힘 행사하기 또는 반항하기(power or defiance), 앙갚음, 즉 복수 또는 보복(revenge or retaliation), 부적절함 또는 무능함 보이기(inadequacy or deficiency)로 나누어 설명하면 다음과 같다.

① 관심 끌기(주의 집중 또는 서비스 받기)

어린이가 자신은 가정이라는 집단 안에 소속되지 못하고 의미 있는 공헌을 하지 못한다고 스스로 결정을 내리게 되면 다른 사람으로부터 주의 집중이나 서비스를 받아야만 안전한 위치를 차지할 수 있다는 잘못된 심리적 목표를 세운다. 즉, 다른 사람의 관심을 끌기 위해 기분 좋은 방법을 쓰려고 하지만 그 방법을 써야만 관심을 끌 수 있다고 생각하게 되면 다른 사람의 기분을 상하게 하거나 손해가 되더라도 그 방법을 채택해야만 소속감을 느끼게 된다. 징징 우는 소리를 낸다든지, 밥을 잘 안 먹는다든지, 동생을 집적거려 부모를 성가시게 하는 등 여러 가지 행동들로 나타날 수 있다. 이때 부모는 잘못된 행동에 대해서는 가능한 무시하며 긍정적인 행동에만 관심을 보여야 한다.

② 힘 행사하기(반항하기)

어린이는 모든 것을 마음대로 할 수 있고 누구도 자신을 지배할 수 없다고 생각될 때만 그 집단에서 소속감을 느끼게 되는 잘못된 생각을 갖게 된다. 그래서 "나에게 이래라 저래라 하지 말아요. 나는 무엇이든지 내 마음대로 할거야. 절대로 항복하지 않을거야"라고 하는 잘못된 심리적 목표를 설정하고 자기가 하고 싶은 대로 해버리며 자신의 힘을 마음껏 있는 대로 다 활용하거나 반항하는 것이다. 부모는 어린이의 힘과 반항하는 자세를 이해하지 못하고 권력으로 행사하여 자녀의 고집을 꺾으려고 하기 때문에 친자간에는 갈등이 생기게 마련이다. 부모는 어린이의 힘을 건설적으로 사용하는 방법을 가르쳐 주어야 한다.

③ 앙갚음(복수 또는 보복)

어린이는 관심 끌기나 힘 행사하기의 목표가 이룩되지 않으면 그 다음에는 앙갚음의 목표를 세우게 된다. 이 단계의 어린이는 자신이 사랑받고 있지 않다고 느끼게 된다. 자신이 속상하고 화가 나며 공포를 느낀 만큼 다른 사람도 상처를 받도록 해야만 자신은 그 집단에 소속되어 있다고 느끼게 되는 잘못된 행동목표와 행동전략을 세우게 되므로 심술궂은 행동과 잔인한 행동을 취하여 자신의 위치를 확보하려고 한다. 이때 부모는 함께 앙갚음의 자세를 취하는 것이 아니라 친자간에 신뢰적인 관계를 세울 수 있는 방법을 모색해야 한다.

④ 무능함(부적절성 또는 부족함) 보이기

어린이는 모든 노력에도 불구하고 성공하거나 만족할 만한 행동목표에 도달하지 못하였다고 예상되거나 실패를 예상할 때, 또는 다른 사람과 함께 참여하는 것을 피하려고 할 때 무능함 또는 부적절성을 나타낸다. 어린이들이 좌절하거나 매사에 의욕을 갖지 않고 포기하려고 한다면 무능함을 보이려는 것임을 알아차려야 한다. 이때 부모는 자녀를 비난하거나 동정하지 말고 긍정적인 격려를 아끼지 않아야 한다.

Dreikurs에 의하면 위의 네 가지 잘못된 행동목표는 10세 이하의 어린이에게 쉽게 관찰되며 연령이 증가할수록 직접적인 목표에서 중간적인 목표 또는 장기적 행동목표로 바뀌게 된다.

어린이의 잘못된 행동목표와 긍정적인 행동목표에 대한 설명을 STEP(Systematic Training for Effective Parenting) 프로그램에서는 다음과 같이 일목 요연하게 〈표 6-1〉, 〈표 6-2〉와 같이 도표화하여 설명하고 있다(이경우 역, 1985).

어린이 행동의 목적이 무엇인지 규명하고 그것을 알기 위해서는 우선 부모의 감정 상태를 점검해야 한다. 또한 부모가 자녀의 행동을 고치려 할 때는 어린이의 반응에 대해 세심한 관찰이 요구된다. 즉, 부모의 느낌

〈표 6 - 1〉 잘못된 행동목표

자녀의 잘못된 생각	목표 행동	부모의 느낌과 반응	부모의 행동에 대한 어린이의 반응	부모를 위한 대안
내가 관심을 끌 때만 나는 소속감을 느낀다.	관심 끌기	느낌 : 귀찮다. 반응 : 관심을 보이고 달래려고 한다.	일시적으로 잘못된 행동을 중단한다. 후에 같은 행동을 다시 재개하거나 다른 방법으로 방해한다.	가능한 한 잘못된 행동을 무시한다. 고의적으로 관심을 얻으려 하지 않을 때 긍정적인 행동에 대해 관심을 보인다. 공연히 시중을 들어 주지 않는다(부모가 벌주거나 보상하거나 달래고 시중드는 것은 지나친 관심이다).
내가 모든 것을 마음대로 할 수 있고 누구도 나를 지배하지 못할 때만 소속감을 느낀다.	힘행사하기	느낌 : 흥분한다(마치 자신의 권위가 위협된 것과 같이). 반응 : 싸우거나 포기한다.	적극적이거나 수동적이며 공격적이고 그 행동이 심해진다. 또는 반항적인 순종을 한다.	갈등에서 한 걸음 물러선다. 어린이에게 도움을 청하거나 협동하게 함으로써 힘을 건설적으로 어떻게 사용하는지 가르쳐 준다(부모가 어린이와 싸우거나 양보하면 어린이는 더욱 힘을 행사하고 싶어한다).
내가 상처받은 만큼 다른 사람도 아프게 해야 소속감을 느낀다. 나는 사랑받지 못하고 있다.	앙갚음	느낌 : 깊이 상처 받는다. 반응 : 보복하려는 경향을 보인다.	더욱 심하게 잘못된 행동을 함으로써 복수심을 나타내거나 다른 무기를 선택한다.	감정을 상하게 하지 말아야 한다. 벌을 주지 말고 앙갚음을 하지 않는다. 신뢰적인 관계를 세운다. 사랑받고 있다는 것을 확신시킨다.
다른 사람이 나에게 아무것도 기대하지 않게 함으로써만 소속감을 느낀다. 나는 무능력하고 무기력하다.	무능함 보이기	느낌 : 절망, 포기, 무기력해진다. 반응 : 어떤 일도 할 수 없다고 인정하려는 경향을 보인다.	어떤 것에든지 수동적으로 반응하거나 거의 반응하지 않는다. 어떠한 향상도 보이지 않는다.	절대 어린이를 비난하지 않는다. 어떠한 긍정적인 시도라도 격려해야 하며 조그만 일일지라도 관심을 보인다. 무엇보다도 동정하거나 포기하지 않아야 한다.

〈표 6 - 2〉 긍정적인 행동목표

자녀의 신념	목 표	행 동	긍정적 목표 격려 방법
나는 유익한 행동을 함으로써 소속된다.	관 심 참 여 공 헌	돕 기 자원해서 하기	어린이로 하여금 남에게 도움을 주도록 하여 그 가치를 인식하도록 한다.
나는 스스로 결정할 수 있고 나의 행동에 책임을 질 수 있다.	힘 자 율 성 행동에 대한 책임	자기 훈련 자신의 일을 스스로 하기 지력이 풍부하게 된다.	어린이가 의사 결정을 하도록 격려한다. 어린이로 하여금 긍정적이고 또한 부정적인 결과를 다 경험하게 한다. 어린이에 대한 신뢰를 표현한다.
나는 협동하는 것이 재미있다.	정 의 공 평	상한 마음에 대해 친절로 베푼다. 좌절하게 하는 비난은 하지 않는다.	어린이의 협동에 대해 부모가 높이 평가하고 있음을 알게 한다.
나는 갈등에서 물러설 수 있다.	갈등 상황에서 물러섬 싸우기의 거절 다른 사람의 의견을 수용	어린이가 화내는 것을 무시한다. 자신의 행동을 결정하기 위해 힘을 사용하지 않는다.	성숙하게 행동하려는 어린이의 노력을 인정한다.

과 어린이의 잘못된 행동에 대한 반응과 그런 행동을 고치는 데 대한 어린이의 반응을 살펴야 한다. 또한 부모는 어린이가 잘못된 행동목표를 변경하고 긍정적 행동의 목표를 설정할 수 있도록 「긍정적 목표 격려방법」을 익혀 긍정적인 방향으로 자녀가 신념을 구축하도록 해야 한다.

(2) 어린이의 잘못된 행동목표 변경에 대한 전략

어린이가 잘못된 행동목표를 설정하여 부모와 다른 가족간의 상호작용이 부정적이거나 파괴적인 행동을 하면서 생활하게 되면 이러한 행동을 하는 어린이들 자신도 힘들지만 부모나 다른 가족들도 어려움을 겪게 된다. 이러한 가정에서는 친자간에 모두 자신의 존재를 인식, 확인시키려고 하며, 소속감, 안정감, 자기 존중감을 갖기 위해 서로 투쟁하게 되므로 이러한 상황에서는 부모–자녀 양쪽의 행동에 변화가 일어나야 한다. 즉, 자녀가 부모의 태도에 민감하게 반응하지 않는 경우와 자녀의 행동에 반응하는 부모의 행동을 변화시키는 것이다. 자녀의 행동이 변화하기를 기대하는 것보다는 인생의 경험이 더 많고 생각과 이해가 넓은 부모가 변화를 꾀하는 것이 더욱 효과적이다.

어린이들의 그릇된 행동목표를 발견하게 되면 우선 인식반응(recognition reflex)과 논리적 귀결(logical consequences)의 방법을 들 수 있다. 인식반응이란 어린이가 자신이 선택한 잘못된 행동목표를 갑자기 깨달았다는 뜻을 나타내는 신호로서 미소를 짓는다든지, 눈을 깜박이며, 왜 자신이 그런 식으로 행동했었는지를 이해하기 시작한다는 것이다.

인식반응이 일어나도록 하기 위해서는 비난하거나 꾸짖는 어조가 아니라 가정적인 말로 대해야 하며 심각한 갈등 상황이 아닐 때 가능한 것이다.

다음의 〈표 6–3〉, 〈표 6–4〉는 어린이가 자신의 행동에 대한 논리적 귀결을 경험하도록 하는 것이 권위적인 힘의 상징인 '벌' 을 사용하는 것

〈표 6 - 3〉 벌의 결과

특 징	어린이에게 전달하는 말	가능한 결과
1. 권위의 강조	"내가 그렇게 말했으니까 내 말대로 해라"	반항, 앙갚음의 욕구, 자제력 결핍, 도벽, 무책임
2. 행동과 무관심, 임의적	"두고 봐라" "자업 자득이다"	분노, 앙갚음의 욕구, 공포, 혼란, 반항
3. 도덕적 판단	"너는 못됐다" "그건 절대 안 된다"	상처받음, 죄의식, 앙갚음의 욕구
4. 과거 행동의 강조	"넌 언제나 그 모양이다" "난 너를 절대 인정하지 않아" "너는 고쳐야 해"	인정받지 못한다는 느낌, 훌륭한 결정을 내릴 수 없다고 느낌
5. 공공연한 무관심, 위협	"그렇게 하는 애는 내 자식이 아니다" "네가 좋아하든 말든 상관없어"	두려움, 반항, 죄의식, 앙갚음의 욕구
6. 순종 요구	"네가 현명한 결정을 내릴거라고 믿을 수 없다"	반항, 반항적 순종

보다 효과적이라는 것이다. Dreikurs의 이론은 민주적 양육방식에 근거한 것이므로 가족 구성원 모두에게 동등성이 부여되어야 한다. 부모와 자녀들이 모두 동등한 권리를 행사하려면 가족 구성원들의 행동을 주관하는 규칙이나 규범을 구성원 각자가 이해하고 준수해야 한다.

'논리적 결과'와 '벌' 간의 한계선은 때때로 모호하기도 하다. 담담한 부모의 목소리, 친근한 태도, 자녀의 결점을 수용하는 것 등은 논리적 결과를 위한 필수적인 특징이다. 부모에게는 논리적인 행동으로 여겨지더라도 목소리가 격하고 태도가 위압적이며 부모의 요구가 절대적이라면 벌을 주는 것이 되고 만다. Dreikurs에 의하면 부모가 행동의 효과나 결과를 가르치기 위해 이러한 논리를 사용하면 자녀들은 빨리 그들 행동에 책임지고 조절하는 방법을 배운다. 그러므로 논리적 결과는 어린이로 하여금 자신의 행동에 책임을 지게 한다. 예를 들어 저녁 시간에 떼를 쓰거나 늦게 귀가하면 저녁 식사를 굶게 된다는 등의 논리적 결과를 경험하게 하는 것은 어린이에게 선택권을 주고 결정을 받아들이며 부모의 선의

〈표 6-4〉 논리적 결과

특 징	어린이에게 전달하는 말	가능한 결과
1. 사회적 질서의 강조	"나는 네가 다른 사람의 권리를 존중할 줄 알게 되리라 믿는다"	협동, 타인과 자신에 대한 존경, 자율, 신뢰
2. 잘못된 행동에 대한 논리적 설명, 민감함	"나는 네가 책임 있는 선택을 하리라 믿는다"	경험으로부터 학습
3. 인권존중 : 행위와 행위자의 분리	"너는 가치 있는 사람이다"	잘못된 행동은 했으나 자신은 수용된 느낌
4. 현재와 미래 행동에 관심	"너는 네 자신을 돌볼 수 있다"	자기 평가, 자율적
5. 목소리 존중과 선의를 전달함	"나는 지금의 네 행동은 좋아하지 않지만 너를 여전히 사랑하고 있다"	부모의 사랑과 도움에 대한 확신
6. 선택의 부여	"너는 결정할 수 있다"	책임 있는 결정, 더욱 현명해짐

를 전달하는 친근한 목소리를 사용하게 하는 것이다. '벌'과 '논리적 결과' 간의 차이를 STEP 프로그램에서는 〈표 6-3〉, 〈표 6-4〉와 같이 비교하여 설명하고 있다(이경우 역, 1985).

4) 부모교육의 형태

부모교육의 형태는 부모연구모임(parent study group)을 통해 이루어진다.

부부가 함께 참여하는 것이 우선이며 교육 기간은 8~12주간으로 매주 1회에 2시간씩 실시한다. 이 모임에서는 Dreikurs의 이론을 양육 원칙으로 하여 강의 및 개인의 문제도 토의한다.

부모연구모임에서는 인도자가 있으나 전문가로서의 역할보다는 중개자, 촉진자, 안내자의 역할을 주로 한다.

Dreikurs가 소개하는 Adler 모델의 부모교육 유형은 두 가지 요소를 갖고 있다.

즉, 하나는 어린이 양육에 관한 Adler 개념을 연구하고 토의하여 부모의 지도력을 강화시키는 부모연구회이며, 다른 하나는 부모-교사 교육센터운동으로서 부모, 어린이, 교사상담을 위한 모델이다.

Adler의 개인심리학에 입각한 Dreikurs의 부모교육연구회는 다음과 같은 심리학적 원리에 기초하고 있다(Chritensen, 1980).

(1) 부모-자녀간의 민주적 관계는 친절과 변치 않는 안정된 태도로 상호존중과 신뢰에 기초를 둔다.
(2) 부모가 어린이의 잘못된 행동목표를 이해하고 이러한 행동으로 인한 사회적 영향에 대한 이해는 어린이를 심리학적으로 이해하도록 돕는다.
(3) 모든 사람이 동등한 참된 민주 사회에서는 상이나 처벌이 별로 일어나지 않기 때문에 참된 권위란 사회적으로 꼭 필요한 상황에서는 자연적 · 논리적 결과에 의해 어린이는 자신의 행동의 결과가 어떠한지 스스로 배우게 된다.
(4) 어린이를 한 인간으로서 사랑하고 신뢰하고 지지하고 그들의 가치

를 존중해 줌으로써 어린이 자신들이 보다 적극적으로 자존감을 갖도록 격려하는, 그들 자신에 대한 긍정적인 신뢰를 갖게 하는 다양한 수단이 된다.

잘못된 행동은 좌절된 어린이 행동을 암시하는 것으로 나타난다. 그러므로 민주적 양육방식 이론은 어린이를 인간으로서의 가치측면에서 성인과 동등한 인간관계를 형성하고자 하는 데 주된 목적을 갖고 자녀의 잘못된 행동목표를 바람직한 행동목표로 이끌도록 하는 프로그램으로서 어린이를 좌절시키지 않으면서 친자간에 신뢰와 존중의 상호작용이 일어나도록 이끄는 부모교육 이론이다.

2. Ginott의 인본주의적 부모교육 이론

1) 배 경

Ginott는 학교 교사로서 아동심리 치료자로서 또는 부모상담가 및 교육자, 임상심리학자로서의 다양한 경험을 통하여 부모의 문제, 학교교육과 아동심리의 문제를 해결하기 위한 이론과 임상적 방법을 적용하여 『부모와 자녀(Between parent and child, 1965)』, 『교사와 학생(Between teacher and child, 1972)』, 『십대와 부모(Between parent and teenager, 1969)』 등의 저서를 출판하였는데, 이 책들은 우리나라에서도 여러 사람들이 번역하여 출간된 바 있다.

Ginott의 부모-자녀 관계에 대한 철학은 부모가 어떻게 자녀의 이야기를 잘 경청할 수 있는지 또한 어떻게 자녀들의 관심을 부모에게 집중시킬 수 있는지에 대해 알려 줌으로써 부모-자녀 관계에서 일어나는 갈등을 피하도록 하며 자녀들의 대화 속에 '감추어진 뜻' 을 찾도록 하여 부모로 하여금 자녀들의 치료적인 상담자 역할을 하도록 하는 데 초점을 맞추고 있다. 그리하여 Ginott는 심리치료자로서 부모상담자 또는 임상교사 역할 등 어디에서든지 항상 친자간의 효율적인 개입을 위해 반응적 공감의 기술을 사용하였다(Orgal, 1980).

> 아침에 일어나면서 자녀의 생활이 불행해지도록 하기 위해 계획하는 부모는 없다. 즉, "오늘 나는 가능한 언제든지 아이들에게 소리지르고 잔소리를 하며 창피를 줄 것이다"라고 말하는 어머니는 없다. 오히려 반대로 "오늘 나는 좋은 날이 되도록 할 것이다. 아이들에게 큰 소리를 지르지 않고 논쟁도 하지 않으며 싸우지도 않을 것이다"라고 많은 부모들이 아침에 결심을 한다. 그러나 이러한 좋은 의지와 결심을 갖고 있음에도 불구하고 원치 않는 전쟁이 다시 일어나게 된다. 그리하여 부모인 우리는 한 번 더 우리 자신들이 결심하고 말한 것들은 이러한 것들을 의미하는 것이 아니며 이러한 것들을 원하지 않았다고 말하고 있는 자신들을 발견한다(Ginott, 1965).

이와 같이 부모-자녀간에 생기는 갈등이나 정서장애아가 되는 원인은 부모의 인성에 문제가 있기 때문만이 아니라 자녀를 효율적으로 양육하는 방법을 모르기 때문이므로 부모에게 적절한 방법을 알려 주고 훈련하는 교육이 필요함을 Ginott는 강조한다.

Ginott는 이스라엘의 초등학교 교사를 하다가 그만두고 미국의 콜롬비아대학에서 임상심리학을 전공하여 액슬린(Verginia Axline : 딥스의 저자)의 놀이치료를 배웠다. 그후 심리학 인턴으로 일하면서 Slavson으로부터 심리역동이론과 부모-자녀 관계의 발달단계에 따른 변화과정에 대하여 배웠다. 특별히 개인 심리치료에서 강조한 것처럼 그룹 심리치료에서도 「내면의 정신적 힘의 균형」을 재생시키는, 참여자의 인성구조를 변화시키고자 하는 그룹 심리요법을 Slavson을 통해 배워 그 기법을 부모교육 형식에 적용하는 데 도움을 얻었다.

그후 Ginott는 플로리다 아동지도소 연구원으로 9년 동안 근무하면서 정서장애 아동과 청소년을 대상으로 심리치료를 하였다. 이러한 과정에서 아동과 부모의 문제, 부모개입 방법에 대한 실험을 거쳐 부모교육 기법을 개발하였다(Orgal, 1980).

인간의 내부에는 완전한 자아실현을 위해 끊임없이 노력하는 강렬한 힘, 즉 성숙과 노력, 자아실현에의 욕구가 있어서 자신의 문제를 만족스럽게 해결할 수 있는 능력이 있을 뿐 아니라 성숙된 행동을 비성숙된 행동보다 만족스럽게 여기는 성장충동이 있다는 Axline의 인본주의 심리학에 기초한 인성구조(Axlin, 1983)를 Ginott는 그의 이론에 적용한 것이다.

이와 같이 Ginott의 부모교육 이론은 Maslow, Rogers의 인본주의 심리학의 영향을 받은 Axline과 Slavson의 인본주의 심리학을 기초하여 이 두 사람의 이론을 보다 확대, 발전시켜 아동 중심 부모교육을 정립하였다.

2) 부모–자녀 관계에 대한 Ginott의 견해

인본주의 심리학에 기초를 둔 Ginott의 아동에 대한 견해는 "아동은 자기 자신을 이해하고 자신의 행동을 조정하며 적절히 통제할 수 있는 능력의 소유자"인 것이다. 그러므로 부모는 자녀의 인성, 지능, 체격이 어떠하든지간에 있는 그대로 받아들여야 한다. 부모가 자녀의 감정과 행동을 있는 그대로 수용하고 자기 자신을 인식할 수 있을 때 자녀교육이 제대로 이루어질 수 있는 것이다. 현재 자녀의 상태가 어떠하든지 간에 자녀들의 이야기를 잘 들어 주어 그들의 느낌을 부모에게 표현하고 싶은 마음이 일어나도록 하면서 부모는 상담자, 치료자의 기술을 익혀야 한다는 것이다.

부모들이 자녀를 대할 때는 가능한 아동 중심적 사고를 갖고 자녀의 입장에 서면 어린이들의 문제를 더 잘 이해할 수 있다고 하였다. 아동중심적이라는 것은 방관하는 태도, 방임 상태로 방치하는 것을 의미하지 않는다. 방관적으로 방치할 경우 어린이는 더 많은 문제를 일으킬 수 있고 그 결과로 부모는 좌절, 죄의식을 느끼게 될 것이므로 부모는 아동 중심적 사고를 갖고 양육하되 객관적 태도를 가져야 하며 어느 정도 냉정함을 갖고 문제를 해결하는 태도를 가져야 한다고 하였다.

아동 중심적 사고를 갖고 자녀와 느낌, 생각을 주고받는 부모는 문제가 일어났을 때에 그 문제에 정서적으로 반응하지 않고 객관적으로 문제를 처리할 수 있는 습관을 갖게 되므로 부모–자녀 관계는 원만해진다는 것이다(이원영, 1985).

3) 자녀양육의 원리

Ginott에 의하면 자녀양육을 위한 부모개입 기술은 사람들이 그들이 지금까지 살면서 사용해 온 독특한 방법과 욕구에 따라 각각 다르게 적용되어야 한다. 그러므로 어느 부모에게든지 총체적으로 만능적인 방법으로 적용할 만한 단 한 가지 원리나 방법은 없는 것이다. 「서로 남다르게 생긴 사람들은 각기 서로 다른 쓰다듬기를 필요로 한다(different folks needs different strokes)」라는 가정을 받아들여야 한다(Orgal, 1980).

Ginott의 자녀양육 원리, 즉 부모와 자녀 사이의 상호작용과 대화를 촉진시키기 위한 전략을 요약하면 다음과 같다(Ginott, 1961, 1965, 1972 ; Bigner, 1979 ; 이원영, 1985).

(1) 어린이와의 대화는 인격을 존중하는 태도를 가지고 해야 하며 대화는 기술이 필요하다.

부모들은 자녀의 인성과 성격을 공격하거나 비평하지 않고 잘못된 행동 그 자체만 관심을 둔다. 즉, 자녀가 바람직하지 않은 행동을 할 때에는 그 행동을 중심으로 이야기할 것이지 자녀의 인성이나 성격 등을 비난해서 인신공격을 하지 말아야 한다. 예를 들어 "얘, 너는 왜 그렇게 싸움만 하니? 아주 못된 애구나"라는 말 대신 "나는 네가 미운 것이 아니라 네가 지금 한 행동에 대해서 화가 나고 속상하다"라는 말로 표현할 수 있다. 그럼으로써 자녀가 잘못 행동하거나 화가 나게 한 원인을 찾도록 해야 하며 이러한 상황에서 어떻게 감정표현을 하며 또한 반응해야 하는가를 배워야 한다.

(2) 부모는 칭찬이나 긍정적 강화를 남용하지 말아야 한다.

칭찬이나 긍정적 강화를 할 때는 실제적인 의도나 성취에 대해 강화해야 한다. '예쁘다', '착하다', '멋있다' 등 인신적 · 도덕적인 평가어로 불분명하고 막연한 표현이 아니라 자녀가 실제로 노력하고 성취한 만큼의 행동을 구체적으로 말해 주어야 한다. 예를 들어 현관에 어지럽게 흩어져 있는 신발을 가지런히 정돈하는 자녀를 향해 "참, 착하구나"라고 표현할 것이 아니라 "네가 현관에 널려 있는 신발을 가지런하게 정리하니 엄마 마음이 참 기쁘다. 우리 집안 전체가 깨끗해 보이는구나"라고 말해 줌으로써 '신발 정리'라는 자신의 행동이 부모를 기쁘게 하였으며 집안을 깨끗하게 정돈하는 것임을 알게 되는 것이다.

(3) 부모는 자녀와의 상호작용에서 생기는 갈등이나 압박감을 다룰 때 자녀들의 행동에 대해 화나는 느낌을 가질 권리가 있다.

자녀들의 어떤 행동이나 언어는 부모를 화나게 한다. 이때 부모들은 죄의식이나 미안한 마음을 느낄 필요가 없다. 어른들도 화낼 권리가 있다. 즉, "엄마는, 지금 네가 그렇게 동생을 마구 때리는 것을 보니 몹시 화가 난다"라고 말할 수 있다. 자녀의 인성을 공격하지 않으면서 부모 자신의 감정 상태를 언어로 표현하는 모델을 보여 준다.

(4) 위협, 뇌물 공세, 빈정대기 등의 상호작용 방법을 사용하지 않는다.

위협은 잘못된 행동을 잠깐 동안 금지시킬 수 있으나 자녀들은 그 순간만 지나면 되풀이하게 되며, 뇌물 공세는 자녀행동을 수정하는 것이 아니고 단지 잠깐 멈출 뿐이거나 모든 행동을 부모와 거래하는 마음을 조장할 수 있고, 빈정대기는 자녀의 기분만 상하게 한다.

잘못된 결점에 대해 가르치고 설교하는 부모에게 자녀들은 귀를 기울이지 않는다.

(5) 부모와 자녀 사이의 신체적인 차이점이 적을 때 의사소통은 더 효과적으로 이루어진다.

부모가 허리를 구부리거나 한 다리를 구부려 키를 낮추어 자녀와 눈의 높이를 같게 하여 마주보며 의사소통하는 방법이다. 자녀를 무릎 위에 앉히거나 마루 위에 같이 앉아서 이야기할 수 있다.

자녀들은 부모와 이야기할 때 "엄마, 아빠 키가 너무 크세요. 그래서 제가 이야기하기가 힘들어요"라고 마음속으로 외치고 있을 때는 효과적인 의사소통이 이루어질 수 없다.

(6) 어린이들은 나이가 들면서 자기 행동에 책임지는 것을 배우게 된다. 매일의 일상생활에서 자녀들에게 가능한 양자택일을 할 수 있는 기회를 주어 스스로 선택함으로써 책임지는 것을 배울 수 있게 한다. 예를 들면 "오늘은 무슨 옷을 입겠니?"라고 묻는 대신에 "파란색 바지를 입을래, 아니면 노란색 바지를 입을래?"라고 질문하여

자신이 선택한 것에 대한 책임감을 느끼게 하는 것이다.

(7) 어린이들은 자신이 이해할 수 있는 범위 내에서 그 한계가 합리적으로 주어질 때 규율과 책임감 등 좋은 습관을 형성할 수 있다.
"~하지 말아라" 하는 명령은 수용되지 않는 행동이 무엇인지 알게 하지만, 수용될 수 있는 행동이 무엇인지 어린이들은 알 수 없으므로 선택이 주어져야 한다. 즉, "네가 무언가를 때리고 싶다면 동생을 때리지 말고 방석을 대신 때려라" 또는 "동생에게 네가 얼마나 화가 났는지 말로 이야기해라" 라고 말해 줄 수 있다.

(8) 어린이에게 체벌은 언어적 의사소통보다 효과가 없을 뿐 아니라 해가 더 많다. 자녀의 잘못된 행동과 갈등은 그 문제에 대해 토의를 하는 것이 바람직하다. 체벌은 큰 사람들은 힘 없이 작은 사람들을 마음대로 때릴 수 있다는 생각을 갖게 한다.

Ginott는 어린이의 행동에 영향을 주는 것은 부모－자녀와의 관계에 기인하게 되므로 부모도 이러한 것을 인정하여 효과적인 부모－자녀와의 상호작용이 될 수 있도록 노력해야 함을 강조하고 있다.

4) 부모교육의 형태

Ginott의 부모교육 형태는 「그룹지도 모임」을 통하여 이루어진다. 그룹 구성원은 대개 10～12명으로 15주 코스이며, 매주 1회에 90분 동안 모임을 갖는다. 지도자의 권위를 최소화하기 위해 둥근 테이블에 앉아서 아동중심 교육을 강조하는 측면에서 참여 구성원들 앞에 자기 자녀의 이름 카드를 놓는다. 이 시간 동안에 회원들은 자신의 느낌을 표현하며 부모로서의 행동이나 습관, 태도를 분석하고 평가하여 자신들의 능력을 향상시키고 개발할 수 있는 통찰력을 갖게 된다.

부모교육 그룹은 자녀의 연령에 따라 취학전, 아동기, 사춘기, 청년기 등 네 가지 단계로 나뉘어지는데, 이는 발달상 일어나는 비슷한 갈등과 문제들을 다룰 수 있기 때문이다. 프로그램 지도자는 부모들이 자신의 문제를 여러 사람에게 부담 없이 털어 놓고 이야기할 수 있는 분위기를 형성하고 따라서 부모들은 자녀양육의 기술을 배울 수 있도록 지도한다(Orgal, 1980).

5) 부모교육과정 단계

Ginott에 의한 성공적인 부모교육과정은 이야기하기 단계(recitation phase), 민감성 높이기 단계(sensitization phase), 개념형성 단계(concept formation phase), 기술 익히기 단계(skill learning phase)로 나누었다. 이를 좀 더 자세히 설명하면 다음과 같다(Ginott, 1961, 1965, 1969, 1972 ; Orgal, 1980).

(1) 첫째 단계 : 이야기하기 단계

이 단계에서 지도자들은 부모들이 그들의 자녀들과 생활하면서 부딪히는 여러 가지 문제들과 이러한 문제를 해결하기 위해서 지금까지 사용하였던 상호작용의 방법들을 솔직하게 말할 수 있도록 격려한다.

자녀와의 문제에 대한 끝없는 불평, 죄책감, 분노, 혼란 등을 털어 놓게 되면 지도자는 모든 것을 도울 수 있는 사람의 입장에서 이해하고 용납하는 태도로 관심을 기울여 들어 주게 된다. 이러한 과정을 통하여 부모들에게 그들의 고민거리에 대한 감정 이입의 경험을 갖도록 하며 구성원들간에 드러난 다른 사람들의 고민과 골칫거리에 대한 경험들을 서로 나눔으로써 부모로서 연민의 정을 갖게 되고 '지나치게 허용적인' 또는 '지나치게 제한적인' 부모 입장에서는 서로의 공통점과 서로 다른 점에 대한 경험을 하게 된다(Orgal, 1980).

(2) 둘째 단계 : 민감성 향상 단계

이 단계에서 훈련된 지도자는 부모들이 쉽고 평이한 방법으로 자녀들의 문제행동에 대처하는 방법을 요구하지만, 이러한 쉬운 방법보다는 부모들이 그들의 경험을 충분히 토의하고 그들 자녀의 문제행동을 잘 이해하며 또한 그들 자신이 자녀와의 갈등에 관한 설명이 얼마나 부적절한가 하는 것을 파악하도록 한다. 그리하여 부모들은 부모를 괴롭히는 문제 그 자체에만 관심을 갖고 괴로워하며 불평하는 대신 어린이들의 느낌은 어떠할지를, 어린이의 입장에서 감수성을 갖고 깊이 생각해 보는 단계이다. 즉, 부모를 괴롭히는 문제행동을 보이는 자녀들의 느낌은 어떤 것인가에 관심의 초점을 맞추게 하는 것이다.

문제행동을 하는 자녀의 느낌은 어떨까?

자녀의 느낌과 행동 사이에는 어떤 원인과 결과가 작용하고 있을까 하는 데 집중적인 관심을 갖도록 하는 것이다.

일반적으로 자녀들이 부모를 화나게 하였을 때 왜 그들 자녀들은 그렇게 나쁜 행동을 하게 될까? 그리고 그들은 더 좋은 행동을 하려고 하지 않는 것처럼 보일까? 하고 자문하게 된다.

"어린이들은 나쁜 감정때문에 나쁜 행동을 한다(children act mean because they feel mean)"라고 Ginott는 말한다(Orgal, 1980). 그래서 Ginott는 이 단계에서 부모들은 감정탐색(emotion exploration)을 하도록 격려한다. "…당신 아들 아람이는 어떻게 느낄 것이라고 생각하세요?"라고 질문하여 매일 경험하게 되는 정서적 경험과 관련된 새로운 주제(new issue)로 토의를 하게 한다.

예를 들어 토스트를 굽고 있는데 아기는 울고, 전화는 울려 오고, 토스트는 타고 있다. 이때 남편이 들어와서 무엇이라고 말하였다. 이때 당신의 반응은 어떨까요? 함께 토의하면서 대화 속에 숨어 있는 감정탐색의 과정을 알도록 한다.

A형 : 이게 무슨 냄새야? 또 토스트가 타는군! 당신은 언제 제대로 토스트를 굽게 되지? (빈정댐)

B형 : 여보! 이거 안되었구려. 아기도 울고, 전화도 걸려오는 데, 토스트까지 타고 있으니….

C형 : 여보! 내가 토스트 굽는 방법을 가르쳐 줘야 하겠구만…쯧쯧….

이러한 과정을 통하여 문제를 일으킨 사람이 자녀이든 부모이든 그들이 어떻게 느끼고 있는가를 알게 되고 또한 그러한 상황에서의 마음 상태를 아는 감정탐색의 기술, 즉 민감성이 향상되는 것이다. 이것이 바로 효과적인 부모교육의 기본 원리인 「민감성 훈련」인 것이다. 이 과정에서 지도자는 부모들에게 계속 질문하여 그때그때의 상황에서 어떻게 느끼는지를 말하게 함으로써 부모—자녀간에 교류되는 감정이 더 좋은 방법으로 이어질 수 있는 통찰력을 갖도록 돕게 된다(Ginott, 1965 ; Orgal, 1980).

(3) 셋째 단계 : 개념 형성 단계

이 단계에서는 부모로서 그들 자신의 행동에 대해 분석해 보고 또한 부모로서의 행동이 향상될 수 있는 개념을 형성하도록 돕는다.

전 단계에서 자녀의 느낌과 부모-자녀간의 감정 교류에 대하여 통찰력이 생기도록 훈련이 되어졌으면 지금까지 왜 부모로서 그 문제를 다루는 데 실패하게 되었는지 그 원인을 파악하고 평가, 분석하여 자녀양육에 대한 새로운 지식과 개념을 갖게 한다.

감정과 행동의 차이를 인식하고 자녀들이 여러 가지로 자신들의 감정을 표현하는 것은 발달적으로 바람직한 것이며 또한 자녀들의 감정과 행동을 수용하는 기술을 알게 한다. 자녀들의 감정을 용납한다는 것은 그들의 행동이 잘못되었을 때에도 무조건 받아들인다는 것은 아니다.

사람은 누구든지 좋은 감정과 나쁜 감정이 공존하는 양면성이 있음을 이해하여 이는 모순되는 것이 아니라 자연스러운 일이라는 것을 깨닫도록 한다. 이러한 양면 감정에 대한 부모의 이해는 자녀행동에 대해 새로운 개념을 형성하게 한다. 그리하여 자녀의 수준에 맞게 기대해야 하며 자녀들이 느끼는 분노나 죄책감 등의 감정이 건설적으로 표현되도록 하는 것이다. 또한 부모들은 그들 자신이 겪었던 실제의 경험에서 각 개념에 대하여 설명하도록 하며 따라서 자녀양육에 대한 '개념' 에 대하여 다음과 같이 말할 수 있게 된다(Ginott, 1961 ; Orgal, 1980).

어린이가 비평 속에서 자라면 비난하는 것을 배우게 되고,
어린이가 안정과 보호 속에서 자라면 자신에 대한 신념을 갖게 되고,
어린이가 적대감 속에서 자라면 싸움하는 것을 배운다.
어린이가 수용적인 분위기 속에서 자라면 사랑을 배우고,
어린이가 두려움 속에서 자라면 불안해 하는 것을 배우고,
어린이가 인정하는 곳에서 자라면 성취감을 배운다.
어린이가 동정하는 곳에서 자라면 그 자신에 대해 겸양해지는 것을 배우고,
어린이가 승인하는 곳에서 자라면 그 자신을 좋아하는 것을 배운다.
어린이가 시기하는 곳에서 자라면 죄책감을 배우고,
어린이가 우정 속에서 자라면 세상은 살기에 멋진 곳이라는 것을 배운다.

(4) 넷째 단계 : 기술 익히기 단계

이 단계에서는 부모와 일상생활에서 부딪히는 자녀와의 문제에서 민감성을 갖고 이론적으로 개념을 형성할 뿐 아니라 프로그램에 참여한 부모들이 안고 있는 문제를 해결하기 위해 그 양육 기술을 실제에 적용해 보고 가르치는 과정이다.

지도자는 참여한 부모들에게 총괄적으로 지시하여 강요하는 것이 아니라 특별히 그들이 겪고 있는 문제에 대해 적절하게 도움이 될 만한 기술을 제시한다. 즉, 부모가 그 문제에 대처할 수 있는 새롭고 더 좋은 지식과 방법을 제시하여 격려하는 단계이다.

부모들은 자신의 문제에 대해서는 매우 주관적이고 정서적으로 반응하게 되지만 다른 부모의 문제에 대해서는 보다 객관적이고 통찰력을 갖고 문제를 보게 된다. 가정에 돌아가서 이론들을 적용한 후 그 방법의 성패에 대해서는 다시 토의하여 새로운 양육 기술에 대한 지식과 기술을 익히게 된다. 이 과정을 통하여 첫째 목표는, 부모는 자녀의 분노나 좌절감 등의 감정에 대한 반응을 보다 세련되고 정확하게 그리고 애정어린 어휘로 표현하게 한다. 둘째, 부모교육에 참여한 부모들로 하여금 부모—자녀간의 갈등에서 겪게 되는 분노와 원망스러운 감정을 자연스럽게 표현할 수 있는 안전한 배출구를 제공하고자 하는 데 있다(Ginott, 1965 ; Orgal, 1980).

이와 같이 인본주의적 부모교육 이론은 부모가 자녀의 이야기를 잘 경청하여 부모–자녀 관계에서 일어나는 갈등을 피하고 효과적인 상호작용을 하도록 훈련하는 프로그램이다.

3. Gordon의 효율적인 부모훈련 이론

1) 배 경

P. E. T.(Parent Effectiveness Training)는 부모 효율성 훈련 또는 효율적인 부모훈련이라고 일컫는 Gordon이 개발한 부모교육 이론 및 프로그램이다.

Gordon은 시카고대학에서 임상심리학 박사 학위를 받은 후 본교에서 재직하는 동안 정서적(emotional), 지적(mental) 또는 심리적(psychological)으로 문제가 있는 사람들을 취급하는 치료자로서 일을 하였다. 이러한 과정에서 P. E. T.에 관한 것은 임상심리학자로서 사용하는 의료적 모델로는 적절하지 않음을 알게 되었다. 예를 들어 하얀 가운을 입고 사람들을 환자라고 부르는 것 등 의료진들의 상징적인 장식들은 없애버리고 자신은 의사로서 심리치료를 한다고 하며(어린이를 위해서는 놀이치료라고 함) 매월 보내는 치료비 청구서에도 '상담료' 라는 이름으로 보냈다. 그리하여 부모들은 Gordon과의 상담을 희망과 기대를 갖고 시작하였으며 상담에 참여한 어린이들은 '문제아(problem child)' 라고 부르거나 '정서적 문제(emotional problem)' 를 가진 어린이라고 불렀다. 이러한 어린이들과 대화를 하면서 Gordon은 심리치료자로서 자신이 배운 정신의학적 지식이 어떤 정서적 문제를 갖고 있는 어린이들을 치료하는 데 부족함을 느꼈다. 다음의 대화 내용을 잘 살펴보자.

치료자 : 네 문제에 대해서 이야기해 주겠니? 무슨 이야기든지 네가 하고 싶은 이야기부터 말해 보렴.

어린이 : 나는 어떤 문제도 없어요.

치료자 : 그래, 하지만 네 고민에 대하여 이야기하는 것이 네게 도움이 될 것이라고 부모님은 생각하신단다. 어린이들의 문제를 해결하도록 돕는 것이 내 직업이란다. 자, 이제 내게 말할 수 있겠니?

어린이 : 나는 이야기할 것이 아무것도 없는데요.

치료자 : 너에겐 너를 괴롭히는 어떤 문제가 있음이 틀림없어. 아마 내가 도울 수 있을거야.

어린이 : 선생님은 내 부모가 변할 수 있도록 도울 수 있을거예요.

치료자 : 너는 네 부모가 변하기를 바란다는 것이니?

어린이 : 물론이지요. 나는 그렇게 되기를 바래요….

이러한 과정에서 말문을 열게 된 어린이들은 부모와의 말다툼, 갈등, 불공평하게 취급될 때의 느낌, 부모들의 대화방법, 훈육방법 그리고 거기에서 겪게 되는 실망과 좌절, 비통, 분노 등과 관련된 그들 가족생활에 대하여 자유롭게 이야기하기 시작하였다. Gordon은 놀랍게도 서로 완전히 다른 많은 어린이들과 이야기하는 동안 그들 부모나 가족에 대한 내용은 서로 비슷하게 진술하고 있음을 발견하였다. 그리하여 문제를 가진 어린이는 심리치료가 필요하다고 생각하였던 Gordon의 처음 생각은 완전히 바뀌어서 실제로 도움을 필요로 하는 사람은 어린이가 아니라 부모라는 확신을 갖고 부모치료 수업을 계획하였다. 그런데 이러한 과정에서 그 부모들한테서 정서적 문제나 신경증적 · 심리적 문제는 나타나지 않았으며 단순히 그들 자녀들처럼 가족관계에서 오는 실망과 좌절감 그리고 자녀문제를 효율적으로 다루지 못하는 데서 오는 부적절성, 불만 등을 토로하였다. 그리하여 부모-자녀 문제는 정신의학적 문제로 다루어질 것이 아니라 일상생활에서 겪게 되는 많은 인간관계의 어려움을 성공적으로 해결할 수 있는 방법이나 기술이 부족하여 생기는 것이므로 친자관계를 개선시킬 수 있는 방법과 기술을 훈련시켜야 함을 강조하여 P. E. T. 프로그램을 개발하였다(Gordon, 1980).

P. E. T.는 캘리포니아 파사데나(pasadena)에서 1962년부터 1963년에 이르기까지 부모들을 대상으로 예비 실험을 거쳐 개발되었다. 처음에는 17명으로 시작한 부모집단이 뉴욕타임즈에서 '전국적인 운동' 이라고 논평할 만큼 1980년에는 거의 60만 명 이상의 부모들이 참여하였으며 P. E. T.를 교육하는 강사들도 15,000명에 이르렀으며(Gordon, 1975), 1990년대 이후에는 일본 및 세계적으로 확산되어 현재는 우리나라에도 널리 보급되고 있다. 한국심리상담연구소가 1989년 2월에 부모훈련 한국지부(K.E.T.I.)를 정식으로 계약, 개설하여 부모훈련을 실시해 오고 있다.

Gordon이 출판한 P. E. T. 외에 교사들에게 실시한 훈련 프로그램으로서 교사 효율성 훈련 T. E. T.(Teachers Effectiveness Training, 1975)와 기관의 감독과 관리자 및 주역을 위한 지도자 효율성 L. E. T.(Leader Effectiveness Training) 그리고 청소년들이 미래의 훌륭한 부모, 교사, 지도자가 될 것을 고려하여 개발한 청소년 효율성 훈련 Y. E. T.(Youth Effectiveness Training) 등 인간관계 향상을 위한 프로그램 개발 및 부모교육 자료를 출판하여 널리 보급되고 있다(Gordon, 1975)

2) Gordon의 부모-자녀 관계에 대한 견해

일찍이 Gordon은 "말 잘 안듣는 어린이들은 없다" 라고 말하였다. 부모들은 말 안 듣는 아이라는 개념이 가족들에게 얼마나 많은 괴로움을 주는가 하는 데에만 관심을 갖고 있다. 자녀가 말을 안 듣는다고 생각하게 되면 자녀들에게 고통스러울 뿐 아니라 부모들에게도 불필요한 문제들이 따르게 마련이다. **'말 안 듣는 어린이'** 라는 개념은 언제부터 시작되었는지 모르지만 이 말은 어른들이나 친구, 배우자간에는 거의 사용하지 않고 어린이들에 대해서만 사용하고 있다. 이것은 어린이들은 어떻게 행동해야 한다고 하는 어른들이 설정한 어떤 행동 기준에 맞지 않는 행동을 자녀들이 할 때 부모들은 그들의 자녀가 말을 안 듣는다고 불평을 한다. 말을 안 듣는다는 것은 부모들에게 나쁜 행동인 반면에, 자녀의 행동이 부모에게 나쁜 결과를 가져다 주지 않으면 그 자녀는 **"말을 잘 듣는다"** 라고 부모들은 평가를 하게 된다. "철수가 오늘 말을 잘 들었다" "오늘 영희는 엄마 말씀 잘 들었니?" 등 부모들은 자녀들에게 말 잘 듣는 방법을 가르치려 한다. 만일 부모들이 자녀들의 행동을 조금만 다른 각도에서 볼 수 있다면 그들은 보다 효율적인 부모역할을 할 수 있을 것이며 나아가서는 가정생활에 기쁨이 가득하게 될 것이다. 즉, 어린이들이 하는 모든 행동들은 어떤 특정한 행위임을 깨달아야 한다. 자녀들이 행하고 말하는 모든 것들은 각기 하나의 독특한 행위(behavior)라는 것을 부모가 생각하고 수용해 줄 수 있을 때에는 자녀들은 하루 종일 말을 잘 듣게 된다.

모든 창조물들은 그들의 욕구를 충족시키기 위해 행동하고 있으므로 어린이의 행동에는 내면적 욕구 충족의 표현이 담겨져 있음을 부모가 인식한다면 자녀의 행동에 대해 '말 안 듣는 어린이' 라고 평가하지 않을 것이다. 다시 말해서 부모들이 다음과 같은 간단한 원칙을 수용할 수 있다면 자녀들 때문에 화가 나는 일이 훨씬 줄어들 것이며 자녀들과 전보다 더 즐겁게 생활할 수 있을 것이다(Gordon, 1976).

> **원칙 1 : 자녀들도 부모들과 똑같이 그들의 내면적 욕구가 있으며 이러한 그들의 욕구를 충족시키기 위해 항상 움직이며 행동한다.**
>
> **원칙 2 : 자녀들이 말을 안 듣는 것이 아니라 그들은 단순히 자신들의 욕구를 충족시키기 위해서 행동하고 있을 따름이다.**

부모와 자녀 관계는 애정과 존경을 갖고 따뜻하고 평온한 관계이어야 한다. 이러한 관계가 유지되기 위해서는 효율적인 인간관계 형성이 중요하며 이는 부모–자녀간의 원만한 의사소통 수준에 따라 달라진다. 그러므로 모든 부모들은 그들의 욕구를 방해하는 자녀들의 행동을 수정하기 위해서 좀 더 효과적인 방법과 기술을 배워야 할 필요가 있으며 자녀들의 욕구 충족을 위한 행동들을 수용할 수 있는 안목과 인내가 필요하다. 또한 자녀를 '말 안 듣는 아이' 라고 함부로 말하거나 어떤 종류의 벌을 주어서도 안 된다는 것이 Gordon의 견해이다.

3) Gordon의 P. E. T. 원리

Gordon이 제시한 부모 효율성 훈련 원리는 모든 인간관계에 관한 원리이다. 즉, 모든 인간관계에 있어서의 기본적인 사실은 상호관계를 맺고 있다는 것이다. 그러므로 부모와 자녀의 관계는 상호작용의 수준에 의해 결정되는 것이므로 자녀양육의 원리도 이러한 관점에서 논의되어져야 한다.

(1) 수용성 수준 파악하기

부모는 일상생활에서 자녀들의 행동을 보는 견해가 항상 일정하지가 않다. 자녀들의 행동이 부모에게 수용적인 행위 또는 비수용적인 행위 중 하나로 보인다. 부모는 자신의 수용성 수준이 어느 정도인가를 파악할 수 있어야 한다. 똑같은 자녀의 행동에 대해서도 어떤 때는 수용하게 되고 어떤 때는 비수용적인 태도를 보이는 것은 부모의 마음 상태는 형편과 사정에 따라 변할 수 있다는 것을 보여 주는 것이다. 부모가 자녀의 행동을 수용 또는 비수용하는 정도에 영향을 주는 요인은 일반적으로 다음과 같이 크게 세 가지를 들 수 있다(Gordon, 1976).

첫째, 부모 자신의 영향이다. 부모 자신의 현재의 행동, 기분, 욕구는 다른 사람, 특히 자녀의 행동을 수용하는 데 상당한 영향을 미칠 수 있다. 예를 들어 평소에는 수용할 수 있었던 자녀의 행동이 부모 자신의 몸이 불편하거나 어려운 과제 해결을 해야 하는 상황이면 그것을 도저히 수용할 수 없을 수도 있다. 이때에는 부모 자신에게 어떤 일이 일어나고 있으며 신체적으로나 감정적으로 어떻게 느끼고 있는가를 명확히 파악하여 행동과 감정에 영향을 미치는 요인이 부모 자신에게 달려 있다는 것을 알아야 한다.

둘째, 자녀의 영향이다. 부모는 자녀의 성격, 특성이나 연령에 따라 수용 정도나 조건이 달라질 수 있다는 것이다. 예를 들어 어린 유아가 혼자 큰길에 나가 노는 것은 수용할 수 없으나 고등학교에 다니는 자녀가 큰길에 나가는 것은 수용 가능한 것이다.

셋째, 환경의 영향이다. 자녀행동이 일어나는 시간과 장소에 따라서 부모는 자녀의 행동을 수용하는 정도가 다르다. 자녀들이 운동장에서 축구를 할 때와 방안에서 축구를 하는 것은 수용 정도에 영향을 미칠 수 있을 것이다.

자녀의 행동을 수용 또는 비수용, 어느 쪽에 둘 것인가 하는 수용성 수준의 정도는 어머니와 아버지가 다를 수 있으며, 부모 자신도 항상 일정하지 않을 수 있다. 수용성 수준은 주어진 특정한 환경에서의 행동에 대해 부모 자신이 어떻게 느끼는가 하는 사실이다. 이러한 부모의 수용성 수준에 따라 자녀와의 상호작용법이 달라지며 자녀양육 태도가 달라지는 것이다. 똑같은 환경에서의 행동이지만 그 수용성의 수준이 다르다 (Gordon, 1975).

〈그림 6–1〉에서는 어린이의 행동에서는 ① 부모가 서로 수용성 수준이 다르며, ② 같은 행동에 대해서도 자녀에 따라 수용성 수준이 다르고, ③ 또한 같은 자녀일지라도 환경에 따라 수용성 수준이 다를 수 있음을 설명하고 있다.

〈그림 6–1〉 어린이 행동의 수용성 수준

(2) 문제의 소유자 가려내기

부모는 일상 생활에서 자녀가 하는 말이나 행동을 듣고 보면서 수용이나 비수용 태도 중 하나를 선택하게 된다. 만약 자녀의 어떤 행동이나 말에 대해 부모가 거부 감정을 가졌다면 이것은 바로 부모의 문제로 온 것이다. 즉, 자녀들의 말이나 행동으로 인하여 부모가 좌절하거나 갈등을 느끼게 될 때 문제의 소유자는 부모가 되는 것이다. 이러한 문제를 해결하기 위해 부모는 어떻게 하든지 수용할 수 있는 행동으로 변화시키기 위해 적절한 조치를 취하려고 할 것이다. P. E. T.는 부모가 자녀와의 유대관계를 깨뜨리지 않으면서 이 문제를 해결할 수 있는 기술을 익히도록 도와줄 수 있다. 반면에 부모가 수용할 수 있는, 부모에게는 아무 문제도 일으키지 않는데 자녀는 괴로움을 겪고 있는 자녀의 어떤 행동들은 자녀들이 문제를 가졌다는 것을 의미하게 된다. 예를 들어 친구가 없다고 투덜대는 자녀나, 애완용 강아지가 죽어서 괴로워한다든지, 몸이 뚱뚱하다고 불평하는 것 등은 자녀의 문제이다. P. E. T.는 이러한 어린이들이 자신의 문제들을 스스로 해결할 수 있는 여러 가지 기술들을 가르쳐 준다. 마지막으로 부모가 수용할 수 있으면서도 자녀들이 문제를 가졌다고 볼 수 없는 행동들이다. 이러한 행동들은 자녀와 부모 사이에 위치한 '문제 없는 영역' 에 속하게 된다(Gordon, 1975).

문제의 소유자를 가려내야 하는 문제의 소유자 의식 원리들을 정리하

〈표 6 - 5〉 문제의 소유자 의식 원리

수용(비수용) 영역	문제의 소유자	그 특성들	P. E. T.에서 배우는 것들
수용영역	자녀의 문제	부모가 수용할 수 있는 행동(단서와 실마리)이나 자녀를 괴롭히는 문제들	자녀가 스스로 문제해결을 할 수 있는 기술을 배운다.
	부모–자녀 문제 없음	부모가 수용할 수 있는 행동들이면서 자녀에게도 문제가 되지 않는 것들	부모–자녀 사이에 문제가 없으며 친자간의 더욱 좋은 관계가 증진되도록 돕는다.
수용선 비수용영역 (거부)	부모의 문제	부모가 수용할 수 없는, 부모를 괴롭히는 자녀의 말이나 행동들	자녀의 말이나 행동이 부모에게 문제가 될 때 그 상황을 해결하는 기술을 배운다.

면 다음과 같다(Gordon, 1976).

'문제 소유 의식의 원리'는 P. E. T. 모델에서 가장 핵심이 되는 것으로서 부모역할 훈련에서 생겨난 개념이다. 많은 부모들은 자녀에게 문제가 생겼을 때 자녀들이 스스로 해결할 수 있도록 격려해 주기보다는 자녀들이 소유한 문제를 부모의 문제로 받아들여 모두 해결해 주어야 할 책임이 있다고 생각하여 쉽게 함정에 빠지곤 한다. P. E. T.에서 절대적으로 중요한 것은 누가 문제를 소유하고 있는지를 가려내는 일이다. 문제를 소유한 것은 자녀이지 부모 자신이 아니라는 것을 깨닫게 되면 부모는 자녀가 스스로 문제를 해결할 수 있는 '촉진자', '촉매자', '해결중개인'이 될 수 있다.

부모는 자녀들이 문제를 소유하고 있을 때 그들이 문제를 해결할 수 있는 놀라운 잠재 능력을 지니고 있음을 믿고 스스로 해결책을 찾는 데 책임감을 느끼도록 놓아두는 것이다. 이것을 '도와주지 않는' 「도움의 기술」이라고 하는 새로운 방법의 도움이라고 한다. 반면에 자녀의 행동이 부모문제로 다가왔을 때는 부모 자신에게 도움이 되는 기술이 요청된다. 즉, 이러한 상황에서 부모는 자녀를 어떻게 다루어야 하는 것을 P. E. T.에서는 「대면기술」이라고 한다(Gordon, 1976).

(3) 자녀문제에 대처하는 새로운 통찰력

자녀가 문제를 느끼고 있을 때 부모는 새로운 통찰력을 갖고 자녀를 도울 수 있는 훈련이 필요하다. 부모들은 평상시 사용하던 대화법이나 상호작용의 유형을 바꾸기란 쉽지가 않다. P. E. T.에서는 자녀들이 문제에 직면하였을 때 습관적으로 이야기하던 것을 중단하고 경청하는 방법을 배우라고 권고한다. 많은 부모들은 말하는 것과 경청하는 것의 차이를 잘 알지 못하므로 P. E. T.에서는 그 차이를 배울 것을 요구한다. 또한 자녀들이 부모들에게 문제를 상의해 올 때 부모들이 어떤 언어적 반응을 나타내는지 유념하여 효율적으로 경청하는 부모가 되도록 새로운 통찰법을 안내하고 있다.

(4) 부모-자녀간의 의사소통의 12가지 걸림돌

대부분 부모들은 사람들, 특히 자녀들과 상호작용할 때 아무 말도 하지 않고 오랫동안 침묵을 지키고만 있을 수 없으므로 언어로 상호작용하기를 원하며, 마찬가지로 자녀들도 그들 부모와 이야기하는 것을 필요로 한다. 서로 이야기한다는 것은 아주 중요하지만 부모가 자녀에게 어떻게 말하느냐 하는 것이 결정적인 문제로 대두된다. 다음은 여러 가지 서로 다른 범주의 전형적인 부모들이 가장 빈번하게 시도하는 자녀에게 도움을 주고자 하는 노력들이다. 그런데 이러한 노력들이 장애 요인적 언어 표현으로서 결국은 자녀의 고민을 해결하는 데 실패하게 하는 요인이 된다(Gordon, 1975).

① **명령, 지시, 요구하기**(ordering, directing, commanding)

자녀들에게 무엇인가를 지시하고 명령하고 요구한다. "다른 부모들이 어떻게 하는지 난 관심이 없다. 너는 반드시 그 일을 해야만 한다", "불평하지 마라", "너는 반드시", "너는 꼭 ~해야 한다" 등 이러한 대화 속에서 자녀는 저지당하는 것에 대하여 무언가 시도하고자 하며 공포감, 반항적인 행동, 말대꾸를 유발시킬 수 있다.

② **경고, 권고, 협박**(warning, admonishing, threatening)

자녀가 만약 어떤 행동을 하게 되면 그 결과는 어떻게 될 것인가를 말한다. "네가 동생을 때리면 혼날 줄 알아라", "한 번 더 말하면 내쫓을 것이다", "만약 ~하지 않으면 그때는~", "~하는 것이 좋을걸. 그렇지 않으면~" 등. 이때 자녀는 두려움으로 인하여 겉으로는 순종하는 것처럼 행동할 수 있으나 저항, 거부, 분노 등을 유발시킬 수 있다.

③ **훈계, 설교, 설득**(exhorting, orgalizing, preaching)

자녀에게 무엇인가 했으면 하고 또한 해야만 한다고 강조한다. "너는 항상 네 형을 존경해야 한다", "너는 해야만 해", "~하는 것이 네 책임이야"라고 말한다. 이때 자녀는 의무감이나 죄책감을 갖게 되며 자신을 방어하거나 고집을 부리게 된다.

④ **충고, 해결책 주기, 제안하기**(advising, giving solution and suggestion)

자녀에게 문제해결 방법을 말해 주거나 충고나 제안을 하고 대답을 미리 말해 주거나 해결책을 준다. "너희 선생님과 의논해 보렴", "다른 친구와 다시 만들면 되지 않니?", "내가 너라면~", "~하는 것이 어떻겠니?", "네게 충고 하나 하겠는데"라고 말한다. 이러한 대화는 자녀는 문제를 해결할 수 없다고 암시하는 것이 되며 스스로 문제를 해결하려는 노력을 포기하도록 하며 반항심, 의존성을 조장할 뿐이다.

⑤ **강의, 가르침, 논리적인 설득**(lecturing, teaching, giving logical arguments)

부모는 자신의 견해나 정보, 논리적인 것, 반론 등에 대하여 실제적으로 자녀에게 영향을 미치기 위해 말한다.

"대학은 네게 지금까지 경험한 것 중 가장 멋있단다", "어린이가 집 보는 일을 잘 배우면 책임 있는 어른으로 성장한단다" 등 "네가 왜 틀렸나 하면~", "그것의 문제점은~", "그래, 그렇지만~이것은~"이라고 말한다. 이러한 대화는 부모의 말을 무시하거나 듣기를 거부하는 분기점이 될 수 있고 방어 자세와 반론, 열등감, 무력감을 유발시킬 수가 있다.

⑥ **비판, 비평, 논쟁, 비난**(judging, criticizing, disagreeing, blaming)

부모는 자녀에게 부정적인 비판이나 평가를 한다.

"네 생각은 명료하지 못해!", "나는 더이상 너하고 말하고 싶지 않아", "너는 지금 아주 잘 못하고 있어" 등. 자녀가 신중하지 못하고 게으르고 어리석고 부적절하다는 암시를 하고 있으므로 대화가 단절되고 자녀는 반항적인 말대꾸를 하게 되며 자신을 스스로 낮게 평가하게 된다.

⑦ **칭찬, 찬성**(prasing, agreeing)

부모는 자녀에게 긍정적인 평가, 비판, 찬성으로 상호작용한다.

"얘, 너는 참 예쁘다고 생각해", "너는 잘 할 수 있는 능력이 있잖아!", "나는 네가 옳다고 생각해"라고 추켜올려 준다. 부모의 높은 기대를 암시하게 되고 선심, 바라는 행동을 조장하는 것처럼 보이며 자녀는 칭찬받지 못할 때 불안을 느끼게 된다.

⑧ **헐뜯기, 욕설, 조롱**(name-calling, ridiculing, shaming)

자녀가 바보로 느끼고 수치심을 갖도록 만든다

"너는 깡패처럼 행동하는구나", "이 울보야", "너는 그렇게 다 망치기만 하니?"라고 말한다. 자녀는 자신을 쓸모없고 사랑받지 못하는 존재로 느끼고 부정적 자아 개념을 가질 수 있게 하며 말대꾸를 유발시킨다.

⑨ **해석, 분석, 진단**(interpreting, analyzing, diagnosing)

부모는 자녀에게 어떤 일에 대하여 동기가 무엇이었는지 말해 주고 왜 그렇게 했는지 분석하고 무엇인가 말해 줌으로써 의사소통이란 분석하고 진단하는 것으로 느끼게 한다.

"너는 지금 네 형을 질투하고 있구나", "너는 실제로 그걸 믿지 않는구나", "무엇이 잘못되었느냐 하면…", "너 정말 피곤하구나"라고 말함으로써 자녀는 궁지에 몰리거나 자신의 모든 것이 노출되었고 불신당했다고 느낄 수 있다. 자녀는 대화하기를 꺼려할 수 있다.

⑩ **안심시키기, 동정, 위로, 지지**(reassuring, sympathizing, consoling, supporting)

부모는 자녀들의 나쁜 감정에서 벗어나도록 하며 스트레스가 되는 것들을 무시하고 더 좋은 감정이 되도록 애를 쓴다.

"내일은 기분이 달라질거야", "걱정하지 마라 잘 될거야", "네 능력으로 너는 아주 훌륭한 학생이 될 수 있단다"라고 말한다. 자녀들은 이해받지 못했다고 느낄 수 있고 반발심을 유발할 수도 있다.

⑪ **시험하기, 질문, 심문하기**(probling, questioning, introgating)

부모는 자녀가 문제해결을 도울 수 있는 정보를 더 많이 찾도록 원인, 동기, 이유를 알도록 말한다.

"처음 떠날 때 기분은 어땠니?", "너는 왜 학교가 싫어졌다고 생각하니?", "대학을 가지 않겠다면 무엇을 할 작정이니?" 등 "누가, 무엇을, 왜, 어떻게?"라고 말함으로써 자녀는 부모가 왜 그런 질문을 하고 있나 가끔 혼란, 불안, 두려움에 빠지게 되며 부모의 말에 대답하지 않거나 대충하거나 거짓말을 하게 된다. 또한 부모의 입장에서 말할 질문들에 대답하는 동안 문제의 핵심을 놓칠 수도 있다.

⑫ **철회, 빈정거림, 유머, 주의 돌리기**(withdrawing, distracting, humoring)

부모는 자녀가 해결해야 될 문제로부터 멀어지도록 한다. 부모 자신이 문제를 철회해 버리고 자녀의 주의를 환기시켜 문제의 핵심으로부터 벗어나도록 한다.

"이제 그 일을 잊어버려라", "식탁에서는 말하지 말아라", "이리 와서 좀 더 재미있는 일이 없나 이야기해 보자", "세상 문제 다 해결해 보시라지…" 등. 부모는 침묵을 지키면서 자리를 뜨거나 화제를 바꾼다. 이러한 대화는 어려운 문제들을 부딪쳐 극복하기보다 회피하도록 암시하게 되며 자녀의 문제는 하나도 중요하지 않고 쓸데없는 것이라고 생각하게 한다.

이러한 12가지 유형의 의사소통 방법은 일상생활에서 흔히 사용하는 것들이다. **중요한 것은 특별히 자녀의 행동이 '문제영역'에 속할 때면 장애 요인이 된다는 사실을 유념해야 한다.** 다시 말해서 부모—자녀와의 관계가 **'문제 없는 영역'**에 있을 경우에는 위와 같은 유형의 대화들이 걸림돌이 되기보다는 오히려 적절하고 생산적일 수도 있다.

(5) 상호 성장을 돕는 경청 기술들

일상생활에서 자녀들이 부딪치는 여러 가지 문제를 효율적으로 도울 수 있는 기술이 필요하다. 이때 최선의 방법은 부모들이 자녀들의 말을 잘 들어 주는 것이다.

전문적 상담원이나 임상치료자들이 사용하고 있는 기술들을 부모들이 배워서 자녀와 상호작용할 수 있도록 하는 것이다. 잘 듣는다는 것은 다음과 같은 네 가지의 기본적인 경청 기술로 설명한다(Gordon, 1975, 1976).

① **침묵, 소극적인 경청**(silence or passive listening)

부모가 계속 말을 하거나 말을 많이 하게 되면 자녀들은 자신들의 문제를 이야기할 수 없게 된다. 침묵하면서 조용히 들어 주는 것은 "네 느낌이 어떤지 듣고 싶다", "네 느낌을 받아줄 수 있어", "네가 나에게 무슨 이야기를 할 것인지 네가 결정할 수 있도록 너를 지지한단다", "이건 네 문제니까 네가 책임져야 한단다"라는 강한 비언어적 메시지를 보내는 것이다.

② **인식 또는 인정하는 반응**(acknowledgement, responses)

침묵이 의사소통의 장애를 피할 수도 있지만 자녀들은 자신의 문제를 듣고 침묵만 하는 부모에게는 자신의 행동이나 문제가 잘 전달되지 않은 것으로 이해할 수도 있다. 침묵은 부모가 진정으로 자녀의 말에 주목하고 있다는 것을 증명할 수가 없으므로 잘 듣고 있다는 것을 알리는 언어적 · 비언어적 신호를 보내야 하는데, 이러한 신호를 인정하는 반응 또는 인식반응이라고 한다. 고개를 끄덕이거나 앞으로 몸을 구부려 수그리고 듣는다든지, 미소 짓기, 얼굴을 찡그려 표정을 짓는 것 등 동작으로 표현하는 것과 "아아", "음~", "그랬는데"와 같이 언어적 신호를 보내는 것이다. "그래", "정말?", "그렇군"과 같이 언어적 신호로 맞장구칠 때는 반드시 부모의 의견이 포함되지 않은 반응일 때 자녀는 더 많이 이야기할 수 있음을 명심해야 한다.

③ **말문 열기 또는 격려**(door openers or invitation)

자녀들은 때때로 자신의 감정과 문제에 대하여 부모에게 말하려고 할 때 격려가 필요하다. 처음에 마음의 문을 열고 말문을 열 수 있도록 언어로 이끈다.

"그것에 대해 말하고 싶니?", "그것에 대해 듣고 싶구나", "좀 더 이야기해 주겠니?", "그것에 대해 뭔가 느끼는 것이 있는 것 같구나", "네 이야기가 정말 흥미있구나"와 같은 언어는 더 계속해서 많은 이야기를 할 수 있도록 격려하는 것이다. 이때 걸림돌이 되지 않기 위해서는 "왜 슬퍼하니?"와 같이 어떤 사실에 대해서는 질문하지 않아야 한다.

④ **반영적 경청**(active listening or reflective listening)

자녀의 말을 잘 경청하는 가장 효율적인 기술은 부모의 의견이나 메시지를 포함하지 않고 다만 자녀가 말한 메시지를 반영해 주거나 확인해 주는 언어적 반응이다. 부모는 자녀로 하여금 자신이 이야기한 것과 이야기하지 않은 이면에 숨은 감정을 다 안다는 것을 주지시키는 것이다. 다시 말해서 반영적 경청이란 자녀가 느끼고 의미하는 것을 파악하는 것이며 부모가 자녀의 숨은 의미를 끄집어내어 확인해 줌으로써 자녀로 하여금 자신은 이해되고 수용되고 있다는 것을 느끼게 하는 것이다. 부모는 자녀가 보낸 메시지 의미를 새로운 표현으로 되돌려 보냄으로써 자녀로 하여금 자신을 좀 더 분명하게 볼 수 있게 하는 일종의 거울 역할을 한다.

자녀 : 나는 산수를 제대로 못하는 아주 멍청이에요. 아마 결코 산수를 배우지 못할거예요.

부모 : 너는 지금 산수를 배울 만큼 영리하지 못하다고 느껴서 네가 그걸 정말로 해낼 수 있을지 의심이 가는 모양이구나.

부모가 자녀의 표현 뒤에 감춰진 느낌을 가려내어 그러한 느낌을 바르게 반영해 주는 반영적 경청을 하기 위해서는 먼저, 현재 자녀의 느낌은 무엇인가 하는 것을 생각해야 하며, 그 다음에는 어떻게 그 느낌을 자녀에게 메시지로 반응하느냐 하는 것이다. 다음의 예를 살펴보자.

"나는 동생이 미워요. 그 애는 태어나지 말았어야 해요."

느낌 : 버림받음, 혼자남게 됨, 소외감, 속상함 등

반응 : 엄마가 동생 때문에 전처럼 너한테 관심을 많이 갖지 못한다고 생각하는구나.

대부분의 부모들에게 반영적 경청은 새로운 반응법이기 때문에 말로 이해하는 것보다 도식화하여 그 과정을 살펴봄으로써 더 쉽게 설명하고 있다.

〈그림 6 - 2〉 반영적 경청과정

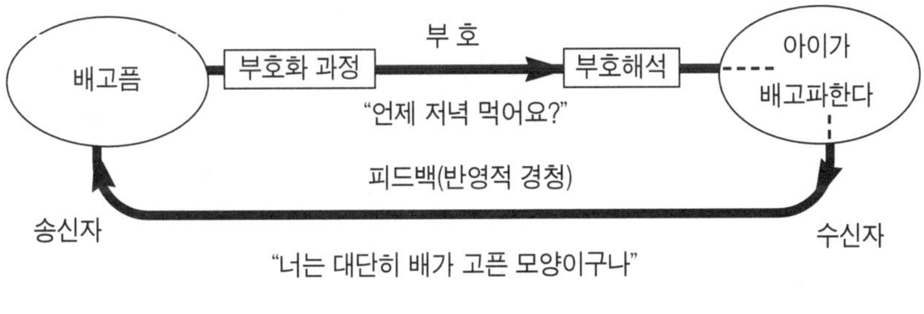

자료 : Gordon, 1975, p.52

앞의 도식처럼 대부분의 의사소통은 송신자가 수신자에게 이야기를 하는 것인데 문제를 소유한 자녀가 부모에게 이야기를 하고 있다. 자녀는 열심히 뛰어놀아서 배가 몹시 고프다. 그래서 빨리 저녁 식사를 하기를 원한다. 이 배고픔은 자녀의 생리적 · 정신적인 복합과정으로서 드러나지 않고 관찰되기 어려운 개인적인 것이다. 자녀는 현재 자신이 어떻게 느끼고 있는지를 부모에게 전달하기 위해 내면에서 일어나고 있는 과정을 표현할 수 있는 부호를 선택해야 한다. 이 선택의 과정을 부호화 과정(encoding process)이라고 한다. 자녀는 내면에 일어나고 있는 것을 직접적으로 전달할 수 없기 때문에 내면적 상태를 나타내는 상징이나 부호를 선택하게 되는 것인데, 그 부호는 언어적일 수도 있고 비언어적일 수도 있다.

이때 자녀가 선택한 부호 또는 암호가 부모에게 보내지는 것이므로 자녀의 내적 감정이 전달되는 것은 아니다. 부모는 그 부호를 수신하게 되면 자녀가 나타내고자 하는 그 부호의 뜻을 짐작하거나 추론하여 해석해야 하는데, 이를 부호해석 과정 또는 암호해독 과정(decoding process)이라고 한다.

위에 제시된 의사소통 과정은 실제로 간단하지가 않다. 수신자의 부호해석 과정은 언제나 추측이나 추론일 뿐이므로 부모들은 자녀가 보낸 메시지의 부호를 잘못 해석할 수도 있다. 예를 들어, 어머니는 자녀가 저녁을 빨리 먹고 잠자기 전 밖에 나가 놀기를 원하여 식사 시간을 재촉하는 것이라고 잘못 해독할 수도 있다. 그러나 이 어린이는 다만 '배고픔'을 느끼고 있을 뿐이다. 어떻게 자녀가 보낸 부호해석이 정확한지 또는 부정확한지 알 수 있을까? 그것이 바로 피드백을 주는 반영적 경청법이다. "네가 이렇게 느끼는 것 같은데 내 추측이 맞니? 아니면 틀리니?"라고 언어적으로 자녀의 부호해석 과정에서의 결과를 확인해 보는 것이다. 그래서 부모가 "너는 정말 배가 고픈가 보구나"라고 하면 "예, 정말 배가 고파요. 점심을 제대로 못 먹었잖아요", "그러면 아빠가 오시려면 한 시간이나 남았는데 버터 바른 크래커라도 좀 먹겠니?" 등으로 피드백을 주어 부모의 추측을 확신시킨다.

이와 같이 반영적 경청으로 피드백을 줌으로써 자녀의 메시지를 정확하게 이해하였는지 확인할 수 있는 것이다(Gordon, 1975).

반영적 경청은 자녀가 문제를 소유하였을 때 사용해야 한다. 즉, 자녀의 행동이 부모에게 문제를 유발시켜 부모가 그 문제를 소유할 때는 반영적 경청을 적용하지 말고 「나-전달법」을 사용해야 한다.

STEP에서는 반영적 경청을 위하여 부모가 개방적 반응을 해야 할 것임을 강조하였으며, 개방적 반응과 대조적으로 폐쇄적 반응을 다음 〈표 6-6〉과 같이 제시하였다(이경우 역, 1990).

〈표 6 - 6〉 **폐쇄적인 반응과 개방적인 반응**

어린이가 하는 말	폐쇄적인 반응	개방적인 반응
나는 다시는 그 애와 놀지 않을거야.	잊어버려. 그 애는 그런 뜻이 아니었을거야.	너는 그 애에게 정말 화가 나 있구나.
난 그걸 못해요.	저런! 그런 말 하면 못써. 넌 금방 시작했지 않니!	그것이 정말 어려운가 보구나.
나도 갔으면 좋을텐데. 철수는 언제나 아무 데나 가는데.	전에도 이야기했잖아, 그러니까 이젠 그만 귀찮게 굴어.	그것이 너에겐 불공평하게 느껴지나 보구나.
내가 새로 만든 것을 봐!	좋구나! 이제 저리가…	네가 그것을 만들어서 기쁘구나.
나는 오늘 학교가기 싫어. 철수는 나쁜 애야.	누구나 학교에 가야 한단다. 그것이 법이야.	철수가 너를 괴롭힐까봐 두려워하고 있구나.
엄마는 이 세상에서 제일 나쁜 엄마예요.	다신 그런 말 하면 안돼.	네가 나 때문에 화가 많이 났구나.

(6) 나-전달법(I-message)

나-전달법은 부모가 자녀를 양육하는 과정에서 자녀의 행동이 부모에게 문제가 될 때 부모 자신이 느끼는 감정과 경험을 표현하는 부모 자신의 의사소통 방법이다.

단순히 자녀의 행동에 대한 부모의 느낌을 설명하게 되는 부모 자신이 중심이 된다. 반면에 너-전달법(You-message)은 자녀를 탓하고 비난하게 되며 자녀에게 잘못이 있다고 말하는 것이며 자녀를 말로 공격하게 되는 것이다. 나–전달법은 부모 자신이 "나는 문제를 소유하고 있단다. 나를 도와줄 기회가 너희들에게 있단다"와 같은 것을 전달하는 것이다. 이 방법을 활용함으로써 부모 자신이 자신을 더 잘 이해하게 되며 자녀에게 부모를 더 잘 알릴 수 있도록 도와주며 결국은 자녀들에게 부모의 마음을 정직하게 개방하도록 돕게 된다. 자녀의 행동을 비난하지 않고 부모의 솔직한 마음과 감정을 나타내기 때문에 자녀들은 방어적이 되지 않고 자신들이 부모를 도와야 함을 깨닫고 책임감을 느끼게 된다.

나–전달법은 세 가지 요소로 구성된다(Gordon, 1975).

첫째, 부모에게 문제를 소유하도록 하는, 즉 부모를 괴롭히는 자녀의 행동은 무엇인가? 수용할 수 없는 자녀의 행동에 대하여 비난도 하지 않고 비평도 하지 않으며, 화를 내지 않고 단순히 행동 상황을 서술한다.

둘째, 자녀의 그 행동이 부모에게 어떤 영향을 끼치고 있는가? 자녀의 그 행동이 부모에게 미치는 구체적인 영향이 무엇인지를 간결하게 서술한다.

셋째, 부모는 그 결과에 대해 어떻게 느끼고(감정) 있는가? 자녀의 행동이나 그 행동이 미칠 구체적인 영향에 대해 부모의 감정 또는 느낌이 어떤지를 서술한다. 예를 들어 "엄마가 지금 전화를 받고 있는데 네가 큰 소리로 떠들면(행동), 나는 정말 짜증이 난다(감정). 왜냐하면, 저쪽에서 무슨 이야기를 하는지 알아들을 수가 없기 때문이야(구체적인 영향)."

나–전달법의 구조는 바뀔 수도 있다. 즉, '구체적인 영향'과 '감정'의 순서는 바뀔 수도 있으며 때로는 '감정'을 빼고 '행동과 영향'만 진술할 수 있다.

STEP에서는 나–전달법을 효과적으로 실행하기 위해 다음과 같은 절차나 공식을 사용하고 있다.

1. **네가 … 하면** (행동 서술)
2. **나는 … 라고 느낀다** (느낌 서술)
3. **왜냐하면 …** (결과 서술)

예를 들어 "네가 학교가 끝나고 전화도 없이 안 돌아오면(행동), 네게 무슨 일이 생겼나 걱정이 된다(느낌). 왜냐하면 네가 어디 있는지 모르기 때문이야(결과)." (이경우 역, 1990)

이와 같이 부모와 자녀 사이에서 일어나는 갈등들을 해결하기 위하여 반영적 경청, 나-전달법 또는 더 강한 나-전달법을 사용하였는데도 부모-자녀간의 갈등이 해결되지 않을 때 P. E. T.에서는 가족 환경을 재구성해 줄 것을 제시하고 있다. 즉, 수용할 수 없는 자녀의 행동을 줄이고 그 행동들이 다시 유발되지 않도록 하는 방법으로서 첫째, 자녀의 환경을 더욱 풍요롭게 확대해 줄 것(+)과 둘째, 축소하고 제한하여 환경을 정돈해 주기(-), 셋째, 단순화하고 재배열하여 환경을 바꿔주기(C: change), 넷째, 시간표를 작성하고 정보를 나누어 주어진 환경을 재정립(P)해 보도록 부모들에게 권하고 있다(Gordon, 1975; 1976).

(7) 제 3의 방법 : 무패방법(no-lose method)

부모-자녀간의 갈등에서 누가 이기고 누가 지는가? 자녀와의 관계에서 갈등에 부딪쳤을 때 이것을 해결하기 위해 어떤 방법을 사용하는가? 일반적으로 부모들이 사용하는 방법은 두 가지이다. 엄하게 자녀를 다루는 권위적인 방법과 관용적인 태도로 대하는 허용적 방법이 그것이다. 이 두 가지 방법은 힘의 투쟁이나 의지의 대결 또는 이기고자 하는 싸움으로 갈등이 심화되는, 누가 이기거나 지게 되는 승패의 방법이다. 부모-자녀간에 누가 이기지도 지지도 않으면서 갈등을 해결할 수 있는 방법이 필요한 것이다. 〈그림 6-3〉을 살펴보자.

부모와 자녀 사이에 갈등이 생길 때 부모는 자녀가 어떻게 해결해야 하는지 그 해결책을 결정하여 따르도록 강요한다. 만약, 여기에서 자녀가 순종하지 않으면 힘과 권력으로 위협하여 부모는 이기고 자녀는 진다. 이러한 방법을 편의상 「제 1의 방법」이라고 부른다. 반면에 부모-자녀간에 갈등이 생길 때 자녀가 말을 듣지 않으면 부모는 자녀가 하고 싶은 대로 허용하거나 포기한다. 더 이상 대책을 세우지 않으며 자녀는 이기고 부모는 진다. 이러한 방법을 「제 2의 방법」이라고 부른다.

이 두 방법은 모두 어느 한 쪽에 패배감을 느끼게 하며 분개하거나 화를 내게 하므로 바람직한 방법이 아니다. 제 3의 방법은 부모-자녀가 서로의 욕구를 만족시킬 수 있으며 어느 쪽도 지는 사람이 없이 양쪽 모두 이기게 되는 윈-윈(Win-Win)방법이다.

〈그림 6 - 3〉 갈등해결을 위한 1, 2, 3, 방법의 도식

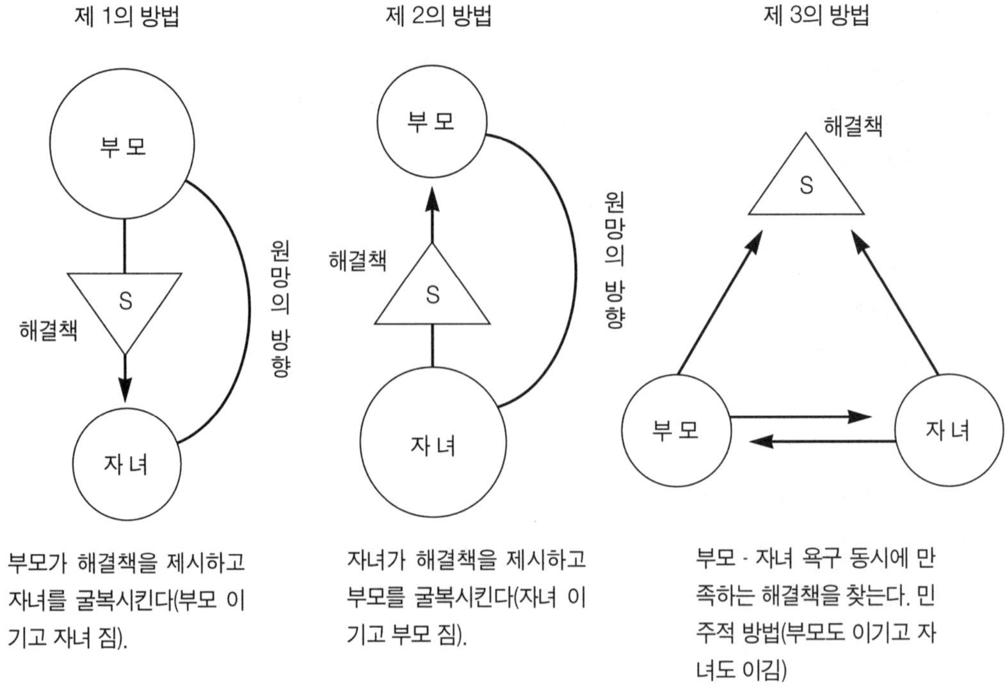

자료 : 김인자 역, 1989, p.100

제3의 방법인 무패방법은 부모와 자녀의 욕구가 동시에 만족할 수 있는 해결책으로써 다음과 같이 6단계로 구성되어 있다(Gordon, 1975).

1단계 : 문제 정의하기(identifing and defining the conflict)

욕구를 해결하기 위한 문제가 무엇인지를 정의하는 것이다. 해결책을 만들어내는 것이 아니다. 부모가 자녀에게 원하는 것을 나-전달법으로 표현하며 자녀의 욕구를 반영적 경청으로 자녀의 감정을 받아들임으로써 실제로 문제를 이해하도록 한다. 이때 자녀가 바쁘거나 무엇인가 하고 있을 때가 아닌 충분한 시간을 선택하여 해결되어야만 할 문제를 명확하고 간결하게 말한다. 그리고 자녀를 비하하거나 수치심을 주는 말은 피한다. 다음 단계로 넘어가기 전에 양쪽 모두가 문제 정의를 같은 의미로 받아들이고 있는지, 양쪽의 욕구가 올바르게 진술되었는지 확인한다. 그런 다음에는 양쪽 모두의 욕구를 충족시킬 수 있는 해결방안을 찾고 있음을 자녀에게 인식시킨다.

2단계 : 가능한 해결책 모으기(generating possible alternative solutions)

문제를 해결할 수 있는 다양한 방법을 수집하는 단계이다. "우리가 해야만 할 일이 어떤 것이 있을까?", "가능한 해결방법을 생각해 보자", "이 문제를 해결할 수 있는 여러 가지 방법이 틀림없이 있을 거야"라고 부모는 말할 수 있다. 어떤 특별한 해결책을 논의하거나 평가하기 전에 많은 해결책을 내놓는 일이 중요하다. 부모가 먼저 해결책을 말하지 말고 자녀가 먼저 이야기하도록 한다. 부모–자녀 모두 더이상의 방법이 없을 때까지 많은 해결책을 내놓는다. 자녀가 내놓은 방법에 대해 신통하지 않다고 생각할 때에는 "너는 이것을 별로 신통하게 생각하고 있지 않는 것 같은 데 우선 적어 놓자. 네가 원하다면 나중에 빼버릴 수 있으니까"라고 말하여 가능한 모든 해결책을 모아 정리한다.

3단계 : 해결책에 대해 평가하기(evaluating the alternative solutions)

이 단계에서는 다양한 문제해결 방법에 대하여 합리적이고 적절한지 평가한다. "자, 이 방법들 중 가장 적절하다고 생각되는 것은 무엇이지?", "또 다른 더 좋은 방법은 없을까?", "이 방법은 왜 적절하지 않다고 생각하니?" 등 해결하지 않은 이유는 무엇이며 이행하기에 너무 힘들지 않는지, 그것은 모두에게 공평한지, 결함은 무엇인지 의논한다. 이때 부모와 자녀는 정직해야 한다. 평가하는 가운데 더 좋은 해결 방안이 나올 수도 있다. 해결 가능한 가장 좋은 방법들만 몇 가지 골라낸다.

4단계 : 상호수용할 수 있는 최선의 해결 방안 결정하기 (deciding on the best acceptable solution)

부모–자녀가 서로 하나의 해결 방안을 합의하여 가장 최선의 방법을 결정한다. "이 방법이 좋다고 생각하니?, "이 방법이 우리의 문제를 해결할 수 있다고 생각하니?"라고 질문하여 자녀의 생각을 확인할 수 있으나 해결 방안을 강요하거나 설득해서는 안 된다. "이것은 우리가 합의한 것이다. 자, 괜찮니? 좋으니? …." 나중에 서로 합의하였던 그 결정에 반대하거나 잊어버리지 않기 위해 해결책을 기록해 둔다.

5단계 : **해결 방안 실행하기**(implementing the decision)

결정한 해결 방안을 시도해 보는 단계이다. 해결 방안이 합의된 후 곧바로 실행에 옮기는 일에 대해 이야기한다. 누가, 무엇을, 언제 시도할 것인지 자녀가 합의된 해결 방안을 잘 이행하지 않을 때는 나-전달법으로 대변하면서 결과에 대해 의문을 제기하는 것보다는 그 결정을 충분히 잘 수행할 것이라고 믿는 것이다.

6단계 : **실행과정 평가하기**(follow-up evaluation)

문제가 해결되었나를 평가 또는 점검하는 단계이다. "우리의 결정은 어떻게 실행되고 있지?", "우리가 결정한 것에 대해 아직까지 만족하니?"라고 질문하면서 협의 사항을 지키는 데 어려움이 없는지, 있다면 어떤 이유들이 있는지 살펴보며 의논한다.

제3의 방법으로부터 나온 해결 방안이 언제나 최선은 아니다. 문제해결 결과에 대한 부모-자녀 양쪽의 감정에 대하여 살펴보는 것이 중요하다. 때때로 그 결정안이 지나친 욕심이나 불가능한 것일 수도 있음을 고려하여 부모는 그 해결책에 대한 평가를 해야 한다.

4) 부모교육의 형태

P. E. T. 프로그램은 Gordon의 P. E. T. 협회에서 운영하고 있으며 교육은 부모를 가르칠 수 있는 강사교육과 부모를 대상으로 하는 교육으로 나뉘어져 있다.

강사는 목사, 학교 교사, 상담자, 가정문제 전문가, 심리학자, 유치원 교사, 부모교육 전문가, 사회사업가, 청소년 전문가 등 인간관계를 다루는 분야의 전공자와 그 밖에 P. E. T. 프로그램에 관심이 있는 사람들이 참여하여 일정한 훈련을 받은 후 강사 자격증을 취득한다.

훈련받은 강사는 자신이 있는 지역사회에서 집단을 구성하여 P. E. T.

프로그램을 실시한다. 교육 자료는 협회에서 제공하는 강사용과 부모용을 사용하며 P. E. T. 프로그램 구성원은 한 학급에 10명 정도의 참여자로 이루어진다. 이 프로그램은 특별히 개인별로 훈련하는 것이 아니라 집단으로 실시해야 가장 효율적이 되도록 구성되었으며 이론만으로는 충분하지 않아 특별한 기술과 방법을 훈련하도록 되어 있다. 부모들은 P. E. T. 학급에서 실제적인 기술을 익혀 가정에서 자신감을 갖고 적용하도록 하며 인간관계에서 힘과 권위에 대한 문제를 어떻게 다루어야 하는지를 훈련받게 된다(Gordon, 1980).

5) P. E. T. 프로그램의 효과

P. E. T. 프로그램에 참여한 부모들에게 어떤 변화가 있는가 하는 것을 부모의 측면, 자녀의 측면 그리고 그 외 다른 사람들에게 나타난 변화된 사항을 여러 연구 결과를 모아 다음과 같이 제시하고 있다(Gordon, 1980 ; Fine, 1980).

(1) 부모들에게 나타난 변화

① 부모역할에 있어서 자신감이 증진되었다.
② 부모들은 그들의 자녀를 더욱 잘 수용할 수 있었다.
③ 부모들은 자녀들에 대한 신뢰도가 증진되었다.
④ 부모들은 자녀들의 행동을 더욱 잘 이해하게 되었다.
⑤ 부모의 민주적 태도는 증진되고 권위적인 태도와 습관은 줄었다.
⑥ 부모의 전체적인 태도 및 자녀양육 행위가 개선되었다.
⑦ 부모 자신들의 자아 존중감이 향상되었다.
⑧ 부모들은 자녀들과의 사이에서 생기는 문제의 횟수가 줄어들었다.
⑨ 부모들은 불안감, 걱정거리가 줄었다.
⑩ 부모들은 진보적인 교육방법으로 자녀를 대하는 것이 증가되었다.
⑪ 부모들은 공감, 이해, 긍정적 배려, 일치감 그리고 수용력의 평가점수가 증진되었다.
⑫ 어머니와 아버지가 동시에 긍정적인 태도를 갖게 되었다.
⑬ 부모들은 부모들과 다른 신념을 가질 수 있는 자녀의 권리에 대해 더욱 기꺼이 받아들였다.

⑭ 부모와 자녀 모두가 '상호 개인적 거리(interpersonal distance)'에 대해서는 의미 있는 감소를 보이지 않았다.

(2) 자녀들에게 나타난 변화

① 부모와 함께 P. E. T.에 참여하였던 자녀들은 Kohlberg 척도에 의한 도덕적 추론의 수준이 향상되었다.

② 학업 성적이 낮았던 P. E. T. 부모 자녀들이 정상 학급에서 중간 정도의 성적을 얻었다.

③ P. E. T. 부모들의 자녀들은 덜 거부하게 되며 인간으로서 그들을 수용하는 능력이 더욱 증가하는 것을 인지하였다.

④ P. E. T. 부모–자녀들은 온당하지 않은 행동이나 분열증적인 행동이 줄어들었다.

⑤ P. E. T. 부모–자녀들은 자아 존중감이 증진되었다.

(3) 그 밖의 사람들에게 나타난 변화

① P. E. T. 프로그램에 참여한 병원 직원들은 환자들을 불편하게 하고 치료적이지 못한 의사소통 방법이 줄어들었다.

② P. E. T. 프로그램에서 듣기 훈련을 받은 대학생들은 공감적 언어반응을 사용하는 것이 증가되었다.

③ P. E. T. 프로그램에 참여한 정신지체 병원 직원들은 긴장감과 서로에게 짜증내는 것이 줄어들었다.

④ P. E. T. 프로그램에 참여한 걸 스카우트 지도자들은 대원들의 선택의 자유에 대해 더 많이 배려하게 되었다.

지금까지 소개한 바와 같이 Gordon의 P. E. T. 프로그램은 조직적이고 체계적인 부모훈련 프로그램으로서 부모–자녀 관계 향상뿐만 아니라 모든 인간관계 향상을 위한 효율적인 프로그램으로서 훈련에 참여한 그 인원이나 효과가 매우 높은 것으로 보고되고 있다.

4. Berne의 상호교류분석 이론

1) 배 경

지난 반세기 동안은 가족관계에서 특별히 자녀들과의 관계에 대한 연구가 많이 발전해 왔다.

과거의 대부분 가족은 최소한의 심리적 문제나 자녀들의 신체적 건강과 세상을 살아가는 데 필요한 충분한 기술, 윤리적인 태도를 익히는 것과 관련되어 있으나 최근 들어 가족관계에 대한 개념은 입으로 말하고 행동으로 본을 보이면서 지식을 전달하는 것보다 'parenting' 에 대한 참뜻을 명확히 하여 부모관계와 관련하여 자녀를 양육하는 데 더 관심을 모으고 있다.

인간관계에 있어서 상호교류 원리에 관심을 둔 Erick Berne은 심리분석에 관한 이론을 부모교육에 적용하여 부모–자녀 관계를 향상시키고자 하는 상호교류분석 또는 교류분석(Transactional Analysis : TA) 이론을 정립하였다. TA 이론은 심리치료의 한 방법으로 심리학의 새로운 분야로서 오늘날에는 심리치료의 방법으로 뿐 아니라 상담, 인간관계, 학교, 가정 등 인간관계에서 의사소통이 중요시되는 곳에서는 어디에서나 적용되고 있다.

Berne은 1910년 캐나다의 몬트리올에서 의사인 아버지와 작가인 어머니 사이에서 둘째로 태어났다. 그는 맥길대학에서 의학 공부를 하였으며 그후 예일대학에서 정신과 의사로 일을 하였다. 1941년부터는 뉴욕의 마운터 병원에서 임상 조교로 일하였으며 또한 뉴욕 정신분석연구소에서 일하면서 Federn의 지도와 영향을 받았고 샌프란시스코의 정신분석연구소에서 일할 때는 Erikson의 지도와 영향을 받았다. Berne은 교류분석 이론을 개발해 가던 중 1956년 정신분석 전문가 자격 신청에서 여러 차례 탈락하게 된 것이 자신의 관심 분야인 사회적 상호작용 및 심리치료나 인간의 성격에 대하여 본격적으로 연구 및 발전시키는 계기가 되었다. 그 결과 교류분석 이론의 핵심이 되고 있는 부모 자아상태와 성인 자아상태 그리고 어린이 자아상태에 관한 『심리치료에서 자아상태(ego state in psychotherapy)』라고 하는 논문을 미국 심리치료학회지(American Journal Psychotherapy)에 발표하였다. 그후 1964년 『사람들이 하는 게임(*Games people play*)』이라는 저서를 출간하였다. 사회에 널리 알려져 있는 이 '게임' 은 사회학과 인류학에 관한 문제들이다. 게임분석은 사회적 정신의학의 한 부분으로서 단순히 사회적 정신의학적인 일들이 발생할 때나 무관심할 때에 관해서만 서술된 것이다.

그후 Berne의 *Games people play*(1964) 와 Harris의 저서 *I' m O.K.－You' re O.K.*(1969)는 인간 행동과 감정을 설명하는 새로운 이론 체계를 구성하도록 하였으며 인간 성격에 내재하고 있는 기초적 원리를 가정하도록 하였다(Berne, 1961, 1964 ; Sirridge, 1980).

2) 상호교류분석 이론의 기초

상호교류분석(TA) 이론은 사람과 사회적 환경 안에서의 인성발달과 관련된 사회적 관계를 중요시하는 개인 상호이론이다. Berne의 이론에 의하면 인간은 환경과의 상호작용을 통하여 가치와 신념들을 이해하고 개인의 인성형성에 영향을 받게 되나 스스로 자신의 행동 유형과 삶의 양식을 결정하는 자율적 존재라고 하였다. 또한 모든 인간은 자극을 받고자 하는 기본 욕구를 갖고 있다는 것이다.

자극의 욕구(stimulus hunger)는 '인간을 인식하는 기본 단위' 로서 상호교류분석 이론에서는 「스트로크(stroke : 쓰다듬기)」를 통하여 이루어진다. 즉, 인간은 아기이든 성장한 사람이든 간에 기분 좋게 느끼는 긍정적이든, 기분 나쁘게 하는 부정적이든 간에 자극받고 인정받고 싶어한다. 이러한 자극의 허기를 채워 줄 수 있는 행동을 스트로크라고 한다.

인간 인식의 기본 단위인 스트로크는 언어, 표정, 감정, 몸짓 등 다양한 교류 단위로서 언어적 또는 비언어적 방법으로 표현된다. Spitz(1945)의 연구에서처럼 자극의 욕구가 채워지지 못한 아기들은 마라스무스*라고 하는 병에 걸려 생명에 위협을 받게 된다는 것이다.

스트로크가 긍정적으로 이루어질 때는 자극의 욕구가 채워질 수 있으나 부정적으로 이루어질 때는 마라스무스와 같은 현상이 일어난다. 이와

■ 마라스무스(Marasmus)는 Spitz가 처음 정의한 개념으로 2차대전 중 부모와 격리되어 병원이나 다른 시설에 수용된 아기들이 신체적 접촉을 받지 못해 심하게 말랐다가 결국은 죽게 된 심신증적 병명이다.

같은 자극, 특별히 신체적 접촉은 모든 인간이 생존하는 데 필수 불가결한 요소인 것이다.

다음은 인정에 대한 욕구 또는 허기(recognition hunger)에 대한 개념이다(Berne, 1964).

Berne에 의하면 인정에 대한 욕구는 상징적인 언어를 사용함으로써 자극에 대한 욕구를 보다 확대하여 사용한다. 어린이가 성장함으로써 신체적 접촉은 줄어들고 언어적인 인정으로 대치되는 것이다. 접촉과 자극의 욕구는 그대로 남아 있지만 이러한 욕구를 충족시킬 수 있는 수단은 신체적인 쓰다듬기에서 언어적인 쓰다듬기로 바뀌게 된다는 것이다.

또 다른 하나의 욕구 또는 허기(another hunger)는 매일매일 일상생활 속에서 해결되어야만 하는 시간을 관리하는 일이다(how will a person fill his or her time). 사람들은 자신들이 좋아하는 방법으로 시간을 즐기고 사용하고 낭비하고 또한 보잘것없는 일들에 소모하는 것을 배워 왔으며 그가 속해 있는 가족과 사회가 수용하는 방법에 따라 시간을 관리하는 것을 배운다. 시간 구조는 한 개인이 시간을 어떻게 활용하는가 하는 것을 도와줄 뿐 아니라 다른 사람을 통해 받을 수 있는 스트로크의 양을 최소한으로 줄일 수도 있고 최대한으로 늘릴 수도 있다.

모든 긍정적 또는 부정적 스트로크는 그 유형, 크기, 강도가 있다. 이러한 것들은 기본적으로 두 가지 광범위한 범주에 속해 있다. 즉, 첫 번째는 "~하기 때문에(doing)" 인정의 욕구를 채워 주는 것과, 두 번째는 "~이기 때문에(being)" 인정하는 것이다.

예를 들어 첫 번째는 조건적인 인정의 스트로크로서 "나는 네가 네 방과 침대를 잘 정돈할 때 너를 좋아한단다"라고 어머니가 자녀에게 말하여 주의를 기울여 무엇인가 행위를 요구하는 조건이 따른다. 두 번째는 무조건적인 스트로크로서 "나는 너를 사랑하고 또한 너를 돌본단다. 왜냐하면 너는 너로서 중요한 사람이기 때문이야"라고 아버지가 자녀에게 말할 때이다. 이러한 인정은 살아 있는 인간의 존재 가치에 기초한 스트로크이다.

이렇게 주고받는 다이내믹한 상호작용의 쓰다듬기를 통해 어린이들은 세상 사람들과 그들 스스로에 대한 느낌을 정의한다. 사람들이 그들 자신과 다른 사람들에 관하여 어떻게 느끼는가 하는 것은 기본적 삶의 형태가 되는 것이다.

이와 같이 세상에 대한 자신과의 관계를 나타내는 기본적 삶의 형태는 네 가지로 표현된다(Sirridge, 1980).

(1) 나는 옳다–너도 옳다(I'm O.K.–You're O.K.)
이런 사람은 전인격적으로 건강하며 자기 자신과 다른 사람과의 관계를 편안하게 느끼고 만족해 한다. 모든 느낌과 인식이 O.K.로 표현되기 때문에 늘 승리하는 삶의 유형으로서 계속 활동하고 성장하려는 동기를 갖게 된다.

(2) 나는 옳지 않다–너는 옳다(I'm not O.K.–You're O.K.)
이러한 사람은 자신을 다른 사람과 비교하여 부적절하고 열등하다고 느낀다. 그래서 자아감은 다른 사람이 O.K.해줄 때만이 생기기 때문에 좌절하고 자신을 무가치한 사람이라고 생각하는 삶의 유형이다.

(3) 나는 옳다–너는 옳지 않다(I'm O.K.–You're not O.K.)
이러한 입장을 갖는 사람은 타인을 부적절하고 무가치한 것으로 간주한다. 다른 사람에 대해 불안해 하고 기본 생활 자세는 다른 사람 위에 위치하고자 하며 쉽게 분노하고 타인을 무시하고 생색을 내는 삶의 유형이다.

(4) 나는 옳지 않다–너도 옳지 않다(I'm not O.K–You're not O.K.)
이러한 유형의 사람은 자신을 포함해서 아무도 믿지 않기 때문에 모든 것이 부정적이다. 그리하여 자신은 결코 성공할 수 없다고 느끼며 인생은 냉혹하고 무가치한 것으로 생각한다.

이와 같이 사람들이 갖고 있는 기본 삶의 유형은 그들이 주고받는 스트로크, 즉 쓰다듬기에 의해 결정되는 것이다(Berne, 1964 ; Sirridge, 1980).

3) Berne의 인성 구조(personality structure)

각 개인의 인성은 자아상태(ego–state)라 불리는 것으로 구성되어 있다. 자아상태란 현실에 대한 정의, 정보 처리 그리고 외부 세계에 대한 반응들로 조직된다. 다시 말해서, 자아상태란 한 개인이 의식적으로 깨달을 수 있고 눈으로 볼 수 있는 행동적인 것들, 가치, 느낌들의 총체라고 할 수 있다(Babock & Keepers, 1976 ; Sirridge, 1980).

상호교류 이론에서 말하는 관찰 가능한 세 가지 자아상태는 부모 자아상태(parent ego-state), 성인 자아상태(adult ego-state) 그리고 어린이 자아상태(child ego-state)로 나눈다.

이 세 가지 자아상태는 세 개의 원으로 도식화될 수 있으며 세 개의 원은 세 개의 자아상태가 각각 분리되어 있음을 나타내고 각 자아상태 안에는 다른 자아상태도 함축되어 있으며 사람들의 자세나 행동에 의해 파악될 수 있음을 나타낸다(그림 6–4).

〈그림 6 - 4〉 성격의 구조와 자아상태의 단순 모형

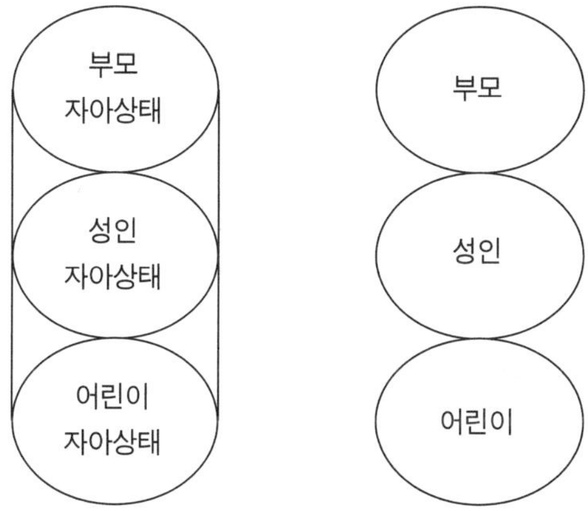

a 성격의 구조　　b 자아상태의 단순 모형

자료 : Berne, 1964, p.25

Berne에 의하면 각 개인의 모든 사람들은 그들의 내부에 부모 자아상태를 지니고 있으며 또한 어린이들과 지적으로 지체된 자 또는 정신분열증 환자를 포함해서까지 모든 사람들은 적절한 자아상태로 행동되어질 수 있는 성인 자아상태를 갖고 있다. 그리고 모든 사람들은 현재 그 자신보다 어린 소년 소녀의 상태를 그 내부에 지니고 있다. 〈그림 a〉는 부모 · 성인 · 어린이 자아상태가 포함된 한 개인의 완전한 성격의 도식이다. 이들은 서로 각각 완전히 일치하지 않고 다르기 때문에 조심스럽게 서로 분리된다. 〈그림 b〉는 자아상태의 구조를 편리하게 단순하게 도식

화한 모형이다(Berne, 1964).

(1) 어린이 자아상태(child ego-state)

"어린이의 자아상태는 여러 면에서 인간 성격의 가장 가치 있는 부분이다. 개개인의 삶 속에서 어린이가 가족의 삶에 기여하는 것처럼 어린이 자아상태는 매력적이고 기쁨을 주며 창의적이게 한다. 어린이의 자아 안에는 직관력과 창의성, 자발적인 욕구 그리고 유쾌함이 존재한다. 그러나 만일 어린이가 개인적으로 혼란에 빠져 있거나 불건전하면 그 결과는 불행하게 될지도 모른다. 때로는 그럴 수도 있고 실제로 그렇게 되기도 한다"(Berne, 1964, pp.25~26 ; Sirridge, 1980, p.128)

어린이 자아상태는 한 개인의 생리적 욕구와 기본 감정의 저장소이다. 또한 어린이 자아상태는 한 개인으로 하여금 자신이 누구인가를 느끼도록 하므로 그 사람의 가장 실제적인 모습으로 체험되기도 한다. 각 사람의 어린이 자아는 그들 삶에서 가장 중요한 정서적 사건들뿐 아니라 영아기의 경험까지도 모두 기록한다. 이와 같이 어른들이 갖고 있는 어린이 자아상태는 그들이 어린이였을 때 느끼던 감정이나 행동들을 그대로 느낄 수 있게 한다.

어린이의 자아는 천성적 어린이 자아상태(natural ego-state)와 개조된 어린이 자아상태(adapted ego-state)로 나눈다. 천성적 어린이 자아는 오직 자신의 내적 욕구와 필요한 것들로 연결되어 있으며 그러한 자신의 내적 욕구와 필요한 것들에 의하여 행동하도록 한다. 그러나 개조된 어린이 자아는 자신의 욕구에 의한 자연스러운 행동이나 표현이 아니라 주변 사람들, 특히 부모가 자신에게 원하는 것에 맞추어 부모를 기분 좋게 하기 위해 행동하거나 반응하므로 자아상태가 자연스럽지 못하다. 어린이 자아상태는 '어린이다운(childish or childlike)' 행동을 원하지 않기 때문에 성장하면서 잠깐 나타나는 경향이다. 기쁨, 분노, 공포, 슬픔과 같은 어린이다운(childlike) 표현의 자발적인 발산은 어린이 활동을 덜 제한하는 놀이 상황에서 잘 나타난다. 어린이다운 행동은 역시 3~5세 유아들의 지적 사고와 감정과 함께 동반된다(Sirridge, 1980).

Berne은 교류분석 이론의 구조적 분석에서는 'childlish' 라는 말을 사용하지 않았다. 왜냐하면 이 말은 어의적으로 바람직하지 않게 사용되어져 왔으며 보다 생물학적이고 편견이 없는 'childlike' 라는 말로 기술하였다(Berne, 1964).

(2) 성인 자아상태(adult ego-state)

성인 자아는 성격의 한 부분으로서 자료를 수집하고 그것을 처리하며 논리적인 법칙을 따라 판단하며 어떤 결론에 도달하도록 진행시키는 것 등을 포함한다.

성인 자아상태는 외부 세계를 관찰하며 예측하는 기능을 지닌 컴퓨터와 같은 무감각 기관으로 간주되기도 한다. 이러한 성인 자아상태는 생의 처음 단계인 감각운동기인 영아기에도 작동하며, 2세경 언어를 사용함으로써 보다 상징적인 수준으로 옮아간다. 어린이들이 전체적인 발달이 이룩됨으로써 정보의 수준이 증가하고 인지 구조는 더욱 복잡해지며 성숙해간다. 이러한 성장과 함께 성인 자아는 대개 어린이가 12세가 될 무렵 그 기능이 성숙해지며 추상적이고 가설적-연역적 사고가 가능한 16세 쯤 되면 좀 더 충분한 성인 자아가 성장한다. 각 개인이 소유하고 있는 성인 자아상태의 기능은 다양한 지식의 수준으로 변화한다(Sirridge, 1980). 따라서 교류분석 이론에서 뜻하는 성인이란 발달 연령이나 생활 연령에 의해 구분되는 성인이 아니다.

(3) 부모 자아상태(parent ego-state)

부모 자아상태란 각 사람들의 삶에 영향을 미친 의미 있는 타인들, 즉 부모나 형제 그 밖의 권위적인 위치에 있는 사람들을 통하여 모방하거나 학습하게 되는 태도 또는 지각 내용과 그 내용들을 내면화하여 기록된 것으로 이러한 기록이 개개인의 성격의 일부분으로 된 것이다. 이러한 부모 자아상태는 사람들이 해야 할 일과 하지 말아야 할 것 등 규칙을 배우며 태도, 전통, 가치 등 사람이 살아가는 데 무엇이 중요한가 하는 것을 배우는 것 등이 포함된다.

이와 같이 부모 자아상태는 각 개인이 속해 살고 있는 사회 안의 문화나 규범을 아는 데 필요한 모든 것들에 관한 교육용 비디오 테이프와 같다. 왜냐하면 부모 자아상태는 부모가 자녀를 양육하고 자녀행동을 조절하며 돕는 부모행동의 결정적인 것들을 그대로 복사한 것이기 때문이다.

그래서 부모 자아상태를 갖고 있는 어린이는 그들 부모의 가치와 그들 부모의 양육태도를 그대로 반영하게 된다. 따라서 부모 자아상태는 개개인이 사회 구성원으로서 효율적으로 행동할 수 있도록 도와주는 기능과 생활에 필요한 반응들을 자동적으로 할 수 있는 기능을 한다.

부모 자아의 정보는 부모의 자녀양육 기능과 태도에 따라서 양육적 부모(nurting parent) 자아와 통제적 부모(controlling parent) 자아로 구분한다. 양육적 부모 자아는 다른 사람을 돌보고 보호하는 기능을 말하며 통제적 부모 자아는 자신이나 다른 사람들의 권리를 고려하지 않고 행동하는 기능을 일컫는다.

양육적 부모 자아상태는 건전한 성격을 형성, 유지하는 데 필수적이지만 통제적 부모 자아상태가 강한 인품을 지닌 사람은 지나치게 간섭하고 지배적이 되어 어린이 자아상태가 개조되도록 영향을 미치게 된다. 그리하여 어린이는 자신의 정체감(identity)을 갖지 못하고 수동적으로 끌려가는 생활을 하게 되므로 이러한 상태를 일컬어 Berne은 '부모가 쓰는 삶의 원고' 라고 하였다(Berne, 1961 ; Sirridge, 1980 ; 이원영, 1985).

(4) 자아상태의 폐쇄와 오염(state of exclusion and contamination)

어린이 자아상태, 성인 자아상태, 부모 자아상태 등 각 개인이 지니게 되는 이 세 개의 자아상태는 적절하게 사용되어져야 한다. 이는 각 개인이 갖게 되는 외부 세계에 대한 감정이나 사고활동, 행동 분야 등에 대하여 결함이나 부족함 없이 반응할 수 있도록 각 자아상태의 유연성과 유동성이 요구되는 것이다. 그러나 각 자아상태의 그 경계가 파손되었거나, 한 자아상태가 다른 자아상태의 구조를 침범하게 되거나, 성인 자아상태가 정보를 수집, 검토할 수 없게 되면 성격에 문제가 생겨서 사회에서의 적응이 어렵게 된다. 이와 같이 각 개인이 하나 또는 그 이상의 자아상태가 포함되는 것을 차단하는 기능을 폐쇄 또는 배타(exclusion)라 한다.

자아상태가 다른 자아상태로부터 폐쇄된 사람은 어떤 수용할 수 있는 중요한 인식이나 개인적 욕구, 문제해결과 같은 일들을 폐쇄하여 차단시켜 버리므로 일상 생활에서 많은 애로와 문제를 경험하게 된다.

〈그림 6-5〉에서 나타난 자아상태의 도식인 원(circle)은 한 개인의 감정과 사고 그리고 행동을 완전히 명료하게 분리하는 것이 아니다. 인간의 성격은 실제 사실과 거기에 따른 의견 그리고 사고와 감정간에는 따

로 분리되어 일어나는 것이 아니라 항상 겹쳐서 일어나기 때문이다. 이러한 현상은 어린이 자아상태나 부모 자아상태와는 완전히 다른 생각을 실제로 소유하고 있는 성인 자아상태에 의해 나타난다(Steiner, 1974 ; Sirridge, 1980). 이러한 과정은 실제와 허구를 혼합시키도록 이끄는데 이때 일어나는 심리적 상태를 오염(contamination)이라고 일컫는다. 예를 들면 부모가 "성(sex)은 사악하고 추악한 것이야", "놀기 전에 일해라"와 같은 생각으로 개인의 성인 자아상태의 하나로 오염될 수 있다. 따라서 자아상태의 경계가 심하게 이완되어 다른 자아구조를 침범하게 되어 혼합되었을 때를 오염이라고 하고, 반대로 자아구조의 경계가 지나치게 경직되어 자아구조간의 에너지 이동이 불가능하도록 차단될 때를 폐쇄 또는 배타라고 한다.

건전한 자아상태는 ① 성인 자아가 부모나 어린이 자아에 의해 오염당하거나 폐쇄당하지 않지만 ② 부모 자아가 성인 자아를 오염할 경우에는 편견을 갖게 되고 ③ 어린이 자아가 성인 자아를 오염시킬 경우에는 헛된 망상을 나타낸다. ④ 또한 부모 자아와 어린이 자아가 성인 자아를 오염시킬 경우 부모자아의 지시를 받고 어린이 자아는 공포, 두려움으로 정신 병리적 성격을 나타내게 된다.

〈그림 6 - 5〉 자아상태의 오염

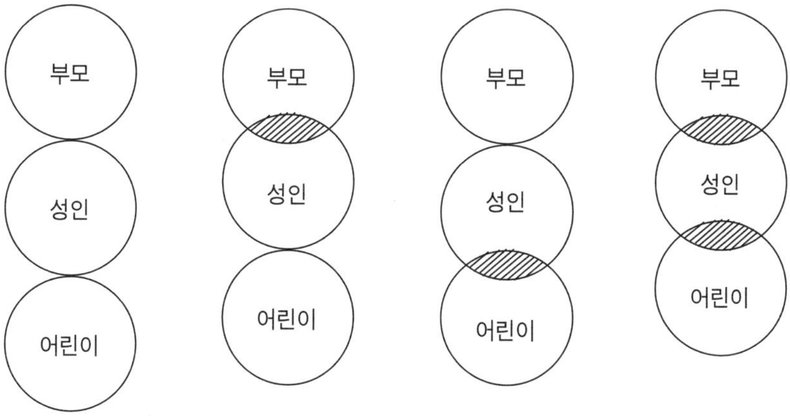

①	②	③	④
오염되지 않은 성인 자아	부모에 의해 오염된 성인 자아 편견	어린이에 의해 오염된 성인 자아 헛된 망상	부모, 어린이에 의해 오염된 성인 자아

자료 : Sirridge, 1980, p.130

각 자아상태의 폐쇄는 그 경계가 마치 벽처럼 차단되어 에너지를 한 곳에서만 작용하므로 한 개인의 행동을 지배하게 된다〈그림 6–6〉. ① 부모 자아상태가 폐쇄되어 성인 자아와 어린이 자아상태의 기능이 방해받게 되는 사람은 비평적이고 놀이는 전혀 모르고 일에만 몰두하며 훈계와 권위적인 태도를 보인다. ② 성인 자아상태에 폐쇄되어 부모 자아와 어린이 자아상태가 그 기능을 방해받게 된 사람은 마치 컴퓨터와 같이 일하는 기계와 같고 합리적이며 객관적인 반면에 감정이 없는 사람처럼 행동하게 된다. ③ 어린이 자아상태에 폐쇄되어 부모와 성인 자아상태의 기능이 방해를 받게 되는 사람은 놀기를 좋아하며 감정에 치우치기 쉽고 비양심적이며 다른 사람을 무시하고 자기 마음대로 행동하게 된다(Berne, 1961, 1964 ; Sirridge, 1980).

〈그림 6 - 6〉 자아상태의 폐쇄

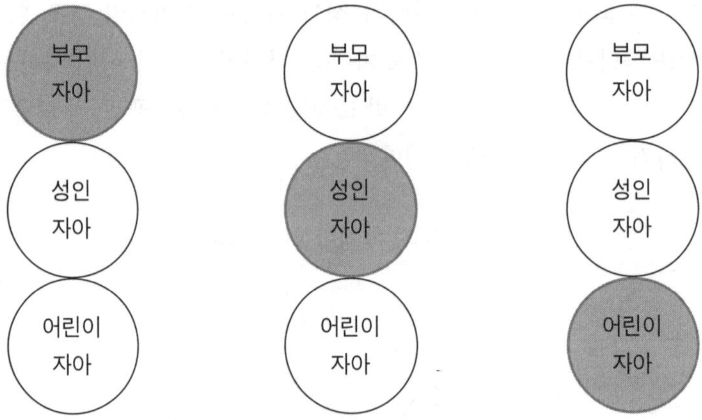

① 부모 자아상태의 폐쇄　② 성인 자아상태의 폐쇄　③ 어린이 자아상태의 폐쇄

자료 : Sirridge, 1980, p.130

4) 상호교류(transaction)의 유형

Berne에 의하면 상호교류(transaction)는 두 사람 사이에서 일어나는 스트로크의 교환이다. 각 상호교류는 한 사람이 주는 자극과 그 자극에 의해 오는 다른 사람의 반응을 함께하는 것이다. 이러한 반응은 또 다른

반응을 일으키게 하는 자극이 되며 또한 다른 상호교류를 구성하게 된다. 보통 대화에서는 날씨와 관련해서 작은 스트로크가 이루어지며 일반적으로 상호교류는 주고받고 하는 교환의 스트로크로 나타난다. 한 사람이 다른 사람과 교류를 하게 될 때에는 그 사람은 다양한 자아상태를 사용하게 되는데 이때 사용하는 자아상태는 자신을 다른 사람에게 나타내 하나의 의사소통 유형, 즉 상호교류 유형으로 한정될 수 있다. 이러한 사람들간의 상호교류에는 다음과 같은 세 가지 기본 유형과 법칙이 있다(Sirridge, 1980).

(1) 보완적 상호교류(commplementary transaction)

만일 한 사람이 다른 한 사람에게 말을 걸면 거기에 대한 반응은 여러 가지로 나타날 것이다. 예를 들면 어머니가 자녀에게 "너희 학교는 몇 시에 시작하니?(자극)" 라고 물으면 자녀는 "8시 30분에요(반응)" 라고 대답한다. 이와 같이 부모 · 성인 · 어린이 자아상태에서 자극과 반응이 평행하거나 상호보완적이어서 의사소통이 부드럽게 진행되는 유형의 상호교류를 보완적 또는 상보적 상호교류라고 한다. 보완적 상호교류를 하는 사람은 다양한 자아상태로 스트로크를 교환할 수 있다〈그림 6–7〉. 즉, 무례한 행동을 하는 자녀 이야기(부모–부모 상호교류), 문제해결을 하려는 노력(성인–성인 상호교류), 함께 즐기는 놀이활동(어린이–어린이 상호교류), 양육과 징계(부모–어린이 상호교류) 등 여러 가지 일상적인 대화에서 이루어질 수 있다(Sirridge, 1980). 이와같이 보완적 상호교류는 자극과 반응의 방향인 의사소통이 평행을 이루며 단지 두 자아상태

〈그림 6 · 7〉 보완적 상호교류

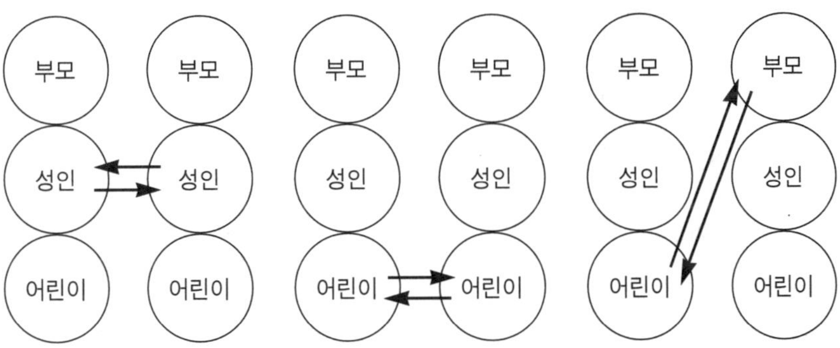

자료 : Berne, 1964, p.30

안에서만 상호교류하는 관계형성의 특징이 있다.

보완적 상호교류를 도식화하면 〈그림 6–7〉과 같다.

(2) 교차적 상호교류(crossed transaction)

만약 한 사람이 다른 한 사람에게 어떤 신호를 보내 메시지를 전달하려고 하는데, 그 사람은 거기에 대하여 상호보완적으로 반응을 해오지 않으면 대화는 끊어져 버려 교류는 이루어질 수 없게 된다. 이러한 의사전달법은 대화가 계속 진행되는 것을 잘라 버리기 때문에 교차적 상호교류라고 한다. 교차적 상호교류에서는 처음의 주제를 잃어버리고 상호 의사전달을 위해 처음의 주제를 다시 도입하지 않으므로 계속 재교차가 일어나는 것이다. 일상생활에서 벌어지는 '논쟁'과 같은 것은 마음이 뒤범벅이 되어 혼란 속에 빠져 처음 주제를 잃어버리도록 하여 교차된 상호작용이 되는 전형적인 그 예가 된다(Sirridge, 1980).

교차적 상호교류에서는 한 사람이 두 가지 자아상태로 대화를 하기 때문에 교류가 교차되는 것이다. 예를 들어서 "당신 내 와이셔츠 카우스 단추가 어디 있는지 알아요?"라고 묻는 남편에게 "책상 위에요"라고 대답을 하면 정보를 원하는 사람에게 객관적으로 정보를 제공하게 되므로 성인–성인 자아상태로 교류가 된 것이다. 그러나 "당신은 우리 아버지가 그러셨던 것처럼 왜 항상 나를 보고 야단치세요?"라고 말한다면 성인–성인 자아상태의 교류를 원하였던 사람에게 어린이 자아상태에서 부모 자아상태로 반응하게 된 것이며(〈그림 6–8〉 A 유형), "아니 당신

〈그림 6 - 8〉 교차적 상호교류

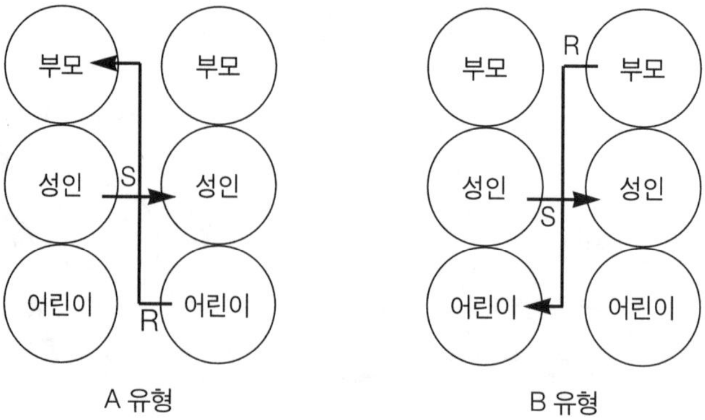

자료 : Berne, 1964, p.31

은 왜 자기 것을 아무데나 놓고서는 매일 그렇게 찾으세요? 찾지 않도록 좀 잘 놓아 두세요"라고 반응하였다면 부모가 자녀를 야단치는 부모-어린이 자아상태로 상호교류하게 된 것이다(〈그림 6-8〉 B 유형).

이와 같이 교차된 상호교류는 두 사람간에 원만한 상호작용이 이루어지지 않고 있음을 알 수 있다(Berne, 1961, 1964 ; Sirridge 1980).

(3) 잠재적 상호교류(ulterior transaction)

잠재적 상호교류는 협의 사항 및 주제, 즉 전달하고자 하는 메시지가 심리적으로 숨겨져 있는 것이다. 보완적 상호교류와 교차적 상호교류는 그 자아상태가 외적으로 나타나고 있으나, 잠재적 상호교류는 명백한 메시지는 있으나 그 메시지가 심리적으로 숨겨져서 겉으로 드러나고 있는 사회적 수준과 숨겨져 있는 심리적 수준이 다르게 일어나는 것을 말한다. 일반적으로 공공연한 사회적 수준의 메시지는 언어에 의해 전달되나 숨겨진 심리적 수준의 메시지는 어떤 단어에 함축되어 있기도 하고 목소리의 억양이나 몸짓에 의해 나타나기도 한다.

사회적 수준은 성인-성인 자아상태에로 그 교류가 이루어지지만 심리적 수준에서는 상대방의 부모 자아상태나 어린이 자아상태로 교류를 하고 있는 것이다. 예를 들어, 노련한 세일즈맨과 같은 사람들은 세 가지 자아상태를 포함한 각이진 상호교류(angural ulterior transaction)를 쉽게 사용하고 있다.

세일즈맨 : 이 물건이 더 좋습니다. 그러나 당신 형편으로는 그것을 구할 수가 없겠습니다.
주 부 : 나는 바로 그 물건을 사겠어요.

여기서 세일즈맨은 두 개의 자아상태를 사용하고 있다. 사회적 수준에서는 객관적 정보를 제공하며 성인 자아상태를 사용하면서 심리적 수준에서는 주부의 어린이 자아상태를 자극한 것이다. 이때 주부는 자신의 재정적 형편은 고려하지 않고 이 세일즈맨에게 좋은 고객으로서 그것을 살 수 있는 능력이 있음을 보이기 위해 그 물건을 구입하게 되면 세일즈맨의 각이진 상호교류는 두 사람간에 보완적으로 이루어져 성공을 하게 된다(〈그림 6-9〉 A 유형). 그러나 만일 이 주부가 "이봐요! 내가 그 물건을 살 수 있는 형편인지 아닌지 당신이 어떻게 아세요? 얄팍한 상술로 사람 마음을 충동질시키는 건방진 사람 같으니라고… . 돈이 있고 그 물건이 필요해도 나는 안 사겠어요"라고 말하며 싸움이 일어나게 되면 세일즈맨은 각이진 잠재적 상호교류로 성공하지 못하고 교차적 상호교류가 일어나게 될 것이다.

다음에는 네 개의 자아상태가 포함된 이중적 상호교류(duplex ulterior transaction)의 예이다.

목 동 : **이리 오셔서 헛간을 좀 보세요.**
손 님 : **나는 어린 소녀 시절부터 헛간을 좋아했답니다.**

이 두 사람은 겉으로 보기에는 사회적 수준에서 성인–성인 자아상태에로 향한 객관적 정보를 교환하고 있지만 심리적 수준에서는 어린시절 성적 놀이(sex play)에 관하여 어린이 자아상태로 대화를 하고 있는 것이다(〈그림 6–9〉 B 유형). 얼핏 겉으로 보기에는 성인 자아상태인 것처럼 보이지만 대부분의 게임은 어린이 자아상태에 의해 결정되어진다(Berne, 1964 ; Sirridge, 1980).

〈그림 6 - 9〉 잠재적 상호교류

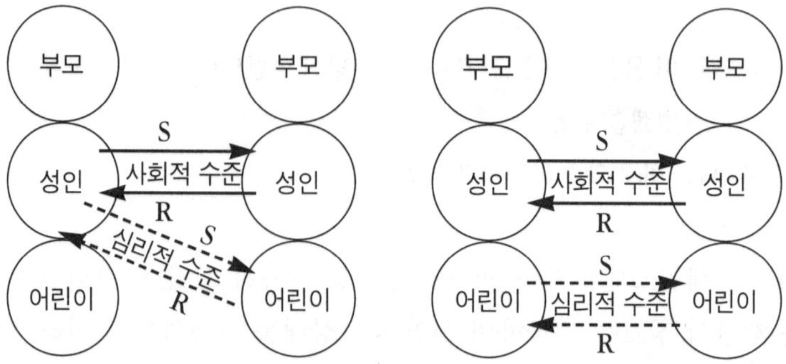

A : 각이진 상호교류　　B : 이중적 상호교류

자료 : Berne, 1964, p.34

5) 게임과 스크립트(game and script)

Berne에 의하면 모든 인간관계에서 일어나는 의사소통 과정에는 숨겨진 함정이 있게 마련인데 이러한 현상은 잠재적 상호교류에 의해 일어난다고 하였으며, 이러한 잠재적 상호교류를 Berne은 게임이라고 하였다. 모든 게임은 기본적으로 속임수가 있고 결과는 극적이고 흥분된 감정을 갖게 하며, 또한 조직적이고 예측 가능한 결과로 발전되어 가는 보완적-이중적 교류 속에서 진행된다. 이는 마치 어린이가 자기 자신을 보호하기 위한 심리적 상태와 같은 맥락에서 기인되고 있음을 알 수 있다.

사람들이 왜 다른 사람과 상호교류하기를 원하는가 하는 것을 이해하기 위해서는 자극욕구(stimulus hunger), 구조욕구(structure hunger), 자세욕구(position hunger)에 대한 기본적 동기가 설명되어져야 한다. 게임은 이 세 가지 욕구, 즉 허기를 채워 주게 되는데, 여기에서 얻는 만족은 우월감 또는 사건의 절정과 같은 감정들로 연관되어 있다(Steiner, 1974 ; Sirridge, 1980).

자극의 욕구는 스트로크를 주고받으면서 충족시킨다. 즉, 언어, 표정, 감정, 몸짓 등 언어적으로나 비언어적으로 「쓰다듬는다」는 인간 상호교류에서 일어나는 인간 인식의 기본 단위로 정의한다.

구조의 욕구는 사람이 시간을 어떻게 소모하느냐 하는 측면에서 고려된다. 구조의 욕구를 충족시키기 위해서 사람들은 사회적 상황 안에서 상호 스트로크가 이루어질 수 있도록 시간을 구조화하고 조직하는 것이다. 시간을 구조화하는 방법 중에 게임은 중요한 한 요소인 것이다.

자세의 욕구는 사람들이 다른 사람들과의 상호교류에서 오는 긍정(OK' ness) 감정과 관련된 것이다. 6세 이전 유아들의 부모가 자녀를 대하는 양육태도, 즉 금지, 명령, 허용, 수용 등은 그들 자녀가 긍정적인 생활자세를 갖느냐, 아니면 부정적인 자세를 갖느냐 하는 데 영향을 미친다. 사람들은 어떤 자세 또는 지위를 차지하려는 욕구에 의해 행동을 하게 된다. 이러한 행동은 개인의 생활 자세를 바탕으로 하여 생활 방식의 기본 모형인 생활 각본(life script), 즉 스크립트를 만들게 된다. 한 개인이 살아가는 방법과 그의 삶이 어떻게 결과로 나타나 귀결되는가 하는 것이 스크립트이다. 그것은 하나의 패턴이고 테마이며 인간의 전생애에 걸쳐 되풀이되어 이어지는 이야기 줄거리이다. 한 개인의 삶에 대한 스크립트를 기록할 때에는 그 이전의 삶과 경험을 현재와 미래의 사건에 합치게 된다. 그 스크립트는 가족간에 주고받은 스트로크에서 배운 것, 상호교류하는 방법 중에서 선호하는 것 그리고 그들이 배워 온 심리학적인 게임들, 그들이 선택한 기본적 삶의 자세, 나아가서는 그들이 경험해 온 문화적 · 역사적 영향들을 모두 포함하게 된다. 이와 같이 스크립트는 사회적 관계를 통해 수집된 정보를 토대로 하여 결정되므로 성장해 가면서 습득되는 정보의 양과 종류에 따라 스크립트를 변경시킬 수 있다. 스크립트의 결정은 때때로 '결심'과 같이 나타날 수 있다. 예를 들어 "좋아, 만일 이렇게 하는 것이 그 방법이라면 지금부터 나는 그렇게 하겠다(혹은 하지 않겠다)"와 같은 표현으로 나타날 수 있다(Babock & Keepers, 1976 ; Sirridge, 1980).

지금까지 살펴본 바와 같이 상호교류분석 이론에서의 게임이란 두 사람 또는 그 이상의 집단 사람들에게서 일어나는 심리적 상호교류의 상태로서 일반적으로 말하는 즐거움이나 재미를 주는 놀이활동의 게임을 의미하는 것이 아니다.

Berne에 의하면 게임의 종류가 많은데 주정꾼, 빚쟁이, 부부 싸움, 파괴, 성적 관계 등 많은 인간관계가 게임으로 이루어지고 있으므로 게임을 분석하여 보다 좋은 인간관계를 형성하도록 돕는 것이 상호교류 심리학의 주된 목적이라고 하였다.

게임은 세대에서 세대로 옮겨서 전달되며 지금 각 개인이 쓰고 있는 게임은 전세대, 즉 부모로부터 물려받은 것이며 앞으로 자식이나 증손에게(성공적인 개입이 없는 한) 그대로 전달될 것이다. 따라서 어린이를 양육한다는 것은 그들에게 어떤 게임을 해야 하는지를 가르치는 것과 같다.

다른 문화 및 사회계층은 그들 나름대로 각각 다른 형태의 게임을 선호하며 그 속에 사는 다양한 종족 및 가정들은 그 범위 내에서 또 다양한 형태의 게임을 한다. 인간관계에서 이루어지는 상호교류 중 가장 이상적인 인간관계란 게임을 하지 않으면서 서로 친밀감을 느낄 수 있는 관계이다(Berne, 1964 ; Sirridge, 1980 ; 이원영, 1985).

이와 같이 TA 이론은 상담, 학교, 가정 등 인간관계에서 바람직한 의사소통을 할 수 있도록 돕는 상호교류 방법이다. 상호교류는 사람과 사람 사이에서 일어나는 스트로크의 교환으로서 이는 인간을 인식하는 기본 단위이다. 스트로크와 자극 및 인정에 대한 허기를 채우려는 욕구를 충족시키고자 하는 것이다.

5. 행동수정 이론

1) 배 경

행동주의 심리학을 기초로하여 부모교육 이론으로 적용한 행동수정 이론(behavior modification) 또는 행동관리론 및 어린이관리론 (behavior management or child management)은 부모들이 자녀와 상호작용하며 자녀의 바람직하지 못한 행동들을 지도하는 데 있어서 부모의 좋은 모델을 제시하였으며 구체적인 방법들을 제시하여 많은 영향을 미쳤다.

행동수정 이론은 Watson이 『영아 및 아동의 심리학적 양육』이라는 양육서를 행동주의 심리학에 기초하여 출판하고 부모교육 강연을 자주 실시하면서 시작하여 1940년대에 Skinner에 의해 더욱 활발하게 행동주의 심리학에 근거한 양육이론이 확산되었다. Skinner는 1948년에 『웰던 2(Welden Two)』라는 저서를 발표하였는데 이 책이 발표된 이후 아동발달, 바람직한 부모-자녀 관계의 발달, 부모역할 기능 훈련 등과 관련된 이론들이 행동주의 이론에 근거하여 발달, 확장되기 시작하였다.

행동주의 심리학의 접근은 관찰과 측정 가능한 행동에 근거한다. 행동은 모델로 사용되어지고 또한 어떤 관찰과 외적인 반응에 의존하게 되므로 행동주의 심리학에 근거한 부모역할이란 좋은 모델을 자녀에게 보여주는 것이며 또한 관찰 및 측정 가능한 행동들을 선별하여 바람직한 행동들은 더욱 잘 할 수 있도록 강화해 주고 바람직하지 못한 행동들은 의도적 및 계획적으로 수정, 변화시키도록 훈련하는 것이다(Simpson, 1980).

2) 부모–자녀 관계에 대한 행동주의 심리학의 견해

미국의 행동주의의 아버지인 Watson은 부모들에게 그들 책임의 중요성과 자녀의 발달을 손상시킬 수 있는 많은 양육방법들을 역설하여 그 시대의 부모들을 감동시켰으며 오늘날에도 부모교육 이론에 적용하고 있다. 자녀의 최적의 발달을 향한 어린이의 선천적 경향을 굳게 믿어 부모로부터 많은 영향을 받지 않는다고 말한 Gesell과는 반대로 자녀는 전적으로 양육에 의해 형태지어지며 아주 세세한 훈련의 수동적 수령자임을 강조하였다.

그리하여 Watson은 신생아란 "약간의 단순한 반응을 할 수 있는 살아 꿈틀거리는 한 조각의 살"이라고 말할 정도였다. 부모들은 이러한 신생아들을 그들의 뜻에 맞도록 모양 만들기를 시작하는데, 이러한 것은 그들이 알든 모르든 부모들은 자녀의 출생시부터 집중적인 훈련을 시작한다는 것을 의미한다. 연약한 어린이는 주의 깊게 계획된 세밀한 훈련에 의해 글씨 씌어질 수 있는 백지라는 것이다. 그리하여 어린이가 바람직한 성인으로 적절하게 성장되도록 훈련시켜야만 했으므로 아기를 훈련시키는 여러 방법이 제시되었으며 이러한 행동주의 심리학자들의 견해는 부모들에게 그들이 원하는대로 자녀를 성장시킬 수 있다는 확신을 갖게 해주었다(Watson, 1928 ; 현은자 역, 1991).

이와 같이 자녀의 성장은 부모가 원하는 대로 성취시킬 수 있으므로 행동주의 심리학에서의 부모역할이란 좋은 모델이 되는 것이다. 부모의 좋은 모델을 모방하면서 자녀들의 행동은 형성된다는 것이다.

만일 어린이가 바람직하지 못한 행동을 한다면 그것은 자아 개념 부족이나 자신감 부족 또는 부모의 사랑 결핍에서 오는 것이 아니라 그 행동은 「학습되어진 것」 또는 「훈련 부족」 때문인 것이다. 그러므로 사회적으로 적합한 행동을 할 때에는 긍정적으로 강화해 주고 부적합한 행동을 할 때에는 벌을 주거나 혐오자극을 주는 등의 행동 요법을 통하여 어린이의 행동을 형성(shaping)해 나가게 된다는 것이다. Watson과 그의 동료들은 자녀란 그들 부모가 원하는 대로 형태되어질 한 덩어리의 찰흙이라고 생각하였다(Watson, 1928).

3) 자녀양육의 원리

행동주의 원리를 적용하여 자녀를 양육하고 자녀행동을 관리할 때 우선 고려해야 할 점은, 행동주의 원칙인 관찰 및 측정 가능한 행동에만 적용된다는 것이다. 어린이의 행동을 정확히 관찰하고 측정하지 못하면 행동의 변화에 대한 목표를 올바르게 설정할 수 없게 되며 부모는 잘못된 행동 정보를 사용하여 좋은 결과를 얻을 수 없게 된다. 따라서 부모는 객관적으로 과학적인 관찰과 목표행동 설정, 기록 그리고 그 방법의 원리를 적용해야 한다.

(1) 목표행동(target behavior)의 정의

부모가 자녀의 행동을 수정하여 변화시키고자 하거나 더 북돋우어 길러주고 싶은 행동이 있을 때는 먼저 그 행동에 대한 조작적 정의를 내려야 한다. 즉, 그 행동이 관찰 가능하고 측정이 가능한 구체적인 행동으로서 "언제, 어디서, 어떻게, 무엇을" 하였는지에 관한 관찰된 행동으로 정의되어져야 한다. 이렇게 정의된 단위 행동을 목표행동이라고 한다. 예를 들어 "우리 아이는 부모 말을 잘 듣지 않아요"라고 말을 한다면 부모 말을 잘 듣지 않는 모호한 행동 정의는 전체 행동이라고 할 수 있으며, 이러한 전체 행동에는 작은 단위 행동들이 포함된다. 즉, 말을 안 듣는 전체 행동 안에 "식사 때 불러도 들은 체 하지 않는 행동, 동생을 잘 데리고 놀지 않는 행동, 장난감을 정돈하라고 하여도 정돈하지 않는 행동…" 등의 여러 가지 행동이 포함되어 있는데 이러한 하나하나의 행동을 목표행동이라고 한다. 어린이의 행동을 변화시키려고 할 때에는 먼저 목표행동을 명확히 설정하는 것이 가장 중요하다. 모든 행동을 한꺼번에 수정할 수 없으므로 우선 순위로 목표행동을 선정하여 하나씩 수정해 나가도록 계획해야 한다.

(2) 기록하기

부모는 자녀의 행동을 수정, 변화시키고자 하는 목표행동이 결정되면 그 행동과 관련된 자료를 수집해야 한다. 자료의 수집은 자녀의 행동에서 가장 결핍된 것, 과잉된 것, 유지되어야 하는 것 등을 평가할 수 있는 기준을 결정할 수 있도록 행동관찰 및 결과를 기록해야 한다. 이 기록에서 행동의 발생 빈도, 지속 시간, 발생하는 강도 등을 발견할 수 있다.

일반적으로 부모들이 쉽게 할 수 있는 기록은 관찰기록(observational recording)이다.

관찰기록은 일화기록 또는 계속성 기록(continuos recording), 사건중심 기록(evevnt recording), 지속성 기록(duration recording), 간격적 기록(interval recording), 시간 표집법 기록(time sampling recording)으로 나눈다(이원영, 1980).

(3) 행동분석

관찰된 행동에 대한 기록이 끝나면 수집된 자료를 통하여 어린이의 행동을 분석하는 일을 하게 된다.

행동을 분석하는 일은 교육의 초기 단계에 훈련하는 행동수정 원리로서 행동을 유발시키는 선행자극(antecedent)과 행동 그 자체 그리고 행동 뒤에 따라오는 후속자극(consequences)을 찾아내는 과정이 행동주의 모델의 3가지 요소이다.

〈표 6 - 7〉 행동분석의 3가지 요소

선행자극		행 동		후속자극
(antecedent)		(behavior)		(consequences)
'식별자극'		'목표행동'		'강화
'행동단서'		'문제행동'		'벌'
(엄마가 동생하고만 놀아주고 안아준다.)	------►	(동생을 때리거나 발로 찬다.)	------►	(엄마가 야단을 치거나 때려 준다. 또는 달랜다.)

자료 : Peters, Neisworth, Yawkey, 1989, p.93

어린이의 생활 환경 안에서 행동을 유발시키는 선행자극과 행동을 증감시키는 강화의 역할을 할 수 있는 후속자극이 무엇인지 알게 되면 행동을 변화시킬 수 있는 수정의 계획이 쉽게 진행된다.

어린이가 그 행동을 주로 언제, 어디서, 자주 또는 심하게 하는지 또한 그 행동을 할 때 주위에서 어떤 일들이 일어나고 있었는지 그 행동이 발생한 다음 후속자극으로서의 강화자극은 어떤 것이었는지 그 상황을 세밀하게 분석한다. 이러한 분석은 어린이의 행동에 영향을 미쳐 행동이 일어나도록 한 단서가 되는 선행자극과 행동을 계속 유지시켜야 할 목록, 증감시킬 수 있는 목록에 대하여 어떠한 후속자극, 즉 강화를 사용할 것인지를 결정하게 된다.

(4) 강화와 벌

강화(reinforcement)와 벌(punishment)은 어린이의 행동을 증감시키는 후속자극이며, 행동형성(shaping)과 모방학습(modeling)은 새로운 행동을 학습하도록 하는 선행자극이 된다.

강화에는 정적 강화(positive reinforcement)와 부적 강화(negative reinforcement)가 있다. 전자는 어린이의 바람직한 행동을 더욱 증진시키고자 할 때 칭찬, 미소 그리고 물건을 주어 그 행동을 더 하고 싶도록 하는 방법이고, 후자는 어린이가 싫어하는 대상물을 줄여 주거나 없앰으로써 강화하는 방법이다. 강화물에는 여러 가지가 있다. 아이스크림, 초콜릿, 사탕과 같은 음식물이나 장난감과 같은 물적 강화물이 있고, 칭찬, 미소, 안아주기, 쓰다듬기와 같은 사회적 강화물이 있으며, 스티커, 토큰 등과 같은 것을 모아서 보상을 받을 수 있는 자연적 강화물인 토큰 강화가 있다.

강화가 행동을 증진시키기 위한 후속자극인 반면, 벌은 행동을 감소시키기 위한 후속자극이다. 그리하여 벌은 어떤 바람직하지 않은 행동이 일어난 후 곧 어떤 사건을 주어서 그 행동을 약화시키는 것이다. 즉, 꾸짖음, 체벌, 싫어하는 일 시키기 그리고 특권 박탈, 후식 안 주기, TV 못 보기 등이 벌로 주어질 수 있다.

신체적 체벌은 가능한 사용하지 말고 사용할 때는 아주 조심스럽게 해야 하며, 어떤 상황에서든지 모든 어린이들에게 사용할 수 있는 벌에 대한 신호(signal)를 정해서 사용해야 함을 강조하고 있다.

정신건강 예방을 위한 프로그램이 전문직 서비스에 대한 욕구를 만족시키기 위해서는 부모훈련이 절대적으로 필요함을 강조하는 O'Dell(1974)은 행동수정 원리에 입각한 부모훈련 전략의 장점을 다음과 같이 진술하였다(Simpson, 1980).

① 행동수정 원리에 의한 기술은 전통적인 치료 요법에 대한 지식이 전혀 없거나 조금밖에 없는 사람들에게도 사용되어져 왔다.
② 행동수정 기법은 철저하게 일관성 있고 실험적인 것을 기초로 한 하나의 모델이다.
③ 집단 안에서 각 사람들은 행동 수정 기술을 모두 동시에 함께 배울 수 있다.
④ 행동수정 절차 활용방법을 배우는 데 있어서 개인 훈련에 필요한 시간은 비교적 짧다.
⑤ 행동수정 절차는 아주 간단하면서도 전문적 요원의 재능을 최대로 활용할 수 있다.
⑥ 행동수정을 위한 행동 모델은 '질환' 으로 간주하는 것이 아니라 문제행동의 기준으로 가정한다.
⑦ 아동기에 나타나는 대부분의 행동문제는 행동적 접근 기술로 관리할 때 매우 반응적이다.
⑧ 행동적 접근은 사람들이 일상 생활에서 겪는 문제를 평상시 보통의 환경 안에서도 취급할 수 있어서 매우 편리하다.

자녀들의 바람직한 행동형성을 돕기 위해서는 부모훈련 프로그램이 절대적으로 중요하다. 또한 부모훈련은 자연스러운 환경 안에서 이루어질 때 효과적이며 행동수정은 부모훈련 모델과 같은 실험적인 상태를 요구하고 있으며 그러한 실험적인 것들과 관련된 것들은 쉽게 학습되도록 하므로 행동주의 프로그램이 부모교육의 적용에 중요함을 강조하였다(O' Dell, 1974).

4) 부모교육의 형태

행동수정 이론을 자녀양육 이론에 적용한 부모교육은 강의를 중심으로 한 집단식 모임의 형태로 이루어졌다. 부모들이 구체적인 행동주의적 기법을 배워서 적용할 수 있도록 워크북 활동, 짧은 퀴즈 활동을 하며, 한 주간 동안 적용 및 경험한 행동주의적 접근방법에 대한 의견들을 나누며 토의하는 것 등이 포함된다. 어떤 경우에는 강사가 정보의 주요 자원일 수도 있고 부모를 위한 자기 훈육(self-instructional) 교재나 프로그램화된 자료들이 널리 활용되어 왔다. 그 예를 소개하면 다음과 같다(Simpson, 1980).

(1) READ project

부모교육을 위한 프로젝트로서 READ는 아동건강 및 인간발달기구(The National Institute of Child Health and Human Development)의 후원을 받아 개발한 프로그램이다(Baker, Brightman, Heifetz & Murphy, 1973). 이 프로그램은 전문가의 개입을 최소화하여 부모가 자녀에게 행동수정 기술을 적용할 수 있도록 고안되었다. 특별히 정신지체 아동의 자조능력, 사회성, 언어능력을 훈련시킬 수 있도록 부모에게 행동수정 기술을 가르치는 것이 주목적이었다.

(2) 부모는 교사다(parent are teacher)

자녀의 행동변화를 계획하고 체계적으로 수행하도록 훈련하는 프로그램으로서 Becker(1971)가 쓴 행동수정 원리에 입각한 교재이다. 어린이의 부모나 청소년의 부모 그리고 전문 보조자들이 사용하기에 적절하도록 각 훈련 단위마다 연습을 통해 기술을 습득할 수 있도록 즉각적인 피드백이 주어져 있다. 강화자와 처벌자의 특성을 고려하며, 부모가 경험하는 공통된 문제들을 다룰 수 있도록 되어 있다. 또한 포괄적이고 동기부여가 잘 되어 있어서 부모들이 부담 없이 관심을 갖고 적용할 수 있도록 구성되었다.

(3) 반응적인 부모훈련 프로그램(responsive parenting program)

반응적인 부모훈련 프로그램은 Hall(1971)이 개발하여 국립 정신건강기구(National Institute of Mental Health)로부터 후원을 받아 협동학교 구역의 부모들에게 제공되었다.

이 프로그램은 '예방 정신건강 훈련 프로그램'으로서 부모들의 요구에 부응하며 부족한 전문 인력을 충당하고 또한 정신건강을 예방하고 치료하여 부모–자녀간의 관계가 효율적으로 이루어지도록 돕는 것이 목적이었다.

부모들은 12주 동안 매주 2시간씩 프로그램에 참여한다. 첫 10주 동안은 행동수정 및 행동관리에 대한 훈련을 받게 되고 마지막 2주의 프로그램은 그 활동이 계속 유지되면서 처음에 실시하였던 행동수정 방법의 효과를 강화하기 위해 훈련받는 시간으로 할당하였다. 특별히 부모들은 반응과 조작적 행동의 개념 • 행동을 조작적으로 정의하고 측정하는 절차 • 행동적 접근 기술 계획하기 • 행동연구를 위한 고안, 전략 강화, 소거, 벌에 대한 절차를 알고 적용할 수 있도록 강의, 모의연구수업(연습), 역할놀이 등의 방법을 통해 훈련을 받는다.

(4) 어린이 사랑하기(for love children)

어린이를 사랑하기 위한 방법을 소개한 이 책은 McIntire(1970)가 유아에서 청소년까지의 자녀를 둔 부모들에게 행동주의 심리학에 입각한 원리와 적용방법으로 훈련하도록 고안되었다. 이 책의 첫 부분은 '계획된 부모기(parenthood by design)' 로서 정상적인 아동발달과 관련된 행동 원칙을 다루었으며, 두 번째 부분은 '변화를 위한 청사진(blue prints for change)' 으로서 일반적인 문제행동의 다양성과 십대 문제를 다루는 행동수정의 원리와 적용과정에 대해 언급되어 있고 마지막 부분은 성공적인 가정생활의 주된 지지방법으로 강화에 대해 강조하고 있다.

(5) 어린이와 함께 살기(living with children)

Patterson과 Gullion(1971)의 이 책은 부모의 행동이 자녀의 영향을 받아 학습되며 또한 부모와 아동의 행동 모두가 학습되는 것이며 특히 부모는 적응반응뿐만 아니라 부적응반응도 자녀에게 가르칠 수 있다는 행동주의적 원리에 기초하고 있다. 본서에서는 어린이의 행동은 타인과의 상호작용에 의해 가장 잘 학습되므로 사회학습(social learning) 개념을 사용하였으며 어린이의 문제행동(problem behavior)과 문제 어린이(problem children)라고 하는 개념들과 관계하여 적용될 수 있는 원리와 지도 방법을 언급하고 있다.

(6) 장애아 부모 프로그램(parenting the exceptional child)

중증 장애아 적응 프로그램(the severe personal adjustment project)으로서 학습이론 원리에 기초를 둔 부모훈련 모델을 개발하였다(Simpson, 1978). 장애아를 둔 부모들은 부모상담과 행동수정 과정 양쪽의 경험을 가진 전문가들의 도움과 지도를 필요로 한다. 전문적인 시청각 자료, 행동수정에 대한 개념을 위한 워크숍 책자의 개발을 통해서 단계적으로 지도하였다.

(7) 자녀관리(child management)

자기 교수 체계(self-instructive format)를 인용한 Smith 부부(1966)가 개발한 부모들이 건전한 학습환경을 만들어 낼 수 있도록 행동수정의 기술을 훈련시킨 프로그램이다. 이 프로그램을 통하여 부모는 자녀의 행동관리를 어떻게 할 것인지 그 기술을 훈련받는다. 자녀양육에 대한 부모의 반응변화와 자녀의 행동변화에 대한 부모의 평가 능력을 계발시켜 부모가 좋은 모델이 될 수 있도록 돕는다. 교재는 Smith 부부가 쓴 책『자녀관리 ; child management』를 사용하였다.

이와 같이 행동수정 이론은 부모들이 자녀와 상호작용하며 자녀의 바람직하지 못한 행동들을 지도하는 데 있어서 부모의 좋은 모델을 제시하며 객관적인 관찰과 목표행동 설정, 기록, 행동분석, 강화와 벌의 방법과 원리를 적용하는 것이다.

6. 효율적 부모역할 수행을 위한 체계적 훈련 : STEP 프로그램

STEP(Systematic Training for Effective Parenting) 프로그램은 Dinkmey와 Mackay(1976)가 개발한 종합적이고 체계적인 부모훈련 프로그램이다. 이 프로그램은 Dreikurs의 민주적 양육이론과 Gordon의 부모 효율성 훈련 이론 중 장점들만을 골라 체계화하여 좀 더 훌륭한 부모가 되고자 하는 성인을 위하여 고안된 것이다. 이 프로그램은 주교재를 한 주에 한 장씩 읽으며 자녀양육 문제를 토의하고 경험담을 나눌 수 있는 내용으로 엮어져 있다.

본 절에서는 부모교육의 기본 원리와 교육내용에 관해서만 간략하게 소개한다(이경우 편역, 1989, 당신도 유능한 부모가 될 수 있다 - STEP, 창지사).

1) 부모–자녀 관계에 대한 견해

오늘날 사회는 전통적인 양상에서 민주적인 양상으로 변화되고 있다. 현재 부모 세대가 성장하였던 그 당시에는 보다 엄격한 인간관계가 위계적 측면에서 맺어졌다. 아버지는 가정에서 최고의 권위자이며 어머니는 남편에게 순종하고 자녀들이 부모에게 순종하는 것은 당연했었다. 그러나 오늘날은 기존의 전통적인 사회와는 현저하게 다른 사회적 구조를 만들어 가고 있다. 즉, 모든 사람이 동등하게 대우받기 원하는 평등한 사회로 변화되어 가고 있으며 어린이들도 이러한 변화의 영향을 받게 되었고, 또한 남녀관계의 변화에도 영향을 미치게 되었으며 이러한 남녀관계의 변화는 부모–자녀 관계에 가장 크게 영향을 끼친 것이다.

여성들이 그들의 권리와 능력을 인식하고 법적 · 경제적 지위 향상을 부르짖게 되었으며 이러한 주권과 개인의 권리에 대한 투쟁 속에서 태어난 자녀들은 자신들도 권리를 주장할 수 있다고 자연스럽게 생각하게 되었다. 그러나 자녀들은 자신의 권리를 수립하는 민주적인 방법이 다른 사람의 권리를 존중하는 것임을 쉽게 이해하지 못한다. 오늘날 자녀들은 자신에게 권리가 있으며 부모들은 자녀양육에 대하여 책임이 있다고 믿는 경향이 있다. 부모들은 자녀를 과보호함으로써 부모의 권리와 책임에 대한 잘못된 이해를 자녀들에게 심어 주었으며, 자녀들에게 복종을 요구하는 전통적인 보상과 벌은 더 이상 과거와 같이 효과적이지 못하게 되었다. 또한 자녀들은 보상받는 것을 자신의 권리로 여기는 경향이 있으며 보상에 의존하는 부모는 자녀들이 보상받을 때에만 말을 잘 듣는다는 것을 알게 되었다. 벌은 그때뿐이지 효과가 없다. 자녀들은 "만일 부모님이 나에게 벌 줄 권리가 있다면 나도 부모님에게 벌 줄 권리가 있다"라고 생각한다는 것이다. 이러한 부모와 자녀 관계에서 부모는 어떻게 해야 하며 자녀를 양육하는 데 부딪히는 문제를 어떻게 처리해야 할 것인가 하는 것이 부모–자녀 관계에 관한 가장 큰 문제로 대두되는 것이다. STEP에서는 그 대안의 하나로 자녀의 행동에 대해 제한을 좀 더 줄이는 방법으로서 '허용적인' 경향을 추천하고 있다. 물론 허용적인 것은 더 큰 혼란을 야기시킬 수 있다. 또한 STEP 프로그램에서의 부모–자녀는 사회적으로 평등하다는 것이다. 평등이란 인간의 가치와 존엄성에 있어서의 평등을 말하는 것이다. 민주 사회에서는 모든 사람이 사회가 규정한 제한 안에서 존경받고 스스로 결정할 자격이 있다는 것이다.

2) 자녀양육의 원리

부모들이 자녀와 좀 더 효과적인 관계를 가질 수 있도록 돕기 위해 마련된 STEP 프로그램은 좀 더 훌륭한 부모가 되고자 원하는 성인을 위한 특별한 훈련 프로그램이다.

(1) 부모와 자녀는 사회적으로 평등한 사이이다.

민주 사회에서 모든 사람은 책임 있게 행동해야 한다. 책임 있는 성인을 키워내기 위해서는 가정에서부터 책임 있는 어린이로 자라나야 한다. 민주적인 자녀양육 방법은 평등과 상호 존중의 원리에 있다.

그러므로 STEP 프로그램에서는 상과 벌 대신에 선택과 결정을 인정하며, 또 결과에 대해 자녀 스스로 책임을 지는 데 익숙해지도록 자기 훈련이 되도록 한다.

(2) 자녀의 행동을 이해해야 한다.

자녀의 행동을 이해하기 위해서는 여러 가지 측면에서 고려하게 된다. 유전적, 생물학적 및 생화학적 그리고 환경적인 영향을 고려하게 된다.

STEP 프로그램에서는 성인들이 인간행동에 대한 이해가 부족하다는 것이다. 부모들은 자녀들의 잘못된 행동이 어떤 연령이나 단계 때문이 아니라는 것을 이해해야 하며 모든 행동에는 사회적인 목적이 있다는 것을 전제로 해야 한다.

(3) 자녀의 잘못된 행동에는 그 이유(목표)가 있음을 알아야 한다.

자녀들은 잘못된 행동을 통해 어떤 것을 성취하려고 하는 의미에서 '목표'라고 부르기도 한다. 자녀의 행동 자체보다는 잘못된 행동의 결과를 관찰하도록 부모가 자기 훈련을 하라는 것이다.

(4) 부모–자녀를 위한 긍정적 관계의 기본 요소를 알아야 한다.

부모가 자녀와의 관계를 효과적으로 맺기 위해서는 노력이 필요하다.

첫째, 상호존중의 태도를 유지하라.

부모는 자녀를 존중하는 태도를 보여라. 부정적인 말을 삼가고 친숙한 분위기에서 이야기를 나누어라.

둘째, 즐거운 시간을 가져라.

매일 부모도 즐기고 자녀도 즐길 수 있는 일을 잠깐 동안이라도 갖도록 한다. 잠자리에 들기 전은 함께 즐길 수 있는 좋은 시간이 된다.

셋째, 부모는 자녀를 격려하라.

자녀가 스스로 '나는 능력이 있다' 라고 느끼도록 하려면 자녀를 끊임없이 격려해야 한다.

넷째, 부모는 자녀에게 사랑의 표시를 하라.

부모는 자녀를 사랑한다는 것을 말로 표현하는 것뿐 아니라 실제 행동으로 표현해야 한다. 토닥거려 주고 안아 주고 뽀뽀해 주며 머리를 쓰다듬어 주어 안정감을 느끼고 사랑받고 있음을 느끼도록 해야 한다.

3) 부모교육의 형태

STEP 프로그램은 부모–자녀 관계에서 생기는 여러 가지 문제를 효과적으로 해결할 수 있는 실질적 접근 방법을 제시하고 있다. 9주 동안 걸쳐 사용하도록 하여 한 주에 한 장씩 읽고 토의하고 또한 각 장의 마지막 부분에 문제 상황과 질문이 있어서 한 주 내내 한 장에 대해 연구하도록 하였다. 9주 동안의 교육내용의 주제는 다음과 같다.

1주 : 어린이 행동의 이해
2주 : 자녀 이해와 부모 자신의 이해
3주 : 자녀를 격려하기 - 자신감과 가치감 길러주기
4주 : 의사소통 - 반영적 경청
5주 : 의사소통 - 대안 찾기, 부모의 생각과 느낌의 표현
6주 : 책임감 훈육 방법
7주 : 자연적 · 논리적 결과의 활용
8주 : 가족모임
9주 : 자신감 개발 및 잠재력 발휘

이러한 주제와 내용은 대화의 기법, 환경을 계획하는 기술, 부모 자신을 변화시키는 기술 그리고 자녀들을 변화시키는 기술, 가족의 변화를 위한 문제해결 기술 등을 다루도록 되어 있다.

7장 | 자녀의 정신건강과 문제행동

Parent Education
CHAPTER 07

1. 사회-문화적 상황

2. 유아의 정신건강의 개념 및 영역
   1) 정신건강의 개념
   2) 성장기에 따른 정신건강의 영역
      (1) 태아기
      (2) 영아기
      (3) 유아기

3. 유아의 문제행동과 교육적 해석
   1) 문제행동의 개념
   2) 문제행동의 유형
   3) 문제행동에 대한 이론적 관점

4. 자녀의 정신건강을 위한 함의

7장 자녀의 정신건강과 문제행동

바람직한 자녀의 성격 형성 및 발달은 부모와 관련되어 있는 것과 같이 자녀의 정신건강과 문제행동은 그들 부모와 가족, 그리고 그 가계(Family tree)와 관련되어 있다. 본 장에서 자녀의 정신건강과 문제행동과 관련된 사항들을 살펴본다.

1. 사회-문화적 상황

21세기는 지구환경 시대의 도래, 급격한 생활양식 및 사회 구조와 가치변화, 지식정보화 시대의 지구촌 사회, 경쟁과 협력의 새로운 경제질서 형성, 과학중심의 시대라고 한다. 이러한 시대의 사람들은 문명의 이기가 가져다 주는 혜택으로 아주 편리한 삶을 누리는 반면, 인구폭발, 자원 고갈, 핵무기, 공해, 사회의 혼란과 테러 등 미래 사회에 대한 불안으로 정신적 대혼란을 겪고 있는 것이다. 또한 사회는 도덕, 윤리, 가치관이 땅에 떨어지고 성적 문란은 극치에 이른 어둡고 암담한 시대에 처해 있다. 따라서 날마다 새로운 정보와 해결해야 할 문제들이 끊임없이 쏟아져 나오는 이 사회에서 성공적으로 생존한다는 것은 커다란 과제가 아닐 수 없다. 사람들은 과거보다 더 많은 스트레스를 받고 있으며 가족관계는 정신건강의 문제를 부추기는 중요한 요인으로 작용하고 있다. 이러한 사회적, 심리적 환경 속에서 어른들은 물론 유아들도 상당한 심리적 압박을 받게 되었다. 특히 유아들은 발달 특성상 성격 형성의 가장 중요한 시기에 놓여 있을 뿐 아니라, 외부의 압력과 스트레스에 대처할 능력과 준비가 되어 있지 않은 상태에서 무방비인 채 노출되어 있다는 약점을 가지고 있다. 이러한 유아들의 약점은 그들의 신체적 · 정신적 건강 및 제 발달상의 문제로 연결되어진다.

1970년대의 부모는 성숙한 자녀를 바라고 서둘렀지만 1980년대의 부모는 Superkid(천재아, 영재아, 뛰어난 아이, 빼어난 아이), 슈퍼맨, 슈퍼우먼를 만들고자 잘못된 교육을 하였다고 David Elkind(1987)는 말하였다.

오늘날 유아들의 부모는 서두르는 부모여서 자녀들을 쫓고 있으며, 그것은 결국 잘못된 교육으로 치닫고 있는 것이다. 그리하여 자녀들은 유아탈모증, 틱현상을 일으켜 소아정신과를 찾게 되거나 유치원의 또래집단 안에서 적응하지 못하고 부적응아로서의 문제행동을 나타내는 현상이 있는 것이다. 이러한 잘못된 교육은 자녀의 바람직한 성장발달을 돕기 위한 일이나 좋은 유아교육의 현장에서 일어난 것이 아니라, 사회의 변화 및 서두르는 부모나 가족관계, 사회적 지위나 경쟁심리 그리고 상업적인 매스컴의 영향에서 비롯되었다. 이러한 상황을 감안하여 자녀를 정신적으로 건강한 유아로 성장하도록 돕는 것이 부모들의 역할이다.

2. 유아의 정신건강의 개념 및 영역

급변하는 현대사회에서는 끊임없는 적응을 요구하는 것들로 인하여 성인의 정신건강뿐만 아니라 유아의 정신건강도 심각한 위협을 받고 있다. 즉, 인생에서 가장 행복해야 할 이 시기에 기어다니기도 전에 걸어다니게 하고 듣기도 전에 말할 것을 요구하는 등 미처 준비되기도 전에 성장을 재촉당하고 있는 것이다. 그러므로 먼저 정신건강의 개념, 성장기에 따른 정신건강 영역에 대하여 살펴본다.

1) 정신건강의 개념

정신건강이란 오늘날 빈번하게 사용되는 용어이지만 그 개념을 명확하게 규정짓기란 쉽지않다. 그 개념 정의가 용이하지 않은 이유는 '정신' 이라는 용어 자체를 정의내리기가 어렵기 때문일 것이다. 정신(spirit)이라는 용어는 마음(mind)이라는 용어와 동의어로 취급되는 경우가 많아서 더욱 이해하기가 어려운데, 인간의 신체적 측면 외의 보이지 않는 사고, 정서, 언어 및 행동과 관련된 현상을 정신이라고 생각하면 다소 쉽게 이해될 것이다. 따라서 정신건강이란 개인의 최상의 기능을 발휘하여 자신이 원하는 방향으로 최대한의 자아실현을 이루어가는 이상적 상태라고 할 수 있다. 반면, 유사하게 사용되는 정신위생(mental hygiene)이란 정신건강의 유지와 증진을 도모하고, 정신질환의 예방과 치료를 위해 여러 가지 수단을 동원하는 실천적인 성격을 띤 용어이다(강문희 외, 2000). 그 어원은 희랍신화에 나오는 여신 하이게니아(hygenia)에서 유래하고 있다. 하이게니아 여신은 건강과 위생을 의인화한 신을 뜻한다(임덕상, 1988 재인용). 미국 정신위생위원회 보고에 의하면 정신건강이란 다만 정신적 질병에 걸려 있지 않은 상태만이 아닌 만족스러운 인간관계와 그것을 유지해 나갈 수 있는 능력을 의미하였다(Ruthus & Nevid, 1995). 또한 Johoda(1950)는 개인이 자신의 환경을 적극적으로 극복하고 성격의 통합성(integrated personality)과 일관성을 나타내 보이며 자기 자신뿐만 아니라 주위세계를 현실적으로 지각할 수 있는 것을 지칭하며, 또한 Kilander(1962)는 정신건강이란 사람이 환경을 바람직하게 조성하고 잘 적응하며 만족과 성공과 능률과 행복을 누릴 수 있는 능력이라고 하였다(김명숙 외, 2000 재인용). 또한 Kubie는 정신건강이란 경험을 통해 배워가는 능력, 융통성, 변화되는 환경에 적응하는 능력이라고 표현했고, Rank는 정상이란 두려움, 죄책감, 또는 불안없이 살아갈 수 있는 능력, 그 자신의 행동에 책임질 줄 아는 능력이라고 정의했으며, Hartmann은 갈등 없는 자아기능(conflict-free ego function)을 사람이 정상의 가능성 표식으로 보았으며 자아가 현실에 적응하고 자율적으로 되는 정도가 정신건강과 관련되어 있다고 하였다(Kaplan & Sadock, 1988 재인용). 또한 Rosanoff(1938)는 정신건강을 정신위생을 통해 지능과 기질을 타고난 만족할 만한 자질로 회복시키는 것이며 타고난 자질과 능력을 행복하게 활용할 수 있도록 신체적, 교육적, 사회적, 성적인 면에서 적응하는 것이며 또한 정신 장애를 예방하는 것이라고 하였다. 한편 Lowary(1954)는 "정신적 건강을 보유하고, 정신적 장애의 치료 및 갱생에 효과가 있는 생물학적, 대인적, 사회적, 요인에 관심을 갖는 것" 이라고 하였다. 또한 Szasz(1968)는 "정신건강과 질병은 도덕적 가치를 설명하기 위한 새로운 낱말이라고 하여 정신의 건강은 인간이 세계에, 그리고 다른 사람에게 최대로 효과적으로 그리고 행복하게 적응하는 것" 으로 정의하고 있다.

위의 학자들의 의견을 정리해 보면 인간은 태어날 때부터 정신건강이 나쁜 것이 아니라(태내에서 특별한 이상이나 장애를 일으킬 원인이 없었다면), 타고난 정신적 자질을 회복시키는 것으로서, 정신의 불건강은 후천적으로 얻어지는 것이며, 정신건강이란 이성과 감정과 의지의 균형된 조화를 의미하며, 정신적 성숙을 뜻하는 것으로서 양적인 문제가 아니라 질적인 문제인 것이다. 그러므로 유아가 자기능력을 최대한으로 발휘하고 환경에 대한 적응력을 가지며 독립적, 건설적, 자주적으로 자기의 생활을 처리해 나가는 능력으로 이를 위해선 신체적, 정신적, 사회적, 도덕적 측면의 조화가 바탕이 되며 여러 가지 다양한 인간관계에서 불안이나 죄책감 없이 융통성있게 문제들을 경험 및 해결하는 성숙된 자아가 중심된 성격 발달을 의미한다. 따라서 자녀의 정신건강은 부모-자녀 관계에서 형성되는 결과이므로 부모역할의 중요성이 대두 된다.

2) 성장기에 따른 정신건강의 영역

정신건강의 영역은 인간의 건강과 관련된 모든 것들을 포함하기 때문에 매우 광범위할 수 있다. 그러나 정신건강은 인간이 태아에서부터 시작하여 출생해서 죽을 때까지 자신이 생활을 영위해 나가는 상황과 장면에 행복하고 적절하게 적응할 때 달성될 수 있다는 입장에서 본다면, 인간의 정신건강과 관련된 영역은 크게 인간발달 단계와 생활장면에서의 문제를 기초로 구분하여 생각해 볼 수 있다. 발달심리학적 입장에서 볼 때 인간의 발달 단계는 태내기, 영아기, 유아기, 아동기, 사춘기와 청년기, 성인기 및 노년기로 구분할 수 있다. 따라서 유아의 정신건강 영역을 태아기-영아기-유아기를 중심으로 살펴본다.

(1) 태아기

부부가 임신 전 3개월 쯤에 준비기간을 설정하여서 태아의 건강을 위해 최선을 다하여야 할 이유는 오늘 수정되는 정자는 약 2~3개월 전에 만들어지기 때문이다. 물론 임신 3개월 전보다 훨씬 앞서서 마음가짐, 음식물 섭취 등을 신경써서 육체적으로나 정서적으로 건강하게 부모가 될 준비를 해야 한다. 즉, 정신적으로나 육체적으로 건강한 아이로 태어나기 위해서는 아빠의 술, 담배, 약물, 가공식품, 보조식품 섭취를 줄이고 납,

화학물질, 방사선 조사 및 촬영과 마취제 사용을 금하며 5시간 이상 장시간 고도의 비행기 여행과 높은 산에 등반하는 것도 고려해야 한다.

엄마도 마찬가지다. 술, 담배, 커피, 질병(유전병, 풍진, 당뇨, 간질, 만성질환)을 조심해야 한다. 또한 피임약 복용, 환경오염, 애완용 동물을 멀리하고 생고기나 잘 익지 않은 고기는 먹지 말아야 한다(김영숙 외, 2000). 그리하여 부부가 한마음이 되어 육체적으로나 정신적 · 심리적으로 안정되어야 한다.

태아의 정신건강에 지대한 영향을 미치는 각종 환경요인들에 대하여 관심을 가져야 하는 것으로 연구 보고되고 있다. 즉, 특히 어머니의 영양부족, 17세 미만의 임산부나 35세 이상의 초산부 어머니의 질병, 약물, 알콜, 흡연, 엑스레이에의 노출, 환경오염 등이 태아의 발달에 유해한 환경요인으로 밝혀졌다(강문희 외, 2000).

〈그림 7－1〉 태아의 장애유발 요인

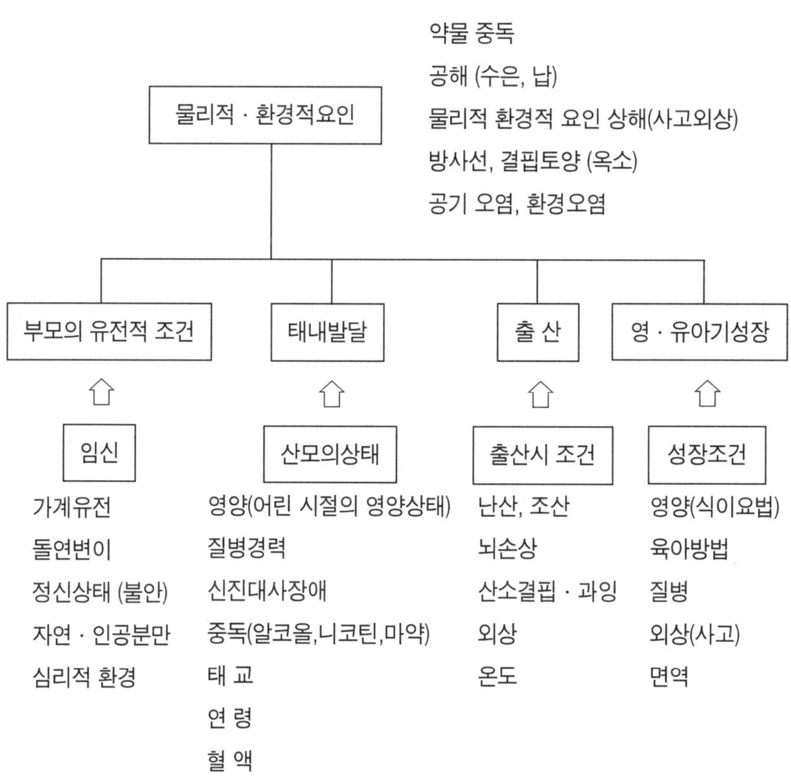

자료 : 송준만 외(1997). 특수아동교육. P. 57.

태아의 신체적 · 정신적 건강을 해치고 장애를 유발하는 요인들은 생명체가 형성되기 이전부터 부모들의 유전적 조건에 의하여 성장해 가는 과정을 통하여 작용하고 있음을 〈그림 7–1〉에서 볼 수 있다.

또한 태아기의 정신건강을 위해서는 제일 먼저 부부가 진심으로 서로 사랑하며 성적인 기쁨을 경험하고, 아기를 원하는 안정된 상태에서 태아를 진심으로 환영하는 마음으로 태내에서 길러야 한다.

(2) 영아기

출생 후 2세까지인 영아기는 일생 중 신체적 발달이 가장 빠른 시기이며 걷기, 언어 습득, 자신과 타인에 대한 개념을 형성하는 시기이다. 이 시기의 중요한 과제로서 수유, 배변 훈련, 가족 구성원들과의 친밀하고 긍정적인 경험 등은 건강한 성격형성을 좌우하는 중요한 요소들이다. 영아기에 자신과 가장 가까운 사람(주로 어머니) 간에 형성되는 애정적인 유대관계인 애착은 세상에 대한 기본적인 신뢰감과 안정감을 발달시키게 되며, 이때 형성한 애착의 질이 후기 발달과 정신건강에서 매우 중요하게 작용하게 된다. 영아나 유아들은 부모나 중요한 사람과의 관계에서 각각 다른 내적 표상, 혹은 '내적작동모델(internal working model)'을 만드는 데, Bowlby(1969)에 의해 제안된 애착관계에 대한 이 내적작동모델에는 영아가 부모에게 도움을 요청했을 때 부모가 대개 어떻게 반응하는지와, 부모의 애정이나 관심이 영아가 필요로 할때 주어질 수가 있는지 등과 같은 정보들이 포함된다. 따라서 Bowlby(1969)의 애착의 질을 결정하는 내적작동모델과 Ainsworth(1978)와 그의 동료들의 실험인 안정적 애착–불안정적 애착, 그리고 Erikson(1963)의 사회심리학적인 입장에서 본 성격발달의 과정에서 첫 번째 단계인 신뢰감–불신감 형성은 영아기와 그 이후 계속되는 유아기와 아동기의 정신발달뿐만 아니라 나아가서는 청소년기 또는 성인기의 정신건강과도 지속되는 중요한 요소라 할 수 있다. 또한 이 시기 영아들의 정신건강을 위협하는 중요한 요인은 모성실조(maternal deprivation)이다. 정신분석학이론과 동물행동이론은 어머니와의 지속적인 접촉을 박탈당한 영아는 무감증, 우울증, 과식증을 나타내며, 시설아들은 비사회적, 공격적이며 애정이 결여되어 있고 사회규범을 이해하는 능력이 부족하고 불안정하다는 관점들이 있어왔다(강문희 외, 2000). 실제로 출생 후 초기 1년 동안 어머니가 직장에 다닌 영아들은 어머니와 불안정한 애착을 맺을 가능성이 높으며 남아들은 아버지와 불안정 애착을 맺는다는 연구보고가 있다(Barglow, Vaughn & Molitor, 1987 ; Belsky & Rovine, 1988; Chase-Kansdale & Owen, 1987). 이러한 결과들은 영아기 정신건강과 관련된 중요한 요소들이다.

또한 영아기 정신건강과 관련된 중요한 요소 중 또 하나는 배변 훈련과 관련된 영역이다. 대소변 가리기 훈련과정에서 엄격한 훈련으로 겪게 되는 좌절감과 실패감, 그리고 긴장감, 속박감과 반대로 적절한 통제가 완만하게 이루어져 겪게 되는 성취감은 이 시기의 아주 중요한 과업인 것이다.

신경성장애는 2세까지 양육자와의 상호작용에서 사랑이 결핍되었을 때 오는 장애이며 또한 성격장애는 생후 9개월에서 2세까지의 상호작용의 부족에서 오는 것이며, 정신장애는 태아에서 생후 9개월 사이에 극단적인 결핍이나 충격을 받았을때 오는 장애라고 한다. 그러므로 태아에서 영아기를 지나는 동안 부모의 역할이 얼마나 중요한지를 잘 반영해 주고 있는 것이다.

(3) 유아기

유아기는 운동조직과 근육의 발달로 신체를 자유롭게 움직일 수 있게 되고 배변훈련도 다 되어 있으며 보다 다양한 경험을 하고 싶어하고 또한 필요한 시기이다. 이 시기에는 질투심, 수치심, 죄의식, 자부심 같은 복합정서가 더욱 분화되어 발달하기 때문에 부모의 안정적인 상호작용이 요청된다.

평성신의(1976)는 특히, 유아의 발달에 있어서 신체적 발달에는 영양, 일광, 공기 등이 필요한 조건인데 그것이 부족하면 유아의 몸에는 여러가지 장애가 생기게 되며 또한 정신건강 발달에도 영향을 미친다(김영숙 외, 2000 재인용).

유아가 만 3세가 되면 사회적 이유기(social weanling)여서 부모와 가족아닌 다른 사람들에게로 관심이 향하게 된다. 따라서 부모와 가족은 물론 그 외 다른 사람들과의 관계, 즉 인간관계 형성 과정은 유아들의 정신건강 영역의 아주 중요한 과업이다. 영아기에 부모와 그밖에 가장 가까운 사람들과의 관계에서 이루어진 애착형성은 영아기를 지나 유아기 또래와의 관계나 다른 어른들과의 관계에도 직접적인 영향을 미치게 되며, 또한 부모의 정신건강과 교사의 정신건강은 곧 유아의 정신건강 영역 안에 중요하게 포함되고 있는 요소인 것이다.

Schulz(1977)는 정신적으로 건강하고 사회적 발달이 증진된 유아는 친구들과 잘 놀며 나누고 도와주기를 즐겨하고 밝고 명랑하며, 친절하고 예의바르며 사람을 사랑할 줄 알고 또 받을 줄도 알고 우정적이며, 의욕적이고 성의 있는 행동특성을 갖고 있다고 하였다. 이와 같이 정신적으로 건강한 유아로 성장시키기 위해서는 유아환경의 중요성이 거듭 강조될 수밖에 없다. 즉, 가정의 기능, 또래와의 관계, 유아교육기관의 환경, 대중매체의 환경 그리고 사회문화의 환경 등에 가장 직접적으로 영향을 받고 있기 때문이다.

3. 유아의 문제행동과 교육적 해석

유아에게 나타나는 문제행동은 어떤 것을 의미하며 또한 어떤 유형이 있는가? 또한 문제행동과 관련된 요인은 무엇인가를 살펴봄으로써 유아의 문제행동에 대한 교육적 해석을 부모역할 측면에서 찾아본다.

1) 문제행동의 개념

문제행동의 개념을 한 마디로 명확하게 규명하기란 매우 어렵다. 이 용어는 1950년대 초기까지는 일반적으로 사회적 부적응이라는 용어로 쓰여오다가, 1950년대 이후 Freud의 영향을 받아 정서장애라는 용어로 쓰여왔다. 그 후 1960년대 후기에 이르러 문제행동이라는 용어가 처음으로 사용되었다(신은혜, 1984).

문제행동에 대한 견해는 시간, 공간, 사회문화적인 가치관과 학자에 따라 꼭같이 일치하는 것이 아니라 조금씩 달리하고 있다. Atkinson(1983)은 정상행동과 대비되는 특징적 행동을 하는 경우 문제행동으로 규정하였다. 그 특징적 행동을 여섯 가지로 나누었는데, 그 첫 번째는, 현실에 대한 효율적인 지각을 통하여 나타내는 행동을 정상행동으로 보는 경우로 정상적인 행동을 하는 사람들은 자신의 능력을 평가하고 자신의 주변세상이 나아가고 있는 것을 해석하는데 상당히 현실적인 반면, 문제행동을 가진 사람들은 현실에 대한 효율적인 지각력이 모자란 결과 남을 잘못 이해하기도 하여, 자신의 능력을 과대평가하거나 과소평가하기도 한다. 둘째, 충분한 자아의식을 가진 상태에서 나타내는 행동을 정상행동으로 보는 것이다. 충분한 자아의식을 소유하고 잘 적응하는 사람은 그들 자신의 동기와 감정을 잘 인식하고 중요한 감정이나 동기를 숨기지 않으며 문제행동을 지닌 사람들보다 더 많은 자아성찰을 소유한다. 셋째, 자율적 통제 능력을 가진 행동을 정상행동으로 보는 경우로 정상적인 사람들은 그들의 행동을 통제하는 능력에 자신감을 갖고 있는 반면에 문제행동은 충동에 의하여 자율적인 통제능력을 상실할 경우에 나타나는 행동이라고 할 수 있다. 넷째, 자아존중감과 수용력을 가지고 그

〈그림 7-2〉 문제행동의 영역

비정상 (부정적)	비정상 (긍정적)
신체적	
시각장애	우수한 운동능력
청각장애	우수한 감각능력
뇌성마비	
기타 신체장애	
부상,질병	
사회적 · 정서적	
자폐증	상처입지 않은 리더십
정신분열증	
과잉행동	
행동장애 위축	
지적	
온순, 적합	타고난 재능
지체된 학습능력	우수한 지적,창의력

자료 :Lefrancois, G. R., Psychology For teaching (6th ed.), Califonia : WadWdth Publishing Company, pp. 251－254

들의 행동이 주위 사람들에 의해 수용된다고 느끼며 그들이 소속한 단체의 의견에 반항감을 느끼지 않는 경우를 정상행동으로 보는 반면, 자기 무능감, 소외감, 수용력의 결핍으로 인하여 나타나는 행동을 비정상적인 문제행동으로 본다. 다섯째, 친애적인 관계를 형성하는 행동을 정상행동으로 보는 경우로 정상적인 행동을 하는 개인들은 타인과 밀접하고 만족스러운 관계를 형성할 수 있는 반면, 문제행동을 지닌 사람들은 그들 자신의 안전을 유지하는 데만 지나친 관심을 가지고 애정을 추구한다. 가끔 그들은 파괴적인 경험을 갖고 있기 때문에 서로간에 친근감이 형성되는 것을 두려워하기도 한다. 여섯째, 자기 충족적인 목표를 향해 생산적으로 일할 수 있는 상태를 정상행동으로 보는 반면, 문제행동은 생활에 열정이 없고 현실의 욕구에 개입되기를 원치 않는 행동으로 나타나는 것을 의미한다.

Lefrancois(1988)는 인간의 문제행동의 영역을 〈그림 7–2〉에서와 같이 지적인 문제행동, 신체적인 문제행동, 사회정서적인 문제행동의 세 영역으로 설정하여 평균에 근접한 행동을 정상행동으로 간주하고, 현저하게 중앙의 평균지점을 벗어나 지나치게 긍정적이거나 지나치게 부정적인 경우의 행동을 다음과 같이 문제행동으로 간주하였다.

Goodstein과 Lanyon(1979)은 한 집단에 속한 사람들의 평균적이며 전형적인 행동에서 일탈한 행동이나 사람들이 도달하기 어려운 완벽의 상태에 이르지 못한 행동 또는 삶의 경험들에 효율적으로 적응할 수 없는 마음의 상태에서 나타나는 행동을 문제행동으로 보았다.

Kauffman(1980)은 유아가 자기 자신의 기대를 충족하지 못했을 때 문제행동을 보일 수 있다고 하면서 문제행동이란 유아가 그들의 환경에 대해 사회적으로 용납될 수 없는 방법으로 반응을 보이는 것이라고 하였으며, Ross(1974)는 사회 규범과 성인판단의 중요성을 강조하면서 유아의 행동이 사회규범으로부터 이탈되어 유아 주위의 어른들에 의해 그 행동의 발생빈도나 정도가 너무 높거나 혹은 너무 낮다고 판단될 때 문제행동이 있다고 하였다(한미현, 1996 재인용).

김광웅(1999)은 어떤 행동이 적응적인가 아닌가 하는 것은 문화상대주의적 관점에서 규정되어야 한다고 보고 한 문화권 내에서도 그 연령 수준에서 해야 하거나 할 수 있는 행동을 전혀 하지 못하거나, 잘 하지 못하거나, 하지 말아야 할 행동을 할 경우, 또 어느 연령층에서도 하지 말아야 할 행동을 할 경우, 그리고 바람직한 행동이지만 과도하게 하거나 그 상황에 적절하게 맞추어 하지 못할 경우를 문제행동으로 보았다.

이와 같이 문제행동에 대한 개념은 대단히 광범위하며, 또한 각 분야에 따라 주로 사용되는 용어도 다르다. 즉, 심리학이나 정신의학에서는 부적응행동, 이상행동 등의 용어가 보다 많이 사용되고 사회병리학에서는 반 사회적행동(antisocial behavior), 비행(delinquence)으로, 그리고 교육학에서는 문제행동, 요선도행동 또는 비행행동으로 불려지는 경우가 많다.

2) 문제행동의 유형

문제행동의 범위를 어디까지 잡느냐 하는 것은 대단히 어려운 것이다. 왜냐하면 정상과 문제행동의 한계를 명백하게 구분할 수 있는 것이 아니고 다만 상대적인 문제 증상에 불과한 것이기 때문이다. 따라서 문제행동의 종류나 원인도 다양하다. 지나치게 불만을 가진 유아는 파괴적이거나 난폭한 형태로 나타나는가 하면 또 다른 유아는 함묵, 의기소침, 침울 등으로 다른 사람과 접촉을 싫어하는 것으로 나타나기도 한다. 이는 동일한 원인이지만 행동표출이 개인에 따라 다르고, 동일한 행동이라도 개인에 따라 그 원인이 다른 것이다. 그러므로 문제행동의 유형을 증상 중심으로 보느냐, 아니면 원인 중심으로 보느냐, 그리고 그것을 어떤 기준하에서 몇 개의 범주로 나누어 분류하느냐 하는 것도 학자마다 상이하다.

이상로(1995)는 문제행동을 ① 반사회적 행동, ② 기질 및 기능 장애적 행동, ③ 일반 정서장애행동, ④ 환경에의 이상적응에서 오는 신경증, 불안신경증, 강박신경증, 히스테리, 신경쇠약, 반응성 우울증, ⑤ 내인성 정신병적 증후로 나누었다.

Kirk(1972)는 문제행동을 공격적 행동, 퇴행적 행동, 신체적 행동, 고립된 행동, 두려움의 표시 등으로 분류했으며, Quay(1972)는 교사와 부모에 의한 행동평정, 유아의 생육사 특성, 질문지법에 의한 유아의 반응을 근거로 하여 행동장애, 성격장애. 미성숙 비행으로 분류하였다.

Reinser(1976)는 학급 안에서의 관찰을 통해 문제행동을 다음과 같이 분류하였다(유영창, 1999 재인용).

① 과잉 행동 : 때리기, 공격성, 분열된 행동
② 위축 행동 : 말이 없음, 손가락 빨기, 제한된 행동
③ 방어적 행동 : 거짓말, 속이기, 일회피
④ 혼란된 행동 : 자폐적 행동, 현실도피 등이다.

Achenbach(1991)는 해당연령을 4~18세까지로 확대하여 전 연령에 사용할 수 있는 단일한 문제행동 증후군 척도를 다음과 같이 제시하였다. 위축, 신체증상, 우울/불안, 사회적 미숙, 사고의 문제(thought problem) 비행(delinquency), 공격성(aggressive)등의 8개 척도로 나누고 이 가운데 위축, 신체증상, 우울/ 불안 등은 내면적 문제로 비행, 공격성을 외현적 문제로 구분하였다.

우리나라의 선행연구(윤요은, 1998;이민식, 1999; 남소현 외, 2000)에도 아동의 문제행동을 외면적 문제행동과 내면적 문제행동으로 구분하여, 외면적 문제행동은 충동성, 공격성, 과잉행동, 주의력 결핍, 미성숙한 행동, 반항행동, 편집성, 퇴행성 등으로 구분하고, 내면적 문제행동으로 우울, 심리적 불안감, 위축행동, 강박성향, 혼합요인으로는 학교 거부, 정신 · 신체 성향 등으로 구분하여 연구되었다.

또한 오경자와 그의 동료들(1997) 등은 우리나라에서 표준화된 아동 · 청소년 행동 평가척도(K-CBCL)를 만들어 제시하였다. Achenbach의 문제행동 증후군 척도를 기초로하여 만든 이 척도에서도 문제행동 증후군 척도에는 위축, 신체 증상, 불안/우울, 사회적 문제, 사고의 문제, 주의 집중의 문제, 비행, 공격성과 내재화문제, 외현화 문제 등 모두 10개의 문제행동 증후군 척도와 4~11세에만 적용되는 특수문제인 성문제 척도, 우리나라 특유의 정서불안 그리고 총 문제행동 척도 등 모두 13개의 척도로 구성 · 분류되어 있다. 그 구체적인 내용은 〈표 7-1〉과 같다.

3) 문제행동에 대한 이론적 관점

문제행동의 발생원인을 이해하기 위한 틀로서 고전적 관점으로는 생물학적 관점, 정신역동적 관점, 그리고 행동주의 및 사회학습 관점을 들 수 있다.

생물학적 관점은 유전적 소인이나 생화학적 기능의 장애, 질병이나 외

〈표 7-1〉 아동 · 청소년 문제행동 증후군 척도 유형과 내용

문제행동 증후군 척도 유형	내 용	문항의 예
위축	사회적인 위축, 철수, 소극적 태도를 평가하는 것이다.	혼자 있기를 좋아한다, 말을 하지 않으려 한다, 수줍어 한다 등.
신체 증상	의학적 증거가 없이 신체적 증상이 나타나는 정도를 평가하는 것이다.	어지러워한다, 몸이 쑤시고 아프다, 두통 등.
우울/불안	정서적으로 우울하고 지나치게 걱정이 많거나 불안한 정도를 평가하는 것이다.	외롭다고 불평한다, 잘 운다, 나쁜 생각이나 행동을 할까봐 두려워한다 등.
사회적 미성숙	발달상의 문제와 사회적으로 미성숙하고 비사교적인 측면들을 평가하는 것이다.	나이에 비해 어리게 행동한다, 너무 어른들에게 의지하고 매달리는 경향이 있다 등.
사고의 문제	비현실적이고 기이한 사고 내용이나 이와 관련된 행동을 평가하는 것이다.	강박적 사고, 환청, 강박적 행동 등.
주의집중의 문제	주의집중력의 문제와 이에 따른 행동상의 문제를 평가하는 것이다.	집중력이 없고 어떤일에 오래 주의를 기울이지 못한다, 가만히 앉아 있지 못하고 안절부절하고 지나치게 많이 움직인다 등.
비 행	비행행동을 평가하는 것이다.	나쁜 친구들과 어울려 다닌다, 거짓말을 하거나 남들을 속인다, 가출한다 등.
공격성	공격성, 싸움, 반항 행동을 평가하는 것이다.	말다툼을 자주 한다, 허풍치고 자랑을 많이 한다, 남에게 잔인한 짓을 하거나 괴롭히고 못살게 군다 등.
성문제	성과 관련된 문제행동을 평가하는 것이다.	자신의 성기를 만지며 논다, 사람들 앞에서 자신의 성기를 만지며 논다, 성에 대해 너무 많이 생각한다 등.
정서 불안정	정서적으로 불안정한 행동을 평가하는 것이다.	잘 운다, 샘이 많다, 분노, 발작 등.
내재화 문제행동	소극적이고 사회적으로 위축된 행동, 신체적 증상 등 내재화되고 과잉 통제된 행동을 평가하는 것이다.	위축, 신체적 증상, 우울/불안에 행당하는 문제유형 모두를 말한다.
외현화 문제행동	타인에게 해를 끼치거나 공격적인 행동, 싸움, 비행 등 외현화되고 과소 통제된 행동을 평가하는 것이다.	비행, 공격성에 해당하는 문제 유형 모두를 말한다.
총문제 행동	부적절한 행동이나 정상적인 적응능력을 갖추지 못한 것으로 보이는 행동이다.	전체 문제행동 문항을 합한 것을 말한다.

자료: 오경자 외(1997). K-CBCL의 아동, 청소년 행동평가 척도, pp. 44-60.

상에 의한 구조적 손상 등의 생물학적 요인이 유아의 행동장애 유발에 가장 중추적인 역할을 한다는 견해이다(한미현, 1996).

정신역동적 관점은 유아의 심리적, 행동적 장애가 유아의 특정 발달단계에서 심리성적 갈등을 원만히 해결하지 못했거나, 아니면 발달의 초기 단계에 고착된 데서 생긴다는 것이다.

행동주의 및 사회학습 관점의 중심 개념은 문제행동도 다른 행동들이 학습되는 것과 마찬가지 방법으로 학습된다는 것이다. 즉, 유기체의 행동을 조건 형성 또는 바람직하지 못한 사회학습의 결과로 보는 입장이다. 이러한 입장은 정서장애나 행동장애에 대한 이해를 넓혀 주는 데 매우 도움이 된다. 왜냐하면 유아의 문제행동은 그들의 환경과의 독특한 상호작용 즉, 생태조직 안에 장애가 있기 때문에 발생하며, 행동수정은 생태조직을 수정함으로써 이루어지기 때문이다.

환경적 원인론의 관점은 최근 아동의 문제행동의 관점으로서 그 원인을 다각도로 보고서 어느 하나에 영향을 받는 것이 아니라 한 개체와 환경과의 상호작용에 의해 문제행동이 이루어진다고 보는 것이다. 따라서 학교(유치원)의 환경적 요인, 가정환경적 요인, 사회환경적 요인으로 크게 나누어 그 변인을 찾고 있다. 환경론적 관점에서는 유아들의 가족역동적 요인에 관심을 갖게 되는데 이는 유아의 문제행동은 초기 어머니와 자녀 간의 부정적 상호작용에 기인한다고 보는 견해가 지배적이기 때문이다. 그러나 가족은 부모—자녀가 서로에게 영향을 미치는 관계로서 그 영향은 상호보완적이므로 자녀의 문제를 부모 탓으로만 돌리기는 어렵다는 것이다(Sameroft & Chandler, 1975).

환경론적 관점과는 달리 **유아 개인 내부적인 요인**이 중요한 변인으로 고려되는데, 이는 연령별요인, 성별요인, 생리적요인 등을 들고 있다. 또한 개인적, 심리적 요인으로서는 정서적 불안감, 반항심, 모방심, 불안감 등을 관련 요소로 보기도 한다(유영창, 1999).

4. 자녀의 정신건강을 위한 함의

자녀의 정신건강을 위해서는 여러 가지 이론적 관점에서 고려되어야 하고 또한 먼저 태아기에서부터 부모와의 관계에서 잘 태어나고, 잘 양육받을 권리 측면에서 고찰되어야 하겠으나 본 절에서는 유아라는 유기체에 국한하여 고려해 본다. 따라서 교사나 부모 등 유아를 돕고 그들의 발달을 육성하고자 하는 사람들은 유아들의 문제행동에 대한 이해가 선행되어야 함을 강조하는 바이다. 즉, 무엇을, 얼마만큼의 행동을 문제로 규정할 것인지 유아행동에 대한 고려가 요청된다.

따라서 유아들은 그들의 인성, 기질, 감각 양식, 학습형태, 그리고 지능양식에 따라 행동이 천차만별 다양하게 나타남을 주목해야 할 것이다.

다음에 소개하는 DISC 모델 전아는 인간행동, 특히 어린이들의 문제행동의 중요한 해결의 실마리가 되는 가치 있는 정보를 제공해 주고 있다(Capehart, West, 1997). 이것은 부모나 교사인 어른들이 그들의 행동의 선호도가 그들 자녀들이나 유아들의 것과 어떻게 관련되어 있는지 쉽게 알게 할 것이며, 자녀나 유아들에게서 나타나는 행동이 실제로 문제행동인지 아니면 자연스런 행동인지 또는 그들에게 가장 좋은 교육 방법

〈그림 7—3〉 DISC 모델

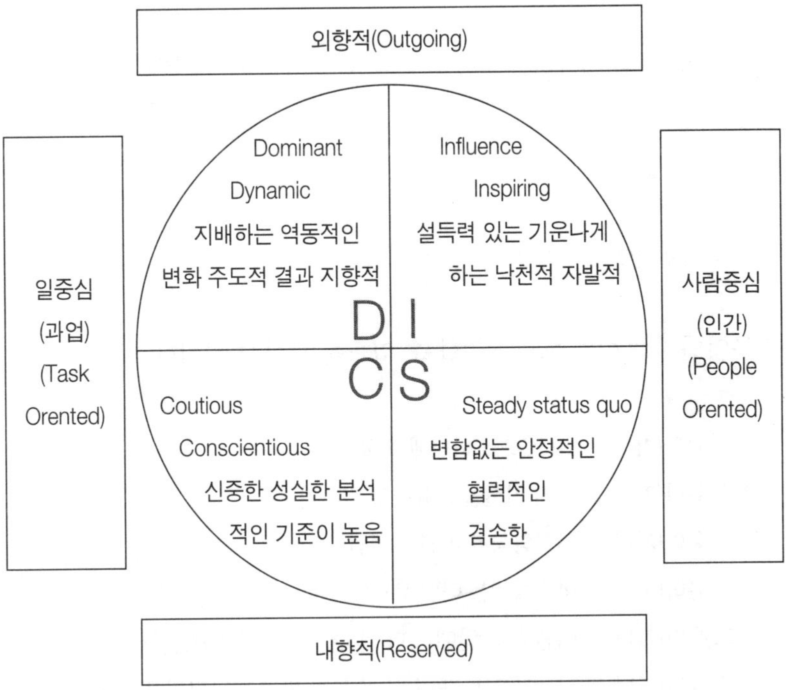

자료: Capehart외(1997). The Disciplene Guide for Children' s Ministry. p. 54

〈그림 7－4〉 전아 (The Whole Child)

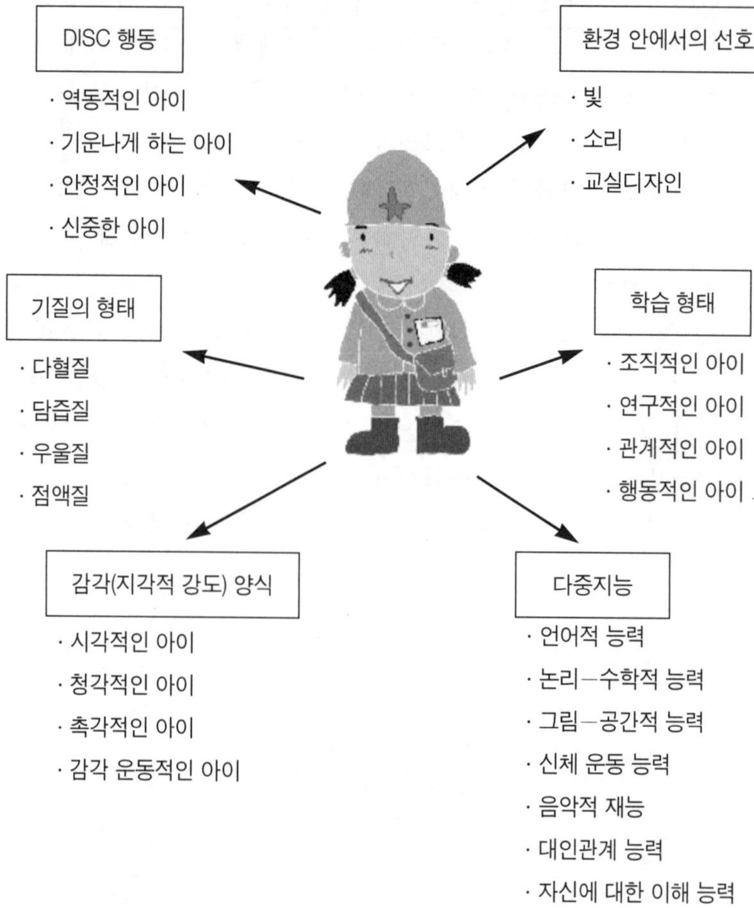

자료 : 정갑숙(2003). 기독교가정자녀교육론. 주여, 이 아이를 어떻게 기르오리까. p. 132

이 무엇인지를 이해하고 예측할 수 있도록 도와줄 것이다.

* 그 유아(자녀)는 DISC모델 어디에 속하는가?
* 그 유아(자녀)는 어떤 기질을 소유하고 있는가?
* 그 유아(자녀)의 감각양식은 어떤 유형인가?
* 그 유아(자녀)의 학습형태는 어떤 유형인가?
* 그 유아(자녀)는 어떤 환경 안에서 더 잘 배우고 행복해하는가?
* 그 유아(자녀)의 지능은 어느 쪽이 더 잘 또한 많이 발달되어 있는가?
* 그 유아(자녀)의 가족관계는 어떤가?

* 그 유아(자녀)의 부모는 어떤 사람들인가?
* 그 유아(자녀)의 친－자 관계는 어떤가?
* 그 유아(자녀)의 교사는 어떤 사람인가?
* 그 유아(자녀)의 교사는 교사－유아 간의 상호작용을 어떻게 하는가?

특별히, 유치원이나 어린이집 등 또래집단 안에서 많이 움직이며 수업을 교란시키는 행동에 대해서 교사들은 많은 신경을 쓰게 마련이다. 다음의 운동감각 연속체는 유아들의 활동수준에 대한 주요한 개념을 제시하고 있다. A. D. D.(Attention Deficit Disorder=주의력 결핍증)와 과잉행동(hyperactivity)에 대한 오해를 해결하는 데 도움이 될 것이다(Capehart, West, 1997).

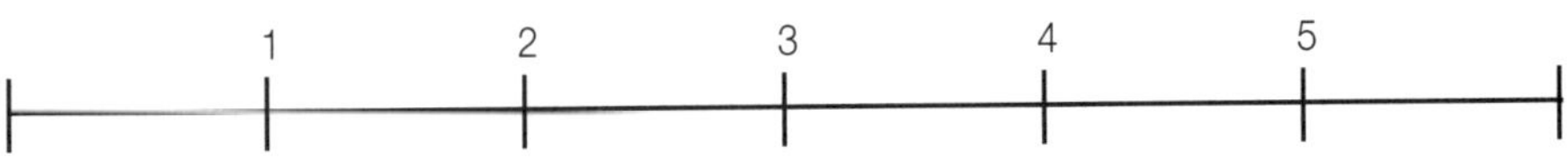

위 연속체의 첫 번째 지점은 어린이들 각자가 해야 할 필요가 있는 정상적인 움직임의 양이다. 두 번째 지점은 무엇인가를 만져야 할 필요가 있는 촉각적 학습자 등의 영역에 해당된다. 세 번째 지점은 학습을 위해 온 몸을 움직여야 할 필요가 있는 운동 감각적 학습자에 해당되는 영역이다. 네 번째 지점은 과잉 행동의 요소가 없는 주의력 결핍증에 해당되는 영역이다. 다섯 번째 지점은 과잉행동의 요소가 포함된 주의력 결핍 과잉행동(A.D.H.D. = Attention Deficit Hyperactivity Disorder)에 해당되는 영역이다.

이것은 기억해야 할 중요한 지점이다. A.D.D.를 갖고 있는 어린이들은 보통 그들의 주요한 학습 양식이 촉각적이며, A.D.H.D.를 갖고 있는 어린이들은 대개 그들의 주요한 학습양식이 운동 감각적이다. **그러나 촉각적이거나 운동 감각적인 학습자들이 모두 A.D.D.나 A.D.H.D.를 가지고 있는 것은 아니다.** 바로 이러한 A.D.D.에 대한 잘못된 인식이 있을 수 있다.

유아가 생물학적 요인이나 환경적 요인으로 인하여 어떤 문제행동을 소유하고 있을 때 그들을 어떻게 잘 지도하느냐 하는 것은 부모나 교사가 해야 할 중요한 과제이다. 그러나 중요한 것은 문제행동을 어떻게 보느냐, 무엇을 문제행동으로 보느냐, 하는 측면에서 " , '공해교사' 에 대해서도 심각하게 고려해야 할 부분이다.

21세기, 오늘의 사회—문화적인 현상 속에서 한국 유아들은 쫓기는 아이들로서 정신건강이 위험수위에 도달해오고 있다면 지나친 표현일까? 유아를 중심으로 한 놀이치료나 가족치료를 받아야 하는 가족들이 많이 늘어나고 있음을 인식해야 할 것이다. 유아들의 정신건강을 위해 유아교육 종사자들의 유아문제행동에 대한 깊은 고려와 재 정의가 필요하다는 것을 강조하는 바이다.

8장 | **부모와 교사**

1. 부모-교사의 특징과 그 역할
   1) 부모-교사의 기능 영역
   2) 부모-교사의 애정의 강도
   3) 부모-교사의 애착의 정도
   4) 부모-교사의 합리성 측면
   5) 부모-교사의 자발성 정도
   6) 부모-교사의 편애 정도
   7) 부모-교사의 책임 영역

2. 부모-교사의 상호이해
   1) 부모-교사와의 관계 형성 이유
   2) 교사가 알아야 할 부모의 다양한 입장
   3) 교사가 알아야 할 부모에 대한 전망
   4) 부모가 교사에게 기대하는 교육적 요구
   5) 유아를 위해 부모가 알아야 할 원리
   6) 부모-교사를 위한 함의

3. 부모-교사 협의 체제(parent-teacher conference system)
   1) 협의회를 위한 예비 지식
      (1) 사전 준비
      (2) 협의 진행 중 교사가 고려할 점
      (3) 부모가 떠난 후
   2) 성공적인 부모-교사 협의를 위한 전략
      (1) 제1단계 : 협의회 활동 범위 설정
      (2) 제2단계 : 협의회 계획에 있어 우선적으로 설정해야 할 일
      (3) 제3단계 : 규칙적인 관찰과 기록
      (4) 제4단계 : 협의회에 유아를 참여시킨다
   3) 부모-교사 협의를 통해 얻는 이득
      (1) 부모측
      (2) 교사측

8장 부모와 교사

유아교육기관의 운영자나 교사는 유아들의 바람직한 성장을 돕기 위해 가정과의 연락을 긴밀하게 하여 유치원과 가정 쌍방의 교육 및 양육 방침을 서로 이해하며 기능 분담을 명확히 하는 것이 무엇보다도 중요하다. 부모는 자녀를 유치원에 보낼 때 부모 자신이 기대하는 인간상을 위해 가정에서 이루기 어려운 면을 유치원의 교사에게 요구하며 기대하게 된다. "유아교육이란 어떤 정황(context) 내에서 행위자(agent)가 0세에서 8세까지 유아의 행동에 어떤 기준(criteria)에 해당하는 변화를 초래하기 위해 계획(plan)에 따라 수단(means)을 사용하는 계획된 노력이다" 라고 한다(Peters & Neisworth & Yawkey, 1985).

여기에서 Agent는 유아의 발달을 육성하고 향상시키고자 하는 사람들로서 일반적으로 전문적인 교사로서의 교육자들로만 생각할 수 있으나 이것은 대단히 제한된 견해이다. Agent는 전문가, 준전문가, 교사, 부모, 조부모, 형제들, 또래들 그리고 다른 어른들이나 어린이들로서 유아에게 영향을 미치며 그들을 둘러싸고 있는 모든 사람들을 의미한다. 본 장에서는 Agent들 중에서도 유아에게 직·간접적으로 가장 많은 영향을 미치며 그들의 발달을 도와줄 수 있는 부모와 교사에 관하여 살펴봄으로써 유아들의 발달을 촉진하고 그들 부모를 향상시키는 데 도울 수 있는 방향을 찾아보고자 한다. 부모-교사 양자의 교육방침이나 목표와 그 방법이 다르면 유아는 혼란을 겪게 되고 교육 효과를 기대하기 어렵다. 그리하여 유치원과 가정과의 밀접한 연결은 교사와 부모와의 효율적인 상호작용이 될 것이며 교사는 가정에서의 교육이 성공적으로 이룩되도록 부모를 도울 수 있는(比留間一成, 1987) 훌륭한 Agent로서의 부모-교사 관계가 될 것이다. 본 장에서는 부모-교사의 특징과 그 역할의 차이점을 Lillian G. Katz의 7가지 분류 기준에 입각하여 살펴봄으로써 양측의 역할을 명확히 하며 상호보완해야 할 것들과, 또한 부모-교사와의 상호이해를 돕기 위해 알아야 할 사항들을 다룬다. 마지막 절에서는 부모-교사 협의 및 협력 체제를 통해 유아와 그 부모를 돕는 방법에 대해 기술한다.

1. 부모-교사의 특징과 그 역할

부모의 양육적인 측면과 교사의 교육적인 측면은 서로 상이한 점도 있으나 유아교육이라는 양면성 또는 특수성이라는 측면에서 볼 때 두 영역은 상호보완적 관계에서 이루어져야 한다. 그렇지 않으면 유아의 교육이 제대로 이룩될 수 없기 때문에 부모-교사의 특징 및 그 역할을 고려하지 않을 수 없다. 특히 어머니의 양육적인 측면, 즉 유아의 자연스러운 성장발달을 도와주는 데 강조점을 둔 부모의 역할 개념과 육아의 개념 이상의 적극적이며 의도적 변화(planned change)를 위해 유아교육을 전개하는 유아교사 역할 간의 차이점을 Katz의 기준에 의하여 살펴보면 다음과 같다(Katz, 1980).

1) 부모-교사의 기능 영역

Getzels(1974)는 가정이 이행해야 할 기능 영역은 확산적이고 제한이 없는 반면 학교(유치원)의 기능 영역은 특징적이고 제한적이라고 하였다. 즉, 가정의 책임과 의무, 관련된 잠정적 내용들의 전영역에서 부모의 영역이 아닌 것이 없으며 유치원의 경우 교사와 유아의 관계는 그 영역, 기능, 내용에 있어서 제한적이다. 우리 사회가 요구하고 있는 유아를 위한 부모의 책임은 교사들에게 요구되는 책임과는 다르다. 음식물을 제공하고 그 밖의 전문적인 일까지도…. 부모의 역할을 해야 하는 다른 고정된 시간 같은 것은 없으나 유아의 부모는 한순간도 그 역할의 책임에서 벗어날 수 없다(Newson & Newson, 1976).

유아가 어리면 어릴수록 성인이 책임져야 할 기능의 범위는 넓어지게 되므로 나이, 성숙의 정도와 기능 영역은 서로 관계가 있다. 탁아소나 유치원, 유아원 교사는 가정에서나 기관에서 부모가 하는 일들을 해야 할 것이 기대되기 때문에 두 역할의 경계가 불분명한 것은 오랫동안 계속되어 온 문제이다. 유치원 학급에서의 교사의 기능이 기술적으로 정의된 영역은 무엇이며 특별한 능력은 무엇인가? 이러한 질문에 대하여 명확하게 정의하기는 참으로 어렵다. 어머니-교사 양쪽의 특별 기능과 능력을 세분하여 그 역할 수행자로서 성취하고 유지해 나가는 것은 어려운 것이다(Katz, 1980).

2) 부모-교사의 애정의 강도

애정에 관한 강도와 애정적인 행동의 빈도수는 두 역할 수행자간에 역시 차이가 있다. 물론, 교사보다 어머니쪽에 더 자주 더 많이 더 높은 애정적인 표현의 행동을 발견한다. 탁아소 교사의 역할은 어머니역할보다 더 세분화되고 제한되어 있으며(Rubenstein, Howes, 1979) 부모와 유아의 좋은 관계는 교사-유아의 좋은 관계와 매우 다르다. 그러나 이 두 관계는 확실히 몇 가지 공통된 요소를 갖고 있기 때문에 정도의 차이는 있지만 가끔 혼돈되기도 하고 오해되기도 한다(Newson & Newson, 1976).

부모-자녀의 관계는 가끔 난폭한 것 같으나 깊은 사이이며 교사-유아의 관계는 덜 친밀하고 보다 형식적이고 영속적이지 못하다. 부모는 때때로 가정교수 프로그램에 등록하여 엄격한 훈육과 기술 훈련을 가정에서 시키나 그들의 친자관계는 더 나빠지고 자녀들은 실망이 커지게 되어 그 학습을 중단하기도 한다. 이때 유아들을 향한 어머니의 양육적인 따뜻함과 부드러움이 없어지기 때문이다. 그러므로 양측의 역할에서 애정의 강도가 평균적인 수준을 유지하기를 기대한다.

3) 부모-교사의 애착의 정도

애착(attachment)이란 성인과의 유대(bonding)와는 구별된다. 애착은 유아의 정상적인 발달을 유지하기 위하여 수행해야 할 돌보는 자의 기능을 의미하는 모성적 애착이라는 넓은 의미로 정의를 내리고 있다. 그러므로 애착이란 다른 사람의 행동과 상황에 의한 강한 감정과 일련의 행동이 넓게 뻗치도록 자극되어지는 능력으로서 의기 양양, 기쁨, 다른 사람을 사랑함, 돌보는 마음, 부드러움 등 좋은 감정뿐 아니라 불안, 놀람, 공포, 화남, 격노 등과 같은 감정도 포함된다(Ramy & Farran, 1978). 그러므로 적절한 애착(optimum attachment)이란 친자간의 애착이 너무 빈약하여 자녀의 발달을 위태롭게 하거나 또는 숨막히는 사랑(smother love)으로 너무 지나친 애착 역시 유아의 정상적인 발달을 위협할 수 있다는 사실을 반영한다. 그러므로 부모—유아 간의 적절한 애착으로 권장되어지는 이상적인 관계는 교사—유아의 관계에서 주목되는 적절한 격리(optimum detachment)와는 구별된다. 이것은 '초연한 관심(detached concern)' 을 의미하기도 한다(Katz, 1976).

격리는 두 역할 수행자 간의 구별을 특징짓기 위해서뿐 아니라 교사—유아들과 이상적인 거리를 두기 위해 자기 의식을 강하게 시사하는 데 필요하다. 유아들과 적절한 거리를 둘 수 없는 교사는 그들과 너무 가깝게 되어 정서적으로 완전히 지쳐 버리게 되어 유아에 대한 느낌을 상실할 수도 있다. 또한 너무 극단적으로 교사—유아 간에 거리를 두고 있는 교사도 유아들의 필요와 요구에 반응할 수 없어서 효과적으로 지도할 수 없다. 교사는 유아들과 적절한 거리를 둠으로써 정서적으로 지쳐 버리지 않도록 자신을 보호해야 하며 정서적인 안정감과 효과적인 기능인이 되도록 해야 한다. 교사는 엄마도 아니고 임상의도 아니다. 객관적인 태도를 지닌 교사는 그 자신이 위험할 정도로 개입하지 않으면서도 유아에게 충분히 따뜻함을 베풀 수 있고 만족감을 줄 수 있다(Freud, 1952). 그러므로 적절한 격리는 교사로 하여금 교사의 중요한 업무 중의 하나인 유아의 발달과 학습을 사실 그대로 자유롭게 평가할 수 있게 한다. 반면에 어머니는 그들 자녀에 대하여 객관적으로 자녀의 성장을 평가하지 못한다. 또한 교사가 적절한 격리를 함으로써 '사생활 침해' 라고 부르는 사건이나 유아의 사회화의 권한을 침해하는 일을 최소화할 수 있으며 한두 명의 유아에게 밀착된 교사 편애의 위험도 줄일 수 있다. 많은 유아교육 종사자들은 유아가 성인에게 밀착된 애착을 느낄 필요성에 관해 깊은 관심을 가지고 있기 때문에 교사의 적절한 격리의 가치에 대해 거부하고 있다. 유아교육기관 교실에서 유아—교사와의 관계는 상보적인 관계이지만 반드시 균형적인 관계는 아니라는 것을 염두에 두는 것이 좋다.

4) 부모–교사의 합리성 측면

효과적인 어머니의 역할은 최소한 부분적으로는 적절히 비합리적이어야 한다는 것과 극단적으로 비합리적이면 성장하는 유아에게 해가 된다는 사실을 가정하고 있다. 극단적으로 합리적인 어머니는 자녀에게 매우 냉정하며 감응이 없는 사람으로 지각되어지며 이러한 느낌은 유아로 하여금 많은 정서적 혼란을 초래하게 된다. 극단적으로 비합리적인 어머니에 의해 양육된 유아는 상호인격적인 관계에서 예측할 수 없는 것으로부터 발생하는 여러 가지 문제와 부딪치게 된다. 그러므로 '적절한 비합리적(optimum irrationality)' 이 된다는 것은 매우 혼란스럽고 산만하고 조심성 없는, 정신을 차릴 수 없는 것을 뜻하는 것이 아니라 '자아개입(ego-involvement)' 에 있어서 그 깊이와 정도가 적절해야 한다는 것이다. 자아개입의 요소는 다음과 같은 개념으로 설명될 수 있다. 즉, 엄마가 엄마로서의 역할을 해내지 못하였다고 생각한다면 그 엄마는 매우 고통스러운 죄책감과 고통을 평생 갖게 될 것이며 또한 교사가 자기 자신이 잘 가르치지 못한다고 생각한다면 그는 적절한 때에 사임할 것이고 몇 개월이 지나면 죄책감, 자책감, 후회, 패배감을 갖지 않게 될 것이다. 그러므로 '적절히 비합리적이다' 라는 것은 어떤 의미에서는 마음의 문제나 어떤 기능을 수행함에 있어서 합리적인 측면을 채택하게 되는 것이다. 많은 문헌들은 교사들이 자기 과업을 수행함에 있어 합리적인 마음과 전문적인 정신을 가져야 한다고 권하고 있다. 교사들은 그들의 과업 수행에 있어 그들이 무엇을 해야 하고 무엇을 하지 말아야 할지 조심스럽게 '적절한 합리적' 이 되어야 한다는 것이다.

5) 부모–교사의 자발성 정도

부모들은 그들 자녀를 대함에 있어 적절히 자연발생적인 발로로서 자발적이어야 한다. 유아나 자신의 행동에 대하여 너무 심하게 압력을 가하고 머리를 쓰게 되면 친–자 관계에서 위험을 초래할 수 있다. 즉, 자신감 있는 행동을 못하여 무능력해지며 '분석마비증(analysis paralysis)' 에 걸릴 우려가 있다. 적절한 자신감을 가지고 행동할 수 없는 이 병은 친자간에 해가 될 수 있다. 또한 자발성이란 가정에서 매일매일의 자연발생적인 어머니의 행동에서 찾아볼 수 있다. 이러한 상황에서 자녀들은 부담 없이 놀이를 하게 되고 또한 이 놀이는 개념, 쉐마 등을 형성하게 된다. 놀이와 대조적으로 교수(instruction)는 획득하고자 하는 특별한 개념이나 기능을 위한 자극과 정보를 세분화하여 미리 계획된 것이다. 그리하여 어머니들은 그들의 자녀에 대한 행동이 적절히 자연스럽고 자발적인 것이어야 하고, 교사들은 그들의 과업수행에 있어 적절히 의도적이고 계획적이 될 수 있도록 노력해야 한다. 교사의 활동은 목적이나 목표 등이 미리 결정되고 계획되어야 하며 유아뿐 아니라 부모들에게도 대체적인 목표들을 알려 두어야 한다. 훈련과 경험을 더해 감에 따라 교사의 의도적인 행동은 자발적인 성향을 띠게도 되고, 어머니의 자발적인 행위는 그것이 행동의 다양한 변화를 줄 수 있다는 측면에서 역시 중요하다. 가르침과 어머니의 역할, 교육과 양육은 아마도 의도성의 정도에 따라 구분이 되어질 것이다. 물론 부모에게는 전혀 의도성이 없다는 뜻이 아니지만 부모의 의도성은 아무래도 교사보다 덜 특징적이고 다른 사람뿐 아니라 부모인 자기 자신에게도 덜 명확하다. 흔히 유아교육자들은 유아들의 숨겨진 교육과정(hidden curriculum)은—우연적인 학습, 계획하지 않은 학습—의도적으로 이루어질 수 없다고 말한다. 무의도적으로 무엇인가 일어나기를 의도할 수 없는 것이다. 교육에서 훈련의 목적은 교육학의 밑바탕에 깔린 의도성과 일치하는 결과를 가져오고자 하는 것이다.

6) 부모—교사의 편애 정도

어머니—유아와의 관계는 정서적인 성향이 강할 뿐 아니라 가족 내에서 유아는 아주 특별한 존재로 취급되어야만 하고 유치원 안에서도 한 일원으로서 특별한 사람으로 취급되어야 함은 필연적이다(Lightfoot, 1978). 부모는 그들 자녀에 대하여 편파적이고 그들의 호의나 총애에 대해서도 편협하며 또한 자녀의 욕구에 대해서도 항상 제일 잘 아는 것처럼 행동하며 자녀의 장점에 대해서도 지나치게 과장되고 선물이나 자랑거리에 대해서도 마찬가지이다. 이와 같은 부모의 편애는 교사에게 기대되는 보편성(universalism)과는 아주 대조를 이루는 자기 일변주의라고 할 수 있다. 교사는 편애하지 않고 모든 유아들을 공평하게 대해야 하기 때문에 사실상 부모가 자기 자녀를 특별히 잘 봐달라고 부탁해도 들어줄 수가 없다. 교사의 공평 무사함은 유아가 좋아하든 좋아하지 않든 간에 그의 어떤 기술이나 지식, 통찰력, 기술 등을 사용함에 있어서 동등해야 함을 의미한다.

7) 부모—교사의 책임 영역

모든 유아교육 종사자들은 부모의 양육과 교사의 교육적인 역할 사이에서 그 구분이 모호한 가운데 있다. 어머니는 그들 자녀들에 대하여 교사가 그들 어린이들에게 고려하는 것보다 복지 측면에 더 고려한다는 것과 자녀들의 개인적인 욕구에 관하여도 더 중요함을 강조하고 있다. 부모들은 그들 자녀의 문화, 윤리의 독특성을 보호해야 함을 주장하며, 교사들이 유아들을 위해 해야 할 적절하고 특별히 고려해야만 할 일들에 대하여 요구할 권리가 있다. 그러나 때때로 부모 자신은 유아교육기관의 자원으로서 교사가 시도하고 있는 것에 대하여 반응해야 할 뿐 아니라 다른 어머니들로부터 오는 압력 등을 깨닫지 못할 수도 있다. 교사는 집단 내에 있는 유아들 개개인에 대한 책임이 있을 뿐 아니라 하나의 단위로서 집단의 생활에 개인 구성원의 생활보다 더 많은 책임이 있는 것이다(정갑순, 1990). 또한 독특한 개인의 필요에 반응하는 것과 행동의 규준, 기대되는 성취수준, 여러 가지 정서와 관련된 학습을 통해 집단 의식을 유지하는 것과 균형을 중시해야 하는 것이다. 지금까지 살펴본 부모—교사의 특징에 대하여 정리하면 다음 〈표 8—1〉과 같다(Katz, 1980, p.49).

〈표 8 - 1〉 부모—교사간의 특징

역할 영역	부모(엄마)	교 사
기능 영역	확산적, 제한 없음	특징적, 제한적
애정의 강도	높음	낮음
애착의 강도	적절한 애착	적절한 격리
합리성 측면	적절한 비합리성	적절한 합리성
자발성 정도	적절한 자발성	적절한 의도성
편애 정도	편애적	비편애적임
책임 영역	개인	전체 집단

위에 제시된 설명들은 부모—교사 간의 효율적인 상호작용을 위한 사전 단계로서 부모—교사의 특징과 그 역할을 비교해 본 것이다. 유아의 바람직한 발달을 돕기 위해 부모—교사가 갖고 있는 그 특징과 역할이 보다 상호보완적이고 지원적이 될 때 양쪽의 부족함과 실패의 요인들이 감소되며 부모들은 그들이 원하는 잘 계획된 전문적인 프로그램의 혜택 및 효과를 얻게 될 것이다.

2. 부모—교사의 상호이해

부모—교사의 관계는 상하 주종의 체제하에서 교사가 명령이나 지시를 하며 가르치고 부모쪽에서는 교육을 받고 명령이나 지시를 따르는 시대는 지났다. 1960년 이후 많은 연구 결과 부모교육의 개념은 교사나 전문가와 가정의 부모가 동반자로서 동등한 입장에서 상호작용이 이루어질 때 바람직한 자녀교육 및 부모교육이 이루어진다고 보고하고 있다.

1) 부모—교사와의 관계 형성 이유

부모들이 더이상 자녀의 모든 책임을 유치원이나 교사에게만 전가시킬 수 없으며, 교육 책임자는 부모 자신이며 교사는 함께 보조적인 역할을 해야 한다는 것이 부모교육에 대한 일반적인 동향이다. 그리하여 유아들의 발달을 돕는 가장 중요한 책임자들로서 효율적인 부모—자녀 관계가 이루어지도록 유아들이 모인 집단에서는 그들을 돕기 위하여 부모를 참여시키지 않을 수 없으며, 부모 또한 교사와 좋은 유대관계를 갖지 않을 수 없는 것이다. 교사—부모와의 관계 형성은 필연적인 것이다. 교사는 부모들을 프로그램에 참여시키고 끊임없는 유대관계를 형성해야 한다. 이와 같은 부모—교사 관계 형성의 이유를 들어보면 다음과 같다(정갑순, 1983).

(1) 부모는 자기 자녀에 대하여 누구보다도 가장 잘 알고 있으므로 개인적 욕구를 제공해 줌으로써 프로그램의 목적 설정에 가장 크게 도움을 줄 수 있다.

(2) 부모는 그들 자녀, 특히 유아와는 하루 중 가장 많은 시간을 함께 할 수 있으므로 교사로서의 의도적인 계획을 할 수 있다. 그러므로 부모–교사와의 관계에서 자녀를 위한 훈련의 시간이 되도록 할 수 있다.

(3) 부모는 자녀가 받고 있는 프로그램과 여러 가지 혜택에 대하여 직접·간접으로 비용을 지불하고 있고 따라서 자녀가 배우는 학습 내용과 방법에 대하여 알기를 원하고 있다(Fredericks, Baldwin, Groue, 1974).

(4) 자녀가 받고 있는 프로그램에 대하여 많이 알게 되면 부모들은 프로그램이 더 오래 지속되고 확대될 수 있도록 하기 위해 최선을 다한다.

(5) 유아기 자녀를 위한 부모훈련은 대상 유아뿐 아니라 그 외 자녀들을 위해서도 매우 유익하다. 즉, 부모가 배운 기술을 일반화함으로써 모든 자녀들에게 훌륭한 부모–교사 역할을 할 수 있도록 도와주게 된다(Gilmer, 1970 ; Klaus & Gray, 1968).

(6) 부모가 체계적으로 프로그램을 수행할 때 유아의 학습 속도는 대단히 촉진된다(Fredericks, Baldwin, Groue, 1986).

이와 같이 부모를 유치원 프로그램에 참여시켜 부모들이 새로운 행동을 효과적으로 배우도록 교사는 효율적인 유대관계를 개별적 또는 집단별로 갖고 그것이 계속 유지될 수 있도록 해야 한다.

2) 교사가 알아야 할 부모의 다양한 입장

유아교육기관에서는 부모교육 프로그램을 실시하여 부모를 이해하고 그들의 자질 향상을 돕고 또 교사와의 긴밀한 유대관계를 갖기 위해서 먼저 다음과 같은 부모의 다양한 입장을 고려해 부모–교사 양쪽 다 서로 너무 큰 기대나 실망을 초래하지 않도록 해야 할 것이다(정갑순, 1983).

(1) 부모는 때때로 교사의 말을 이해하지 못하고 엉뚱한 것 같기도 하지만 유아에 대해 아주 실질적이고 필요성을 지닌 그 나름대로의 확고한 신념을 가진 사람이다.

(2) 부모는 그들의 가정과 이웃에 관련된 많은 사람들과 복잡한 관계를 갖고 있으며, 이러한 상호관계는 유아의 생활에 영향을 미치는 중요한 변인 중의 하나이다.
(3) 부모는 유아교육기관에서 진행되는 교육과정에 수반되는 어떤 활동의 목적을 이해할 수도 있고 혹은 이해하지 못할 수도 있다.
(4) 부모는 유아가 원해서 유치원에 보내는 것이 아니라 강제로 강요해서 보내는 입장일 수도 있고, 반대로 유아는 원하지만 부모는 유치원교육을 중요시하지 않고 다른 기능 훈련을 위한 프로그램에 등록하기를 더 원할 수도 있다.
(5) 부모는 그들의 부부생활이 유아의 일상 생활, 즉 잠자는 습관, 식사 습관, 사고의 유형에 영향을 주는 중요한 개체들이다.
(6) 부모는 그들의 유아가 갖고 있는 문제를 효율적으로 처리해 나가지 않을 수도 있는 하나의 개체이다.
(7) 부모는 자기 자신의 건강이나 그들 가족문제에 대하여 또는 자녀문제에 대하여 비관적이거나 이미 더이상 지탱해 나갈 것을 포기한 사람일 수도 있다.
(8) 부모는 자신들의 목적과는 일치하지 않지만 유치원 운영 방침에 잘 호응해 나가려고 노력하는 사람일 수도 있다.
(9) 부모는 자신의 생활이 너무 바쁘기 때문에 유치원 교사와의 관계를 전혀 유지할 수 없으며 또한 유치원 교사의 방침이나 교육방법에 비협조적이며 순응할 수 없는 입장일 수도 있다.
(10) 부모는 자녀의 교육이 모두 교사에게 책임이 있고, 부모는 단지 경제적 부담의 책임만 지면 된다고 생각할 수도 있다.

교사는 이상과 같은 부모들의 다양한 입장을 살펴서 효율적인 부모-교사와의 상호작용이 되도록 노력해야 한다.

3) 교사가 알아야 할 부모에 대한 전망

성공적인 부모-교사 관계 및 부모참여 프로그램을 위해서는 다음과 같은 부모에 관한 효율적인 능력에 대하여 조망해 보는 것이 필요하다(Becher, 1986).

(1) 부모들은 항상 중요한 공헌을 할 수 있다. 즉, 부모들은 그들이 교육적 · 경제적 배경 없이도 자녀들의 발달과 교육에 중요한 몫을 할 수 있다.
(2) 부모들은 그들 자녀들의 학교, 기관 프로그램 또한 자녀들의 교육과 발달에 특별한 공헌을 할 수 있다. 그들의 취미나 직업, 그리고 전문적 기술을 유아와 함께하는 시간에 활동할 수 있도록 요청할 수 있다.
(3) 부모들은 부모로서 행동하는 새로운 기술을 배울 수 있다. 즉, 부모들은 그들이 발전하고 교육적인 기술들을 배우기 위해 흥미를 갖고 또한 능력을 갖고 있으므로 적극적인 접근이 필요하다는 신념을 갖게 하며 기술들은 '더 좋은 것' 보다는 '새로운 것, 첨가되는 것, 양자택일할 수 있는 것' 등으로 상호작용하도록 돕는다.
(4) 부모들은 그들 자녀에 대한 중요한 관점들을 가지고 있다. 즉, 그들은 자녀가 어떤 상황에서 어떻게 배울 수 있는지를 설명하는 것은 물론, 학교 밖이나 주변 환경에서의 경험과 흥미, 그리고 여러 관련된 것들에 관하여 많은 정보를 제공할 수 있다.
(5) 부모—자녀 관계는 교사—유아 관계와는 다르다는 것을 인식하고 부모는 자녀와의 관계에서 특별히 본능적임을 아는 것이다.
(6) 부모참여 입장이 다양하여서 부모를 포함한 프로그램의 활동과정, 결과들은 스태프진들의 견해보다는 부모들의 견해에 더 영향을 받는다. 그리하여 때때로 뒤범벅이 되어 혼란을 초래할 수도 있다.
(7) 대부분의 부모들은 그들 자녀를 진정으로 돌보게 된다. 자녀에 대한 믿음을 갖고 보호, 양육, 교육하고 있다. 이것은 여러 방법들로 연관되어서 부모들의 관점에 대해 존경의 뜻으로 지적되고 있다.
(8) 부모들은 자녀를 위해서 가정에서든 유치원에서든 그들을 도와줄 수 있는 많은 중재 역할을 할 수 있다. 어떤 부모들은 무엇인가 자녀를 위하여 하고(doing), 도움을 주는 일에 대하여 반응하지 않는 것처럼 보일 수도 있으나 성공적인 프로그램은 부모들간에 좋은 감정이 일어나도록 하는 데 초점을 두고 그들 자녀와 함께 최선을 다하여 일할 수 있는지에 대하여 분명히 할 수 있도록 해야 한다.

교사는 이와 같은 부모들의 능력이나 밝은 전망에 대하여 잘 인식함으로써 부모가 자녀를 위해 무엇인가 하고, 도움을 주도록 하며 또한 유치원에서 진행되는 프로그램에 대하여 좋은 감정이 일어나도록 상호작용해야 한다.

4) 부모가 교사에게 기대하는 교육적 요구

요구란 매우 복잡한 개념으로서 인간의 내적인 성장이나 인간 안에 있는 요구 충족적 경향과 인간이 얻고자 노력하는 것에 대한 자연 상태로서 균형이라고 Maslow는 시사하였으며, 유치원 부모들이 교사에게 또는 유치원에 대하여 요구하는 사항에 대한 조사를 다음과 같이 보고하였다(홍기형 외, 1984).

유치원에서는 부모들에게 유아교육에 대해 바람직한 견해를 갖도록 하고(19.8%) 자녀에 대한 정확한 지식을 얻는 일(30.0%)이 가장 필요한 것으로 나타났으며, 부모들이 배우고 싶어하는 것을 가르쳐 준다거나 부모들간의 친목을 도모한다는 데(2.4%) 낮은 반응을 보였다. 유아의 생활습관 훈련이 24.9%, 유아의 흥미와 재능 개발이 23.7%, 유아의 문제행동 지도 15.2%, 자녀와의 대화 기법 13.2%, 유아의 신체적 특징 및 지도법 2.7%, 유아에 대한 부모의 영향 3.9% 등 유아의 지도 및 직접적인 상호작용과 관계되는 내용이 83.6%를 차지하고 부모 자신을 위한 일반 상식이나 여가 선용에 대한 요구는 8.9%에 불과하였다. 위의 결과들을 종합해 보면 유아의 부모들은 유아교육기관 및 교사에 대하여 유아의 전인적 발달을 위한 지도 및 상호작용 방법, 관련 정보 등에 대한 교육적 요구가 강한 것으로 나타나고 있다. Stein, Beyer, Ronald(1975)는 정신의학의 도움을 받아 유아에게 영향을 미치는 가정이나 개인의 다양한 문제에 대한 교사의 반응을 4년 동안 연구하여 부모가 교사에게 어떻게 도움을 요구하고 있는가를 보여 주었다(Jerry, Bigner, 1979 재인용). 즉, 유아교육기관은 유아의 사회화 과정을 맡아 줄 대리 기관으로는 첫 경험으로서 부모가 자녀를 자신과 분리시켜 좀 더 큰 사회에 통합시키려는 문제에 대해 도울 수 있으며, 또한 상담을 해주거나 감정과 태도를 알아내고 들어 주며 조언해 주어 치료적 기능을 수행함으로써 부모와 자녀가 함께 겪는 수많은 위기에 적응할 수 있도록 도와주기를 요구하는 것이다. 또한 유아나 가족 구성원의 질병, 사망, 입원, 수술 또는 부모의 별거나 이혼 등의 위기 상황에 유아와 부모가 대처할 수 있도록 돕기를 원한다. 이러한 역할을 교사가 이행함으로써 유치원 교사는 유아의 사회화에 중요한 보조적 역할을 할 수 있다. 또한 부모들은 유아 교사들이 유치원교육 프로그램을 진행함에 있어서 공간 구성, 재료 준비, 성인의 완벽한 상호작용의 역할자로서 유아와의 관계를 유지하기를 요구하며 기대하고 있다. 그러므로 교사는 부모들의 다양한 입장이나 부모들에 관한 전망, 부모들의 요구 등을 잘 이해하며 부모—교사간의 좋은 상호이해 관계가 형성될 때 유아의 발달에 도움을 줄 수 있는 Agent로서의 역할을 감당하게 될 것이다.

5) 유아를 위해 부모가 알아야 할 원리

지금까지 부모—교사의 상호이해를 향상시키기 위해 교사가 알아야 할 부모의 입장, 교사가 부모에게 기대하는 교육적 요구 등에 대해 살펴보았다. 이제 좀 더 부모가 적극적으로 교사와 상호작용하여 자녀의 성장을 돕기 위해 부모가 알아야 할, 유아를 가르치는 역할을 감당할 수 있는 원리를 Range(1980)의 주장에 따라 설명하면 다음과 같다(홍기형 외, 1984 재인용).

(1) 부모는 그들의 지적 추구에 대한 태도, 성취, 관심이 그들의 유아 행동에 반영된다는 것을 알아야 한다.
(2) 부모는 자아 존중감을 갖고 다른 사람을 존중하도록 유아를 돕는 것이 부모의 책임 중 하나라는 것을 알아야 한다.
(3) 부모는 유아를 그들에게 적합한 신체적 · 언어적 · 정신적 활동에 참여하도록 동기화시키는 등의 상호작용의 기술을 알아야 한다.
(4) 부모는 유아가 자유스럽게 표현하도록 허용할 때 더 잘 적응하고 더 많이 배울 수 있음을 알아야 한다.
(5) 부모는 유아의 읽기, 듣기, 작문, 쓰기 등의 기술에 대한 예비 지식으로 쓰여질 언어 기능과 관련된 정보를 알아야 한다.
(6) 부모는 문제 해결 과정으로 유아를 이끌고 유아의 질문을 활용하도록 유도하는 발문 기술을 알아야 한다.
(7) 부모는 유아가 관찰만으로 배울 수 없으며 형태적 내용과 언어적

설명으로 학습이 가능함을 알아야 한다.
(8) 부모는 적절한 모델링, 언어적 설명 등으로 유아의 이해수준에서의 언어적 교수가 학습을 증가시키는 것을 알아야 한다.
(9) 부모는 학습한 것의 실습과 복습할 기회를 유아에게 제공해야 함을 알아야 한다.
(10) 부모는 유아의 흥미와 활동은 계속 변화함을 알아야 한다.

위와 같은 원리를 부모가 잘 알고 있을 때 교사와의 상호작용은 더욱 더 적극적이고 지원적이 될 것이다. 그러므로 교사는 부모가 이러한 원리를 스스로 습득하여 생활 속에서 유아들과 효율적인 상호작용을 할 수 있도록 도와야 한다. 부모의 주요 교수역할은 유아에게 자기 훈련, 자기 통제를 배울 수 있도록 환경을 준비 · 제공하는 것임을 알 수 있다. 즉, 부모의 양육태도 및 행동 또는 자질을 결정하는 것은 부모를 둘러싼 다양한 심리적 · 물리적 환경 및 문화적 요소이다.

6) 부모－교사를 위한 함의

부모－교사의 효율적인 상호작용을 통하여 부모를 돕고자 하는 기능 중의 하나는 그들이 자녀들에 대해 갖고 있는 목표를 자세히 생각하도록 하는 것이다. 그들의 가족을 통해서 이루고자 하는 삶의 양식은 어떤 것인지 그것을 개발하고 명료화할 수 있도록 하며 또한 그들의 삶에서 무엇이 가장 중요한 문제인지를 지각하고 파악하도록 돕는 것이다. 그러므로 교사는 부모들이 통찰력을 갖도록 하며, 여러 가지 종류의 정보를 제공하며, 그들 나름대로 갖고 있는 추진력과 능력에 자신감을 갖도록 지원해 주는 것이 부모로서의 기능을 변화시키고 바꾸려는 것보다 훨씬 더 중요한 것이다. 사실 부모교육자나 교사들은 부모의 행동 유형의 어떤 것이 이로운지 또는 해로운지에 관해 충분한 자신감과 확신 없이 일을 하고 있는 경우가 많다. 이러한 불확실성을 극복하기 위해서는 유아에게 생길 수 있는 위험의 가능성을 면밀히 조사하여 교사는 자신의 신념과 철학적 입장을 확고히 해 두는 것이 중요하다. 부모들은 새로운 정보를 얻게 되거나 그 자신의 가치와 상이한 방법으로 행동 유형의 변화가 강하게 요구되면 상이한 자극을 최소화하고 그들의 영향력을 줄인다고

Powell(1986)은 시사하고 있다.

그러므로 교사들은 유아들과 생활하면서 직면하는 문제들을 잘 대처하도록 할 뿐 아니라 부모들과의 사이에서 생긴 문제들도 잘 대처할 수 있도록 도움을 줄 수 있다. 교사가 실제로 통제할 수 없는 일이 무엇인지 주의를 기울여 팀티칭(team teaching)으로 구성하여 보다 효율적인 부모–교사 관계를 형성할 수 있다.

3. 부모–교사 협의 체제(parent-teacher conference system)

유아교육기관에서 부모와 교사와의 대화는 초기 유아들의 프로그램에 필수 불가결한 요소이다. 부모는 유치원에서 자녀의 생활에 대하여 알기를 원하며 동시에 유치원에서 교사도 유아들의 행동을 이해하고 더 나은 표현을 개발하기 위해 노력하는 것이다. 부모–교사 양쪽 다 유아의 능력, 흥미, 좋아하는 것, 싫어하는 것 그리고 필요한 것들에 대하여 아주 중요한 지식을 갖고 있다. 이러한 정보는 유아들을 도울 수 있는 가장 흥미 있는 것들이기 때문에 긍정적인 방법으로 서로 교환되어져야 한다(Morrison, 1978).

본 절에서는 부모와 교사가 보다 효과적인 협의 체제를 갖기 위해 교사는 어떤 전략을 사용할 수 있는가를 살펴본다.

1) 협의회를 위한 예비 지식

(1) 사전 준비

교사들은 부모–교사 협의회를 위해 그 진행과정을 잘 계획, 준비해야 한다. 유아들이 입학 또는 개학하기 전 또는 어떤 프로그램을 실시하기 전부터 시작하여 끝날 때까지 계속되어야 한다. 유아들의 작품들, 행동 유형의 일화기록, 관찰기록, 행동 체크리스트, 각종 검사 자료 등을 잘 정리하여 부모들과의 대화에서 중요한 도움이 되도록 한다. 부모들의 태도는 그들의 배경과 환경에 따라 다르며 회의적일 수도 있고 만족할 수도 있는 다양한 형태로 나타난다. 교사는 부모들과 접촉하면서 많은 개인적인 차이를 조절하는 데 확신을 갖게 될 것이다(Stone, 1987).

그리하여 부모—교사 협의회에서 사용될 일반적 정보나 자료를 제공하고 그들을 만나기 전에 가졌던 생각들을 서로 나누며 적당한 협의 장소와 시간을 정하고 서로의 만남이 생산적이고 편안하고 쌍방간의 좋은 상호작용이 되기 위해 책상과 같은 장벽에 숨겨진 정보에 민감해야 할 것이다(Chinn, Winn & Walters, 1978). 유아들이 사용하는 낮은 책상에 성인용 의자를 놓고 다른 자료들을 책상 위에 진열하여 의논할 수 있다. 유아교육기관에서는 부모—교사 협의가 매년 1~2회 이상은 개최되고 있는 실정이다. 평일 오후 시간이나 토요일 오후 또는 저녁 시간을 이용하는 것이 부모들이 모이는 편리한 시간이 될 수도 있다. 부모들은 때때로 그들의 자녀가 유치원생활이나 가정생활에서 만족하게 생활할 때도 유치원 협의회에 참여하는 일에 대하여 불안하게 느끼고 있다고 한다. 그러나 자녀가 유치원에서 문제행동을 하고 있을 때는 교사와 좋은 협의가 이루어지지 않을 수 있다. 그러므로 교사는 부모가 함께 대화를 갖기 위해 유치원을 찾아왔을 때 가벼운 다과를 제공하고 유아들의 활동을 찍은 사진들, 그들이 좋아하는 책을 준비하여 비형식적인 담소를 나누며 유치원 프로그램의 기초와 교육과정에 대한 기본 철학에 대하여 이야기함으로써 부모가 편안한 마음으로 협의회에 임할 수 있도록 도울 수 있다.

(2) 협의 진행 중 교사가 고려할 점

유치원은 '교사의 세력 영역' 이므로 부모들의 마음을 편안하게, 그리고 무엇인가 하고 싶은 느낌을 갖도록 도와야 한다.

부모—교사와의 실제적인 만남의 협의를 진행할 때 다음과 같은 점에 유의해야 한다(Bjorklund & Burger, 1987).

- 교육적인 전문 용어를 사용하지 말고 그들의 수준에서 의사소통하라.
- 유아들의 속성에 대하여 적극적이고 긍정적인 태도로 반응하라.
- 부모가 가정에서 자녀들을 도울 수 있는 방법들을 위해 특별한 것들을 제공하라.

이러한 것들은 부모—교사 간의 협의를 성공적으로 이끄는 결정적 요소가 된다. 반응적이고 적극적인 경청은 정보를 나누는 데 도와주며 교사—부모 사이에 직면하게 되는 대립 감정을 감소시켜 준다. 교사는 적극적인 경청자가 되기 위해 부모의 상황과 함축된 감정들에 유의하여 앞으로의 의사소통을 위해 마련되어진 자리로서 책임감 있는 반응을 보여야 한다. 적극적인 경청자는 말하는 사람의 특별한 감정을 말이나 신체적으로 잘 표현하도록 강조하는 적극적인 반응이 되도록 한다(Chinn, Winn & Walters, 1978). 예를 들어, 3세 유아의 부모가 "나는 우리 철수가 이 집단 안에서 많은 것을 배우는 것을 보지 못했어요"라고 하면, 적극적인 경청자는 이해를 하면서 반응적인 진술로 의사소통하게 될 것이다. "당신은 철수가 당신이 기대하는 만큼 그렇게 많은 진보를 하지 못한다고 생각하시는군요"라고.

부모의 느낌을 충분히 잘 듣고 이해하는 이 적극적인 경청자의 진술은 그 유아의 진보가 기대에 어긋나는 이유를 설명함으로써 그 부모가 용기를 가질 수 있는 것이다. 즉, "우리는 실제적으로 철수가 읽고, 보고, 말을 할 수 있는 능력과 그의 이름을 쓸 수 있는 능력에 대하여 생각하고 있습니다"라고. 그러나 교사의 급하고 폐쇄적이고 부정적인 반응은 생산적인 대화를 멈추게 할 수 있다. 교사가 의심스러운 듯이 "당신은 우리 프로그램에 불만이십니까?" 또는 "아니에요. 철수는 실제로는 똑똑한 아이에요"라고 선심을 쓰는 체하든지, 방어적으로 "나는 열심히 최선을 다하고 있다고 생각하는데요"라고 주석을 붙이면 부모는 즉시 대화를 계속하고 싶은 마음에 제한을 받게 될 것이다. Berger(1981)는 교사는 부모—교사 협의에서 50% 이상 말하지 말라고 충고하고 있다. 그렇게 함으로써 그 협의 시간의 반 정도의 시간에서 부모—유아에 대하여 더 나은 것을 발견하게 될 것이다.

(3) 부모가 떠난 후

부모가 떠날 때 협의는 끝난다. 부모—교사 협의는 회의 뒤에 앞으로 생겨나는 사후 조치(follow up)나 앞으로 계속 수행해야 할 일들 못지 않게 중요한 것이다(Morrison, 1978).

부모가 떠난 후에 즉시, 제기되었던 문제와 거론된 제안을 포함한 것들을 적절하게 자세히 기록한다. 그리하여 그 기록을 토대로 또 다른 협의회 개최, 전화 방문, 가정방문, 가정통신, 문서 발송(공식적 또는 비공식적 전달 메모 등) 회의 방법에 대한 설문 조사, 부모와의 개인면담 등 후속 조치를 계획할 수 있다. 왜 후속 조치로 프로그램을 진행해야 하는가? 부모와의 지속되는 유대관계는 교사로 하여금 다음과 같은 이점을 지니고 있기 때문이다(Bjorklund & Burger, 1987).

첫째, 교사가 성실하게 상호작용해야 할 부모에게 교사 자신을 알릴 수 있다.

둘째, 협의해야 할 논쟁점이나 문제를 명확하게 할 수 있다.

셋째, 부모와 그들 자녀가 계속해서 최선을 다하도록 격려할 수 있다.

넷째, 가정에서도 학습하는 장을 확장할 수 있는 기회를 제공할 수 있다.

다섯째, 부모–자녀를 함께 도울 수 있는 프로그램을 더 구체적으로 계획할 수 있다.

이러한 요소들은 유아를 위해서 문제를 해결하고 해답을 찾으며 목표를 결정하고 부모–교사가 상호전략을 세울 수 있는 팀으로서 부모–교사 협의회의 가장 중요한 지침이 되는 것이다.

2) 성공적인 부모–교사 협의를 위한 전략

Virginia Fairfax에 있는 조지매슨대학에서는 어린이 교육을 위한 프로젝트로서, 부모–교사 협의를 진행하기 위한 전략을 계획하여 발전시켰다. 이 전략은 교사들이 효과적인 협의를 하도록 도울 것이며 유아들을 위한 다양한 활동을 적용할 수 있다. 부모–교사 협의를 위한 4단계를 소개하면 다음과 같다(Bjorklund & Burger, 1987).

(1) 제1단계 : 협의회 활동 범위 설정

학기초나 학기 도중 적당한 시기에 프로그램 진행자는 모든 직원과 부모들과 함께 협의 전략에 대한 토의를 한다. 이때 다루어야 할 주제는 다음과 같다.

- 일 년 중 언제 어떻게 협의할 것인가에 대한 간략한 개요
- 발달적인 교육과정에 대한 목표, 목표의 의미, 각 행동에 대한 목표를 잘 나타내 주는 표본적 활동에 대한 세부적인 검토
- 첫번째 협의에 앞서 각 유아를 관찰하기 위해 사용될 다른 내용에 대한 토의

이때 진행자는 〈표 8—2〉와 같은 이 프로그램의 발달적 교육과정 목표를 부모들에게 설명하여 이러한 목표가 유아들에게 어떻게 관련되어지며, 무엇이 그들에게 중요한가를 일깨우도록 고무되어져야 한다. 이러한 발달적 목표진술은 첫번째 단계에서 대단히 중요하다.

다음의 유아발달적 목표는 Piaget 이론에 입각한 Kammi와 Devries(1973)에 의해 적용된 것으로 유아들의 개인차나 사회정서 발달을 강조하고 있다.

(2) 제2단계 : 협의회 계획에 있어 우선적으로 설정해야 할 일

처음 잠깐 모인 후 협의를 계획하는 데 있어 부모들, 주임 교사, 프로그

〈표 8 - 2〉 유아의 발달적 목표

사회정서 목표
① 자율성을 증진시킨다. ② 호기심을 갖고 독창적인 태도를 갖는다. ③ 문제해결 능력을 갖고 자신감을 갖게 한다. ④ 어른들과의 관계에서 안정감을 갖도록 한다. ⑤ 혼자 또는 다른 유아들과 즐겁게 놀이한다. ⑥ 갈등을 해결하고 문제를 해결함으로써 다른 관점에 대해서도 협력적으로 될 수 있다. ⑦ 공포, 불안, 좌절을 건설적으로 해결한다. ⑧ 과제 수행을 꾸준히 이행한다.
인지적 목표
① 상징적 표상과 언어로서 효과적이고 다양한 방법으로 자신의 생각을 표현할 수 있다. ② 비슷한 것과 다른 것을 알고, 관련된 생각과 물체를 연결할 수 있다. ③ 재미있고 창의적인 생각과 문제와 의문을 제기할 수 있다.
신체적 목표
① 공간 안에서 자신의 몸을 인식할 줄 안다. ② 대 · 소근육의 운동발달을 돕는다.

램 진행자가 모여 다음과 같은 각각의 역할에 대하여 논의한다(교육부가 작성한 유아교육과정에 입각한 유아발달 목표를 만들어 사용한다).

① 협의를 위해 부모들이 해야 할 일로서는 그들 자녀가 갖고 있는 기본적인 능력 또는 이룩해야 할 필요한 것들을 위해 발달적 목표를 조사하여 그 중에서 자녀에게 해당하는 우선적 목표를 2~4개 정도 선정한다.

② 협의를 위해 교사가 해야 할 일로서는 유아의 행동관찰 기록, 일화기록 몇 가지와 검사 자료를 준비하고 각 유아를 위한 중요한 목표 중 2~4개를 선정한다.

③ 프로그램 진행자가 해야 할 일로서는 유아의 발달 체크리스트와 학습준비도 검사 점수를 내어 각 유아에 대한 짧은 설명을 요약해 둔다. 유아발달 기록은 부모들이 잘 읽을 수 있도록 쉽게 프로필 형식으로 정리한다. 또한 관찰기록이나 일화기록, 완성된 미술작품들, 어린이 발달 기록과 다른 검사 자료들을 종합해서 프로필 식으로 사용한다. 위의 준비가 다 되면, 먼저 부모들이 자녀를 위해 선택한 중요한 목표에 대해 이야기를 하고 교사는 거기에 대해 준비한 선정된 목표와 일화기록 등 다른 자료들과 함께 논의하여 목표를 수정, 보안할 수 있게 협의한다. 이때 참여한 모든 사람들은 유치원과 가정에서 요청되어야만 하는 중요한 목표에 대해 함께 협의한다. 이러한 협의를 하는 동안 교사들은 유아와 가족의 필요에 따라 그들을 어떻게 적용시켜 나갈 것인가 하는 것에서부터 그 목표를 달성하기 위한 교수방법, 활동을 위한 조직 등이 구체적인 논의의 초점이 되도록 한다.

(3) 제3단계 : 규칙적인 관찰과 기록

일 년 동안 계속해서 모든 교육목표에 관한 각 유아의 발달 진행은 관찰되고 기록되어야 한다. 특별히 주목해야 할 점은 우선적으로 부모와 교사에 의해 선정된 앞의 목표가 결정되고 거기에 따른 교육과정은 각각 2주 동안 그 목표에 초점을 맞춘다. 교사는 이 기준에 맞춰 유아를 관찰하여 기록한다. 일화기록, 체크리스트 등급 분류, 행동 빈도 기록 등 성장 진행을 문서화하여 유아의 전영역 발달상의 진보 상태를 종합 기록해 둔다. 이러한 과정에서 유아의 행동이 극적으로 변하는 상황이거나 행동이 서로 관련성 있게 나타날 경우 부모와의 협의를 개최할 수 있고 2~3개월 또는 3~4개월 동안의 정보를 모아 협의회를 개최할 수 있다.

(4) 제4단계 : 협의회에 유아를 참여시킨다

부모—교사 협의 체제를 위한 전략의 마지막 단계에서는 부모, 교사, 보조교사 그리고 유아도 함께 참여한다. 이 프로그램이 실시되어 많은 시간이 경과된 후 모든 참가자들은 보다 실제적인 관계가 확립되고 유아는 참여시키지 않고 토론할 충분한 기회를 갖는다. 교사들은 많은 기본 원리

〈표 8 - 3〉 유아 연구를 위한 발달 진행과정

______반 이름 : ______

____년 __월 __일 ~ ____년 __월 __일

발달적 목표	발달 진행과정 상태
사회정서 발달 영역 : 유아의 자율감, 창의성, 신뢰감의 성장은 유아가 자신에 대해 좋게 느끼도록 하는 특성으로서 유아에게 절대적으로 필요한, 다른 유아뿐 아니라 어른들과의 좋은 관계를 가질 능력이 있다. 어린이들은 또한 공포와 좌절을 극복하고 한 가지 활동을 끝까지 마무리하는 지구력을 성장시킨다.	
인지적 영역 : 유아기 동안 유아의 사고과정의 발달은 흥미나 아이디어, 끊임없는 문제와 여러 사물과 관련된 것들 그리고 여러 방법면에 있어서 아이디어 표현과 함께 증진되어지도록 한다. 유아들은 그들의 환경과 상호작용하는 활동을 통해 학습한다.	
신체적 영역 : 신체적 성장의 양식은 유아가 자신의 몸을 공간 속에서 인식하고 자신의 몸을 움직일 수 있고, 주위 환경 안에서 운동이 영향을 끼치며, 유아들은 대 · 소근육 조절 훈련의 기회가 필요하므로 그 기회를 제공한다.	

를 설정하고 유아의 행동발달 상황을 기술한 것과 일년 동안 보인 성장의 기록을 부모들에게 보내야 한다. 〈표 8-3〉과 같은 기록표를 참조하라.

동시에 가족들은 이 협의에서 유아의 좋은 점과 성취되어야 할 발달과업에 초점을 맞출 것이다. 또한 부모가 강조한 안내서를 받아야 하며, 이때 협의될 주제의 목록을 함께 보내는 것이 좋다.

· ○○가 유치원에서 가장 좋아하는 것은 무엇인가?
· ○○가 유치원에서 함께 놀이하는 특별한 친구는 누구인가?
· ○○가 유치원에서 좋아하며 놀던 놀잇감은 무엇인가?

이제 교사는 유아의 특징이 기술된 몇몇 일화기록을 통해 유아의 성장발달의 실례를 이야기 나눔으로써 협의를 시작한다. 처음에는 유아와 함께 위의 세 가지 질문과 관련하여 시작한다. 협의 도중에 중요한 사람들과 함께 생각을 나눌 수 있는 특별한 기회를 유아에게 준다. 그리하여 유아들은 그들의 자아 개념 형성에 도움이 되는 그들 스스로에 대해 유익한 이야기들을 듣도록 한다. 부모들도 세 가지 질문에 대해 변화 있고 때로는 예기치 않은 대답을 할 수 있다. 그리고 교사들은 그 해에 가졌던 이 세 가지 방면의 협의에 긍정적 접근의 의미를 갖게 될 것이다.

보다 효과적인 부모-교사 협의 체제를 구성하기 위해 교사는 다음과 같은 기본적인 절차를 명확히 해야 한다.

첫째, 교육목적 설정을 명확히 한다. 부모의 교육적 요구와 교사의 필요가 잘 협의된 목표 설정이 우선되어야 한다.

둘째, 선정된 목표에 따라 내용 구성을 어떻게 할 것인가 하는 것이다. 그 내용은 유아의 발달적 과업과 관련된 유아의 요구, 부모의 요구, 사회적 요구, 국가적 요구가 함축되어 있는 것이어야 한다.

셋째, 프로그램을 어떻게 실시할 것인가 하는 것이다. 시간(when), 장소(where), 방법(how), 실시자(who)에 대해 구체적으로 검토되어져야 한다.

넷째, 프로그램 실시과정에서 또는 끝난 다음 평가과정에서 부모-교사와의 일치된 협조의 자세이다.

위와 같은 절차를 걸쳐 부모—교사가 유아를 돕기 위한 협의 체제를 지속적으로 유지하기 위해서는 보다 적극적이고 구체적인 지원 체제가 필요한 것이다.

3) 부모—교사 협의를 통해 얻는 이득

협의를 하기 위한 시간과 노력은 부모와 교사 양측 모두에게 요구된다. 협의 없이 부모—교사 간의 어느 쪽의 요구를 변경할 수 있을까? 협의를 통해 양측 모두에게 다음과 같은 이점이 있다(Stone, 1987).

(1) 부모측

협의를 하는 동안 교사와 대화를 함으로써 자녀에게 많은 영향을 미칠 수 있는 부모들이 있다. 부모는 자녀의 연령에 따라 발달단계에 맞게 이룩되어야 할 것들에 대하여 배우게 되며, 자녀가 바람직하지 못한 행동을 할 때 어떻게 다루어야 함을 알게 된다. 유아의 자아조절, 용감해지도록 하는 것, 창의적인 유아로 이끄는 교수방법, 놀이와 작업을 어떻게 즐기는지 알도록 돕게 될 것이다. 교사와의 협의과정을 통해 이러한 영역에서의 부모의 역할을 습득할 수 있다.

(2) 교사측

교사는 가정과 지역사회 안에서의 유아생활을 자세하게 알아야 한다. 부모와 협의과정에서 미처 주목하지 않았던 것, 유아에 대한 부모의 기대에 대해 알게 될 것이며, 기록 관계에서 유아의 행동을 부모가 어떻게 해석하는지에 대해서도 알게 될 것이다. 또한 교사는 새로 태어난 동생의 성장에 따른 유아의 갈등에 대해서도 알게 되고 학교에 갈 준비가 되어가고 있음도 알게 된다. 이러한 정보를 통해 교사는 보다 더 유아와 부모를 잘 도와줄 수 있는 일을 계획할 수 있다. 그리하여 교사는 부모를 위한 교육내용을 다양하게 선정하여 계획할 수 있다. 일반적으로 제시되고 있는 교육내용의 선정 기준은 다음과 같다(Kidd, 1976 ; Knowles, 1970 ; Coles, 1977 ; 홍기형 외, 1984, 재인용).

첫째, 부모의 흥미와 관심이 있는 것

둘째, 계절적인 관심과 실생활과 관련된 것

셋째, 제한된 학습시간 내에 학습할 수 있는 것

넷째, 부모의 학습능력에 적합한 것

다섯째, 상호간에 연관성이 있는 것

여섯째, 전체 내용 체계에서 다양성을 유지할 수 있는 것 등의 내용을 선정한 후 논제 배열에서도 쉬운 것에서 어려운 것으로, 친숙한 것에서 생소한 것으로, 구체적인 것에서 추상적인 것으로, 단순한 것에서 복잡한 것으로 조직할 수 있으며 흥미 있는 논제들은 프로그램 전체 과정에 분산시켜야 한다.

부모를 위한 부모-교사 협의 체제는 부모의 흥미와 관심 없이는 이루어지기 어려우므로 계속성(continuity), 계열성(sequence), 통합성(integration)의 제반 원칙에 융통성을 가지면서 학습내용을 합리적이고 체계적으로 구성할 수 있다.

위에서 살펴본 바와 같이 유아들에 관한 연구는 부모의 인성이나 부모의 행동적인 역할이 포함되지 않고는 다루어질 수 없다. 그래서 부모는 그들 자녀에게 있어서 첫번째 교사이며 가장 훌륭한 교사라고 한다. 그리하여 교사들은 부모로서의 권위(in loco parentis)를 주장하고, 부모는 교사로서의 권위(in loco magisteries)를 강력하게 요구하고 있다. 그래서 부모가 유아의 보다 효과적인 교사가 될 수 있는 광범위한 프로그램이 개발되고 있는 것이다. "부모는 유아의 가장 좋은 교사이다"라고 하는 표현은 교사가 부모보다 못하거나 그저 그렇고 그런 것을 뜻하는 것 같아 그 표현이 부적절하다고 말하기도 한다. 그러나 강조되어야 할 것은 각 역할의 기능과 특성이며 또 각 역할 수행자의 노력이 어떻게 서로 도움을 줄 수 있을 것인가 하는 것이 문제이다. 그러므로 이러한 양측의 기능과 특성 및 그 역할을 잘 이해하고 상호 보완·협력하는 일이 바로 부모-교사 협의 체제(parent-teacher conference system)이다.

어머니들은 유치원에서 교사가 유아에게 좀 더 반응적이면 자녀의 발달에 더 나은 성취를 가져올 수 있다고 믿고 있는가 하면, 교사들은 어머니가 유아들의 심리적인 욕구를 잘 조절하여 조금만 더 정성을 기울이면 유아들의 노력이 더욱 성공적일 것이라고 믿고 있는 것이다. 이와 같이 부모와 교사는 서로 책임을 상대방에게로 돌리는 태도를 계속 주장하는 한 서로 보완 · 협력 관계로서 하나의 목표를 향해 초점을 맞출 수가 없다. 그리하여 유아교육기관에 등록된 유아들을 바람직하게 육성시키는 Agent로서의 부모-교사가 서로 각자의 입장이나 주장, 교육목표를 주장하여 유치원에서는 교사가, 가정에서는 부모가 각각 다른 교육철학, 교육목표와 내용, 교육방법으로 유아와 상호작용하면 유아는 혼란에 빠지게 되므로 하나의 목표를 향해 함께 노력하는 것이 무엇보다 중요한 것이다. 이러한 노력을 계획, 실시, 평가하는 데 그 주관자가 유치원측이 되겠지만 교사는 부모-교사의 특징, 그 역할을 잘 세분하여 부모의 입장이나 부모의 요구가 무시되지 않으면서 자녀의 발달뿐 아니라 부모 자신의 부모되기 훈련과정에서 긍정적인 만족을 얻을 수 있도록 해야 한다.

9장 | 부모참여 교육의 조명

—20세기 후반 미국을 중심으로

1. 부모지원 프로그램

2. 부모참여 프로그램(parent involvement)
   1) 부모참여의 목표
   2) 프로그램의 목표, 활동 및 실제와의 관련
   3) 부모훈련 과정에서의 문제점
   4) 부모교육을 위한 교사훈련의 원리
   5) 부모참여 프로그램 실시 전 고려 사항

3. 부모참여 프로그램의 효과 및 영향

9장 부모참여 교육의 조명
—20세기 후반 미국을 중심으로

오늘날과 같이 급변하는 사회에서 부모의 역할만큼 복잡하고 도전받는 일은 없다. 하루 스물네 시간, 일주일 내내의 책임과 지식, 그리고 개인적인 자원과 기술이 요구되며 다른 사람들로부터 지원을 받아야 하는 것들로 가득하다. 미국 사회에서는 부모들이 자녀를 효과적으로 양육하도록 도울 수 있는 프로그램들이 증가되면서 프로그램의 전략들은 학교나 기관을 방문하여 그룹 토의를 하는 것(center based program)에서부터 가정을 중심으로 이루어지는 프로그램(home-based intervention)까지 다양하였다.

이러한 부모교육의 성장과 오랜 역사에도 불구하고 그 가치는 많은 정책수립가나 자금지원단체, 심지어는 프로그램을 원하는 부모들조차도 계속해서 의문을 제기하고 있다. 즉, 많은 미국인들에게 있어서 양육이라는 것은 본능적인 것이며 또한 잘 조화된(well-functioning) 가정에서는 외부의 충고나 도움이 필요 없다고 믿고 있는 것이다. 따라서 프로그램 형태의 놀라운 발전에도 불구하고 다양한 방법들의 효율성에 대한 의문점도 함께 제기되고 있다. 가장 효율적인 프로그램 접근방법은 무엇인가? 부모참여를 지속시킬 수 있는 방법에 대해 끊임없는 문제가 제기되고 있지만 거기에 따른 연구들은 급속한 부모 프로그램들의 발전과 보조를 맞추지 못하는 반면, 프로그램의 효율성에 대한 의문점도 알려 주는 증거가 된다.

본 장에서는 1960년대에서 1980년대 후반에 이르는 20세기 후반 동안 미국을 중심으로 하여 급속하게 발전되어 실시해 온 부모교육 및 부모지원, 부모참여 프로그램 실시에 관하여 살펴봄으로써 우리나라 유아교육기관을 중심으로 한 부모교육, 나아가서는 국가적인 차원에서 이루어져야 할 부모교육, 지역사회나 가정을 중심으로 한 부모교육 프로그램에 대하여 조명하고자 한다.

1. 부모지원 프로그램

1980년대에 널리 사용되어 온 부모 지지 및 지원(parent support) 프로그램에 관해 잠깐 언급하고 주로 부모참여(parent involvement)라는 용어로 접근한 프로그램들에 관하여 기술한다. Parent Support(부모지원 및 지지)란 부모와 자녀를 위하여 친지나 교회 부모회, 지방단체, 아동복리시설, 병원, 교육기관, 기타 사업기관으로부터의 지원 및 지지를 포함한 부모교육이라고 할 수 있으며(Grotberg, 1983), Parent Involvement(부모개입 또는 부모참여)란 유아교육 및 교육기관에서 어린이의 성장발달을 최대한으로 도와주기 위하여 부모도 함께 파트너로서 참여하게 됨을 의미한다(Peters, Neisworth, Yawkdy, 1985). 부모참여는 1920년이래 Nursery School에서 부모협력 운동으로 일어나 최근에는 유치원에서도 대단히 효율적으로 시행되고 있는데 그 기능은 매우 중요하며 프로그램도 다양하다. Parent Support(부모 지지 및 지원) 프로그램과 관련된 분야도 상당히 다양하게 표현된다.

다음 사항들을 대조하여 살펴보면, 전문가, 보조자 혹은 지원자, 프로그램의 길이(주, 월, 년, 단위) 그리고 프로그램의 조직 구성(기관 또는 가정중심)을 어떻게 하느냐에 따라서 각각 커다란 차이가 있음을 알 수 있다(Powell, 1986).

· 가족 공동체의 관계만을 강조하는 프로그램
· 부모들에게 자녀의 인지발달을 강조하는 프로그램
· 영아와 관련된 특별한 기술과 유형만 강조하는 프로그램
· 부모들에게 자녀를 위한 최선책이 무엇인가를 결정하도록 돕는 프로그램
· 아동발달에 대한 정보를 보급하도록 계획된 프로그램
· 부모참여를 통하여 지지관계를 신장시키도록 하는 프로그램
· 고도로 구조적인 구성을 주장하는 프로그램
· 부모로 하여금 그들이 원하는 활동을 선택하게 하는 프로그램

· 스태프진이 아동발달 전문가로서 직접 도움을 주는 프로그램
· 비지시적인 조정자로서 스태프들과 함께 자기 스스로 할 수 있는 모델을 제시하는 프로그램

이러한 프로그램들은 부모교육을 지지하는 학교(유치원), 병원, 건강센터, 탁아소, 정신보건기구, 교회, 도서관, 대학 그리고 부모교육을 하는 조직체나 선교활동을 지원하는 단체 등에 의해 운영되며, 그 대상은 일반 가정의 부모들 그리고 임산부, 장차 부모가 될 사람, 십대 부모, 편부모, 장애가 있는 자녀의 부모, 조부모 등이다.

1980년대 초 이래 가정을 중심으로 한 지지 및 지원의 발달에 대한 거대한 움직임이 있었다(Weissbourd, 1983). 이 프로그램들은 가정생활 전체 모습에 초점을 맞춰 보다 넓은 범위로 부모교육을 접근하였으며 전형적으로 지역사회에 기초하여 지방의 재정기구나 자원봉사자들에게 의존되어 운영되었다. 이 운동의 중심기구는 가정지원 개념을 증진시킨 시카고에 있는 'The Family Resource Coalition' 으로서 이는 국가기구이다(Powll, 1986 ; Zigler & Berman, 1983).

이러한 가족지지 및 지원을 한 가정 중심 프로그램의 변화는 유아교육 분야에서 많은 프로그램에 대한 고조된 관심을 불어넣어 주었는데 이는 다음의 몇 가지 요인에서 비롯된 것으로 본다(Powell, 1986).

첫째, 어머니들의 광범위한 노동력 참여와 지리적인 유동성, 확대가족의 분열, 이혼율 증가, 경제의 불확실성 등과 같은 가정을 압박하는 것에 대한 관심이 고조된 점.

둘째, 초기 경험에 대하여 중재 역할, 프로그램의 효율성에 관한 보고서들이 자녀의 발달을 촉진하는 데 있어서 부모의 중요성을 강조하는 점(Bronfenbrenner, 1974).

셋째, 아동발달에 가정이 미치는 영향에 대하여 관심이 높아졌으며 거기에 따른 연구 보고가 많이 나온 점(Parke, 1984), 또한 아동을 경시하고 학대하는 풍조를 예방하는 것이 포함되며(Garbarine, 1976), 가정에서 자녀양육의 질적인 면에 대한 지원 체제와 사회적 상황의 기여에 대한 연구물이 많이 나왔다.

이와 같은 가족 중심 지원 프로그램(family-bascd program)들은 가족의 결손을 알아내어 그것을 바꾸도록 관여하는 것보다는 가정을 위한 지원 체제를 발달시킬 것을 강조하였으므로 친자간의 손상된 관계 수정을 목적으로 하기보다는 문제를 예방하는 데 도움을 주도록 구성되어 있다.

2. 부모참여 프로그램(parent involvement)

자녀의 발달과 교육에 있어서 부모참여 및 개입의 중요성이 교육학자들, 연구가들, 정책 입안자들, 그리고 부모들에게 강렬한 관심의 주제가 되었다. 자녀교육의 가능성을 확립하는 것, 자녀들의 발달과 성취를 용이하게 하는 것, 그리고 교육적이며 발달적인 문제를 개선하는 일에 있어서 부모가 결정적인 역할을 하게 된다는 것을 인지하게 되었으며, 거기에 영향력이 있는 교육 프로그램에 대한 부모의 권리와 책임들이 강조되었다. 나아가서는 부모참여 프로그램과 부모교육이 계속 발전하고 있으며, 이러한 노력들을 지지하고 안내하는 가운데서도 부모참여를 주관하는 데 있어서는 문제점들이 있게 마련이며, 따라서 수많은 관심이 집중되었던 부모참여를 계획하고 주도하는 데 필요한 특별한 몇몇 요소들에 관한 보고가 있다(Becher, 1986).

첫째로, 교사들은 부모참여를 어떻게 주도하며, 또한 특별훈련을 받은 전문가로서의 역할을 어떻게 해야 하는지에 대해 확신이 없다.

둘째로, 교사들은 개별화된 유아의 개인적 관심과 전체 유아에 대한 관심의 조화, 즉 부모가 개입을 많이 하면 두 관심에 대한 조화를 어떻게 이루어야 할지를 잘 모른다.

부모들은 유아교육기관에서 생산적으로 작업을 해야 할 때 어떻게 해야 하는지 모르며, 어린이들과의 상호작용에 있어서도 바람직하지 못한 것들이 어린이들에게 나타날 수도 있기 때문에 교실의 혼란과 분열을 초래할지도 모른다고 보고하였다. 그리하여 부모참여는 계획한 것을 실행에 옮기는 데 있어서 많은 난관에 부딪치고 있다는 연구에도 불구하고 교육 프로그램에서 부모참여의 긍정적 효과를 수집한 연구는 부모참여의 계속적인 발전에 대한 흥미를 불러일으켰다. 부모참여를 위한 연방정부, 국가, 지역적인 대규모 연구로 단지 장애아들과 연방정부에 의해 보조를 받은 프로그램에 대한 관심뿐만 아니라 모든 교육기관 교사들에게 확대되어 영향을 미치도록 기대하고 있다.

1) 부모참여의 목표

가정을 중심으로 하든 기관을 중심으로 하는 프로그램이든 간에 부모를 직접 · 간접적으로 개입시켜 자녀의 발달에 도움을 주고자 하는 데 있어서 부모참여의 중요한 목표는 다음과 같다(Peters, Neisworth, Yawkey, 1985).

(1) 부모참여 프로그램의 목표는 우선적으로 어린이의 전인적 발달과정을 중시할 뿐 아니라 인지발달의 촉진을 돕는다.
(2) 처음 목표를 능가해서 여러 가지 프로그램 계획과 적용의 중요성을 강조한다. 즉, 효과적으로 듣기, 감정다루기 등 유치원과 가정에서 어떻게 자녀를 잘 도와줄 수 있는가 하는 것이다.
(3) 부모들은 인지발달 이론에 적용된 활동과 정보를 함께 나누도록 한다.
(4) 어린이들의 욕구를 효과적으로 조절해 주며 개인적인 성장을 돕기 위하여 유아교육 프로그램에서 함께 일하고 돕는 시간을 갖는다.
(5) 부모는 자녀의 실제적인 성장 목표에 접하게 되고 그들이 문제를 더 잘 이해하도록 한다.

이와 같은 목표들은 프로그램 참여, 가정방문, 가정통신, 그룹모임, 부모-교사 협의회, 장난감 대여 또는 시범 프로그램 등을 통하여 이룩되었다.

2) 프로그램의 목표, 활동 및 실제와의 관련

부모참여의 목표를 달성시키기 위한 활동과 실제는 서로 어떻게 이루어져야 하는지 하는 문제는 프로그램의 성패와 관련된 중요한 사항이다.

(1) 부모 프로그램의 목표와 활동들은 서로 조화를 이루어야 한다.

많은 프로그램이 훌륭하고 흥미 있고 재미있는 활동들로 선택되어 그 목표를 충족시키거나 조화를 이루어야 함은 당연하지만 대부분의 경우가 그렇지 못하여 부모들은 실망하게 되고 소외감을 느꼈으며, 활동과 목표가 조화를 이루지 못하여 마치 자신들이 참여한 것이 아니라 이용당한 것처럼 생각되는 경우가 있는데, 예를 들면 일리노이 주에 있는 한 학교의 경우이다(Becher, 1986). 이 학교에서는 부모들로부터 수많은 불평을 받은 후 상황을 재평가하여 긍정적인 관계를 형성한 것이다.

(2) 스태프진들의 기술적인 면과 효율적인 자료가 문제이다.

부모교육자들은 그들이 갖고 있는 기술과 입수 가능한 자원에 따라 '그 모든 것을 하려고' 시도하기보다는 합리적이고 생산적인 것을 선택하도록 많은 경험과 전문적 기술 그리고 자료를 필요로 한다. 또한 부모들의 기술 변화가 인정되어야 한다. 훌륭한 프로그램들은 부모들이 참여 가능한 많은 프로그램들이 있음을 알고 똑같은 방법으로 참여할 필요가 없다는 것을 알도록 하는 것이다. 특별한 부모들이 참여하는 방식은 시간이 지남에 따라 발전되고 변화한다는 것을 인정하고 있다. 그리하여 프로그램 활동들은 융통성이 있어야 하며 창조적이어야 한다. 즉, 성공적인 부모참여 프로그램을 위해서는 전개되는 활동들이 부모들의 특수한 욕구에 반응하고 적응하기 위해 유연하고 창의적이어야 한다.

대다수의 부모가 직업을 갖고 있을 때 부모가 학교활동에 참여할 수 있도록 하기 위해 급료의 감봉 없이 시간을 활용할 수 있도록 주요 고용 회사와 접촉하였으며, 수많은 안내 및 통지문이 이 학교 프로그램을 지원하고 있는 공장, 회사들에게 발송되어 마침내 그 프로그램은 매우 성공적인 것으로 평가되기도 하였다. 또한 성공적인 부모참여 프로그램은 부모들에게 그들의 역할, 기대 그리고 책임이 전달되어야만 하였다. 그리하여 부모로 하여금 명확한 기대, 역할, 책임을 갖도록 하여 부모들과 충분히 의사소통되어야 한다.

(3) 부모들이 많은 정보를 받으면 받을수록 문제 발생의 소지는 적어지며 프로그램은 성공적으로 된다.

부모의 역할, 기대, 책임이 분명해지면 부모들을 의사결정에 참여토록 하며 행정상의 결정도 설명해야 한다. 이렇게 함으로써 행정적인 결정을 이해시키며, 이는 정책과 학교, 센터 양자에 관한 실제 그리고 부모참여 행위와 관련이 있는 중요한 부분이 되는 것이다.

성공적인 부모참여의 실제를 위해 문제점은 무엇인지 미리 예측되어야 하고 해결점은 강조되어야 한다. 즉, 문제에 대한 예측과 예견이 있고, 문제에 대한 취급, 정책과 절차가 부모들에게 계속적으로 상호작용해야 한다. 부모들이 문제점을 가졌다는 사실에 초점을 두기보다는 문제에 대한 해결 방안을 찾는 데 주안점을 둔다. 그리하여 최적의 조건과 최적의 참여가 모색되어야 한다. 그렇게 함으로써 그들의 참여를 불쾌하게 하는 것이 아니라 모든 참여자들을 즐겁게 하도록 최대한의 참여보다는 최적의 참여를 고려한다. 프로그램이 너무 과다하게 되면 성공할 가능성이 적은 것이다. 부모참여 프로그램은 시간과 노력 그리고 에너지를 필요로 하는 것이다. 스태프진들과 부모들이 지나치게 크게 확장된 프로그램을 계획, 진행한다면 그들은 힘이 빠지고 지치게 될 것이다. 노력이 최적이 될 때 참여자는 활기차게 프로그램에 임할 것이다.

3) 부모훈련 과정에서의 문제점

부모의 다양한 입장을 감안하여 분명한 통찰력을 갖고 프로그램을 전개해 나가지만 기관을 중심으로 한 프로그램이든 가정을 중심으로 한 프로그램이든 간에 부모를 처음 참여시켜 훈련하는 과정에는 다음과 같은 문제점이 생기게 마련이라고 Lally(1969)는 지적하였다(Hoing, 1982 재인용).

훈련 스태프와 부모교육자, 부모교육자와 어머니와의 의사소통 과정에서 생각이 일치되지 않으며, 활동을 시작할 때 부모–자녀가 꺼려하여 열의가 없거나 자녀가 빠른 지적 성장을 보여 주지 않을 때 권태를 느끼거나 실망 등으로 부모는 포기할 수도 있다. 반면, 부모는 자녀의 현재 수준과 상관없이 훈련 자료를 엄격하게 사용하여 자녀가 미리 포기하려고 하여 프로그램 진행이 어려울 수도 있다. 부모교육자는 가정방문을 하여 체크형식(form)을 채우거나 연구 자료 수집에 매여 기록해야 하는 책임 때문에 프로그램 과정에서 경험해야 할 성취감 대신 혐오감 같은 것을 느낄 수도 있다.

또한 프로그램 자체에 소요되는 시간에 얽매여서 자유롭지 못한 점과 여러 가정을 스케줄에 따라서 방문해야 하는 책임량에 대한 부담감이 주는 구속감을 느낄 수 있다. 때때로 프로그램에 참여한 부모들이 협력하지 않으므로 이러한 부모 및 가정의 인내심 결여로 프로그램이 중단될 수도 있다. 그런가 하면, 현장에서의 곤란한 일, 어려움 등을 전혀 이해하지 못하는 전문가들에 대하여 울분을 느낄 수도 있다는 것이다. 그리하여 부모교육자들은 어머니보다 어린이들과 직접 활동하고 싶은 욕구를 갖게 되어 부모훈련에 차질이 생길 수도 있다는 것이다.

이러한 문제점이 있더라도 부모참여 프로그램에 기여한 전문 보조자의 공헌을 부인할 수 없으며 스태프진의 문제들은 다양한 방법으로 처리되었고, 그 프로젝트의 목표와 활동, 실제에 대한 요구는 재강조되고 있다.

4) 부모교육을 위한 교사훈련의 원리

성공적인 부모교육 프로그램을 전개하여 프로그램의 목표, 활동, 실제를 잘 연결하기 위해서는 교사가 부모교육 프로그램을 잘 훈련하여 발전시켜야 한다. 이를 위해서는 다음과 같은 몇 가지 원리가 있다(Becher, 1989).

(1) 교사는 자신의 프로그램을 성공적으로 수행하기 위해 필요한 여러 가지 기술을 이미 갖고 있다는 사실을 깨달아야 한다. 즉, 잘 돌보는 것, 말하는 것, 개별화하기, 인격적으로 대하기, 적당한 활동을 선택하기, 강화를 주기, 가르치기, 설명하기, 반복하여 가르치기, 평가하기 등이 이에 속한다. 이러한 기술들을 부모와의 만남에서 더욱 체계적으로 실시할 수 있다.

(2) 교사는 그들의 노력과 수고에 대해 지지 및 지원을 받아야 한다. 동료 직원들로 구성된 상담 체제를 수립하여 자신의 역량을 새로이 하는 데 자신을 갖도록 하는 일이 중요하다.

(3) 교사는 여러 가지 부모교육의 양상에 대한 자신의 느낌을 명확히 하도록 도움을 받아야 한다. 교사가 갖고 있는 두려움, 관심, 부정

적인 생각을 깨닫게 될 때에야 그들은 이성적으로 그런 생각을 제거하고 더욱 효과적인 방법을 발전시킬 수 있다.

(4) 교사는 갈등을 피하는 방법보다는 갈등을 해결하는 방법을 발달시키는 것에 도움을 받아야 한다. 많은 교사들이 부모가 적극적으로 개입하게 되었을 때 발생할지도 모를 부모와의 갈등에 대해 두려움을 표현하므로 그들이 갈등을 피한다는 것은 곧 그들이 부모참여 자체를 피한다는 것이 된다. 엄격한 훈련과 갈등해결의 여러 모델을 통하여 그러한 방법을 배우게 되면 아무것도 하지 않고 문제를 회피하려고만 하는 성향을 없애고 필요한 기술과 확신을 가질 수 있다.

(5) 교사는 부모교육에 대한 자신의 관점에서 벗어나 부모의 관점으로부터 그 과정을 볼 수 있도록 도움을 받아야 한다. 이를 위해 부모교육 전략에 대한 의견, 참여할 활동의 선택, 적절한 역할관계를 수립하도록 조언을 구하고 실제로 그것들을 다루도록 해야 한다.

(6) 교사는 그 활동이 흥미 있어 보이거나 유용해 보이기 때문이 아니라 프로그램의 목표나 목적의 관점에서 부모를 위한 활동을 선택하는 데 도움을 받아야 한다. 이러한 기술의 발달은 활동을 택할 때 교사가 프로그램의 목표나 목적을 기준으로 할 수 있도록 용기를 갖게 하고 프로그램이 진행되어감에 따라 부모로부터의 특별한 피드백을 받게 되므로 더욱 촉진되고 부모를 대할 때도 친구를 사귀는 것처럼 편안한 행동을 하도록 할 것이다. 교사들은 이미 이러한 기술을 갖고 있으므로 유치원이나 유아학교 프로그램에 부모를 참여시켜야 한다는 그 중요성에 대처해 나갈 수 있어야 한다. 가정형편이 어려운 부모는 어떤 프로그램이든 참여하기를 꺼려하며 유치원이나 학교에 나타나기를 좋아하지 않는다는 것을 모든 교사들은 알고 있다.

많은 부모들의 자녀들은 탁아기관에 맡겨지며, 부모들은 너무 바쁘기 때문에 유아교육기관에 올 수가 없다. 어떻게 할 것인가? 어떻게 부모참여 프로그램의 가치를 연결시켜 줄 수 있을까? 어떻게 부모참여 프로그램을 더 지속시킬 수가 있을까? 많은 의문점과 함께 교사의 더 많은 노력을 요구하고 있다.

5) 부모참여 프로그램 실시 전 고려 사항

부모를 수용하여 실시되는 참여 프로그램은 그 프로그램의 시작과 활동을 전개할 때 다음과 같은 사항을 고려하여야 한다(Honig, 1982).

어떤 부모는 자녀의 생후 1년부터 시작하여 초등학교 저학년까지 자원 봉사 및 참여를 할 수 있다. 그런가 하면, 어떤 부모는 특정 모델에 대해서는 즉각적이고 직접적인 참여를 원하지 않거나 꺼려할 수도 있고 만족해 하지 않을 수도 있으므로 어느 정도 신뢰를 쌓은 후 교실에서나 부모집단 모임의 참여단계로 옮겨갈 수 있다.

프로그램에 참여한 부모들에게 학습방법이나 적극 강화방법을 체계적으로 하지 않으면 유사 부모개입에 그치게 되어 효과가 없게 되므로 부모참여 훈련은 이러한 문제가 예방되어야 한다.

또한 부모들은 프로그램에서 다른 부모들을 도울 수 있는 훌륭한 자원이 될 수 있다. 즉, 장애아를 가진 영아의 부모는 유사한 경험을 하였던 다른 부모들로부터 도움, 충고, 정보 등을 제공받을 수 있으며 그것을 잘 받아들일 수 있는 것이다. 그리고 전문가들은 고도로 훈련된 성질의 치료기술도 필요로 하며, 훈련받은 준전문가들은 문화적인 교육 자체의 위험에 처한 부모들의 집단을 위해 아주 적절한 자원이 될 수 있다. 준전문가들은 빈곤한 가정생활을 빨리 민감하게 느끼고 소수 민족의 문화적 관습에 대해 더 친숙하고 안정적으로 대처할 수 있다. 또한 부모참여 활동의 봉사를 받은 가정의 필요에 적절하게 부합되기 위해서는 융통성이 중요하다. 그들 부모가 이미 획득한 자녀들의 발달을 도울 수 있는 기술들을 가정에서의 활용, 가정의 필요에 부합되도록 해야 한다. 즉, 가정을 중심으로 하는 임상치료 분야도 첨가하고 교실에서의 부모참여, 부모집단 모임을 병행 실시하므로 학대 부모를 가진 가정 환경을 개선하고 안정되게 하는 데도 도움이 될 수 있다.

인지발달만을 강조하는 부모참여 프로그램은 가정과의 친밀감을 발달시키지 못하기 때문에 정기적인 가정방문으로 할 수도 있다. 위험에 처한 영아의 십대 어머니들은 그들의 아기들이 발달적으로 필요한 보육의 혜택을 받는 동안에 심리적 · 신체적 발달을 깨달을 수 있으며, 이때 영아나 어머니에게 참여 프로그램이 그들에게 얼마나 중요한가 하는 것을 확신시킬 수 있다(Field, 1980).

특별히 아버지참여 프로그램이 필요하며, 저소득층 남자 노동자들도 특별한 훈련을 받으면 그들의 자녀와 아주 효과적으로 상호작용할 수 있다. 어린이 보호 프로그램에 부모의 기능(parent component)을 재훈련하거나 팀중심으로 프로그램을 형성하는 것도 필요하며 이러한 훈련을 위한 교사가 되기 위해 프로젝트 위원회도 필요로 하는 것이다.

부모훈련을 위한 자원 봉사자는 프로그램을 위태롭게 할 수도 있다. 즉, 자원 봉사자들은 봉사를 받는 가정과의 신뢰를 쌓는 데 있어서 안정성과 계속성을 제공하지 못할 수도 있다는 것을 프로그램 담당자들은 유념해야 한다.

자녀가 성장하고 프로그램이 계속됨으로써 새로운 교육적인 필요는 증가한다. 새로운 발달 프로그램은 부모의 관심을 끌게 되며 부모 프로그램 스태프진들은 제기되는 여러 문제들과 행동을 변화, 조정시키기 위해 계속적인 정보와 행동 지침을 필요로 한다. 특히 많은 문제를 가진 부모들과 행동을 변화, 조정시키기 위해 계속적인 정보와 행동 지침을 필요로 한다. 특히 많은 문제를 가진 부모들과 함께 일하는 관련자들은 그들을 통하여 너무 정력을 소모하는 것을 막기 위한 강력한 지원 체제가 필요하다. 가정생활의 생태학적 체제에서 방해 요인들은 조기교육 실제에 따른 변화에 대해 외적으로 강조된 부모참여의 효과를 무효로 만들 수도 있다. 그러므로 직업, 주택, 기타 다른 사회 · 경제적 기회를 증진시키는 데 작용하는 사회기관이나 지역사회기관과 부모참여 프로그램과의 조정은 가정의 자녀양육 업무에 많은 영향을 줄 수 있다.

카리스마적인 지도자는 강연과 같은 특별한 모델이나 전략이론보다 중요한 프로그램 증대에 더 책임이 있다. 전달 양식, 가정을 보호하는 것, 발달적 지식을 공유하는 것은 특별한 교육계획, 활동, 승인된 이론만큼 중요하다.

부모참여 프로그램의 중요한 초점은 그 프로그램을 계속해서 이어갈 수 있도록 확장해 가는 것이다. 미래지향적인 교육자나 자녀의 특별한 교사가 부모들에게 활기를 띠게 하는 것은 약간의 경영 기술, 문제해결 전략, 직업 훈련, 의료나 다른 지역 봉사 위탁, 자기 지지 과정 등에 있어서 도움을 요청할 수 있기 때문이다. 그러므로 만일 부수적인 봉사가 부모들을 위해 제공될 수 있다면 부모를 위한 교육목적에 첨부되는 것은 더욱 좋을 것이다.

3. 부모참여 프로그램의 효과 및 영향

부모교육 프로그램의 효과를 평가한 연구는 1970년대 중엽부터 시작하여 1980년대에 와서는 가장 활발한 연구와 재검토가 끊임없이 전개되고 있는데, 이러한 결과는 부모교육을 위한 정책과 프로그램들 그리고 부모교육 실제를 위한 기초를 제공하고 있다. 특별히 어린이의 지능, 수행 능력, 학업 성취가 결정되는 데 있어서 부모와 가족 그리고 가정의 역할, 인지발달과 학업 성취에 관한 부모교육 프로그램의 효과 그리고 효과적인 부모교육 프로그램의 성격에 대하여 검토되었다. 또한 읽기 준비도와 읽기교육을 증진시키는 부모의 실제 행동들과 이러한 효과들을 강화하기 위한 중재 노력들, 어린이를 위한 교육 프로그램에서의 부모참여의 효과와 그러한 노력들을 위한 방법 그리고 부모－교사 간의 관계와 의사소통을 증진시키기 위한 방법들에 관해서 재검토되었다(Becher, 1986).

많은 연구들에 의해 부모교육 프로그램이 효과적이고 근거 있는 것으로 간주되는 한편, 그러한 프로그램들의 목적은 설득력이 있었으며 또한 조직적이고 효과적인 프로그램의 특성으로 다음과 같이 연구, 분석되기도 하였다(Goodson & Hess, 1975 ; Stevens, 1987 ; Becher, 1986).

첫째, 가정방문 또는 유치원, 유아학교와 연합하거나 단독으로 조심성 있게 실시되었는데, 이러한 프로그램은 부모와의 만남, 유치원에서 학급 어린이들에게 인지적인 효과만을 강조하는 워크숍보다 분명히 효과적이었다.

둘째, 부모의 가르침을 조장하는 데 높은 강조점을 둔 프로그램은 그렇지 않은 프로그램보다 유아들에게 있어서 더욱 안정되고 오랜 시간을 지속적으로 제공하게 되었다.

셋째, 한 가지 유형에만 치우치지 않는 여러 가지 내용(즉, 언어, 운동, 인지 등 주요 어린이 발달)은 자녀의 발달을 이룩하는 데 효과적으로 증진됨을 보여 주었다.

넷째, 부모－교사의 일대일 관계는 그룹에서 상호작용 관계보다 더욱 큰 효과를 가져왔다.

다섯째, 부모를 위한 프로그램이 고도로 조직적이고 구체적이며 직접적인 활동은 덜 구조적인 프로그램보다 더욱 안정감을 주게 되었다.

여섯째, 특별한 기술을 사용하여 부모를 가르친 프로그램과 보통 스타일로 상호작용을 조장한 프로그램의 효과에는 별 차이가 없었다.

일곱째, 프로그램은 모든 어린이를 의미 있게 변화시킬 수 있도록 하는 데 최대한으로 효과적이어야 하며, 부모들은 최소한 18~24개월 동안에서 더 장기간 동안의 참여를 통하여 결과를 기대할 수 있어야 한다.

이와 같이 효과적인 프로그램은 분명히 특정된 목적, 주제, 활동, 주의해야 할 권고 등을 통하여 질적 조절을 이루려는 시도로서 일반적으로 규정된 관례일 뿐 아니라 부모–자녀가 하나가 되어 적절한 조화를 이루려는 인격적인 것이었다. 이러한 연구들은 자녀들의 발달 초기 짧은 기간 동안에 미친 강력한 영향을 기초로 하고 있음을 발견하였다(Powell, 1986).

많은 연구들에서 유아의 지능 지수가 가장 많이 조사되었으며 그 결과 실제로 지능 지수가 증가되었으며, 부모교육은 부모행동에 대한 자녀의 반응을 증가시키고, 자녀의 학업 성취도를 증가시켰음을 밝혔다. 그러나 이러한 프로그램이 부모에게 미치는 효과는 자녀에 대한 효과만큼 자주 연구되지 못하고 자녀양육에 대한 부모의 태도 변화를 조사하는 정도이다. 즉, 어머니의 행동에 대한 즉각적인 긍정적 효과(Andrew, 1982), 유아에게 나타나는 징후를 판별하는 능력, 유아와의 언어 상호작용에 있어 적극적이고 촉진적인 방법 사용(Lambie ; Bond & Wiekart, 1974), 개방적이고도 융통성 있는 양육태도(Slaughter, 1983), 가르치는 자로서의 역할 인식(Traver, Nauta & Irwin, 1982) 등에 관한 연구들을 통하여 알 수 있다. 또한 가족 지원 프로그램에 대한 동향에 부응한 조사들은 가족의 경제 및 환경에 대한 프로그램의 영향을 주시해 왔다.

장 · 단기 프로그램에서 긍정적인 결과를 보였고, Child and Family Resource 프로그램에서는 부모가 생활에서 감정을 조절하는 것이 증진되었으며, Yale Child Welfare and Project에서는 빈곤한 어머니들을 위한 프로그램이 실시되었는데, 참여가 끝난 후 10년 동안이나 가족 환경에 여전히 영향을 미쳤다고 한다. 참여하지 않은 부모보다 더욱 자립적이고 더 많은 교육을 받기 원하였으며 소규모의 가족을 가질 공산이 컸다.

단기적 부모모임에 대한 중류계층 가족과 관련된 연구에서 보면, 부모의 개인적 행복과 능력에 대한 느낌과 배우자 간의 상호작용의 질적인 측면에서는 별다른 변화가 없었다고 보고하였다(Wandersman & Kahn, 1980).

단기적 모임의 마지막 회합 5주 후에 처음 부모가 된 사람들은 그 집단에 들지 않았던 사람보다 더 자주 자녀양육 문제를 그들의 친구, 친척들과 상의하였으며, 스트레스나 문제해결 지식, 개인적인 행복, 전반적인 건강 상태의 측면에는 아무런 차이도 발견하지 못하였다고 보고하였다(McGuire & Gottlieb, 1979).

그러나 저소득층에 관련된 단기적 프로그램에 관한 연구는 참여 기간의 길이나 자녀에 대한 효과의 정도 사이에는 강한 연관성이 있음을 시사하였다(Levenstein, Orlara, Madden, 1983).

이와 같은 부모교육 및 지원, 참여 프로그램들은 과연 장기적 효과를 가지고 있는가 하는 것이 큰 이슈로 등장하게 된 것이다. 자녀의 지능 지수의 증가가 프로그램 참가 후 1년 이상까지 지속되었다는 증거가 없다고 Epstein과 Weikart(1979) 등은 보고하고 있는가 하면, Jeste와 Guinagh(1983)는 장기 프로그램에 참여한 부모들의 자녀들은 프로그램 종료 후 7년까지도 지진아반에 등록될 가능성이 적음을 지적하고, Houston Parent–Child Development Center에서는 1~4년의 추적 연구로 프로그램에 참여하지 않은 부모의 자녀는 참여한 부모의 자녀보다 더 부정적인 행동을 보였다고 보고하였다. 그리하여 어떤 특별한 프로그램이 다른 프로그램보다 더 의미 있고 더 효과적인가 하는 데 관심을 갖게 되나 여기에 대한 확실한 증거는 제시하지 못하고 있다. 유아를 다루는 기술에 초점을 맞춘 인기 있는 부모 프로그램의 효율성을 비교하려는 노력들은 훌륭한 모델과 일치시키는 데 실패해 왔다. 행동훈련에 관한 Adler 프로그램과 부모의 효율성 훈련 프로그램인 Gordon의 P. E. T. 프로그램에 관한 비교 연구들에서 어떤 방법이 다른 방법보다 더 효율적인지는 밝혀 주지 못하였다(Powell, 1986).

마찬가지로 Freeman(1985)은 자유 토의 그룹이 어머니의 태도를 변화시키는 데 있어서 매우 잘 짜여진 STEP 그룹 만큼이나 효과적이었음을 밝혀내었다.

이러한 연구들은 부모교육 프로그램에 있어서 교육과정의 역할에 관한 여러 가지 문제점을 제기하고 있다. 교육내용이 중요하지 않다거나 어떤 프로그램 모델이 어떤 집단과 잘 협력하여 성공적으로 이끌어 나갈 것이라는 조사로서 결론을 내릴 수 없음을 보여 주고 있다. 그리하여 부모교육 프로그램에 있어 주의 깊은 관찰자들은 부모들의 참여 형태와 그들의 인성 요인들이 프로그램의 효과에 중요한 요인이 되고 있음을 지적하고 있다.

물론 부모들의 다양한 삶의 형태와 삶의 조건들이 참여에 영향을 미치고 있음은 당연한 사실이다. 그러므로 부모참여에 대한 효과는 솔로몬의 지혜를 요구할 정도로 어려운 일이다. 참여의 범위를 어느 시점부터 양육 프로그램으로 한정할 수 있는가? 2시간씩 8주 모임 훈련을 한 프로그램뿐 아니라 아주 어린 시절부터의 부모로부터 가족을 돕는 영양 구성요소와 같은 프로그램까지도 비교하였는가? 어떤 모델을 정확하게 똑바로 찬성한다든지 또는 반대할 만큼 부모참여 능력에 있어서 충분히 이해하거나 숙달되어 있지 못하다. 그렇지만 부모교육 및 지원, 참여가 지속적으로 유지되기 위한 방법은 자녀양육자로서 끊임없는 관심인 것은 사실이다.

부모와의 관계를 유지함에 있어서 다른 프로그램보다 좀 더 성공적으로 보이는 프로그램일지라도 높은 탈퇴율을 보이는 것이 대부분인 것은 가족의 직업이 자주 바뀌어 변화되는 것과 자녀수가 적어지며, 친척과 친구와의 연락망이 보다 한정되어 있기 때문이라고 하며, 저소득층 가정은 가난, 주택난, 실직과 같은 환경의 실제적인 요인들이 프로그램의 인기나 지속성에 긍정적인 영향을 주는 것을 어렵게 만들었다고 한다. 그러므로 중류계층 부모에게 인기 있는 프로그램 모델이 저소득층 부모에게도 반드시 흥미를 끌 것이라고 말할 수 없음을 지적하고 있다.

1980년대의 부모참여 프로그램은 지금까지 실시해 온 프로그램들의 다양함에 첨가해서 자녀양육이 곤란한 가정과 그로 인한 교육 프로그램의 문제점 그리고 부모와 교사와의 관계를 위한 문제들이 크게 대두되었다. 그리하여 부모참여의 긍정적인 결과는 부모와 교사와 어린이를 위해 달라지게 할 수 있는 프로그램을 확립하여 부모들은 학교와 학교 직원에 대해 보다 긍정적인 자세를 발전시켰다는 것과 그들이 프로그램에 포함되어 있지 않은 부모들보다 더욱 긍정적인 태도를 보여 주었고, 지역사회 활동에 더욱 적극적으로 참여하게 되었다고 지적하였다(Armer, Yeargen & Hannah, 1980).

이러한 성공적인 접근에 대하여서는 다음과 같이 보고하였다(Becher, 1986).

첫째, 자녀들의 발달과 활발한 교육 참여 그리고 부모교육을 위한 수단으로 부모 면담과 강연회를 개최하였다(Esterson, Feldman, Krigsman & Warshaw, 1975 ; Evans, 1979 ; Gage, Crowford, Stallings, Corno & Stayrook, 1978 ; Greenwood et al, 1972 ; Herman & Yet, 1980 ; Irvine, 1979 ; Meighan, 1981 ; Rempson, 1967).

둘째, 성공적인 접근은 교육 프로그램과 어린이 보호 프로그램에 부모의 적극적이고 실제적인 참여를 위해 용기를 주는 부모-교사 간의 협의 체제를 개최하였다(Herman & Yeh, 1980 ; Brooks, 1981 ; Rotter & Robinson, 1982).

셋째, 부모에게 제공된 프로그램의 양적인 증대와 정보의 특수성, 많은 다양한 문헌과 개인적인 접촉, 교재를 통해 자녀들의 학업 성취에 긍정적인 영향을 주었다(Greenwood et al, 1972 ; Evans, 1973 ; Young, 1975 ; Herman & Yeh, 1980 ; Seginer, 1983).

넷째, 실제적인 교수에 부모를 참여시키고 센터, 학교, 교실을 자주 방문하게 하였다(Risley, 1968 ; Goodson & Hess, 1975 ; Young, 1975 ; Irvine, 1979 ; Herman & Yeh, 1980 ; Brooks, 1981 ; Meighan, 1981).

다섯째, 의사결정 활동과 평가활동에 부모를 참여시켜 긍정적인 영향을 미친 프로그램으로 보고하게 되었다(Filipczak, 1973 ; Armer, et al, 1977 ; Ferguson, 1977 ; Herman & Yeh, 1980).

1960년대 후반부터 전개되어 1970년대 말에서 1980년대에 미국을 중심으로 가장 활발하게 실시, 검토, 연구되어 온 부모교육 및 부모참여 프로그램과 관련된 여러 가지 사항에 대하여 1980년대 후반에 나온 문헌들을 통하여 살펴본 결과, 부모교육이라는 이름 아래 많은 여러 가지 형태의 프로그램이 나타나게 되었으며, 이 프로그램이란 관습적으로 어린이 발달에 대한 교훈적인 교육을 시키는 데만 한정되어 있지 않다는 것을 알 수 있다.

가정을 중심으로 한 부모훈련 프로그램, 기관을 중심으로 한 프로그램, 자기 스스로를 돕는 그룹의 기능을 가진 작업 집단, 장 · 단기 강좌로서 가족관계에서 해야 할 것을 토의하는 과정, 지역사회기관을 이용한 부모의 강한 욕구를 찾을 수 있는 교육적인 경험활동 등 프로그램은 아주 다양하며, 부모와 접촉하는 기간, 프로그램 구조, 상호 개인적인 것들, 교육과정의 내용 그리고 어린이를 포함한 프로그램 또는 어린이를 제외한 프로그램 등이 다양하게 프로그램에 속해 있었으며, 1980년대에는 유아교육 개입으로서 부모교육은 더욱 폭넓게 변화해 왔음을 알 수 있다.

특별히 부모참여 프로그램 중에서도 아버지의 개입 및 참여를 강조하였고, 또한 기관(유치원)을 중심으로 한 프로그램에서는 부모—교사간의 상호작용을 매우 중요시하여 부모—교사 관계에서의 효과적인 의사소통과 특정적 · 기술적인 협의에 관한 연구 보고가 많다(Mager, 1980 ; Rotter & Robinson, 1982 ; Gallup, 1981 등의 연구). 또한 효과적인 부모참여 교육이 이루어지기 위하여서는 부모—교사—어린이를 위한 협의회(conference) 활동을 개최하여야 함을 지적하고 있다(Bjorklunde & Burger, 1987).

부모교육 및 참여 프로그램을 실시하는 데에는 여러 가지 문제점이 따르겠지만, 미국에서는 20여 년 동안 활발하게 실시, 검토, 연구를 계속 거듭해 나갈 수 있는 국가적 · 경제적 · 교육적 지원 체제와 전문적인 교육 자원의 지원이 지속될 수 있었음을 통찰해 볼 수 있다. 우리나라에서는 이제 부분적으로 부모교육을 실시하는 데서 벗어나 한걸음 나아가서 부모교육 및 자녀의 성장발달을 최대한으로 도와주고 부모 자신의 긍정적인 삶을 영위해 나가도록 하며 그들 가족의 생활을 함께 증진시키도록 해야 하는 데 만전을 기해야 할 것이다. 이러한 목표를 달성시키기 위해 다음의 몇 가지 사항에 대해 논의 및 토의해 보자.

첫째, 현직 교육을 담당하는 현장의 교장, 원장, 교사들의 재인식을 고취시켜 교사—부모 관계 향상을 위한 협의 체제(conference-system)를 두어 효율적인 참여를 위한 보다 좋은 방안이 모색되도록 한다.

둘째, 부분적 또는 간헐적으로 이루어지고 있는 방송 매체, 잡지 등 매스미디어를 통한 부모교육 프로그램이 보다 활발하고 다양하게 그리고 조직적이고 체계적으로 이루어지도록 한다.

셋째, 교육기관, 교회, 병원, 기업체, 사회사업기구 등과 같은 기관에서는 장 · 단기적 부모교육 프로그램을 실시한다. 예를 들어 주 1~2회 아버지를 위한 프로그램이나 자녀의 연령별로 부모 학급을 편성하여 저녁 시간에 프로그램을 실시한다.

넷째, 부모 자신이 학교 교사, 전문가들과 동등한 입장에서 동반자로서의 자긍심을 갖고 부모교육 프로그램에 참여할 수 있는 풍토가 조성되도록 전문가, 프로그램 담당자, 교사들의 협력 체제를 위한 위원회를 구성한다.

다섯째, '부모교육' 이라는 개념이 국가적인 차원에서 고려되어져야 한다. 즉, 부모지지, 부모참여는 물론 부모훈련을 병행하기 위해서는 교육부 산하 모든 교육기관에서 부모—자녀와 관련된 강좌나 프로그램을 조직적 · 단계적으로 실시한다. 교육부 행정기구나 대학이 함께 연구하는 전문 기구가 설치되어 부모교육을 위한 프로그램 개발 및 프로그램 담당자 훈련, 실시, 검토, 연구가 계속되어져야 한다.

실제편

부모교육론 2부

유아교육기관에서의 부모교육의 실제

1. 부모교육 진행 방법
2. 부모교육 운영의 실례

2부 | 유아교육기관에서의 부모교육의 실제

1. 부모교육 진행 방법
   1) 브레인스토밍
   2) 원탁모임
   3) 동심원
   4) 소집단 토의
   5) 워크숍과 센터
   6) 참관과 견학
   7) 역할놀이
   8) 극놀이
   9) 공개 토론회
   10) 대담
   11) 토론
   12) 독서회
   13) 시청각 교재
   14) 심포지움
   15) 강연회

2. 부모교육 운영의 실례
   1) 부모교육 운영 연간 교육계획의 예
   2) 부모회 : 집단모임
   3) 부모면담 및 상담
   4) 수업참관 및 수업참여
      (1) 아버지의 참여수업
      (2) 조부모님 참여
      (3) 어머니 참여
   5) 가정통신문(뉴스레터, 부모님코너, 부모회보, 엄마 아빠 내 말 좀 들어 주세요.)
   6) 부모의 자기 진단을 위한 자료
      (1) 좋은 아버지의 20계명
      (2) 좋은 아버지의 감정 테스트 : 나는 어떤 아버지인가?
      (3) 좋은 어머니의 감정 테스트 : 나는 어떤 어머니인가?
      (4) 기독교 가정을 위한 제안

2부 유아교육기관에서의 부모교육의 실제

1. 부모교육 진행 방법

유치원이나 유아원 그리고 어린이집에서 실시할 수 있는 부모를 위한 프로그램은 다양하다. 그 진행방법은 비형식적으로 모일 수 있는 소집단 활동에서부터 형식적인 강연회, 세미나, 워크숍, 토론회, 독서회, 역할극, 심리극 그리고 유아교육기관 활동 또는 행사 참관 및 참여, 가정통신, 면담, 가정방문 등 다양하게 진행할 수 있다.

Berger(1983)는 부모모임의 종류를 형식적인 것에서부터 비형식적인 것까지 15가지 방법으로 제시하였는데 그 내용은 다음과 같다.■

1) 브레인스토밍(brainstorming)

여러 사람이 다양한 아이디어를 산출하게 하는 방법으로서 참여자들이 적극적인 상호작용을 하여 아이디어를 교환하고 많은 사고를 할 수 있도록 한다. 여러 의견을 제안하게 하여 비판하지 않고 일단 받아들인 후에 여러 아이디어를 종류에 따라 선정하고 분석한다.

이 방법은 서로 자극을 받기 때문에 다양한 사고를 이끌어 낼 수 있고 또한 문제 해결력을 기를 수 있다.

집단의 크기는 30명 이하로 하고, 좌석 배치는 원으로 하여 상호작용을 유도하며, 제한 시간은 4~6분에서 10분 정도로 하여 제안된 의견을 분석하여 가장 적당한 방향을 제시하고 결론을 맺는다. 적당한 주제는

■ 이경우 역(1988), 부모교육 프로그램의 방법 및 전략방법 - 부부교육 프로그램 탐색, 유아교육연구회 편, 재인용.

'좋은 습관 기르기' 등 가정 주변의 문제, 영양문제, 자녀의 습관 형성(구체적인 행동영역 선정) 등을 들 수 있다.

2) 원탁모임(round table)

전체 구성원이 참가하도록 장려하는 공개토의 방법이다.

참여자들은 서로 쳐다보며 상호작용할 수 있도록 원으로 앉는 것이 특징이다. 지도자와 구성원은 토의 전에 토의에 대한 배경 지식을 갖는 것이 좋으며 지도자는 주제를 명확하게 제시하고 토의자가 주제에 벗어나지 않게 도와주며 가능한 한 자신의 의견을 삽입하지 않아야 한다.

적당한 주제로는 자녀의 행동지도, 부모들의 공동작업, 가족간의 갈등과 관련된 것 그리고 바람직한 유아교육 등을 들 수 있다.

3) 동심원(concentric circle)

공개토의나 원탁모임을 변형하여 큰 원 안에서 작은 원을 만들어 모두 중심을 향하여 앉아 모임을 갖는 방법이다.

작은 원 안에서 토의를 하면 바깥 원 안에 있는 사람들은 잘 경청한다. 지정된 시간이 지나면 전체 집단이 함께 토의를 하며 바깥 원의 구성원이 내부의 소집단 토의에 참여할 수도 있다.

소집단의 크기는 6~8명에서 12명까지 가능하며, 전체 인원은 24~30명으로 하며, 제한 시간은 5~10분이다.

좌석은 서로 가까이 배치하여 비형식적인 분위기에서 모든 참여자가 쉽게 소집단 토의를 들을 수 있게 한다.

적절한 주제로는 2~5세 어린이에게 바라는 것, 자녀의 발달과 관련된 것, TV 교육 프로그램 이용 등을 들 수 있다.

4) 소집단 토의(buzz session)

모든 참여자가 상호작용할 수 있는 소규모의 공개토의이다.

6명의 회원이 6분간 토의하기 때문에 6 · 6회라고도 한다.

집단의 크기는 최소 2명에서 6~8명으로서 24명의 집단은 네 집단으로 나누어 토의할 수 있으며 대규모의 모임도 6명씩 그룹을 지어 진행할 수 있다.

적절한 주제로는 자녀의 정서와 발달, 훈육, 유아의 특기교육, 도덕적 가치 등을 들 수 있다.

5) 워크숍과 센터(workshop & center)

프로그램과 시범을 직접 보이는 것으로서 워크숍은 직접 참여하여 교구 제작, 그림그리기, 신문 편집, 실제 행사계획 및 참여 등을 한다.

센터는 각 영역에서 시범을 보거나 설명을 듣고 각 매체들을 본다.

적절한 워크숍 주제는 유아를 위한 책 · 교구 제작, 가정에서 할 수 있는 놀이활동 자료 만들기, 부모–자녀 관계 향상을 위한 대화법 등을 들 수 있다.

6) 참관과 견학(observation & field trip)

현장을 직접 견학하고 지역사회를 방문하여 새로운 경험을 갖는다. 방문 전에 미리 배경지식과 목표를 알도록 하며 그곳에서 요구하는 절차, 운송 수단, 방문 후의 활동 등에 대하여 토의를 한다. 자녀들이 갈 박물관, 특수 학교, 산업체 기관, 신문사, 병원 등을 견학 장소로 택할 수 있으며 또한 자녀들의 유아교육기관 활동을 참관하여 가정과의 연계성을 도울 수 있다.

7) 역할놀이(role playing)

참여자들이 특정한 상황을 극화하여 역할을 수행하거나 문제 상황을 판단하여 다른 사람의 입장에 대한 이해심을 기르도록 한다. 이때 토의는 참여자 자신에 대한 묘사가 아니므로 심리적 부담이 없다는 장점이 있으며 또한 부모들은 역할을 바꾸어 교사나 어린이가 되어 본 후 전체 구성원이 함께 공개적으로 토의를 가져 가치를 명료화할 수 있고 해결책이 제시되기도 한다. 자녀의 문제행동, 효율적인 대화법, 가정방문시 발생할 수 있는 상황 등을 주제로 선정할 수 있다.

8) 극놀이(dramatization)

집단 구성원이 구상하였거나 다른 곳에서 선정한 연극 대본을 사용하여 참여자들이 만든 촌극도 집단의 욕구와 직접 관련되므로 유익하다. 인형극도 심리적 부담이 적으므로 자유롭게 사용할 수 있다. 적절한 주제로는 가정에서의 폭력, 고집 센 어린이 및 고립된 어린이 다루기, 어린이의 경쟁심 다루기, 가족간의 의사소통 방법 등이 있다.

9) 공개 토론회(panel)

선정된 주제에 대하여 집단으로 토의하는 비형식적 모임이다.

보통 주제에 대하여 서로 상반되는 의견을 논의하며 전문가를 두지 않는 것이 심포지움과 다르다.

4~6명이 토의자로 선정되며, 이들은 청중을 마주 대한 채 책상을 사이에 두고 서로 보며 이야기할 수 있도록 좌석이 배치되며, 토의 후 청중과 질의—응답 시간을 갖고 사회자가 결론을 맺는다. 적절한 주제로는 어린이의 발달 경향, 새로운 교수법, 훈육법, 맞벌이 부부의 가정 경영, 바람직한 유아교육이란, 유아의 특기교육 등을 들 수 있다.

10) 대담(colloquy)

전문가가 참여하는 비형식적인 공개토의 형태의 하나이다.

토의 후에는 질의—응답 대신 청중과 관련된 정보를 제공하는 토의에는 비전문가인 토의자들로 구성되어 토의를 하고 공개토의로 결론을 맺는 '단일토의' 와 비전문가와 전문가 토의자가 함께하는 '이중토의' 가 있다.

적절한 주제는 자녀의 공포심 다루기, 자아 존중감 기르기, 압박감을 해소하는 방법, 유아의 건강 및 영양 문제 등이 있다.

11) 토론(debate)

논란이 되는 문제에 대하여 찬반 양론을 들을 수 있는 효과적인 방법이다. 양팀에서 2~6명씩 선정하여 사전에 관계 자료를 조사한다. 토의 주제에 대한 찬성자가 먼저 2~4분 이야기한 후 반대자의 의견을 듣고 사회자는 청중에게 질문을 하여 함께 그 주제에 대한 문제를 토의한다.

찬반에 따라 양편으로 좌석을 배치할 수 있는데, 소집단은 원으로, 대집단은 대강당을 이용할 수 있다.

토의 주제로는 취학전 학원교육(3R' s와 관련된), 유아의 특기교육, 유아교육기관에서의 재롱 잔치, 전시회, 캠프활동, 개방교육과 전통교육 등을 들 수 있다.

12) 독서회(book review discussion)

선정된 좋은 책을 읽고 난 후 전체적으로 토의를 갖는 방법이다. 진행방법은 공개토론 형식으로서 사회자가 책과 토의자를 소개하고 발표자가 저자와 내용을 소개한 후 함께 대화 형식으로 토의한다.

가치명료화, 의사결정법, 의사소통법, 이혼 가정의 문제 그리고 자녀양육과 자녀발달과 관련된 서적들을 들 수 있다.

13) 시청각 교재(auditorial)

시각적 자극, 계획된 자료, 필름 등을 제시하여 공개토의를 촉진시키는 효과를 가진 방법이다.

녹음 테이프, 슬라이드, 비디오 테이프, 차트, 포스터, 칠판 그림, 인쇄자료, 필름 스트립, 영상 자료 등을 활용하여 적절한 주제는 읽기 · 쓰기 기초 활동, 자녀의 정서적 성장, 특수아교육, 태아의 신비(낙태 방지), 기본생활 습관훈련 등을 들 수 있다.

14) 심포지움(symposium)

하나의 주제를 여러 명의 발표자들이 여러 가지 측면에서 다루어 발표한다. 전문가들에 의하여 시행되는 점은 강연회나 유사하나 여러 명이 발표한다는 점이 서로 다르다. 제한 시간은 5~15분 정도이고, 청중은 원이나 반원으로 배치되며, 발표자는 청중 앞에 테이블을 두고 앉는다. 발표 후 질의–응답 시간이 주어지고 사회자가 중요한 점을 요약하여 결론을 맺는다.

적절한 주제로는 현대인의 자녀교육, 21세기를 향한 유아교육, 안전한 가정환경, 바람직한 유아교육과 특기교육 등을 들 수 있다.

15) 강연회(lecture)

전문가가 한 주제에 대하여 강의하는 것으로 많은 사람에게 특정한 지식을 전달하기 위한 방법이다. 부모들이 공통적으로 관심을 가지고 있는 문제를 주제로 다루면 좋다.

유아교육의 중요성, 자녀의 좋은 버릇 기르기(행동문제), 질병, 영양 문제, 자녀의 성장 및 발달과 관련된 주제 등을 들 수 있다.

이와 같이 유아교육기관에서 실시할 수 있는 Berger의 부모교육 진행 방법을 그 종류별로 나열한 후 각 진행 방법에 따른 주제는 필자의 생각을 첨부하여 정리하였다.

2. 부모교육 운영의 실례

1980년대 이후 우리나라 유아교육기관에서도 다양한 부모교육 프로그램이 실시되고 있다.

다음은 필자가 소속해 있는 대학 부속 유치원에서 유치원 원장으로 보직을 맡아 실시하였던 부모를 위한 프로그램을 중심으로 부모회, 부모면담, 참관수업, 참여수업, 부모회보 및 뉴스레터, 가정통신 등을 소개한다.

1) 부모교육 운영 연간 교육계획의 예

부모교육의 연간 교육계획은 유아교육기관의 교육과정 운영에 맞추어 유아교육기관의 행사계획, 지리적 · 환경적 여건에 따라 다양하게 계획, 실시할 수 있다.

다음 〈표 1〉은 부모교육 운영 연간 교육계획의 예이다.

〈표 1〉 부모교육 운영 연간 교육계획의 예

월	주	유 형	내 용	월	주	유 형	내 용
3	1	강연회	유아교육 또는 유아기의 중요성	9	3	어머니 워크숍	유아와 함께하는 수 · 과학 · 언어 놀이
	4	부모면담 (1차)	부모–교사 협의 체제		4	부모면담 (2차)	부모–교사 협의 체제
4	1	부모면담		10	1	부모면담	
	3	부모님 참관 수업	엄마 아빠! 나는 이렇게 생활해요		2	아버지 참여수업 (워크숍)	아버지와 함께하는 실내 자유선택활동 (수 · 과학 · 언어 등)
	4	부모훈련	STEP 또는 P. E. T. (8주)				
5	1	조부모님 오시는 날	할아버지 할머니 사랑해요.	11		그룹면담 및 토의	동네별, 연령별, 반별 등으로 나누어 인원은 10명 정도로 하여 모인다.
	2	어머니 참여수업	연중 계속 실시 (개인 또는 소그룹 참여)		4	부모회보 (신문)	선생님, 부모님, 유아들의 이야기
			아빠와 함께해요				
6	2	아버지 참여수업		12	2	소책자	집안에서의 놀이(점토놀이) 방법 및 그 가치
	3		유치원, 가정, 어린이 소식		3	성탄 파티	온 가족과 함께 성탄을 축하해요
7	1	부모 회보 (신문)	집안에서 물놀이의 방법, 그 가치	2		강연회	초등학교 입학, 성장을 위한 준비
	2	소책자			4	새학기를 위한 오리엔테이션	신입 재원생 부모 : 본원의 운영 방침 소개

※ 가정통신은 매주 실시하며(p. 385 참조), 새 학기를 위한 오리엔테이션은 2월 마지막 주나 3월 첫 주 입학식 전에 실시한다.
STEP 또는 P. E. T. 는 소그룹(15~20명)으로 구성하여 모인다.

2) 부모회 : 집단모임

부모회란 유아교육과 관련된 부모들의 집단모임으로서 월 1회 또는 1년에 2~4회에 걸쳐 강사를 초빙하여 선정된 주제에 대해 강연을 듣기도 하고 토론 및 워크숍 등 다양한 진행 방법으로 부모를 위한 프로그램을 실시함을 의미한다.

예를 들면 3월 유치원 입학식 전(2월 하순경)에 유치원 교육 전반에 걸친 오리엔테이션을 실시한다. 오리엔테이션 자료 목록에는 각 유치원의 교육목표, 교육철학, 교육과정 내용, 행사계획(원내 행사, 원외 행사, 부모교육 행사), 유치원 하루 일과 운영, 유치원 직원 소개 그리고 공지사항 등으로 선정하여 그 내용을 간략하게 정리하여 수록한다.

3월 입학식 이후 유치원 형편에 따라 유아교육의 중요성, 유아의 발달, 자녀양육, 부모–자녀 관계 향상을 위한 내용 등 다양한 교육내용의 주제를 선정하여 강연회 및 부모회를 개최한다.

3) 부모면담 및 상담

부모면담은 교사와 부모가 서로 대면하여 유아의 가정 생활과 유치원 생활 전반에 대해 의견을 교환함으로써 유아교육기관과 가정이 상호연계를 갖고 유아의 발달을 돕고자 하는 활동이다.

면담은 개인면담(individual meeting)과 집단면담(group meeting)으로 나누어 유아교육기관의 형편과 계획에 따라 정기적 또는 비정기적으로 실시할 수 있다. 즉, 연 2회 또는 4회 정도 연중 행사로 계획할 수도 있고, 일상 중 수시로 유아의 생활에 대하여 유아교육기관에서 실시할 수 있으며, 또한 유아와 부모의 형편에 따라 가정방문이나 부모의 직장을 방문하여 실시할 수도 있다. 형편에 따라서는 전문가를 두고 부모와 교사 세 사람이 앉아서 상담을 할 수도 있고, 유아를 함께 참여시켜 서로 이야기 나눌 수 있다.

〈표 2〉 면담일지의 예

<table>
<tr><td colspan="4">면 담 일 시 : 20 . . . 요일</td><td colspan="2">원아 이름 :</td><td>원 장 결 재</td></tr>
<tr><td colspan="4">면 담 자 : ㅇㅇ 반 교사 :</td><td colspan="2">피면담자 :</td><td></td></tr>
<tr><td colspan="2">면 담 자 료</td><td colspan="5">부모−교사 협의 체제 기록, 창의성 검사, 학습준비도 검사, 자아 개념 검사, 유아발달 체크리스트, 관찰기록, 일화기록, 유아 작품, 성취도 검사 등</td></tr>
<tr><td rowspan="6">면담내용</td><td>유아의 가정생활</td><td colspan="5"></td></tr>
<tr><td rowspan="5">유아의 유치원생활</td><td>기본생활습관</td><td colspan="4"></td></tr>
<tr><td>놀이형태</td><td colspan="4"></td></tr>
<tr><td>대인관계</td><td colspan="4"></td></tr>
<tr><td>대그룹활동</td><td colspan="4"></td></tr>
<tr><td>발달 특징</td><td colspan="4"></td></tr>
<tr><td colspan="2">교사의 조언</td><td colspan="3"></td><td>건의사항</td><td></td></tr>
</table>

○○○유 치 원

〈표 3〉 유아를 위한 발달적 목표(교사—부모 협의 체제)

(　　) 반 이름 :

		평정척도 잘함←→못함					(1학기) 비 고	평정척도 잘함←→못함					(2학기) 비 고
	영 적 목 표	5	4	3	2	1	비 고	5	4	3	2	1	비 고
1	주일날 영 · 유치부 주일학교에 출석한다.						부모 소견						부모 소견
2	성경에 대하여 관심을 갖는다.												
3	성경은 하나님 말씀이라고 생각한다.												
4	하나님(예수님)에 대하여 질문을 한다.												
5	하나님의 존재에 대해서 알려고 한다.						교 사						교 사
6	찬송가 율동을 즐겨한다.												
7	헌금을 드릴 줄 안다.												
8	우주, 자연에 대한 경외감을 표현할 줄 안다.												

		평정척도 잘함←→못함					(1학기) 비 고	평정척도 잘함←→못함					(2학기) 비 고
	사회 · 정서적 목표	5	4	3	2	1	비 고	5	4	3	2	1	비 고
1	자기가 할 일을 스스로 계획하고 완수할 수 있다.						부모 소견						부모 소견
2	집단생활에 적극적으로 참여할 수 있다.												
3	분노, 좌절 등의 감정을 건설적인 방법으로 해결할 수 있다.												
4	자신의 감정과 의사를 자연스럽게 표현할 수 있다.						교 사						교 사
5	예의 바르게 인사할 수 있다.												
6	물건을 잘 간수하고 아껴쓸 수 있다.												

		평정척도 잘함←→못함					(1학기) 비 고	평정척도 잘함←→못함					(2학기) 비 고
	언어 · 인지적 목표	5	4	3	2	1	비 고	5	4	3	2	1	비 고
1	주변 환경에 관심을 가지고 탐색할 수 있다.						부모 소견						부모 소견
2	문제를 토의할 때 참여하여 의견을 제시한다.												
3	질문을 이해하여 적절하게 반응할 수 있다.												
4	독특하고 다양하게 사고할 수 있다.						교 사						교 사
5	낱말이나 짧은 문장을 읽을 수 있다.												
6	준거에 따라 사물을 분류하여 같고 다름을 비교할 수 있다.												

		평정척도 잘함←→못함					(1학기) 비 고	평정척도 잘함←→못함					(2학기) 비 고
	신 체 적 목 표	5	4	3	2	1	비 고	5	4	3	2	1	비 고
1	바른 자세를 유지한다.						부모 소견						부모 소견
2	자신의 몸과 주변 환경을 안전하고 깨끗하게 할 수 있다.												
3	방향, 위치, 균형 감각이 있다.												
4	신체를 창의적으로 표현할 수 있다.												
5	대 · 소근육의 운동발달을 위해 활발히 행동할 수 있다.						교 사						교 사
6	놀잇감, 기구, 시설을 안전하게 사용할 수 있다.												
7	사고와 위험한 상황을 파악하여 대처할 수 있다.												

* 〈표 3〉 교사-부모 협의 체제를 위한 유아의 발달적 목표는 입학 전에 부모에게 배부하여 자녀의 발달적 상태를 체크하여 이룩하고자 하는 목록의 번호를 2~3개 선정하여 부모 소견란에 기입한 후 그 특징을 기록하여 유아교육기관에 제출한다. 교사는 이 자료를 토대로 하여 유아의 생활에 대하여 세심하게 관찰하여 부모와 같이 기록한 후 부모와 교사가 함께 협의한다. 이 자료는 A3 정도의 크기로 만들어서 사용하는 것이 좋다.

정기적이며 형식적인 면담을 위해서 다음과 같은 면담일지를 소개한다. 교사는 면담 자료로서 유아에 관한 제반 기록과 검사 자료 그리고 유아의 유치원 생활에 대한 내용을 면담 전에 미리 정리하여 기록해 둠으로써 부모와 보다 효율적으로 상호작용하여 유아의 발달을 도울 수 있다.

4) 수업참관 및 수업참여

수업참관은 유아가 유아교육기관에서 어떻게 생활하고 있는가를 관찰(observation)함으로써 부모가 그들의 자녀를 좀 더 잘 이해하며 교사와 함께 유아의 전인적 발달을 도울 수 있는 활동이다. 수업참여는 부모가 유아교육기관에서 실시되는 유아를 위한 활동에 참여(participation)함으로써 그들의 자녀를 잘 이해할 뿐 아니라 유아교육 프로그램과 유아교육기관에 대하여 더욱 잘 이해하게 되며 나아가서는 유아를 지도하는 교사에 대하여도 깊이 이해할 수 있게 된다.

수업참관 및 수업참여에는 그날의 교육과정과 참관, 참여수업의 의미, 참관수칙, 참여수칙, 수업참관 및 참여 관찰기록에 관한 인쇄물을 준비하여 부모에게 미리 오리엔테이션을 한 후 입실하도록 한다. 부모는 수업참관 및 참여 관찰기록을 잘 정리하여 수업이 끝난 후 원장, 교사와 함께 토의 및 협의한 후 제출하도록 한다.

〈표 4〉 참관 및 참여수업의 의미 · 수칙

부모참관 · 참여수업의 의미

1. 부모는 가정과 다른 유아교육기관이라는 상황에서 자녀의 행동을 객관적으로 살펴보고 그 차이를 발견하게 된다.
2. 부모는 또래집단 안에서 자녀의 발달 정도와 개인차를 식별하고 이해하는 데 도움을 얻게 된다.
3. 부모는 교사의 지도방법을 배워서 가정에서도 일관된 방법으로 자녀를 지도하는 데 도움이 된다.
4. 부모는 자녀의 전인 발달을 돕기 위해 교사와 협력해야 함을 인식하게 된다.
5. 부모는 그들 자녀를 이해하는 것뿐 아니라 유아교육기관과 교사에 대해 더 깊이 이해할 수 있게 된다.

참 관 수 칙

1. 교실에서 유아들의 활동에 방해가 되지 않도록 조용히 참관한다.
2. 메모 사항은 유아가 보이지 않게 기록한다.
3. 참관하는 사람끼리 잡담하거나 큰 소리로 웃지 않는다.
4. 유아들의 활동에 일체 개입하지 않는다.
5. 토의하고 싶은 것, 건의 사항은 메모한 후 참관이 끝난 후에 협의한다.

참 여 수 칙

1. 유아들과 함께 모든 활동에 직접 참여한다.
2. 유아들의 활동에 너무 많이 개입하기보다는 유아가 주체가 되어 활동할 수 있도록 이끌어 준다.
3. 부모도 일일 학생(또는 교사)이라는 자세로 교사의 지시에 따라 민첩하게 행동한다.
4. 모든 기록은 빠짐 없이 정리하여 토의한 후 제출한다.

〈표 5〉 수업(참관 · 참여) 관찰 기록

년 월 일

(　　　)반　　　이름 :　　　　　　기록자 :			
유아의 하루 활동을 관찰하고 해당란에 ○표 해주세요. (표시 구분 : 잘함 - ○ 보통 - △ 못함 - ×)			
1. 유아와 교사의 상호작용은 어떠한가?			
① 교사의 신호와 지시에 잘 따른다.			
② 교사의 말을 잘 알아듣는다.			
③ 질문에 정확한 답을 한다.			
④ 교사의 지시를 알고, 활동에 관한 계획 및 결정을 할 줄 안다.			
⑤ 자기의 생각과 느낌을 표현할 줄 안다.(자기 주장)			
⑥ 교사의 관심을 끌려고 한다.			
⑦ 수업 시간에 교사의 말에 관심을 기울인다.			
2. 유아와 유아의 상호작용은 어떠한가?			
① 친구들과 잘 어울려 놀고 있다.			
② 규칙을 잘 지키고 있다.(차례, 약속, 양보)			
③ 친구들과 자료를 나눈다.(종이, 크레파스, 풀 등)			
④ 친구들과 협력하여 그룹활동에 참여하고 있다.			
⑤ 친구의 실수나 곤란에 동정심을 갖고 사과할 줄 안다.			
⑥ 모든 활동에 의욕적이다.			
⑦ 자기의 잘못을 인정할 줄 안다.			
⑧ 혼자서만 놀고 있다.			
3. 유아의 교구와의 상호작용은 어떠한가?			
① 교구에 다양한 흥미를 갖고 골고루 다루고 있다.			
② 활동에 침착하게 끝까지 잘 해나가고 있다.			
③ 교구 사용이 다 끝난 다음 제대로 정돈을 잘 하고 있다.			

4. 오늘의 일과 중(교육과정, 환경, 설비)에 대한 소견 :

5. (　　　)의 유치원 생활에 대한 종합적인 소감 :

6. 유치원에 대한 건의 사항 :

○○○ 유 치 원

(1) 아버지의 참여수업

아버지는 직장 관계로 평일에는 유아교육기관에서 실시하는 프로그램에 참여하기가 어렵다. 토요일 오후 시간에 아버지 참여수업일을 정하는 예가 많다. 다음은 아버지 참여수업의 예이다.

〈표 6〉 아버지 참여수업 교육의 예

주 제	아빠와 함께 해요				
목 표	1. 자녀의 유치원 생활에 대해 아버지의 이해와 관심이 증진될 수 있다. 2. 자녀는 아버지와의 상호작용을 통해 친밀감과 자신감을 갖는다. 3. 아버지는 교사와 유아와의 상호작용을 관찰함으로써 친자간의 효율적인 상호작용을 배울 수 있다.				
계 획					
시간	활동명	활동 내용	발달영역	준 비 물	실시 및 평가
14:00	등원	· 인사나누기, 유아가 아버지께 이름표를 붙이고 싶은 위치를 여쭈어 보아 달아 드린다. · 아버지께 유치원 안내하기 (유치원의 개인장, 교실 안팎의 놀이시설 등)	사회 정서 인지	아버지용 이름표, 옷핀	
14:10	미술 1. 나무 액자 만들기 2. 아크릴판에 아빠 그리기	① 여러 가지 색의 나무젓가락을 붙여 액자를 만든다. ② 코팅해 놓은 가족 사진을 액자에 붙인다. ① 아크릴판(54×52 ㎝)을 아빠가 들고 앉아 있으면 유아가 수성펜으로 아크릴판에 비치는 아빠 얼굴을 그려 본다. ② 다음 유아가 사용할 수 있도록 아크릴판을 휴지로 지워 놓는다.	정서 인지 언어 신체	나무젓가락, 가족 사진, 리본테이프 아크릴판, 수성펜, 휴지	
	과학 (아빠의 콧수염)	① 아빠의 얼굴이 코팅된 자료를 준비한다. ② 콧수염 부분에 철가루를 뿌린다. ③ 자석을 판 밑에 둔다. ④ 자석을 움직여 콧수염(철가루)을 움직인다.	인지 정서	아빠 얼굴판, 자석, 철가루	

시간	활 동 명	활동 내용	발달 영역	준 비 물	실시 및 평가
	독서	"안녕! 아침이에요" 책을 본다.	정서	책	
	요리 (아빠는 요리사 : 감 자 샌드위치)	· 유아가 정한 순서에 따라 세 팀으로 나누어 실시한다.	인지 언어 정서 사회 신체	요리표, 식빵, 감자, 마요네즈, 계란, 오이	
	조작 (게임판)	① 게임판을 준비한다. - 유아와 아빠의 모습의 말을 준비한다. - 유아와 아빠가 함께 활동한다.	사회 인지	게임판, 말 (여아, 남아, 아빠 모습)	
14:40	정리정돈	· 활동영역별로 정리정돈하기	사회 인지		
15:00	신체표현 (옆에 옆에)	· 음악에 맞추어 표현 활동하기	신체 정서		
15:15	게임 (우리는 한마음)	· 유아와 아빠가 한 쪽 발목을 묶고 반환점 돌아오기	정서 신체	끈 2개, 신호 악기, 블록(반환점)	
15:25	동화	· 그림 동화(펠리컨 아빠의 선물)를 본다.	정서 언어	그림 동화	
15:30 ~ 16:00	좌담회 및 귀가	· 아빠와 하루를 지낸 것에 대해 이야기 나누기 · 아빠는 원장 선생님과 함께 아버지역할에 대한 좌담회 시간 갖기 · 유아들은 노랑반 교실에 모여서 휴식 취하기 놀이하기			

* 하루의 활동계획은 유치원의 형편과 사정, 계절, 교육과정에 따라 다양하게 작성한다.

〖아버지 참여수업 실시 결과 : 성과 및 유의점〗

【성 과】

· 아버지는 자녀의 유치원 생활에 대한 이해와 관심이 증진될 수 있었다.

· 자녀는 아버지와 함께 하는 유치원 생활에서 매우 행복한 시간을 가졌다.

· 아버지는 어린 자녀와의 상호작용에 대한 관심을 갖게 되었다.

· 가정에서 아버지역할의 중요성을 인식하는 데 도움이 되었다.

【유의점】

· 아버지의 참여율을 높이기 위해 1~2개월 전부터 가정통신을 통하여 적당한 날짜를 선택한다(토요일 오후 2시 등).

· 아버지가 참석하실 수 있는 유아만 참석하는 방법을 검토한다.

· 유아와 함께 하는 시간이 끝나면 반드시 원장님과 아버지와 함께 하여 평가 및 좌담회를 갖는다. 이 모임을 통하여 아버지의 생각과 요구 사항 등을 이해할 수 있게 된다.

· 원장님은 아버지역할의 중요성에 대하여 간략하게 강의를 하는 것이 바람직하다.

【참고사항】

· 아버지 참여수업을 연 1회 이상 자주 가질 수 있는 유치원에서는 특별한 주제(과학, 수학, 언어, 미술, 창의성 등)를 선정하여 활동한 후 활동 결과를 유아와 함께 평가해 볼 수 있도록 자료를 준비한다.

〈표 7〉 가정통신문의 예

할아버지, 할머니 오시는 날

5월 8일 어버이날을 맞이하여 유치원에서 조부모님(친가, 외가 모두)과 귀여운 손자, 손녀와의 즐거운 시간을 마련했습니다. 이를 통해서 가족간의 연대 의식을 갖고, 할아버지, 할머니를 사랑하고 공경할 수 있게 하기 위함입니다. 지방에 사시는 조부모님들도 참여하실 수 있도록 협조해 주시기 바랍니다.

* 일 시 : 200 . . . 반, 반 : 오전 9:00~12:00
  반, 반 : 오후 1:00~4:00
* 장 소 : 유치원
* 프로그램 : 유아들과 함께 다양한 활동을 하시게 됩니다. 조부모님들을 위한 음식은 유치원과 함께 가정에서 준비하겠으며 이날의 음식에 대해서는 담임교사와 함께 계획하겠습니다(식단 : 식혜, 빈대떡, 떡, 잡채, 과일 등). 할아버지, 할머니 중에서 유아들에게 노래지도나 동화 들려주기를 원하시는 분은 담임교사에게 알려 주시기 바라며, 참석 여부에 대한 것을 유치원으로 알려 주시기 바랍니다.

활 동 명	활 동 내 용 계 획	
등 원	인사 나누기, 기도드리기, 할아버지, 할머니께 꽃 달아드리기	
실내 자유선택활동	할아버지, 할머니 얼굴 꾸미기 할아버지, 할머니 목걸이 만들기 감사 카드 쓰기	____ 반 : 게임(할아버지, 할머니께 뽀뽀하고 오기) ____ 반 : 신체표현(안마하기) 게임(짝짓기) ____ 반 : 동극(커다란 무), 역할극
노래부르기 동화들려주기	할아버지, 할머니들이 알고 계시는 노래부르기(아리랑, 고향의 봄 등) 할아버지, 할머니께서 유아들에게 동화 들려주시기 등	
즐거운 간식 (뷔페)	할아버지, 할머니 맛있게 드세요 : 식혜, 빈대떡, 떡 등	
원장님과의 함께 대화	· 가정에서의 조부모님의 역할 · 할아버지, 할머니 한 말씀 해 주세요.	
귀 가	할아버지, 할머니께 감사 인사드리기, 기도드리기 후 귀가	

○○○유 치 원 장

------------------------------ 절 취 선 ------------------------------

* 반 이름 :
* 유아 이름 :
* 참석 여부 :

	참 석	불 참 석
할아버지		
친할머니		
할아버지		
외할머니		

〈표 8〉 할아버지, 할머니 오시는 날 교육계획의 예 (만 5세반)

년 월 일

주 제	할아버지, 할머니 사랑해요		
목 표	1. 할아버지 할머니의 고마움을 알고, 감사하는 마음을 적절하게 표현하며, 조부모님에 대한 공경심과 친근감을 갖는다. 2. 젊은 부모들과 유아들에게 가족의 뿌리에 대한 의식을 일깨우며 가족간의 연대의식을 갖는다.		
활 동 계 획			
시간	활 동 명	활 동 내 용	준 비 물
9:00 ~ 9:15	등원 및 안내	· 배경음악으로 한국민요, 가곡, 옛동요(예 : 고향의 봄)의 음악테이프를 틀어 놓는다. · 교사는 준비된 이름표를 오시는 조부모님께 달아드린다. · 유아들이 등원하면 미리 만들어 놓은 카네이션을 조부모님께 달아드린다. · 유치원을 둘러 보신 후 대집단에 마련된 자리에 앉으시도록 안내한다.	이름표, 카네이션
9:15 ~ 9:35	인사 및 이야기나누기	· 유아들과 할아버지 할머니께 인사를 드린다.(교사와 유아가 일어나서 인사드리기) · 오늘은 누구와 함께 유치원에 왔니? 오늘은 우리 유치원의 무슨 날인가? 유치원에 와 주신 할아버지, 할머니께 어떤 마음이 드나? · 할아버지, 할머니께 감사한 마음을 전하기 위해서 또는 기쁘게 해 드리려면 어떻게 할까? (수수께끼를 내 드린다. 간식을 대접해 드린다. 동시를 들려드린다.) - 5세반 유아들은 "할아버지, 할머니를 사랑해요" 라는 동시를 미리 지어서 준비한다. · 유아들이 할아버지, 할머니께 노래를 불러드린다.(고향의 봄, 아리랑 등 행사 전 날 유아들과 함께 배운다.) · 할아버지, 할머니와 함께 노래를 부른다.(고향의 봄, 아리랑)	
9:35 ~ 10:00	미술(목걸이 카네이션 만들기)	· 전날 목걸이 카네이션을 못 만든 유아들은 조부모님과 함께 만들어서 걸어드리고 달아드린다.	

시간	활 동 명	활 동 내 용	준 비 물
9:35 ~ 10:00	조작 (감사카드쓰기)	· 여러 가지 모양의 그림카드를 준비하여 유아들이 조부모님께 감사의 카드를 만들어 드린다.	
	독서 (여러 가지 전래동화)	· 흥부와 놀부, 효녀 심청 등의 전래동화를 준비하여 조부모님들이 유아들에게 읽어 주시도록 한다.	
10:00 ~ 10:10	정리 정돈	· 활동 영역별로 정리 정돈하기	
10:10 ~ 10:40	할아버지, 할머니 함께 해요	· 할아버지, 할머니와 유아들이 함께 노래를 부른다.(아리랑, 고향의 봄 등) · 할아버지와 할머니들 중에 노래, 수수께끼, 옛날 이야기를 들려 주실 분이 계신지 여쭈어 보아 하시고 싶은 분께 기회를 드린다. (이때 장고 등의 우리나라 고유의 악기를 사용하여 분위기를 돋운다.) · 참여하지 않으시는 조부모님을 위해 교사가 제비뽑기를 준비하여 참석한 조부모님들이 모두 유아들 앞에서 활동하실 수 있도록 준비한다.	장고 등의 민속 고유 악기 뽑기 카드
10:40 ~ 11:00	동화 · 동극	· 교사가 그림자료를 이용하여 '커다란 무' 동화를 들려준다. · 유아들이 앞에 나와서 동극을 한다.(1회) · 할아버지, 할머니들 중에 동극에 참여해 주실 분이 있는지 여쭈어 본다. 동극 중 할아버지, 할머니역을 참석한 조부모님들이 함께 하신다.	동화용 융판 자료, 동극용 목걸이 자료 (가면 등)
11:00 ~ 11:40	맛있게 드세요	· 조부모님께 음식을 대접해 드리는 것에 대해 이야기 나눈다. · 교사와 어머니들은 교실 전체를 돌아보며 할아버지, 할머니께서 즐겁게 음식을 드시도록 돕는다. · 음식을 다 드신 조부모님들은 실외에서 바깥 공기를 쐬며 잠깐 휴식을 취한다.	
11:40 ~ 12:00	원장님과의 좌담회	· 원장님 말씀 : 가정에서 조부모님의 역할, 젊은 세대들간의 갈등, 가정에서 손자 손녀를 대하실 때 도움이 될 만한 이야기를 들려 드리며, 유치원에서 하루를 지내신 소감을 듣는다. · 유아들은 다른 교실에서 교사와 일과평가 후 인사 나누고 귀가한다.	

(2) 조부모님 참여 수업

조부모님 오시는 날을 위하여 유아교육기관에서는 사전에 철저한 준비가 요청된다. 가정통신문을 미리 보내어 프로그램의 취지와 프로그램 내용을 이해하실 수 있도록 하는 것이 바람직하다.

〔조부모님 참여수업 실시 결과 : 성과 및 유의점〕

【성 과】

· 유아들이 조부모님의 소중함과 고마움에 대해 알고 느끼며 조부모님에 대한 친근감을 갖게 되었다(예 : "할아버지, 할머니를 만드신 하나님을 축하해요"라고 표현함).
· 조부모님들은 가정에서의 위상과 역할에 대해 다시 한 번 생각해 볼 수 있는 기회를 가졌으며, 가족간의 연대 의식을 갖는 데 도움이 될 수 있었다(조부모님께서 감사의 편지를 유치원으로 보내시기도 함).
· 조부모님은 장고 등의 민속 고유의 악기 사용을 통해 더욱 친근감을 갖고, 유아들은 우리의 것에 대해 관심을 가질 수 있었다.
· 젊은 엄마들이 부모에 대한 생각을 점검할 수 있었다.

【유의점】

· 참석 인원이 많을 경우에는 유아들이 조부모님께 음식을 대접하기가 힘들므로 테이블별로 음식을 마련해 놓고 뷔페식으로 먹는 것이 덜 복잡하다.
· 조부모님께 드릴 간단한 선물을 마련하는 것이 좋다(예 : 손수건, 양말 등).
· 조부모님이 오시지 못하는 유아들에 대한 배려가 검토되어져야 한다.

【참고 사항】

유아의 연령(만 3세, 4세, 5세)에 따라서 다음과 같은 다양한 활동을 첨가할 수 있다.

· 할아버지, 할머니께 큰 절하기
· 할아버지, 할머니와 신체 표현하기(그 자리에서 할아버지, 할머니께서 쉽게 익힐 수 있도록 간단한 동작이 있는 신체 표현이 좋음. 예 :

안마합시다. 악수하고 악수하고).
· 할아버지, 할머니께 뽀뽀하고 오기 게임
· 유아들이 그동안 해보았던 동극 보여 드리기
· 유아들이 배운 노래, 율동으로 기쁘게 해 드리기 등

【사전 준비】
· 가정통신문을 통해 할아버지, 할머니 오시는 날에 대해 홍보를 하고, 먼 곳에 사시는 조부모님도 참석하실 수 있도록 한다(친가, 외가 쪽 모두).
· 행사 전날 이야기나누기와 여러 가지 활동을 통해서 조부모님이 어떤 분인지 왜 소중하고 고마운지에 대해서 유아들이 잘 인식하도록 한다.
· 간식 : 유치원에서도 음식을 준비하지만, 가정에서도 조부모님을 대접할 음식을 준비하도록 한다.

(3) 어머니 참여 수업

어머니는 아버지 참여수업과 같이 유아들의 하루 일과 수업에 참여하는 것뿐 아니라 행사계획, 유아교육기관 내 · 외의 활동 및 행사에도 다양한 방법으로 참여할 수 있다.

예를 들어, 보조 교사로서 교실 안팎에서 교사를 도와 그 역할을 수행할 수도 있고 소풍, 견학, 운동회 등 기관 밖에서의 행사에 참여하기도 한다. 즉, 간식 시간이나 자유선택활동 시간에 소집단을 지도하거나 실제로 음식만들기 영역에서 유아들과 함께 활동을 하며, 전문 분야의 지식이 있는 분이나 희망하는 분들은 일일 교사로서 부분수업을 맡을 수도 있다.

5) 가정통신문(뉴스레터, 부모님 코너, 부모회보, 엄마 아빠 내 말 좀 들어 주세요)

오늘날은 여성들의 사회 진출이 증가함에 따라 유아교육기관에서의 집단모임이 점점 어려워지고 있는 실정이다. 이러한 시점에서는 서신이라는 매체를 통하여 부모와 교사, 즉 가정과 유아교육기관과의 긴밀한

유대관계를 가질 수 있도록 함이 '가정통신' 이라고 하는 활동이다.

가정통신은 유치원과 가정과의 연락을 위한 것, 즉 교사와 부모가 직접 대면하지 않고 일종의 서면을 통하여 의사소통하는 것이다. 주간 교육계획, 행사 교육 및 공지 사항 등을 안내하는 것이 주된 가정통신의 형태였으나 최근에 와서는 「부모를 위한 코너」를 만들어 자녀양육에 도움을 주는 것이 효과적이라는 견해가 지배적이다.

총신대학 부속 유치원 원아 중에는 2년, 3년째 계속 유치원 생활을 하는 유아가 절반 이상이나 된다. 지난 2년 동안 보낸 가정통신문 중 부모님 코너인 「엄마, 아빠께 드리는 부탁」에 대한 의견조사를 실시해 본 결과 '이 부모님 코너를 매우 착실하게 읽는다' 가 97%, '대충 읽는다' 가 3%의 응답자로 나타났고, '이 글을 통하여 자녀교육에 매우 도움이 된다' 가 97%, '잘 모르겠다' 가 3%로 응답하였다.

【부모회보】

유아교육기관에서는 유아와 관련된 가정과 기관 안에서의 생활을 엮어서 부모회보 또는 신문을 만들어 유아의 발달을 돕는 데 기여할 수 있다.

부모회보는 연 2~4회 정도 발간할 수 있으며 다음과 같은 내용들로 편집할 수 있다.

- 유아교육기관장의 글, 교사의 글, 유아의 글이나 그림, 유아교육기관의 행사 및 활동 소개
- 엄마, 아빠 그리고 조부모님 글(자녀양육 및 자녀의 유아교육기관에 관한 글 : 수필, 시, 꽁트, 만화 등)

6) 부모의 자기 진단을 위한 자료

유아교육기관에서는 부모들이 스스로 자신을 점검하고 평가하여 더 바람직한 부모의 상을 구축하도록 도와줄 수 있다.

다음의 자료들을 적절하게 활용하면 부모역할에 대한 각성을 촉구할 수 있을 것이다.

(1) 좋은 아버지의 20계명

다음은 30~40대의 평범한 가장모임에서 마련한 좋은 아버지의 20계명으로서 화제가 된 글이다(조선일보, 1992. 9. 8. 일자).

1계명 : 대화 소재를 만들라
2계명 : 자녀에게 결정권을 많이 주라
3계명 : 자녀의 공책을 들여다 보라
4계명 : 자녀에게 편지를 써 보라
5계명 : 비유를 써 보라
6계명 : 자녀와 함께 보내는 시간은 양보다 질이 중요하다
7계명 : 먹자, 놀자판 문화를 버려라
8계명 : 자녀와 공동의 경험을 쌓으라
9계명 : 가족 이기주의를 벗어나는 가장이 되라
10계명 : 자녀의 학교를 찾아가 보라
11계명 : 자녀를 강하게 키워라
12계명 : 근로의 중요성을 알게 하라
13계명 : 청소년이 되기 전에 선도하라
14계명 : 정정당당한 위엄을 보여라
15계명 : 때로는 회초리도 사용하라
16계명 : 늘 곁에서 그림자로 존재하라
17계명 : 성공 자체를 목표로 두지 않게 하라
18계명 : 소중한 물품을 자녀에게 관리하도록 맡겨라
19계명 : 자녀의 친구, 좋아하는 일, 싫어하는 일 등 사소한 것을 기억하라
20계명 : 주 1회는 자녀와 둘만의 시간을 가져라

(2) 좋은 아버지의 감정 테스트 : 나는 어떤 아버지인가?

1. 자녀들과 한 식탁에서 식사하십니까?
2. 당신의 음성으로 자녀들은 두려움을 느낍니까?
3. 많은 자녀 앞에서 한 자녀의 비평을 하십니까?
4. 자녀에게 너무 엄한 교육을 하지 않습니까?
5. 밖에서의 화풀이를 집에서 하지 않습니까?
6. 자녀들의 친구들을 사랑하고 있습니까?
7. 항상 부드러운 음성과 명랑한 얼굴로 자녀를 대하십니까?
8. 어릴 때부터 책임감을 완수하도록 길러 주십니까?
9. 정도에 넘치게 사랑하십니까?
10. 자녀들이 아버지에게 무엇이나 말할 수 있는 분위기가 마련되어 있습니까?
11. 자녀들에게 특별한 때에 친구들과 놀 수 있는 기회를 만들어 주십니까?
12. 자녀들의 개성을 살려 주십니까?
13. 자녀들 앞에서 부부 싸움을 하십니까?
14. 당신은 자녀의 학교생활을 보기 위하여 가끔 학교에 나가십니까?
15. 자녀교육의 책임은 어머니에게만 있다고 생각하십니까?
16. 어린이들의 세계를 잘 알고 이해하십니까?
17. 자기 할 일을 스스로 하는 습관을 길러 주십니까?
18. 손님이 방문하였을 때 공손히 인사하는 습관을 길러 주십니까?
19. 자녀가 하는 일에 지나치게 간섭하지 않습니까?
20. 자녀들의 장점을 칭찬하십니까?
21. 자녀들의 학과 공부를 도와주십니까?
22. 주일에는 가족 모두가 교회에 나갑니까?
23. 자녀교육 문제에 대하여 어머니와 상의할 기회를 가집니까?
24. 자녀들의 연령에 맞고, 욕구를 채워 줄 수 있는 물건을 사 주십니까?
25. 자녀들과 접촉할 기회를 많이 가지십니까?
26. 자녀와의 약속은 꼭 지키십니까?
27. 자녀들에게 규칙적인 생활을 시키십니까?
28. 어머니가 자녀들을 훈계할 때 아버지가 자녀들의 역성을 드십니까?
29. 자녀교육을 위한 책을 읽으십니까?

30. 자녀들에게 국산품 애용을 장려하십니까?
31. 가정생활에 있어서 지나치게 아버지의 주장대로만 하십니까?
32. 경제적으로 곤경에 처했을 때 자녀들에게 그 내색을 하십니까?
33. 남의 소지품을 소중히 여기도록 지도하십니까?
34. 건강에 대한 관념이 있습니까?
35. 협동심을 길러 주십니까?
36. 휴일이면 온 가족이 즐길 수 있는 것을 하십니까?
37. 주택 선택에 있어서 자녀들을 위한 주위 환경에 대하여 생각하십니까?
38. 도덕적으로 결백하십니까?
39. 부모님께 효도하십니까?
40. 자녀들을 공평하게 사랑하십니까?
41. 검소한 생활을 장려하십니까?
42. 가정에서 자녀교육에 좋지 못한 영업을 하십니까?
43. 남녀의 교재를 자연스럽게 하도록 하십니까?
44. 기념할 만한 날에 선물을 해주십니까?
45. 자녀의 종교교육 문제에 관심을 가지십니까?

(3) 좋은 어머니의 감정 테스트 : 나는 어떤 어머니인가?

1. 자녀들을 공평하게 사랑하십니까?
2. 자녀들이 혼자 할 수 있는 일은 혼자 하도록 장려해 주십니까?
3. 어디 갈 때 어른만 생각하지 않고, 아이들도 생각하며 데리고 가십니까?
4. 자녀들이 친구와 싸울 때 편을 드십니까?
5. 자녀들에게 경제적으로 규모 있는 생활을 하도록 장려하십나까?
6. 울 때마다 자녀들의 요구를 다 들어 주십니까?
7. 당신 자신의 관심보다 자녀들에게 대한 관심이 더 많습니까?
8. 가정 내에 언제나 명랑하고 편안한 분위기를 만들려고 노력하십니까?
9. 자녀와의 약속은 꼭 지키십니까?
10. 어머니의 화풀이를 자녀들에게 하십니까?
11. 자녀들에게 지나치게 엄한 교육을 하지 않습니까?
12. 항상 부드러운 음성으로 대하십니까?

13. 야단칠 경우 좋은 말로 타이르십니까?
14. 자신의 슬픔이나 괴로움을 자녀에게 나타내지 않고 참을 수 있습니까?
15. 다방면에 자녀들이 흥미를 갖도록 지도해 주십니까?
16. 자녀들의 의복이나 신체는 언제나 깨끗합니까?
17. 뛰고 노는 자녀들에게 알맞은 옷을 입히십니까?
18. 자녀에게 어울리는 색과 모양을 택해서 입히십니까?
19. 자녀들에게 필요한 영양소가 들어 있고, 먹기 좋은 음식을 만들어 주십니까?
20. 자녀들이 좋아하는 음식만을 주십니까?
21. 자녀들에게 알맞게 간식을 주십니까?
22. 자녀들에게 알맞는 수면과 휴식을 주십니까?
23. 자녀들과 같이 노는 기회를 만들어 주십니까?
24. 자녀들을 특별한 때 친구들과 놀 수 있는 기회를 만들어 주십니까?
25. 형제간에 영리한 아이와 그렇치 못한 아이를 정도에 따라 잘 대하십니까?
26. 좋은 일을 할 때 하지 말라는 이유를 밝히지 않습니까?
27. 좋은 일을 준비하여 하도록 장려해 주십니까?
28. 자녀의 의사를 존중하십니까?
29. 시간 관념이 있도록 길러 주십니까?
30. 자녀교육에 필요한 책을 읽으십니까? (유아기, 사춘기)
31. 자녀들에게 종교심을 가질 기회를 주십니까?
32. 자녀들이 친구를 사귀는 것에 무관심하십니까?
33. 자녀를 사랑한다고 자녀들의 과오를 간과하지는 않습니까?
34. 규칙적인 생활을 하도록 가르치십니까?
35. 자녀들의 친구 앞에서 자신의 자녀를 꾸중하십니까?
36. 자녀가 잘한 일을 칭찬해 주십니까?
37. 애국심을 심어 주십니까?
38. 다른 사람을 존경할 수 있도록 지도하십니까?
39. 배운 것이 생활화되도록 장려해 주십니까?
40. 자녀들의 건강에 대하여 가끔 의사와 상의하며 건강 진단을 받으십니까?

(4) 기독교 가정을 위한 제안

A. 당신의 집을 가정으로 개조하기 위한 사항들

오늘날 현대 사회에서는 그 복잡성과 급격히 변화하는 생활 방식에 따른 가족 구성원의 역할과 가족 형태 및 가치 기준이 달라지는 상황에서 볼 때 "집(house)은 있을지언정 가정(home)은 없다"라고 한다. 이러한 생활 속에서 따뜻한 기독교 가정으로 이끌기 위한「부모의 지침서」를 몇 가지 소개하고자 한다.

1. 가족 구성원 모두가 자신이 가정에서 귀한 존재임을 알도록 각자의 위치를 점검해 본다. 어린이는 자기가 살고 있는 가정 안에서 자기를 좋아하고 받아주고 믿어 주어야 자기 자신도 믿을 수가 있는 것이다.
2. 가족 구성원의 기본적인 구조를 검토해 본다. 아버지는 머리이며, 어머니는 분명히 아버지를 지지하고, 자녀들은 모두 책임을 분담하여 맡고 있다.
3. 가정의 가치관을 면밀히 조사해 본다. 지배적이고 일관성 있는 핵심적인 주제가 필요한 것이다. 예수 그리스도 이외에 어떤 것도 영구적인 결속을 이루기에는 너무나도 약하다. 긍정적인 이유가 뒷받침해 주는 그리스도께 대한 개인적인 헌신이 부모에게서 보여져야 한다. 또한 모든 가족이 자기 생애에 대한 그리스도의 주장에 개인적으로 부딪쳐야만 한다.
4. 기술과 재능을 증진시켜서 가정에 대한 긍지를 갖도록 한다. 음악적인 소질들, 취미, 좋은 책들로 그 자원을 만들어서 하나님께서 주신 모든 능력을 활용해 보도록 한다.
5. 강제성을 띤 가족모임은 풀어 준다. 때로는 집을 떠나 있을 기회도 준다. 집에서는 하나님과의 개인적인 관계를 갖도록 사적 분위기를 마련해 준다.
6. 정서적인 분위기 상태를 검토해 본다. 긴장을 초래하는 분위기가 조성되지 않도록 한다. 긍정적인 칭찬과 수용적인 태도로 가정 분위기를 늘 환기시키도록 한다.

7. 무가치한 파편 부스러기 같은 오래된 불평들을 쓸어 버린다. 지난 잘못들을 용서하고 잊어버린다. 그리스도께서 너희를 용서해 주심 같이….
8. 대화 방법을 새롭게 해서 가족들의 대화가 끊이지 않도록 한다. 꾸짖음 없이 자유롭게 의견을 교환하는 것이 필수 조건이다. 대화는 강의가 아니고 생활에 의해서 이루어지도록 한다.
9. 가정을 개방하여 가족들의 친구들을 환영하고, 남에게 유익을 주기 위해 생명력 있는 그리스도인 가정의 향기가 풍기도록 한다.
10. 간혹 미흡한 점, 미완성 상태의 것들이 나타날 것이다. 그런 것은 단호하게 조용하게 합리적인 훈계로 깨끗이 매듭을 짓는다. 다음을 위한 '좀 더 나은 방법'을 계획한다. 각자가 자신의 미숙한 것들에 매달려 있는 것이 아니라 그 매듭을 풀어 버리도록 성장의 밧줄을 충분히 늘려 주도록 한다.
11. 성령께서는 당신을 그리스도와 같이 신뢰할 만한 존재로 만드시도록 허용하신다. 그러므로 가정생활에서는 어떤 가식도 가면도 매일매일의 생활에서 허용하시지 않는다. 당신의 인격이 당신의 말보다 훨씬 더 중요하기 때문이다.

B. 아버지를 위한 질문

1. 당신은 일상 생활에서 긍정적인 편인가요? 부정적인 편인가요?
당신의 자녀들은 당신을 '하지 말아라' 하는 사람으로 생각하는가?
아니면 '이것 하자' 하는 사람으로 생각하는가?

2. 어떤 방법으로 당신은 자녀들에게 성경적인 생활 원리(예를 들면 성령의 열매 : 사랑, 희락, 화평, 오래 참음 등)를 가르치고 있는가?

3. 당신의 자녀들은 당신을 자랑스러워하고 있는가? 자녀들이 당신에 대한 존경을 잃어버린 때와 어떻게 해서 그렇게 되었는지 혹은 어떻게 고칠 수 있는가를 말해 보라.

4. 당신은 어떤 방법으로 가족 개개인의 권리를 존중해 주고 있는가?

5. 당신은 자녀의 잘못을 시정해 줄 때 진정으로 그가 왜 그랬는지 그리고 무엇을 했는지를 이해하고 노력하는가?

6. 당신은 틀림없이 자녀의 행동에 대해서 하나님께 책임이 있음을 강하게 의식하고 있을 것이다. 자녀들에게 그 사실을 인식시키기 위해 당신은 어떻게 하고 있는가?

7. 하나님께서 당신에게 보여 주시는 사랑과 용서의 정신을 자녀에게 보여 주기 위해 어떤 행동을 취하는가?

8. 당신이 가정에서 지도력을 구사할 수 있는 다섯 가지 방법을 열거해 보라.

9. 당신은 자녀들에게 사랑을 전달하기 위해 실제로 어떤 수단을 사용하는가?

10. 성령께서 당신의 심리의 변화를 일으키신 증거를 마음 속에 생각해 보라. 지금 당신에게 성령께서 자녀들을 위하여 바라는 것이 무엇인가를 두 가지 이상 말해 보라.

C. 어머니를 위한 질문

1. 당신은 외출했을 때 집에 돌아오기가 참으로 좋은가?
당신이 외출에서 돌아오기를 가족들은 기대를 갖고 고대하는가?
그들이 고대하는 세 가지 이유를 적어 보라.

2. 당신은 현재 가족들이 가지고 있는 염려와 기쁨에 보조를 맞추어야 하는데 '좌우 흔들림 없이' 어떻게 해야 자연스럽게 그렇게 할 수 있을까?

3. 당신은 가족들의 정서적인 필요(혹은 욕구)를 어떻게 분석할 수 있는가?

4. 아버지가 가정의 영적 지도자이긴 하지만, 당신이 가정의 영적 건강을 지키기 위해 무엇을 할 수 있는가?

5. 당신은 자신의 건강(몸과 마음과 영혼)을 지키기 위해 구체적으로 무엇을 할 수 있는가?

6. 가정 밖에서 당신은 개인적으로 어떤 취미를 개발시키고 있는가?

7. 당신은 자식과 남편의 개방적인 대화를 유지하기 위해 어떤 조처를 취하고 있는가?

8. 남편이 집에 없을 때 자녀 훈계의 문제를 어떻게 하고 있는가?

9. 성경에서는 어머니와 아내의 바람직한 성격으로 '상냥함' 과 '온유함' 과 '조용한 심령' 을 들고 있다. 당신은 가정에서 그와 같은 분위기를 배양하기 위해 어떻게 하고 있는가?

10. 당신은 장차 자녀와의 분리와 젊은이의 현실적인 생활문제를 위해 어떤 준비를 하고 있는가?

D. 부모를 위한 질문(가정의 목표를 중심으로)

1. 우리 가정에는 어떤 목표를 세워야 할까?
(예를 들면 영적인 생활, 사회적인 생활, 시간 사용 등)

2. 우리 가정생활에서 가장 진전되어야 할 영역은 어디인가?

3. 당신들이 개인적으로 성취하고 싶은 구체적인 것은 무엇인가?
가족마다 자신이 원하는 것을 구체적으로 적어보라.(예를 들면 구체적인 추진 사항, 요망 사항, 결정 사항, 태도 및 생활 습관의 변화 등)

4. 위의 사항들을 성취하기 위해 어떤 변화가 일어나야 할까를 구체적

으로 적어 보라.

5. 위의 사항들을 성취하는 데 문제가 되거나 방해가 되는 점은 무엇인가를 자녀와 함께 구체적으로 토의해 보라.

6. 빌립보서 4장 19절(나의 하나님이 그리스도 예수 안에서 영광 가운데 그 풍성한 대로 너희 모든 쓸 것을 채우시리라)에 나오는 이 약속은 우리 가정의 계획과는 어떤 관계가 있는가?

부모교육론 부록

부록 01 | 성경적인 부모—자녀

1. 성경에 나타난 부모
   1) 부모—자녀 관계
   2) 부모의 책임 및 의무
   3) 부모의 권한
   4) 부모의 헌신
   5) 부모를 위한 약속

2. 성경에 나타난 자녀
   1) 자녀의 본성
   2) 자녀의 의무 및 책임
   3) 자녀의 성장 및 성숙

3. 성경에 나타난 가정 : 토의 및 세미나를 위한 자료

부록 성경적인 부모—자녀

하나님께서 우리의 가정에 자녀를 주신 것은 참으로 놀라운 사실이며 감사드리지 않을 수 없는 사건이다. 또한 자녀를 양육할 수 있도록 부모되게 함은 하나님께서 주신 특권이라고 할 수 있다. 자녀를 통하여 얼마나 감격스러운 일들이 많으며, 자녀 또한 부모를 통하여 얼마나 감사를 드려야 할 일이 많은가?

좋은 남편, 좋은 아내가 될 수 있으면서 좋은 부모가 되기를 싫어하는 사람은 없을 것이다. 그러나 오늘날에 살고 있는 부모—자녀의 관계는 하나님의 계획하에 있는가, 과연 성경적인 부모—자녀의 위치가 제대로 유지되고 있으며 부모—자녀 양쪽이 그 역할을 잘 감당해 나가고 있는가 하는 것을 생각해 보지 않을 수 없다. 아버지의 부재, 가정교육의 부재, 뚜렷한 가치나 윤리 기준이 없는 가정, 혼탁하고 어지러운 사회 질서 속에서 상급학교 입시 준비를 위하여 오로지 성적에만 매달려 학교에 다니고 있는 청소년들, 하루에 몇 군데의 학원을 부모의 욕심에 따라 다니고 있는 쫓기는 아이들, 진정한 교육의 부재 속에서 부모—자녀는 하나님 앞에서 바르게 서 있는가?

본 장에서는 하나님을 경외하는 가정을 성공적으로 이루어 나가기 위한 계획 중에 특별히 부모—자녀 관계만을 다루어 하나님께서 가정을 통하여 영광받으시고자 하는 원리를 찾아보고자 한다. 그리고 하나님 보시기에 합당한 부모—자녀 관계를 위한 성경에 나타난 부모, 성경에 나타난 자녀 관계에서 각각의 책임, 의무의 영역을 살펴봄으로써 하나님 앞에서 바람직한 부모의 자세를 찾고 또한 자녀를 하나님 뜻에 따라 양육하는 방향을 모색하고자 한다.

1. 성경에 나타난 부모

성경을 통하여 하나님께서는 부모들이 그들의 역할을 보다 잘 이해할 수 있고 보다 더 훌륭하게 자녀를 양육할 수 있도록 부모의 책임, 부모의 의무, 부모의 권한, 부모의 헌신 그리고 하나님께서 하신 부모에 대한 약속 등을 보여 주셨다. 또한 성경의 가르침은 크게 두 가지로 구분할 수 있는데, 그것은 자녀를 관리하는 부분과 자녀를 교육하는 부분이다(보이스사 역, 1983). 관리부분이란 자녀들의 의사를 부모가 지배할 수 있는 권리를 세워둘 수 있는데 이는 반드시 성경의 가르침을 밑바탕으로 하여 그들을 관리해야 한다는 것이다. 즉, 자녀들은 부모에게 순종해야 한다는 계율을 이행하도록 하는 것이다.

또한 교육 부분에 있어서 자녀들은 부모로부터 가르침을 받기 전에 어버이의 말씀을 존경하는 것부터 배워야 한다. 어린이들은 그들이 존경하지 않는 사람의 가르침은 받아들이지 않는다는 사실에 주목해야 하는데, 그것은 무조건 순종→존경→교육이 이루어지지 않기 때문이다. 자녀를 가르친다는 것은 히브리어의 용어에 따르면 두 가지 개념을 뜻한다. 하나는 거친 어떤 것을 길들인다는 개념이고 다른 하나는 어떤 양분 있고 좋은 것을 가려내기 위해 미각을 발전시킨다는 개념이다. 그러므로 아이들을 교육시킬 때 먼저 순종하는 마음을 배우도록 가르치며 또한 그들로 하여금 건전하고 옳은 것을 기뻐하도록 그들의 미각과 감각을 계발시키도록 해야 한다(오정숙 역, 1988).

"아비들아, 자녀를 노엽게 하지 말고 오직 주의 교양과 훈계로 양육하라"(엡 6:4)는 말씀은 부모가 자녀를 양육함에 있어서 그들의 발달심리, 사회학적인 측면, 그들의 연령, 현대 사회의 요구에 부응하는 자녀의 입장을 이해할 수 있는 상황에서 주의 교양과 훈계로 관리 및 교육할 때 순종→존경→교육이 제대로 이루어질 수 있음을 시사하고 있다. 그러므로 부모는 자녀에 관한 개념부터 성경적인 입장에서 올바르게 정립되어야 하며 또한 부모의 책임, 부모의 의무, 부모의 권한, 부모의 헌신, 나아가서는 부모를 위한 약속에 대하여 확실히 아는 것이 무엇보다도 중요하겠다.

1) 부모—자녀 관계

구약 성서에 나오는 의인 욥은 자녀들 죽음의 소식을 듣고 "주신 자도 여호와요, 취하신 자도 여호와시니 여호와의 이름이 찬송을 받으실지니이다"(욥 1:21)라고 하여 자식은 부모의 소유물이 아니라 '하나님의 것', 즉 하나님의 소유임을 시사해 주고 있다. 그러므로 "자식은 여호와의 주신 기업이요 태의 열매는 그의 상급이로다. 젊은 자의 자식은 장사의 수중의 화살 같으니 이것이 전통에 가득한 자는 복되도다. 저희가 성문에서 그 원수와 말할 때에 수치를 당치 아니하리라"(시 127:3~5)고 하여 자녀는 부모에게 하나님께서 주신 모든 일을 이루는 바탕이 되며 또한 부모가 하고자 하는 것을 자식이 이어서 계속할 수 있는, 대대로 전하여 오는 사업과 재산일 수도 있겠지만 여기서 기업은 히브리어로 세습적인 것에 의한 유산이 아닌 '기증자의 뜻에 의한 선물'을 의미한다. 즉, 자녀는 하나님의 선물을 뜻한다. "네 상에 둘린 자식은 어린 감람나무 같으리로다. 여호와를 경외하는 자는 이같이 복을 얻으리로다…여호와께서 시온에서 네게 복을 주실지어다. 너는 평생에 예루살렘의 복을 보며 네 자식의 자식을 볼지어다"(시 128:3~6). 이와 같이 자녀는 하나님께서 우리의 가정에 축복으로 주신 놀라운 선물로서 겸손하고 두려운 마음으로 받아야 한다.

야곱이 형 에서를 속이고 외삼촌 집에서 피신하여 살다가 많은 재물과 가족이 늘어나 고향으로 돌아왔을 때, 에서가 달려가 그를 맞아 안고 목을 어긋맞기고 그와 입맞추고 피차 울다가 에서가 눈을 들어 여인과 자식들을 보고 묻되, 너와 함께 한 이들이 누구냐, 가로되, "하나님이 주의 종에게 은혜로 주신 자식이나이다"(창 33:4~5)라고 하였음을 찾아볼 수 있다. 자녀는 은혜로 베풀어 주신 것, 곧 선물인 것이요, 또한 그 출생 자체가 하나님께로부터 말미암았음을 "주께서 내 장부를 지으시며 나의 모태에서 나를 조직하셨나이다"(시 139:13)라고 시편 기자는 노래하였다. "손자는 노인의 면류관이요, 아비는 자식의 영화니라"(잠 17:6)고 하여 자녀는 부모에게만 베푸신 선물이 아니라 조부모에게는 더 큰 선물인 면류관을 안겨 드리는 기쁨이 되는 것이다.

상당히 많은 부모들은 자기가 낳아서 기르는 자녀는 부모 자신들의 것으로서 자기들 마음대로 할 수 있는 것이라고 생각하며 자녀의 어린이다운 행동이 부모의 기준에 맞지 않는다고 걱정하고 책망하고 다르게 행동하도록 강요하는 것을 볼 수 있다. 어린이는 결코 부모의 종속물도 아니고 부모의 노리개도 아니며 또한 부모가 원하는 형태의 어른이 되기 위해서 준비하고 있는 예비생도 아니다.

궁수이신 하나님은 부모인 활을 통하여 이 세상에 자녀인 화살을 쏘아 올리셨다. "당신의 어린이는 당신의 것이 아닙니다. 그들은 생명 그 자체를 갈망하는 생명의 아들딸입니다. 그들이 비록 당신을 통하여 세상에 왔지만 당신으로부터 온 것은 아닙니다.… 당신은 활이요 당신의 자녀는 생명을 가진 화살입니다. 궁수(조물주이신 하나님)는 무궁한 궤도 위의 표적을 향하여 힘껏 당신 활을 당겨 화살이 빨리 그리고 멀리 가게 할 것입니다. 그때 당신은 기쁨으로 궁수의 손에 당신의 몸을 맡기고 굽히세요. 날으는 화살을 사랑하시는 그는 탄탄한 활을 또한 사랑하시니까요" 라고 Kahlil Gibran은 말했다(강은교 역, 1986).

자녀는 하나님의 것이며 부모에게 위탁해 주셨을 뿐이므로 부모는 반드시 하나님의 뜻에 맞게 하나님의 영광을 위하여 양육되도록 하나님의 손에 자녀를 맡기고 의지해야 함을 강조하고 있다. 자녀는 하나님의 것일 뿐 아니라 하나님께서 부모에게 창조의 능력을 위임해 주셔서 태어나도록 하셨으며 또한 하나님의 뜻이 없으면 자녀를 갖지 못하기 때문이다.

그러므로 하나님으로부터 위탁받아 양육하고 있는 동안 부모의 책임과 그 의무 또한 막중한 것이니 그것이 무엇인지 하나님 말씀 안에서 찾아본다.

2) 부모의 책임 및 의무

부모는 자녀를 두는 목적이 무엇인가에 대해서 스스로 자문해 볼 수 있을 것이다. 그러나 자녀에 대한 목적은 고사하고 자기 자신에 대한 존재 의의도 생각하지 않고 살 수 있으며 또한 부모들 중 대부분은 일반적으로 책임 있는 창조자가 아니라고 할 수도 있을 것이다. 왜냐하면 자신의 자녀에 대한 목표나 계획 없이도 부모가 되는 것이니까. 그러나 자녀를 두게 된 이후 부모들은 자녀들이 장성하여 그들이 어떻게 될 것인가에 대하여 생각하게 되며 또한 자녀들이 학교나 사회에서 잘 적응하고 훌륭한 인격을 갖춘 사람이 되기를 바라는 것은 한결같은 부모의 공통된 마음이다.

하나님께서는 모든 자녀들에 대하여 계획과 목적을 가지고 계시며 모든 자녀들은 하나님의 계획에 의하여 각 가정에 소속되어 가정을 이끌어 가는 하나님의 생명체인 것이다. 하나님께서는 자녀들의 삶의 삼분의 일 정도를 그들 부모의 관리하에 두도록 계획하셨다. 즉, 단지 몇 개월 동안만 그들의 새끼를 기르는 동물들과는 달리 인간의 경우는 기나긴 교육기간 전체를 그들의 부모에게 의존하고 있는 것이며 또한 부모들은 하나님의 기준에 맞추어 그 자녀를 교육시킬 책임을 가지고 있는 것이다(보이스사 역, 1983).

"오늘날 내가 네게 명하는 이 말씀을 너는 마음에 새기고 네 자녀에게 부지런히 가르치며 집에 앉았을 때에든지 길에 행할 때에든지 누웠을 때에든지 일어날 때에든지 이 말씀을 강론할 것이며 너는 그것을 네 손목에 매어 기호를 삼으며 네 미간에 붙여 표를 삼고 또 네 집 문설주와 바깥문에 기록할지니라"(신 6:6~9)라고 하였다. 이스라엘 백성들은 매일 두 차례씩 이 '쉐마' ■를 암송함으로써 신앙을 고백하였으며 이것이 구전되도록 '성구함의 4구절 가운데 하나로' 기록해 두었다(Adam, 1958). 이스라엘 백성에게 있어서 교육의 목적은 오로지 하나님을 사랑하되 자신의 전존재를 다 드려서 하나님을 사랑하고 섬기었던 것처럼 교육은 유일하신 하나님께서 가정에 주신 명령으로 부모는 자녀교육의 책임이 있음과 그 교육의 대상은 일차적으로 부모 자신이며 그 다음은 자녀였고 또한 교육의 장소가 가정이라는 점을 명백히 시사해 주고 있다. 실제적으로 가정 안에서 부모는 하나님께로부터 가르침을 위탁받은 사람으로서 유일한 교사였다.

이스라엘 백성에게 아버지는 교사와 같은 의미로 받아들여졌기 때문에 부자관계는 후대의 선생과 학생 관계의 모델로서 선생이 학생에게 갖는 권위는 부모가 자녀에게 가지는 권위와 같은 것으로 여겨졌다. 그러므로 부모 자신이 오직 한 분이신 하나님께 자신의 존재를 다 드려서 헌신, 복종, 충성하여서 이 '위대한 진리'를 부모를 통해 자녀에게 전수해야만 하였던 필연성이 있는 것이다. 그러므로 이 쉐마에 나타난 교육원

■ '쉐마'란 '들어라'라는 뜻으로 히브리어로 시작하기 때문에 쉐마로 불려지는데 신명기(6:4~9, 11:13~21), 민수기(15:37~41)의 세 말씀으로 이루어지고 있다.

리는 이스라엘 백성에게만 국한되었던 것이 아니라 현대 우리 가정에 명하신 하나님의 명령임을 명심하고 부모는 자녀들에게 부지런히 가르쳐야 할 책임과 의무가 있는 것이다.

그리하여 가정에서 부모는 자녀들에게 인생 전반에 관해서 가르쳐야 하며 그 기초를 하나님 말씀 위에 세워야 함을 의미하는 것이다. 하나님을 믿는 일, 어른을 존경하는 일, 가족들을 사랑하는 일, 모든 사람을 사랑하는 것 등을 철저히 말씀 속에서, 생활 속에서 가르쳐야 할 것이다. 그렇게 하지 않으면 자녀들의 양심, 가치 판단, 종교적 의식, 신앙 등에 관한 하나님의 자녀로부터 마귀의 자식으로 빼앗기고 말 것이다. 가정에 위탁된 자녀들의 장래는 부모의 손에 달려 있는 것이다. 즉, 자녀의 그 장래를 위한 책임을 하나님께서는 그 부모에게 주신 것이다.

성경은 이것을 구체적으로 안내하고 있다. 성경에는 부모가 믿고 따를 수 있는 불변의 자녀교육의 원리들이 포함되어 있는 것이다. 외국 상품을 사면 상품 상자 외부에 이러한 말이 부착되어 있는 것을 볼 수 있다. "최대의 효과를 보려면 속에 포함되어 있는 안내서를 읽어라"(For the best result, follow the direction contained within). 이와 마찬가지로 성경에는 부모의 책임, 의무 등 자녀교육에 관한 원리들이 있으나 그것을 발견하고 또 그것을 실천하는 것은 각각 그 부모의 자유의지에 달려 있는 것이다(Adam, 1958). 부모는 그것을 무시할 수도 있고 또는 그 원리대로 따르며 실천할 수도 있다. 그러나 "마땅히 행할 길을 아이에게 가르치라, 그리하면 늙어도 그것을 떠나지 아니하리라"(잠 22:6)고 하였다. "마땅히 행할 길을 아이에게 가르치라"하는 것은 하나님의 명령이다. '가르치라(train)'란 동사는 저절로 자라도록 방치해 두라는 말이 아니라 뚜렷한 목표를 향해서 나아가도록 뚜렷한 방향 제시를 해주라는 뜻으로 끊임없는 훈련을 의미하는 것이다. 이 말씀을 스윈돌 목사는 다음과 같이 설명하고 있다(오정숙 역, 1988). '마땅히 행할 길'이란 말씀 속에는 부모가 기대하고 또한 알고 있는, 자녀가 가야 할 그 길을 위하여 교육시키라는 뜻이 아니라 자녀가 마땅히 가야 할 그 길과 '조화되어', '협력하여', '일치하여'란 뜻이 있다. 즉, 부모는 "네가 하나님의 뜻에 맞추어 지혜롭게 교육시키려거든 아이를 자세히 관찰하고 아이에게 민감하며 방심치 말아서 자녀의 길을 발견하고 그에 맞는 적절한 교육을 시키도록 하라"고 말씀하셨다. 히브리어의 특성, 방식, 양식은 여기에 씌어진 '길' 과 동일한 단어로 쓰이고 있다(잠 30:18~19). 아이마다 하나님께서 이미 형성해 놓으신 특성, 곧 재질이 있는 것이다. 그리하여 "하나님께서 아이에게 주신 특성과 성향에 맞추어 자녀를 양육하라" 고 설명할 수 있다. "아이에게 가르치라" 에서 흔히 아이라고 하면 갓난아기부터 학동기 어린이들을 생각할 수 있으나 성경에서 말하는 '아이' 는 그 범위가 훨씬 넓다. 갓 태어난 아이(삼상 4:21)와, 이제 막 젖을 뗀 아이(삼상 1:27)가 있으며, 십대 초반인 이스마엘에 대해서도 아이란 말을 쓰고 있고(창 21:17~18), 17세 된 요셉(창 37:2), 결혼을 앞둔 청년(창 34:19)에게도 '아이' 라는 단어를 쓰고 있다. 태어나서 청년이 되어 부모 슬하에 머물러 있는 기간은 모두 아이인 것이다. 이 모든 기간을 '가르침을 받는' 시기로 부르고 있다. "그리하면 늙어도 그것을 떠나지 아니하리라" 에서 '늙어' 의 뜻은 '턱에 있는 털' 로서 히브리어로 '턱수염' 이 난 때를 가리킨다. 턱수염이 나서 기르는 것은 노인이 되어야만 하는 것은 아니다. 성인이 되어갈 때, 자녀가 어른이 되어갈 때를 의미한다. 아이에게 이미 하나님께서 정해 주신 속성, 성향, 기질, 재질에 따라 교육을 하면 성인이 되어 둥지를 떠나 더 넓은 세계로 들어가서도 하나님께서 정해 놓으신 그 길을 떠나지 않는다는 하나님의 약속을 의미하는 것이다.

부모로서 진실로 자녀들에게 최선을 다하고자 한다면 자녀를 교육하는 데 있어서 위의 성경 구절을 깊이 생각하게 될 것이며 또한 부모가 자녀를 가르치고 또 부모의 가르침이 자녀에게 받아들여져야 하는 것이다. 그 가르침이 자녀에게 받아들여지도록 하기 위해서는 부모에게 책임이 있는 것이다.

하나님께서는 자녀들의 영혼을 그들 부모가 책임지도록 만드셨기 때문에 부모들이 자신의 책임과 의무를 제대로 이행하지 않을 때 자녀들은 부모 아닌 다른 사람들을 찾게 된다. 자녀들이 필요로 하고 있는 지도력을 부모가 아닌 다른 곳인, 가정 밖에서 그 누군가를 찾게 되어 친구를 잘못 사귀거나 거리의 과격한 집단에 휩쓸리는 일은 결코 이상한 일이 아니다.

자녀들이 필요로 하고 있는 사람은 동료나 형제 자매도 되겠지만 그 무엇보다도 지도자로서 권위 있는 부모인 것이다. 부모가 세워 놓은 규칙이 훌륭했을 경우에는 그들의 자녀가 장성한 후에 일평생 동안 부모와 자식 사이에 훌륭한 우정의 관계가 맺어지게 된다. 그러나 이러한 사례는 자녀들이 부모가 세워 놓은 가치 기준에 맞게 교육을 받았을 경우에만 가능한 것이다.

또한 하나님께서는 아버지들에게 다음과 같이 생활 속에서의 실제적인 방법을 의무로 부과시키셨다. "또 아비들아 너희 자녀를 노엽게 하지 말고 오직 주의 교양과 훈계로 양육하라"(엡:6~4). "아비들아 너희 자녀를 격노케 말지니 낙심할까 하노라"(골 3:21). 이는 부모가 자녀들과의 일상생활에서 상호작용할 때 어떻게 효율적인 인간관계를 맺을 수 있느냐 하는 것을 의미한다. 자녀들의 행동이 바람직하지 못할 때 부모는 자주 부모의 권위와 권한으로서 무조건 야단치고 질책하게 되면 자녀는 바르게 이해하는 것이 아니라 오히려 부모에게 적대감과 공포를 가질 수 있으며 또한 좌절과 실망으로 자기 자신에 대하여 긍정적 자아 개념을 갖지 못하고 오히려 부정적 자아 개념을 가질 수 있다. '주의 교양과 훈계'를 생각해 볼 때 어린이를 소중히 여기지 않는 그 시대에 있어서 예수님은 어린이를 사랑하시며 그들을 안으시고 축복하셨다. 현대의 부모나 교사들이 본받아야 할 인류 역사상 최대의 교사이신 예수님의 교양과 훈계로 자녀를 양육할 때 자녀들이 낙심하게 되거나 노엽게 되지 않을 것이다.

그러므로 부모는 주의 교양과 훈계를 성경에서 찾아야 하며 자녀들에게 여호와의 영예와 그 능력과 기이한 사적을 전하여 그 자녀는 또 그 자손에게 전해야 하며 주의 법도를 가르치도록 하는 것이 하나님께서 부모에게 명하신 자녀를 위한 부모의 책임이며 또한 의무인 것이다.

3) 부모의 권한

하나님께서는 지구상에 그의 통치권을 위임받은 기구 중의 하나로 '부모'라는 기구를 설립하셨다. 이 자리는 자녀를 지배하고 하나님의 계획에 따라 자녀교육을 이행할 수 있는 권세와 권리를 가지고 있는 자리며 또한 자녀들이 어릴 때 그들을 통치할 수 있는 자리인 것이다. 모든 자녀들이 보호를 받고 명령을 받고 가르침을 받는 것도 바로 이 자리를 통해서인 것이다(보이스사 역, 1983).

하나님께서 부모의 권한을 인정하셨기 때문에 부모들은 그들의 의지에 따라 자녀를 기르고 자녀들에게 부모의 뜻을 따르도록 명령할 수가 있는 것이다. 그리하여 부모는 심판을 내리고 부모의 명령을 거역하는 자녀나 바람직하지 못한 행동을 하는 자녀에게 어떤 형태로든 보상을 주기도 하고 어떤 형태이든 간에 징계를 할 수가 있는 것이다.

부모는 자녀들이 순종하도록 해야 하며 순종은 자녀들이 부모에게서 들은 대로 행하여야 한다는 뜻이다. 부모의 말이 자녀들에게 법률이 되는 것이며 이것을 따르지 않으면 자녀는 법률을 거역하게 되는 것이다. 그리하여 부모는 자녀의 순종에 대해 하나님께서 주신 책임을 지니고 있는 것이며 또한 자녀들이 그 모든 일에 있어서 부모의 뜻을 따르도록 할 권리를 부모들에게 안겨 주셨다. 그러므로 부모의 권한 영역은 다른 어떤 기구의 권한보다 그 미치는 범위가 넓은 것이다. 부모의 지배 권리는 그 모든 일에 있어서 그들의 의지를 자녀들에게 심어 주는 것이기 때문에 더욱 그러한 것이다.

부모들은 어떤 다른 기관들이 부모의 권리를 빼앗아 가는 것을 막아야 한다. 하나님께서 오로지 부모들만이 책임을 져야 한다고 간주한 영역에 대해서 그 권한을 빼앗겨서는 안 된다는 것이다. 예를 들어 부모는 자녀를 가르쳐야 한다는 말씀이 성경에 명백하게 나타나 있는데 이와 같은 것을 정부 기관이나 다른 기관에 대해서 말씀하지는 않았다(보이스사역, 1983).

그러므로 국가의 여러 기관들은 부모들의 역할을 수행하는 기구가 아니라 부모들의 권한을 더욱 지지해 주는 기구가 되어서 가정을 침해하여 자녀의 책임을 앗아가는 대신에 부모들로 하여금 부모로서의 역할에 대하여 최선을 다할 수 있도록 어려움을 막아 주는 것이 되어야 한다는 것이다.

"하나님이 이르셨으되 네 부모를 공경하라 하시고 또 아비나 어미를 훼방하는 자는 반드시 죽으리라 하셨거늘"(마 15:4), "자기 아비나 어미를 치는 자는 반드시 죽을지니라"(출 21:15), "그 아비나 어미를 저주하는 자는 죽을지니라"(출 22:17), "부모를 경홀히 여기는 자는 저주를 받을지니라"(신 27:16), "아비를 조롱하며 어미 순종하기를 싫어하는 자는 골짜기의 까마귀에 쪼이는 독수리 새끼에게 먹히리라"(잠 30:17)…. 이와 같이 하나님께서는 국가 기관을 통하여 나타나는 부모의 권한에 하나님의 보호를 보여 주셨다. 아버지나 어머니 모두가 부모로서 동등한 역할을 하고 있으며 부모의 권한에 있어서 자녀의 경멸을 용서하지 않음을 나타내고 있다. "… 죽으리라, 죽을지니라"라고 하는 것은 부모가 자녀의 생명을 빼앗을 권리가 주어진 것이 아니라 국가 기관이 그러한 권세를 대행하도록 하고 부모는 이와 같은 자녀들의 행위에 대하여 증인이 되는 것이다.

"사람에게 완악하고 패역한 아들이 있어 그 아비의 말이나 어미의 말을 순종치 아니하고 그 부모가 징책하여도 듣지 아니하거든 그 부모가 그를 잡아가지고 성문에 이르러 그 성읍 장로들에게 나아가서 말하기를 우리의 이 자식은 완악하고 패역하여 우리 말을 순종치 아니하고 방탕하며 술에 잠긴 자라 하거든 그 성읍의 모든 사람들이 그를 돌로 쳐 죽일지니 이같이 그리하면 온 이스라엘이 듣고 두려워하리라"(신 21:18~21). 여기서 부모나 자녀가 함께 명심해야 할 사실은 자녀교육을 잘못하였을 경우 부모가 자녀의 사형에 증인으로 스스로 나서야 한다는 사실을 알고 있는 부모는 거의 없다는 것과 또한 부모를 반역하였을 때 어떤 형벌이 내려지는지를 알고 있는 자녀들도 거의 없다는 것이다. 나아가서는 부모나 국가 기관이 그들의 책임을 소홀히 하여 자녀의 사형 죄를 감춘다면 그 자녀와 부모와 국가를 직접 심판하시겠다고 하나님께서는 말씀하셨다.

자녀교육을 제대로 못할 때 나타나는 반항적인 자녀들에게는 저주가 내리게 될 것이고 부모에게 순종하고 부모를 공경하도록 양육된 자녀들에 대해서는 축복과 풍요로움과 평화를 주시는 하나님의 약속 안에서 부모는 그 권한을 최대한 발휘할 수 있어야 한다는 것이다.

4) 부모의 헌신

"마노아가 가로되 당신의 말씀대로 되기를 원하나이다. 이 아이를 어떻게 기르며 우리가 그에게 어떻게 행하오리까"(삿 13:12).

주의 천사가 마노아의 아내에게 나타나 한 아이가 태어날 것을 예언하였다. 그는 날 때부터 여호와의 종교의 순수성을 보존하는 서원자로서 하나님께 바치운 나실인이 될 것이며 하나님의 백성의 구원자가 될 것이라고 하였다. 아내로부터 이 소식을 들은 마노아의 첫번째 감정은 하나님을 섬기기 위해 하나님께서 주신 아이를 훈련시키기 위해서는 하나님의 은혜가 필요하다는 것을 알고 주님께 간청하였다. "오 나의 주님, 구하옵나니 주의 보내셨던 하나님의 사람을 우리에게 다시 임하게 하사 그로 우리가 그 낳은 아이에게 어떻게 행할 것을 우리에게 가르치게 하소서"라고. 여기서 하나님께 전적으로 의지하며 헌신된 부모의 태도와 그 기도, 그리고 거기에 응답된 축복을 다음과 같이 생각해 볼 수 있다(양은순 역, 1979).

첫째로, 하나님께 바쳐진 나실인이 된 아이를 기르는 거룩한 일에 대한 깊은 책임감이다. 천사가 이미 아내에게 필요한 지시를 하였으나 마노아는 그 아이의 부모로서 그들의 부르심에 대한 거룩함에 너무나 깊은 인상을 받았기 때문에 천사에게 다시 와서 그들을 가르쳐 줄 것을 요청하였다. 오늘날 많은 그리스도인 부모들의 얕은 생각과 자녀에 대한 경솔한 태도와는 실로 대조적이라고 할 수 있다. 자녀를 하나님의 자녀로 키우기 위한 그 일의 중요성과 엄숙함을 깨닫기 위해 얼마나 노력과 정성을 다하고 있는지, 또는 여기에 알맞는 성령의 역사를 위한 진정한 기도를 얼마나 소홀히 하였는지, 자녀를 훈련하기에 필요한 생활로서 하나님께 진정한 굴복이 얼마나 빈약하였는지 스스로 자문해 보아야 할 것이다. 고귀한 불멸의 영혼을 맡아서 인생의 유혹과 위험 속을 뚫고 인도하는 일을 맡고서도 아무런 두려움도 느끼지 않는 오만을 어떻게 생각해야 할 것인지 모든 부모들은 마노아로부터 전적으로 헌신된 부모의 자세를 배워야 한다. 마노아는 하나님께서 하나님을 섬기게 될 아이를 주셨을 때 그 일을 똑바로 할 수 있는 지혜도 주실 것을 믿었으며 부적합하고 연약하다는 생각으로 실망하거나 책임감으로 인하여 자기 자신의 힘으로 그 일을 하려 하지 않고 그는 단순히 기도하였다.

기독교 가정의 모든 자녀들은 마노아의 아이처럼 참으로 하나님의 선물이며 또한 하나님을 섬기도록 훈련을 받아야 한다는 것이다. 그러므로 우리에게 자녀를 맡기시고 훈련시킬 은혜를 주신 하나님을 전적으로 의지하는 헌신이 있어야 한다.

둘째로, 하나님께서는 부모의 부르짖음에 응답하기를 아주 기뻐하신다는 사실이다. 천사는 먼저 여인에게 이야기한 것 이상으로 새롭게 전할 것이 없었지만 하나님께서는 자기의 뜻을 충분하게 간절히 찾는 자를 어두움 가운데서 내버려 두지 않으셨다. "내가 여인에게 말한 것들을 그가 다 삼가서 포도나무의 소산을 먹지 말며 포도주와 독주를 마시지 말며 무릇 부정한 것을 먹지 말아서 내가 그에게 명한 것을 다 지킬 것이니라" (삿 13:13~14).

성령께서 부모된 자를 인도하시며, 자녀를 기르기 위해 성경 말씀에 나와 있는 원리들을 좀 더 조심스럽게 공부하고 좀 더 거리낌없이 적용하도록 인도하실 때 부모는 자녀들이 주님의 것이며 주님을 위해 거룩히 지켜야 함을 깨달을 것이다. 또한 부모는 하나님의 사역자이며 부모의 거룩한 생활에서 자녀들은 축복을 받게 되어 있다는 것을 깊이 명심해야 할 것이다. 여기서 분명히 심사 숙고해야 할 사실은 나실인이 될 아이는 어머니도 나실인이어야 한다는 사실이다(양은순 역, 1983). 자녀교육은 말을 함으로써가 아니라 부모의 됨됨이에 달려 있으며 태어나기 전부터 교육은 이미 시작되어 어머니와 자녀가 아직 하나이며 어머니의 영으로부터의 영향력이 아이에게 전달되는 때에 하나님께서 말씀하신다는 것이다. "내가 여인에게 말한 것들을 그가 삼가서… 내가 그에게 명한 것을 다 지킬 것이니라"라고.

이것은 전적인 헌신을 의미한다. 부모 자신이 먼저 하나님 앞에서 온전히 거짓 없는 믿음으로 거룩하게 살아야 한다는 것이다. "이는 네 속에 거짓이 없는 믿음을 생각함이라, 이 믿음은 먼저 네 외조모 로이스와 네 어머니 유니게 속에 있더니 네 속에도 있는 줄을 확신하노라"(딤후 1:5). 디모데의 거짓 없는 믿음이 그의 어머니께로부터 물려받았으며 그 어머니 또한 외조모로부터 물려받은, 전적으로 하나님께 헌신된 부모의 자세를 볼 수 있다.

"아이를 어떻게 기르오며 우리가 그에게 어떻게 행하오리까?"라고 기도하면서 부모와 자녀를 위한 약속과 가르침의 지혜를 찾아야 할 것이다.

5) 부모를 위한 약속

하나님께서는 부모들에게 조건이 붙은 약속을 주셨다. "마땅히 행할 길을 아이에게 가르치라, 그리하면 늙어도 그것을 떠나지 아니하리라"(잠 22:6)고 한 것은 부모의 의무와 책임을 부여한 명령이며 그 책임을 다 감당하였을 때 그의 자녀는 늙어도 그 교훈에서 떠나지 않을 것이라는 약속을 주셨다. "지혜로운 아들은 아비를 기쁘게 하거니와"(잠 10:1), "의인 아비는 크게 즐거울 것이요, 지혜로운 자식을 낳은 자는 그로 인하여 즐거울 것이니라"(잠 23:24~25), "네 자식을 징계하라, 그리하면 그가 너를 평안하게 하겠고 또 네 마음에 기쁨을 주리라"(잠 29:17), "그 자식들은 일어나 사례하며 그 남편은 칭찬하기를…" (잠 31:28).

이와 같이 자녀들이 컸을 때 그들의 삶을 통해 그들의 부모에게 커다란 영광을 주는 모습을 볼 수 있다. 현명하게 자식을 키운 부모는 커다란 기쁨과 행복을 누리게 될 것을 약속하고 있다. 그런데 오늘에 살고 있는 현대의 부모들은 하나님의 말씀에 나타나 있는 진리의 세계에서 얼마나 멀리 벗어나 있는가를 생각해 볼 수 있다. 성경이 비현실적인 것이 아니라 부모된 어른들의 모습이 하나님의 진리 속에 살지 못하여 저주와 벌을 거두어들이고 있는 것이다.

성경은 가정생활과 부모에 대하여, 특히 믿는 부모에 있어서 그들의 자녀는 다시 그들의 형상대로 태어날 수 있으며 하나님께서는 이 목적을 위해 자녀들을 하나님의 은혜의 도구로 사용하신다는 약속과 축복스러운 진리를 좀 더 분명하게 안내해 주고 있다. 자녀를 경건하게 훈련시키는 데에 드러나는 믿음의 기도에는 축복이 계약으로 보증되어 있다. "내가 내 언약을 나와 너와 네 대대 후손의 사이에 세워서 영원한 언약을 삼고 너와 네 후손의 하나님이 되리라" (창 17:7). 믿음의 조상 아브라함에게 주신 이 '영원한 언약' 은 부모에게 세워져야 할 언약이지만 마찬가지로 자녀에게도 세워진 것이다. "너와 네 후손의 하나님이 되리라" 부모는 아브라함처럼 믿는 자로서 하나님을 만나야 할 것이다. 믿음만이 하나님을 기쁘시게 하고 보상을 받는 언약으로 들어갈 수 있기 때문이다. 부모는 자신들을 위한 언약의 보증인이며 따라서 자신들의 언약이신 그리스도를 믿어야 하며 동시에 자기 자녀를 위해서도 믿어야 한다.

"너의 하나님 그리고 네 후손의 하나님" 이것은 변하지 않는 영원한 언약의 조항이며 부모와 자녀에게 같은 소망을 주고 있다. 이것은 하나님의 신실하심이며 거저 주시는 은혜와 축복이다. 나의 구원과 마찬가지로 내 자녀의 확실한 구원의 보증이 되는 것이다. 언약을 지키시는 하나님과 언약을 지키는 부모, 이 가운데 자녀는 틀림없이 축복을 받는 것이다(양은순 역, 1983). 하나님을 믿는 부모들 - 하나님의 신실하심에 대한 믿음으로 가득차서 하나님의 말씀을 가정생활, 특히 자녀양육의 유일한 수단으로 삼는 부모의 충실함에 대하여 하나님은 놀라운 축복을 하신다. 또한 하나님의 말씀 속에는 지혜와 우둔함이 대비되어 있음을 찾아볼 수 있다. 현명한 자식을 키운 부모가 커다란 기쁨과 행복을 누리리라고 하는 약속이 있는가 하면, "미련한 아들은 어미의 근심이니라. 미련한 자를 낳은 자는 근심을 당하나니 미련한 자의 아비는 낙이 없느니라. 내버려 두면 그 자식은 어미를 욕되게 하느니라" (잠 10:1, 17:21, 29:15) 고 하는 성경 구절은 부모가 자녀교육에 실패하였을 때 그들이 어떤 일을 겪게 되는가를 보여주고 있다. 오늘날의 많은 부모들이 그들의 기준에 일일이 반대를 표명하는 자녀를 보는 것만큼 고통스러운 일은 없을 것이다. 자녀에게 올바른 것을 가르쳐 주려는 모든 시도를 거부한다 할지라도 그의 마음 속에는 옳고 그른 것에 대한 판단 기준은 서 있는 것이며, 그러한 반항의 시기가 지난 후에는 건전한 생활 태도를 가질 수도 있다. 그리하여 하나님께서는 모든 부모들에게 은총을 받을 수 있도록 허락하셨다는 사실이다. 저주와 벌보다도 은총을 받아들일 수 있도록 그의 말씀을 우리에게 안겨다 주셨다. 그러므로 여태까지의 자녀교육에 있어서 아주 실패하였다고 하는 사람일지라도 지금부터 하나님께서 보여 주신 길을 그대로 따르게 되면 자녀의 미래는 상당히 밝게 변모하게 된다. 현명하건 미련하건 간에 자녀 한 사람을 성인으로 키워 내는 데는 꼬박 12~20년이 걸린다. 이 기간, 12~13년 동안을 말썽만 피우던 자녀가 남은 6~7년 동안에 하나님의 은총을 통해 아주 올바른 태도를 갖춘 사람으로 변모하기도 한다(보이스사 역, 1983). 이것은 오로지 은혜인 것이다. 발달심리학적인 측면에서는 설명이 난해한 것이다. 이러한 은총을 힘입기 위해서 부모는 자녀교육에 대한 하나님의 말씀과 그 뜻을 이해하고 진정한 사랑으로 교육시킨다면 부모—자녀 모두가 하나님께서 약속하신 축복을 받게 된다. 그러나 이 의무를 소홀히 할 때는 무서운 저주가 일어나게 됨을 아론과 엘리의 아들에게서, 다윗과 솔로몬의 가정을 통하여 아버지 개인의 의로움이 불경건한 자녀를 구원할 수 없음을 알 수 있다. 그러나 부모의 희망은 자녀를 위한 끊임없는 간구와 기도가 있을 때 하나님의 약속은 분명히 이루어질 것이라는 것을 저 영원한 모자 '모니카와 어거스틴' 에게서도 찾아볼 수 있다.

2. 성경에 나타난 자녀

부모에게 있어서 자녀는 하나님의 선물인 동시에, 부모는 하나님의 기준에 따른 교육, 의무, 책임, 권한을 행사하며 전적으로 하나님께 의지하여 헌신할 때에 하나님의 축복의 약속이 있음을 살펴보았다. 자녀가 무엇이기에 하나님께서는 부모된 자들에게 자녀양육에 대해 명령하셨을까? 이와 같은 질문에 대답하기 위하여 성경에 나타난 자녀에 대하여 살펴본다.

1) 자녀의 본성

'자녀' 라고 하는 창조물을 이해하기 위해서는 우선 인간의 근원이 어떠한가에 대해서 이해하여야 할 것이다. "하나님이 가라사대 우리의 형상을 따라 우리의 모양대로 우리의 사람을 만들고…"(창 1:26), 인간은 하나님의 모습대로 창조되었다. 완전하신 하나님의 형상대로 지음을 받았으나 하나님께서 세워 놓은 규율을 어기고 죄악을 범하여 아담 이후 변질된 아담을 닮은 창조물을 낳게 되었음을 알 수 있다. "아담이 백 삼십 세에 자기 모양 곧 자기 형상과 같은 아들을 낳아 이름을 셋이라 하였고 아담이 셋을 낳은 후 팔백 년을 지내며 자녀를 낳았으며"(창 5:3), 인간은 이제 더이상 원초적인 창조물의 성격을 지니지 못하고 타락한 인간의 속성을 지니게 되었으며 이와 같은 상태가 태어날 때부터 시작하여 죽을 때까지 계속되게 되었다. 그리하여 모든 자녀는 악한 인간의 본성을 지니고 태어나게 됨을 볼 수 있다. 아주 어린 자녀들에게 이런 죄악의 속성이 있다는 사실은, 전혀 교육을 받지 않은 어린이들의 행동에서도 찾아볼 수가 있다. 그러므로 자녀들은 그들의 부모들에 의해서 제지를 받아야 한다(보이스사 역, 1983).

"채찍과 꾸지람이 지혜를 주거늘 임의로 하게 내버려 두면 그 자식은 어미를 욕되게 하느니라"(잠 29:15). '임의로 하게 내버려 두면' 이란 말을 히브리어에서 그 어원을 찾아보면 '울타리 없이 방목하고 있는 짐승들' 을 지칭할 때 사용하였으며, 또한 '쫓아낸다' 는 뜻으로도 사용한다. 즉, 부모에게 교육을 받지 못한 자녀를 그냥 어른으로 내쫓는다는 의미로 생각할 수 있다. 그러므로 부모의 제지와 교육 없이 자란 자녀는 타락한 인간의 속성에 익숙해져서 자라나게 된다. 부모는 이러한 자녀의 본성을 외부에서 조절해 주어 차차로 자기 자신을 조절할 수 있도록 해야 한다. 특히 자녀의 연령에 맞게, 즉 자녀는 태아기, 영아기, 유아기, 아동기, 청소년기의 발달단계를 거치게 되는데 이 모든 단계들에는 각기 독특한 특징과 욕구 및 그 중요성이 깃들어 있으므로 그러한 상황을 잘 이해하여 조절해 주어야 한다.

2) 자녀의 의무 및 책임

모든 자녀들은 하나님의 형상을 따라 창조되었으므로 하나님께로부터 받은 개인적인 능력과 독특한 의무 및 책임이 있다. 그리하여 부모는 자녀들의 잠재력을 계발시켜 주고, 또한 그들이 올바른 결정을 내리는 데 하나님의 지혜와 책임을 깨우치도록 가르쳐야 한다.

"스스로 속이지 말라. 하나님은 만홀히 여김을 받지 아니하시나니 사람이 무엇으로 심든지 그대로 거두리라. 자기 육체를 위하여 심는 자는 육체로부터 썩어진 것을 거두고 성령을 위하여 심는 자는 성령으로부터 영생을 거두리라. 우리가 선을 행하되 낙심하지 말지니 피곤하지 아니하면 때가 이르매 거두리라" (갈 6:7~9). 자신이 뿌린 대로 거두어들인다는 이 원리는 자녀들의 생활에서 마땅히 염두에 두어 자녀로서의 책임을 다하도록 해야 한다. 또한 지극히 작은 것에 대하여 소중히 하고 의무와 책임을 다할 때 큰 일에 대해서도 마땅히 충성되게 잘 해나갈 것이며, 남의 것에 대하여 충실하게 할 때 자기 몫을 받게 될 것이라는, 자녀들이 어려서부터 마땅히 수행해야 할 의무에 대한 교훈을 누가복음에서도 찾아볼 수 있다(눅 16:10~12). 자녀들에게 있어서 하나님께서 주신 원리와 명령은 반드시 지켜야 할 의무요, 책임인 것이다. 이 명령을 잘 지킬 때 하나님께서는 그 성장과정에서 많은 축복을 주실 것을 약속하고 계신다. 특별히 잠언에는 하나님의 자녀된 자들과 그 자녀들이 지켜야 할 의무와 책임에 관하여 명령하고 있으며 그것을 순종할 때 받게 되는 축복을 다음과 같이 약속하셨다(잠 3:1~12).

· 하나님의 법을 잊지 말고 마음으로 명령을 지켜라. 그리하면, 장수하며 평강을 더하게 하시리라.
· 인자와 진리로 네게서 떠나지 않게 하고 그것을 네 목에 매고 마음 판에 새기라. 그리하면 하나님과 사람 앞에서 은총과 귀중히 여김을 받으리라.
· 마음을 다하여 여호와를 의뢰하고 네 명철을 의지하지 말고 범사에 하나님을 인정하라. 그리하면 네 길을 지도하시리라.

· 스스로 지혜롭게 여기지 말라. 여호와를 경외하며 악을 떠날지어다. 이것이 네 몸에 양 약이 되어 네 골수로 윤택하게 하리라.
· 네 재물과 네 소산물의 처음 익은 열매로 여호와를 공경하라. 그리하면 네 창고가 가득히 차고 네 즙틀에 새 포도즙이 넘치리라.
· 여호와의 징계를 경히 여기지 말라. 그 꾸지람을 싫어하지 말라. 여호와께서는 그 사랑하시는 자를 징계하시기를 마치 아비가 그 기뻐하는 아들을 징계함 같이 하시느니라.

위에 진술된 명령들은 하나님의 자녀인 모든 사람들이 준행해야 할 의무이며, 또한 우리 자녀들이 지켜야 할 의무이며 책임인 것이다.

또한 자녀는 성장해 감에 따라 자기 생활의 모든 면에서 스스로 의사결정을 해야 하는 책임이 늘어나게 된다. 그러므로 부모는 자녀가 어릴 때부터 하나님의 명령을 자녀에게 가르쳐 그 의무와 책임을 그 연령에 맞게 수행해 나갈 수 있도록 하여야 장성해서 스스로 하나님 앞에 바로 설 수 있는 하나님의 자녀가 될 것이다.

또한 자녀들이 그 의무와 책임을 다하기 위하여서는 자제력을 키우는 일이 아주 중요한 영역이 되고 있음을 강조하고 있다. "나의 반석이시요, 나의 구속자이신 여호와여 내 입의 말과 마음의 묵상이 주의 앞에 열납되기를 원하나이다" "게으른 자여, 개미에게로 가서 지혜를 얻어라" (시 19:14, 잠 6:6). 좀 더 편안하게 생활할 것만 생각하여 '근면, 성실' 을 익히지 못할 때 후에 오는 어려움을 극복하기 어려우므로 근면, 성실을 자녀의 생활 중 책임 한계에 두고 훈련해야 한다는 것이다. "노하기를 더디하는 자는 용사보다 낫고 자기의 마음을 다스리는 자는 성을 빼앗는 자보다 나으리라" (잠 16:32). 아주 어린 시절부터 자녀들은 자제력을 키워 참된 의무와 책임 안에서 성장되도록 해야 한다는 것이다.

다음으로, 자녀들의 책임과 의무 중에서 가장 뚜렷하고 명백하게 제시된 명령은 "네 부모를 공경하라, 순종하라" 는 것이다. 이것은 철저한 자녀들의 계명으로 나타난다. "네 부모를 공경하라, 그리하면 너의 하나님 나 여호와가 네게 준 땅에서 네 생명이 길리라" (출 20:12). "자녀들아, 너희 부모를 주 안에서 순종하라 이것이 옳으니라" (엡 6:1). "자녀들아 모든 일에 부모에게 순종하라, 이는 주 안에서 기쁘게 하는 것이니라" (골 3:20). 십계명 중 처음 네 계명은 하나님께 관한 것이고 마지막 다섯 계명은 이웃에 관한 것으로서 그 사이에 다섯째가 '부모' 에 관한 계명이 연결되어 있는데 그것은 자녀들에게 있어서 부모는 하나님을 대신하기 때문이라 한다. 부모로부터 자녀는 자기 하나님을 신뢰하고 순종하는 법을 배워야 하며 이 계명은 마지막 다섯 계명으로 가는 원리가 있다. 왜냐하면 가정 안에 사회의 기초가 있으며 거기에 사람들과의 관계에 있어서 좀 더 큰 의무와 어려움이 생기는 첫 번째 경험이 오기 때문이다. 가정은 하나님과 인간과의 모든 관계를 위한 훈련학교로서 이 계명은 하나님과 인간의 모든 율법과 우리의 하나님께 대한 모든 예배와 우리가 사람을 다루는 모든 기초에 놓여 있다(양은순 역, 1979). 그러므로 이 계명은 하나님께서 자녀에게 명하신 명령인 동시에 자녀들이 반드시 준수해야 할 의무이며 책임인 것이다. 자녀는 순종함으로써 부모를 존경해야 한다. 부모는 자녀에게 가정생활의 모든 행복한 기억과 사랑을 순종과 연결시키도록 가르치며 그 원리가 바로 마음과 정신 속에서 역사하도록 해야 한다. 지시하거나 변호하기보다는 순종하는 습관을 훈련시키고 부모를 존경하도록 가르쳐 자녀들의 책임을 다하도록 해야 한다. 자녀가 부모를 공경하고 순종할 때 하나님의 축복을 받을 수 있게 된다는 것이다.

자녀의 의지는 그의 정신이나 애정에 못지 않게 부모의 손에서 형성되고 있다. 자녀들이 자신의 의지와 지배력을 획득하는 것은 부모의 의지에 굴복하는 데서부터이며 그 지배력은 나중에 그가 하나님의 뜻을 행하는 데에 적합한 도구로 만들어 주는 그의 힘과 안전이 된다. 자녀들이 순종을 배우는 것은 영적인 생활의 기본이 되는 법도를 배우는 일이다. 왜냐하면 하나님의 권위는 종종 인간의 권위를 통하여 우리의 생활 속으로 들어오기 때문이다. 자녀로서 부모에게 순종할 때 곧 하나님께 순종하는 것이다(Christenson, 1970). 사람은 순종할 수 있도록 자유롭게 창조되었고 또한 순종이란 자유에의 길이다. 자녀가 자기의 의지를 부모의 명령에 포기함으로써 자기의 의지를 주관하도록 훈련시키면 그들이 자유로울 때에 자기 의지를 사용하는 주도권을 갖게 된다. 이것은 자기 조절의 길이며 이 자기 조절만이 자유인 것이다. 부모들은 무엇보다도 존경이 진정으로 하나님께로부터 나온다는 사실을 기억하고서 부모 자신이 자녀가 보는 앞에서 진심으로 하나님을 존중하면 하나님께서도 그들을 존중할 것이며 모든 것에서 하나님을 존중하기를 애쓰는 부모로부터 자녀들은 하나님과 부모를 동시에 존중하는 법을 배우게 된다는 것이다. 그리하여 자녀들은 그들의 소망을 하나님께 두며 하나님의 행사를 잊지 아니하고 오직 그 계명을 지켜서 정직하고 충성된 자가 되어야 하는 것(시 78:7)이 그들의 의무이며 또한 책임인 것이다. 그러므로 부모는 자녀들 속에서 이러한 심성이 배양되고 개발되도록 해야 함은 물론이거니와 이것은 하나님께서 부모에게 명하신 명령이기도 하다. 자녀가 그들의 의무와 책임을 연령에 맞게 잘 수행해 나가면서 성장하는 것은 자녀 자신들의 노력 이전에 부모의 노력이 선행되어야 함이 주목되는 것이다.

3) 자녀의 성장 및 성숙

자녀가 자라면서 성숙한다는 것은 어떤 지정된 시점에 이르게 되면 어느날 갑자기 어린 행동이나 바람직하지 못한 행동과 특징을 내어 버리고 장성한 어른의 새로운 모습을 가지게 되는 것이 아니다. 즉, 자녀가 17세, 20세가 되면 어느날 갑자기 성숙된 행동이 나타나는 것이 아니라는 것이다. 세 살 때 버릇 없이 말썽만 부리던 어린이는 대개 스물세 살이 되어도 철 없는 아내가 된다는 것이며, 어렸을 때에 자기 친구를 때리고 괴롭게 굴던 남자 어린이는 대개 장성한 후에도 폭군 노릇을 하는 남편으로 군림하게 된다(김애마 역, 1976).

어린이는 점차로 가장 점진적으로 한 연령에서 다음 연령으로, 한 단계에서 다음 단계로 성장해 가게 되므로 그들의 성숙의 한 면을 살펴보는 것이 중요하다. 자녀들의 성장에 있어서 궁극적인 목적은 그리스도화한 인격을 이룩하는 것이다(김득룡, 1980). 그래서 부모는 자녀들의 성품을 바르게 세워 주고 올바른 태도를 갖도록 하기 위해서 하나님의 도우심을 의뢰하게 되는 것이다. 하나님께 기도하며 자녀들을 도와 그들 스스로가 하나님의 말씀을 배워 이해하도록 하는 것이 하나님을 의지하는 태도인 것이다. 다윗왕은 그 아들 솔로몬과 그의 앞에 놓인 일에 대하여 "다윗왕이 온 회중에게 이르되 내 아들 솔로몬이 홀로 하나님의 택하신 바 되었으나 오히려 어리고 연약하고 이 역사는 크도다. 이 전은 사람을 위한 것이 아니라 여호와 하나님을 위한 것"(대상 29:1) 이라고 하였으며 그 때문에 아들 솔로몬을 위해서 기도하였다. "내 아들 솔로몬에게 정성된 마음을 주사, 주의 계명과 법도와 율례를 지켜 이 모든 일을 행하게 하시고 내가 위하여 예비한 것으로 전을 건축하게 하소서"(대상 29:19).

자녀의 성장에 있어서 필수요소는 무엇이라고 말할 수 있는지 디모데의 어린 시절에서 찾아볼 수 있다. "이는 네 속에 거짓이 없는 믿음을 생각함이라 이 믿음은 먼저 네 외조모 로이스와 네 어머니 유니게 속에 있더니 네 속에도 있는 줄을 확신하노라. … 그러나 너는 배우고 확신한 일에 거하라 네가 뉘게서 배운 것을 알며 또 네가 어려서부터 성경을 알았나니 성경은 능히 너로 하여금 그리스도 예수 안에 있는 믿음으로 하느니라"(딤후 1:5, 3:14~15).

부모는 자녀들의 성장 및 성숙을 어떤 측면에서 바라보아야 할 것인가 하는 질문에 답하기 위해서는 인간에 대한 표준(pattern)이신 예수님의 어린 시절 성장 모습에서 살펴볼 수 있다. "예수는 그 지혜와 그 키가 자라가며 하나님과 사람에게 더 사랑스러워 가시더라"(눅 2:52). 여기에는 하나님께서 원하시는 사람이 되도록 하기 위하여 어릴 때부터 훈련, 계발시켜야 할 자질과 능력이 포함되어 있다. 즉, 예수는 그 지혜와—지적 영역 목표(intellectual goal), 그 키가 - 신체적 목표(physical goal), 하나님과 - 영적 목표(spiritual goal), 사람에게 - 사회적 목표(social goal)의 상태를 다음과 같이 찾아볼 수 있다(김득룡, 1980).

이것은 우리 자녀가 성장해야 할 구체적인 목표가 될 것이며 인간에 대한 이 표준은 하나님의 형상으로 자라나아감을 의미하게 된다. 자녀들은 신체적으로 잘 자라야 하며 육체는 성령이 거하시는 전(殿)인 줄 알고 자기 몸을 소중히 할 줄 알아야 한다는 것이다. 지적 · 정신적인 발달영역에서도 투철한 생각과, 정확한 사고력, 탐구심, 헛된 것을 피하고 연구의 적용성, 재빠른 판단력을 길러야 함(고전 3:17, 행 28:23, 20:19:29, 19:8~9, 빌 4:7~9, 골 4:6, 딤후 2:15, 딤전 4:7, 6:20) 을 찾아볼 수 있다.

사회적 목표에서는 선량한 시민으로서 타인을 존중하고 선의 윤리를 알고, 분쟁이 없이 친구관계가 좋아야 하며 근면하고 용서할 줄 아는 사회적 성숙을 발달시켜야 함(롬 13:9, 14:13, 16:19, 고전 1:10, 4:6, 5:13, 살전 5:14, 엡 4:26)을 강조할 수 있다.

영적인 발달 측면에서는 우선 정서적으로 조화를 갖고, 사랑과 평화, 동정, 소망, 확신, 존경, 친절, 순종, 인내, 온유, 절제 등의 마음을 갖도록 하며 생활 속에서 그리스도로 옷 입고 거룩함으로써 성령 충만하도록 함이 그 목표가 되어야 한다(살전 5:17~18, 요 15:11, 빌 4:6~7, 고전 13, 롬 15:13, 빌 1:16, 2:12, 살전 5:14~15, 골 3:20, 롬 12:10~21, 엡 5:18, 벧

전 1:15~17).

위와 같은 목표를 잘 달성시키기 위해서는 자녀들을 훈련 · 교육시켜야 하는데 이러한 중요한 일에는 주의 깊은 관심과 계획이 요구되는 것이다. 이 계획이 하나님께 순종하는 가운데 그의 인도하심을 따라 세워진다면 부모들은 성공을 기대할 수 있는 것이다. "너의 행사를 여호와께 맡기라 그리하면 너의 경영하는 것이 이루리라"(잠 16:3). 부모는 자녀의 성장 및 성숙을 위하여 주님의 뜻이 무엇인지를 이해하고 그것을 굳게 붙들어야 하는 것이다.

지금까지의 내용을 정리해 보면, "볼지어다 나와 하나님께서 주신 자녀라"(히 2:13). 하나님께서는 일찍이 우리에게 부모를 주시고 또한 우리를 부모되게 하시어 자녀를 주셨다. 이와 같은 부모—자녀 관계는 하나님께서 사람을 지으시고 가정을 세우셨을 때 영원한 목적 때문에 부모는 그들의 자녀와 하나인 것이다. 하나님께서는 부모가 자기 자신의 형상대로 자녀를 낳고 자신의 생명과 영을 그들에게 심어 주며 그들과 한 생활을 하도록 의도하셨다. 생명과 사랑의 연합인 것이다. "하나님 아버지 보옵소서. 여기 나와 당신께서 내게 주신 자녀도 있나이다." 하나님께서 빛 가운데서 부모—자녀를 창조하셨고 비록 죄로 파괴되었지만 그리스도 안에서 구속되었으며 이제는 성령께서 부모—자녀를 영원한 생명과 영광으로 새롭게 하시는 것이다.

부모—자녀에게 요구하시는 그 책임은 다르나 위대하신 하나님 그 분께서는 부모의 자녀를 하나님 당신의 자녀로 삼으시고 부모를 하나님의 사역자로 사용하기를 원하시며 부모가 자녀를 하나님의 것으로 합당하게 기르는 데 필요한 모든 지혜를 주신다는 것이다. "이 아이를 위하여 내가 기도하였더니 여호와께서 기도한 바를 허락하신지라. 그러므로 나로 그를 여호와께 드리되 그의 평생을 여호와께 드리나이다"(삼상 1:27~28). 부모는 하나님께 대해서, 자녀에 대해서, 나아가서는 부모 자신에 대해서 생각해 볼 때 "그의 평생을 여호와께 드리나이다"라고 고백할 이유가 여기에 있는 것이다.

하나님께서는 자녀를 부모에게 주셨다. 부모는 자녀를 도로 하나님께 드려서 하나님과 부모 사이에 가장 축복스러운 사이가 되는 것이다. 부모의 자녀가 하나님의 것임을 아는 것이 얼마나 큰 은혜와 축복의 사실인가?

이러한 자녀의 헌신은 바로 부모 자신의 헌신이 선행되어야 한다는 것을 보여 주셨다. 부모 자신이 "나는 주님의 것이다"라는 고백이 있을 때 자녀도 그 자신이 "주님의 것"임을 가르칠 수 있게 될 것이며 또한 가르쳐야 하는 것이다.

"이 아이를 어떻게 기르오며 우리가 그에게 어떻게 행하오리까. 우리의 눈을 열어서 하나님 말씀 안에 있는 부모와 자녀를 위한 약속과 가르침에 있는 지혜의 보화를 보게 하소서. 주님! 당신을 위해 자녀를 기르리이다"라고 하는 고백과 기원 속에서 부모는 그의 의무, 책임, 권한을 행하여 자녀의 성장을 돕도록 교육, 훈련할 것이며 자녀 또한 하나님께서 명하신 명령을 준수하고 그의 의무, 책임을 다하여 "주님! 나는 당신의 것이나이다"라고 하는 하나님–부모–자녀와의 관계가 되어야 할 것이다. 이러한 관계를 유지하기 위하여서 부모–자녀의 입장을 다음과 같이 요약해 본다.

첫째, 부모는 반드시 그들 자녀를 철저히 교육, 훈련시켜야만 한다는 것이다. 자녀를 기르는 것이 곧 교육은 아니다. 식물과 동물도 양육된다.

하나님께서 인간에게 가르쳐 준 모든 것을 자녀에게 가르치도록 명령받았으므로 가치 기준을 하나님 법도 안에서 뚜렷하게 설정해 놓고 그 기준을 자녀의 연령에 맞게 자녀의 의식 세계에 초점을 맞추어, 일관성 있게 자녀들의 행동에 대하여 경고, 조절, 용서, 징계의 과정을 수행해야 한다. 또한 자녀를 '훈련시킨다(Training)'는 것은 말하는 것이나 명령하는 것이나 가르친다는 것이 아니라 이 모든 것보다 더 차원이 높은 성경말씀으로서 자녀에게 해야 할 바를 말해 주며 그가 어떻게 그것을 할 수 있는가를 보여 주고, 그것이 이루어진 것을 보면서 주어진 충고나 명령을 실행에 옮기고 하나의 습관으로 받아들여지도록 돌보는 것이며, 이 훈련과정에서는 또한 징계가 따르지 않을 수 없음을 강조하고 있다(징계와 관련된 성구 ; 잠 3:11~12, 12:1, 13:24, 15:10, 19:18, 22:15, 23:13~14, 29:15,17, 엡 6:4, 히 12:5~6, 12:9~12).

둘째, 부모는 자녀가 하나님의 형상대로 지음을 받아 선물로 하나님께서 주셨음을 확신하고서 그들을 교육하고 훈련하는 가운데 가장 중요한 것은 성경의 가치관을 자녀에게 소개해야 한다는 것이다. 이를 위해서는 가족이 함께 모여 기도하고 성경 읽고 찬송을 드리는 가정 예배를 드림으로써 부모의 역할을 수행할 기회를 갖게 되며 자녀 또한 그들의 책임, 의무를 배우게 될 것이며 나아가서는 그리스도를 닮은 자녀로 성장하게 될 것이다.

셋째, 부모—자녀 관계가 하나님 앞에서 헌신된 부모, 헌신된 자녀의 자세가 이루어질 때 축복된 하나님의 약속을 기다릴 수 있을 것이다.

3. 성경에 나타난 가정 : 토의 및 세미나를 위한 자료

다음은 성경에 나오는 가정들이다.■ 이 가정의 부모들은 무엇이 성공적이었으며 또한 무엇이 실패였나?

현대 우리 가정에 시사하는 점은 무엇이며 적용 부분은 어떠한 것이 있는가? 개인 및 그룹별로 각 가정을 선정하여 토의 및 세미나를 준비할 수 있다.

1. 아담과 하와의 가정 - 인류 최초의 가정(창 3:1~24, 2:16~17)
2. 에녹의 가정 - 하나님과 동행한 사람(창 5:21~28, 히 11:5, 유 1:14~16)
3. 노아의 가정 - 완전한 사람(창 6:1~18, 7:1~5, 8:13~22, 9:1~2)
4. 아브라함의 가정 - 믿음의 조상(창 12:1~9, 15:2~3, 17:5, 22:1~19)
5. 야곱의 가정 - 노력하는 사람(창 29:1~35, 30:1~8, 31:3~16, 36~42)
6. 요셉의 가정 - 고난 속에서 승리하는 사람(창 39:1~23, 40:1~16, 41:37~52)
7. 모세의 가정 - 민족의 지도자(출 2:16~22, 4:24~25, 17:14, 18:2~4)
8. 여호수아의 가정 - 신앙의 절제자(수 24:1~18, 민 14:1~9)
9. 마노아의 가정 - 나실인을 키움(삿 13:2~25)
10. 삼손의 가정 - 정략 결혼(삿 14:1~16, 15:1~19, 16:1~20, 17:22~23)
11. 룻의 가정 - 신앙의 효부(룻 1:1~22)
12. 보아스의 가정 - 신앙의 인격자(룻 2:1~20, 3:10~15, 4:1~22)
13. 한나의 가정 - 기도로 아들을 얻음(삼상 1:1~23, 2:1~21)

■ 「김윤생(1989), 성경에서 본 100가정 연구, 크리스천 가정생활대학, 할렐루야서원」에서 30 가정을 발췌하였음.

14. 엘리의 가정 - 자녀 교육에 실패(삼상 2:12~36, 4:11)
15. 사무엘의 가정 - 이스라엘 최초의 사사(삼상 7:1~17, 8:2~5)
16. 사울의 가정 - 이스라엘의 초대왕(삼상 8:1~22, 9:1~22, 10:21~22, 18:21~25, 19:1~17)
17. 다윗의 가정 - 성군(대상 3:1~9, 삼상 18:17~19, 삼하 2:1~4, 11:2~27)
18. 솔로몬의 가정 - 풍요, 지혜의 왕(왕상 4:7~28, 11:1~13)
19. 수넴여인의 가정 - 선지를 섬김(왕하 4:8~37, 마 10:40~42, 25:34~36)
20. 므낫세의 가정 - 부친의 가르침을 버림(대하 33:1~20)
21. 욥의 가정 - 동방의 의인(욥 1:1~22, 2:1~10)
22. 이사야의 가정 - 복음의 표상(사 1:1~31, 6:1~13, 7:3~9, 8:1~4)
23. 다니엘의 가정 - 기도하는 총리 대신(단 6:1~19)
24. 요셉의 가정 - 의로운 사람(마 1:18~25, 눅 1:5~56)
25. 나사로의 가정 - 부자와 나사로(눅 16:19~31)
26. 아나니아의 가정 - 불행을 자초한 사람(행 5:1~37, 엡 4:6, 딤전 6:15)
27. 브리스길라와 아굴라의 가정 - 이상적인 부부(행 18:1~4, 26, 롬 16:3~4, 고전 16:19, 딤후 4:19)
28. 디모데의 가정 - 신앙의 3대(딤후 1:1~18, 2:1, 3:14~15)
29. 고넬료의 가정 - 백부장(행 10:1~8)
30. 베드로의 가정 - 주님의 제자(마 4:1~20, 8:14~15, 눅 5:11~20)

부록 02 | 엄마, 아빠! 내 말 좀 들어 주세요

- 1학기 가정통신문

1. 유치원 생활이 시작되었어요
2. 안전한 생활이 되게 해주세요
3. 내 것과 남의 것을 구별하게 해주세요
4. 제 물건을 정리하는 일은 훈련이 필요해요
5. 정성껏 만든 음식을 먹게 해주세요
6. 설탕은 주지 마세요
7. 온몸을 통해 배워요
8. 자연은 참으로 신기해요
9. 형제는 서로 비스듬한 사이예요
10. 텔레비전은 나쁜 것이 더 많아요
11. 가족간의 연대 의식을 심어 주세요
12. 사랑이 가득한 곳이 되게 해주세요
13. 아빠와 둘만의 시간이 필요해요
14. 부성 실조가 되지 않게 해주세요
15. 긍정적 자아 개념을 갖도록 도와주세요
16. 제 모습은 어때요?
17. 과잉 보호는 싫어요
18. 남과 다른 아이로 자라게 해주세요
19. 집안에서 물놀이를 할 수 있도록 준비해 주세요
20. 여름방학은 좋은 경험이 되게 해주세요

※ 본 글은 「정갑순 글(1995. 7.), 엄마 아빠 제 말을 들어 보세요. - 가정통신문을 통한 부모교육 자료(유치원 장학 자료 58호), 서울특별시 교육청」에서 발췌하였음.

1. 유치원 생활이 시작되었어요

엄마, 아빠!

유치원의 새 학기가 시작되었어요. 새 교실에서 새 선생님, 새 친구들과 함께 유치원 생활을 시작하는 것이 무척 즐겁고 기대되는 일이기도 하지만 저에게는 긴장되고 부담스럽기도 하답니다. 그러므로 유치원에서 귀가하면 깨끗이 씻고 맛있는 식사를 한 후 낮잠을 잘 수 있도록 도와주세요. 그래야만 몸과 지혜가 잘 자라게 된답니다. 그리고 유치원에 갈 때 입는 옷은 편리한 옷으로 입혀 주시고 선생님이나 친구들에게 인사하는 방법을 구체적으로 잘 가르쳐 주세요(예 : 선생님, 안녕하세요?/친구야, 안녕? 등). 그리고 화장실이 가고 싶을 때, 엄마가 보고 싶거나 속상할 때 등 어려운 일이 있을 때는 언제든지 유치원 선생님께 제 생각을 말하며 도움을 요청할 수 있도록 가르쳐 주세요. 유치원 선생님과 친구들이 낯설고 유치원 교실에 있는 모든 놀잇감들을 어떻게 가지고 놀아야 하는지 잘 모르겠어요. "○○야, 유치원 선생님은 엄마처럼(아빠처럼, 이모 또는 고모) 너를 사랑하신단다. 그리고 유치원 교실 안팎에 있는 모든 놀잇감들은 ○○와 모든 친구들을 위해 준비해 놓았단다. 유치원에 있는 모든 어린이들은 모두 ○○의 친구들이란다. ○○와 모든 친구들의 몸과 마음, 지혜가 잘 자라도록 원장 선생님과 선생님들께서 항상 도와주신단다"라고 말씀해 주세요. 그래서 유치원은 즐겁고 좋은 곳이며, 안전하고 편한 곳이며, 사랑을 받으며 사랑을 나눌 수 있는 곳이라는 것을 알도록 가르쳐 주세요.

2. 안전한 생활이 되게 해주세요

엄마, 아빠!

제 몸과 마음이 흠 없이 자라도록 도와주세요. 유치원 오고 가는 길에서 안전하게 다닐 수 있도록 잘 일러주세요. 차가 다니는 길을 갈 때, 차를 타고 내릴 때 주의할 점에 대하여 자세히 설명해 주세요. 그리고 우리집 전화번호를 잘 외어서 길을 잃었을 때 말할 수 있게 해주세요. 특히 길에서 낯선 사람은 물론 아는 사람이라도 따라가지 않으며 유치원에서 귀가할 때도 가족 외의 사람이 데리러 올 때는 유치원에 꼭 연락을 주셔서 누가 저를 데리고 갈 것인지 확인할 수 있도록 해주세요.

유치원 버스를 타고 귀가할 때는 반드시 가족 중의 어느 분이 마중 나오셔서 저와 함께 갈 수 있도록 해주세요. 만일 낯선 사람이 저를 데리고 가려고 할 때나 제 몸을 만지려고 할 때는 "싫어요, 안돼요"라고 큰 소리로 말하며 엄마, 아빠께로 달려갈 수 있도록 가르쳐 주세요. 그리고 다른 사람이 먹을 것이나 장난감을 주면 받지 않으며 혼자 집을 볼 때에 초인종이 울리면 문을 열지 않는 것도 가르쳐 주세요. 엄마, 아빠가 계시지 않는데 전화가 걸려 왔을 때는 "지금 안 계시는데요"라고 대답하기보다 "지금 전화를 받으실 수 없습니다"라고 말하도록 가르쳐 주세요.

엄마, 아빠! 잘 생각해 보세요. 세상 사람들이 모두 무섭게 생각되는 것은 제 성격형성과 그 발달에 좋지 않아요. 그러니 잘 알아듣도록 신경써서 말씀해 주세요.

3. 내 것과 남의 것을 구별하게 해주세요

엄마, 아빠!

엄마, 아빠께서 사 주신 적이 없는 데도 제가 새로운 장난감이나 신기한 물건들을 집으로 가져올 때가 있을 거예요. 어디서 났느냐고 물으시면 친구가 주었다고 저는 말하게 되지요. 이런 일이 있을 때 제게 대하시는 엄마, 아빠의 태도는 아주 중요하답니다. 어떤 때는 못 본 체 하시고 또 어떤 때는 남의 물건을 훔쳤다고 아주 무섭게 야단을 치십니다. 그런데 이런 행동들은 제 물건과 남의 물건을 구별하지 못하기 때문이라는 것을 기억해 주세요. 만 3세가 되기 전에는 제 마음 속에 도덕률이 없답니다. 그래서 이때는 남의 집, 슈퍼마켓, 유치원 어디서든지 제 마음에 드는 것은 들고 온답니다. 이때는 '훔친다' 는 말은 어울리지 않아요. 3세가 지나면서 점점 주변 사람들의 말과 행동에 따라 도덕률이 생기게 되며, 제 것과 남의 것을 완전히 구별하게 되는 시기는 만 5세가 되어야 합니다. 그러나 유치원이나 친구집에서 마음에 드는 장난감이나 물건들을 집으로 가지고 오면 분명하고 똑똑하게 말씀해 주세요. "이것은 네 것이 아니야. 그것은 돈을 내고 산 사람의 것이란다. 그 사람을 주인이라고 하지. 주인 허락 없이 가질 수는 없단다. 그러니 주인에게 돌려주어라" 또는 "이것은 유치원 모든 친구들의 것이란다. 너 혼자 집에 가져와서 놀 수 없단다. 유치원에 갖다 놓아라" 라고요.

그 다음에는 저와 함께 주인에게 가서 돌려주도록 하세요. 하지만 저를 혼자 보내지 마세요. 왠지 부끄러움을 느끼고 있으니까요. 그렇게 했는데도 계속 유치원 물건을 집으로 가지고 오면 저를 데리고 유치원에 가셔서 제가 보는 앞에서 원장 선생님과 우리 선생님께 허리를 90도 굽혀 절을 하시며 "우리 ㅇㅇ가 아직 자기 물건과 남의 것(유치원 것)을 구별하지 못하여 이렇게 이것을 집으로 가져왔습니다. 정말 죄송합니다" 라고 말씀하세요. 그러면 제 마음 속에 유치원 것을 집으로 가지고 오면 안 된다는 생각과 함께 제 것과 남의 것에 관한 구별이 생기며 도덕률이 형성됩니다. 제가 남의 물건을 집으로 가지고 올 때에는 제 것과 남의 것을 구별하지 못하는 것도 있지만 때로는 호기심이 너무 많아 그 충동을 이기지 못할 때 또는 엄마, 아빠에 대한 욕구 불만의 표현일 수 있다는 것을 기억해 주세요. 이런 행동을 할 때 '나쁜 아이' 라고 꾸짖지만 마시고 차근차근 설명해 주세요. 유치원 시기에는 내 것, 동생 것, 누나(형) 것, 엄마 아빠 것, 친구 것, 유치원 것 등 소유권에 대한 개념이 발달하는 때랍니다.

4. 제 물건을 정리하는 일은 훈련이 필요해요

엄마, 아빠!

집안에 온통 제 물건들이 굴러다닐 때 엄마, 아빠께서는 속상하시죠? 지금까지 제 마음대로 해왔기 때문에 이런 일은 제가 하지 않아도 된다고 생각하고 다른 사람의 몫으로 생각하거나 사람들이 보는 데서만 치우고 보지 않으면 안 치우지요. 그래서 유치원에 와서도 놀잇감을 가지고 놀다가 제자리에 갖다 놓는 일을 하지 못하고 제 실내화, 신발 가방, 옷을 어떻게 간수해야 하는지 잘 모르겠어요. 좀 차근차근 일러주세요.

엄마, 아빠! 제 행동을 잘 관찰해 보세요. 모든 활동이나 지능면에서 멍한 상태로 정리를 못한다면 지능이나 사회성도 떨이지겠지만 다른 활동은 열심히 잘 하고 있으면 그건 훈련이 부족한 탓이에요. 지금부터 차근차근 일러주시고 도와주세요.

저는 한꺼번에 모든 것을 제자리에 정돈하는 일은 할 수 없답니다. 정돈하는 것도 게임이나 놀이처럼 분류할 수 있도록 상자나 바구니, 선반을 정하여 놀잇감을 나타내는 이름, 사진, 그림, 스티커를 붙여 주세요. 그리고 아름다운 음악을 틀어 주세요. 그러면 정돈이 즐거운 놀이활동이 될거예요. 그렇게 했는데도 제가 정리 정돈을 잘 못하면 '월요 상자' 라는 것을 만들어 주세요. '월요 상자' 란 제자리에 놓여 있지 않은 제 물건을 모조리 커다란 상자 안에 집어 넣고 자물쇠로 잠가 다음 월요일까지 그것을 사용하지 못하게 하는 것이지요. 일주일에 한 번, 월요일에만 상자 뚜껑을 열기로 한답니다. 그런데 '월요 상자' 에 대한 그 약속을 제가 잘 알아들을 수 있도록 충분히 설명하신 후 저와 의논하여 사용해 주세요. 제 물건을 정돈하는 일은 책임감과 관련된 행동이므로 아주 중요하답니다. 왜냐하면 제 물건을 정리하는 일은 '제가 해야 할 일' 이므로 지금 이 시기에 이 일을 잘 못하면 책임감 있는 한 사람으로 성장해 가고 있지 못하는 것이 됩니다. 정리하는 일은 훈련이 필요하다는 것을 꼭 기억해 주세요.

5. 정성껏 만든 음식을 먹게 해주세요

엄마, 아빠!

제가 유치원에서 즐겁게 생활하기 위해서는 일찍 자고 일찍 일어나도록 도와주세요. 늦게까지 잠자리에 들지 못하면 다음날 아침에 일어나기도 힘들 뿐 아니라 맛있게 아침 식사를 할 수도 없으며 유치원에서 활기차게 생활할 수도 없어요. 아침에는 반드시 식사를 하고 유치원에 올 수 있도록 제 식습관에 관하여 신경을 써 주세요.

지금의 제 식습관은 머리를 좋게 하는 뇌세포 형성과 직결되기 때문이에요. 140억 정도 되는 제 뇌세포가 좋은 음식물 섭취와 오감각을 자극하는 교육활동 그리고 정서적 안정을 통하여 그 가지가 잘 뻗어 나갈 때 머리가 좋아진다고 합니다. 그러므로 신선한 야채와 과일, 생선, 계란, 우유 등 단백질이 많은 음식을 먹을 수 있도록 잘 준비해 주시고 패스트푸드나 색깔 있는 음료수는 먹지 않도록 도와주세요. 지금의 제 식습관은 초등학생이 되고 청소년이 되어 지구력을 갖고 공부할 수 있는 힘과 지능발달에 관련되는 것이므로 엄마의 솜씨를 한껏 부려서 맛있게 먹을 수 있도록 해주세요. 그리고 식탁은 영양 강좌나 잔소리 장소가 아니라 포근하고 즐거운 곳이 되게 해주세요. 저는 식탁에 차려진 음식의 색깔, 모양, 음식을 담는 그릇에 신경을 많이 써요. 아름답고 간단하고 산뜻한 것들을 좋아한답니다. 제가 음식에 대하여 까다로움으로 잘 먹지 않는 행동을 할 때는 위협이나 어르는 것, 보상물을 제공하지 마시고 완전히 무시해 버리세요. 잘 먹을 때만 "참, 잘 먹었구나"라고 말해 주세요. 그리고 골고루 잘 먹도록 하나의 규칙을 저와 의논하여 만들어 주세요. 예를 들어 식탁에 있는 음식은 모두 조금씩 맛을 보도록 하여 맛을 본 수만큼 스티커를 붙여 주세요. 이때 한꺼번에 다 맛을 볼 수 없다는 것을 기억하시고 차차 수를 늘리며 처음에는 좋아하는 음식을 여러 종류 주시고 차차 안 먹는 것을 다양한 모양으로 만들어 놓아 주세요. 처음에는 맛을 보려고 시도한 것 자체가 중요하다는 것을 잊지 말아 주세요.

6. 설탕은 주지 마세요

엄마, 아빠!

제가 잠자리에서 일어나 다시 잠자리에 들 때까지 하루 동안 먹는 음식에 대해 잘 생각해 보세요. 그리고 음식의 종류를 종이에 한번 적어 보세요. 제가 먹는 음식은 제 성격과 몸 그리고 뇌 발달과 가장 직결되는 것이기 때문이에요. 청량 음료 1컵에는 6스푼의 설탕이 들어 있고, 탱(음료) 반 컵에는 4스푼, 사탕 1개에는 5스푼, 케이크 1조각에는 7스푼, 과일 통조림에는 2스푼이 들어 있으며, 탄산 음료수에는 10%의 설탕뿐만 아니라 철분을 용해시키는 인산이 들어 있답니다.

우리의 몸은 체내의 혈중 산소와 균형을 유지하기 위해 일정 수준의 포도당(체내에서 제조되는 자연당)이 절대로 필요하지만, 이것은 자연 식품 중에서 섭취하도록 해주세요. 현재 우리의 먹거리에는 설탕이 지나치게 많이 들어 있답니다. 설탕을 많이 먹게 되면 스트레스에 대처할 수 있는 능력이 파괴되는데, 매우 활동적인 저희에게는 감정의 동요가 극심하게 된답니다. 그러므로 설탕을 줄이고 과일이나 우유, 무가당 주스, 견과류, 소금을 치지 않은 팝콘을 간식이나 후식으로 주시고 설탕 대신 꿀을 사용해 주세요. 되도록 설탕이 많이 들어 있는 사탕, 과자류나 가공식품이 아닌 제철에 나는 과일이나 야채(오이, 당근, 토마토, 참외, 수박 등)와 고구마, 감자, 옥수수 등 자연 식품으로 준비해 주세요. 일주일 동안에 제가 먹고 있는 '먹거리 목록' 을 작성해서 유치원 선생님이나 원장 선생님과 한번 상의해 주세요.

7. 온몸을 통해 배워요

엄마, 아빠!

제가 너무 많이 움직이고 시끄럽게 떠들어서 엄마, 아빤 정신이 없으시지요? 제가 몸을 움직이는 것은 아주 중요하답니다. 뜀박질을 하고 미끄럼을 신나게 타며 뒹굴고 놀면서 제 몸의 대근육이 발달하게 되고, 크레파스와 연필 등으로 긁적거리며 오리고 붙이고 찢고 하면서 제 몸의 소근육이 발달되고, 눈과 손의 협응력이 생기게 되지요. 그리고 중요한 것은 이런 활동을 통해서만이 생각하는 머리가 잘 자라게 된다는 사실이에요. 몸을 움직이며 노는 활동들은 바로 어떤 사건과 상황에 대처하여 문제를 해결하는 방법을 익히게 되는 지적 발달과 새로운 생각을 끄집어내는 창의성 발달로 연결되는 것입니다. 그러므로 제가 눈으로 보고, 만져 보고, 주물러 보고, 두드려 보고, 귀로 듣고, 냄새 맡고, 몸을 움직이며 할 수 있는 활동을 많이 할 수 있도록 도와주세요.

지금 이 시기에 저희들은 눈이나 귀를 통해서만 배우는 것이 아니라 온몸을 통해 또한 오감각을 통해 움직이면서 정신운동 발달로 연결된답니다. 단순히 읽고 쓰고 셈하는 활동만 강조하시면 제 몸과 마음과 머리가 잘 자랄 수 없어요. 제가 온몸을 통하여 열심히 움직이며 잘 논다는 것은 제가 잘 자라고 있다는 사실임을 잊지 말아 주세요.

8. 자연은 참으로 신기해요

엄마, 아빠!

날씨가 따뜻해지니 봄이 왔다고 합니다. 봄바람이 시원하게 불어오는 잔디밭이나 꽃들이 핀 공원을 엄마, 아빠와 함께 걸을 수 있게 해주세요. 이마에 스쳐 가는 바람은 제 마음을 상쾌하게 해줄 뿐만 아니라 제 몸도 튼튼하게 해준답니다. 나뭇가지에서 새로 돋아나는 새순들이나 꽃망울들, 땅 속을 비집고 나오는 새 풀이나 꽃들, 참으로 놀랍고 경이로운 일들이랍니다. "어디서 이렇게 꽃이 나와요? 나무에서 잎이 어떻게 나와요? 왜 꽃이 나와요?…" 끊임없이 쏟아져 나오는 이런 질문들은 제 머릿속에서 자라고 있는 지적 호기심과 자연에 대한 경이로움 또 생명에 대한 경외심, 살아서 자라는 것들에 대하여 아름다움을 느낄 수 있는 순간들이랍니다. 노란 개나리, 분홍색 진달래꽃, 죽은 것 같은 나뭇가지에서 돋아나는 잎, 땅 속을 비집고 나오는 새싹들을 보고도 제가 무심코 지나쳐 버린다면 제 마음과 생각하는 지혜가 잘 자라고 있지 않다는 징조입니다. 제 마음을 활짝 열고 봄을 마음껏 즐기며 자연의 신비를 느낄 수 있도록 해주세요. 그리고 자연의 섭리와 신비에 대하여 생각할 수 있도록 여러 가지 질문과 경험들을 제공해 주세요. 그리고 엄마, 아빠께서 이러한 자연의 신비함에 대하여 감격하고 감탄하는 모습을 보여 주세요.

9. 형제는 서로 비스듬한 사이예요

엄마, 아빠께서는 제가 동생(누나 또는 형)과 자주 싸워서 속상하시지요? 그런데 저도 동생(누나, 언니) 때문에 속상한 일이 많다는 것을 기억해 주세요. 제 놀잇감이나 소유물을 허락도 없이 만지고 부수고 자기 마음대로 할 때는 때려 주거나 발로 걷어차고 싶은 마음이라는 것을 알아주세요. 이때 "동생을 잘 데리고 놀아라"라고 하시면서 저를 꾸중하시면 동생이 더 미워지고 엄마, 아빠는 저를 사랑하지 않는다고 생각하게 된답니다. 제가 "형, 이것 좀 가지고 놀아도 돼?" 또는 동생에게 "네 장난감 내가 좀 만져 봐도 괜찮겠니?"라고 말할 수 있도록 타인의 소유물에 대한 예의를 가르쳐 주세요. 우리들의 싸움은 주로 소유권 침해나 애정 쟁탈전이라는 것을 아시지요? 그러므로 한쪽만 꾸짖는 것은 무의미하거나 양쪽 모두에게 해가 되기도 한답니다. 싸움의 주원인은 때로는 엄마, 아빠의 사랑을 더 많이 받으려는 무의식적인 대항 감정이기 때문에 엄마, 아빠가 한쪽 편을 들고 개입하시는 것은 대립 감정을 더 자극하는 결과가 되겠지요. 그러므로 공격적으로 해를 입히는 상황이 아니면 재판관이 되어서 개입하시지 않는 것도 필요하답니다. 형제끼리는 태어날 때 애정만 가지고 태어나는 것이 아니라 미움과 시기심도 함께 갖고 있음을 기억해 주세요. 그러므로 이때 편애하는 마음으로 개입하시면 우리 사이는 더 나빠지게 되며 대립된 감정을 표출하지도 못하고 형제애를 키우는 일도 놓쳐 버리게 된답니다. 우리는 형제끼리 싸우면서 타인의 입장을 이해하는 것을 배우며 자라게 되지요.

형제는 부모-자녀처럼 상하관계가 아니라 서로 비스듬한 사이랍니다.

10. 텔레비전은 나쁜 것이 더 많아요

엄마, 아빠!

텔레비전은 인류 역사상 가장 중요한 발명품이라고 말하는 사람이 있는가 하면 텔레비전은 한심한 것들로 가득차 있으며 '바보 상자, 폭력의 상자' 라고 말하는 사람들도 있습니다. 어쨌든 저는 텔레비전이 재미있답니다. 아빠와 함께 있는 시간보다 텔레비전과 함께 있는 시간이 더 길다는 것을 아시나요? 텔레비전은 때때로 제가 문제를 해결해 가는 과정에서 인내하는 습관을 갖지 못하게 하며 공격성을 배우고 부정적 자존감을 갖게 할 수도 있답니다.

오늘날 우리 사회에서 일어나는 여러 가지 사회악은 텔레비전의 영향이 매우 크다고 합니다. 그러므로 텔레비전을 보는 것은 절제되어야 하고 잘 조절될 수 있도록 도와주셔야 합니다. 그리고 제가 무엇을 볼 것인지 엄마,아빠께서 함께 상의해 주시고 또한 제가 무엇을 보고 있는지 항상 세심히 살펴봐 주세요. 그런 다음에는 함께 평가하여 제 생각과 엄마, 아빠의 생각을 나누는 시간을 가져 주세요. 저와 같은 대 여섯 살짜리 유아는 텔레비전 앞에서 하루에 한 시간 이상 앉아 있으면 안 됩니다. 한 시간이 넘으면 텔레비전이 제 생각과 행동을 완전히 압도해 버립니다. 그래서 이런 상황에서는 어른들도 지적 이탈을 하게 되는데 어린 제가 스스로 텔레비전에서 벗어날 수 없게 됩니다. 제가 너무 오랫동안 텔레비전 앞에 앉아 있거나 밤늦게까지 어른들 프로그램을 시청하고 있으면 단호하게 "이제 잘 시간이다" 또는 "ㅇㅇ는 어린이 프로만 보기로 한 약속을 잊고 있구나"라고 말해 주시고 잠자리로 보내 주세요. 그리고 평소에 텔레비전 앞에 너무 가까이 앉지 않도록 일러주세요. 눈이 나빠지는 것은 물론 텔레비전에서 나오는 전자파에 대한 문제도 생각해 봐주세요.

텔레비전을 잘 활용하면 개념과 사건들, 경험의 세계를 넓혀 여러 발달을 도우며 개인적으로 갈 수 없는 곳도 여행할 수 있게 해줍니다. 그러나 여기에 위험성과 함정이 있어요. 제일 큰 문제는 가족 내에서의 의미 있는, 개인적 상호작용의 시간을 텔레비전이 빼앗아 가는 것입니다. 즉, 엄마, 아빠와의 놀이, 가족활동, 토론 등을 빼앗아가며 가족간의 무관심을 조장하고 독창성의 결핍을 가져다 준답니다. 그러므로 제가 텔레비전을 보는 것에 대해 곰곰이 한번 점검해 봐 주시고 다시 저와 함께 의논해 주세요.

11. 가족간의 연대 의식을 심어 주세요

엄마, 아빠!

5월은 가정의 달이라고 하지요!

우리 가정에 할아버지, 할머니, 아빠, 엄마 그리고 저희들이 함께 살 수 있는 일은 참으로 복된 일이라고 생각합니다. 왜냐고요? 할아버지, 할머니는 아빠를 낳고 엄마는 저희를 낳아 주신 우리는 모두 가족이니까요. 제가 유치원에 갈 때나 유치원에서 귀가할 때에 할아버지, 할머니께도 반드시 인사를 드릴 수 있도록 가르쳐 주세요. 잠자리에 들기 전에 "할아버지, 할머니 안녕히 주무십시오"라고 인사를 드릴 수 있도록 가르쳐 주세요. 그리고 맛있는 음식이나 먹을 것이 있을 때에도 성급하게 제가 먼저 먹으려고 하면 할아버지, 할머니께 먼저 드린 다음 제가 먹을 수 있도록 가르쳐 주세요. 할아버지, 할머니께서는 저를 사랑하시지만 제가 버릇없이 자라는 것을 원치 않으시며 제가 버릇없이 행동할 때는 몹시 섭섭하시답니다. 할아버지, 할머니께서는 우리 가족의 옛날 이야기, 조상들의 이야기, 할아버지, 할머니의 어린 시절 이야기를 저희에게 들려 주세요. 저희는 할아버지, 할머니에 대한 이야기를 많이 듣고 싶어요. 할아버지, 할머니를 많이 사랑해요.

엄마, 아빠께서는 할아버지, 할머니, 외할아버지, 외할머니를 잘 모시며 사랑하는 모습을 저희들에게 보여 주세요. 그것이 가족은 서로 사랑하는 것이라는 의식을 심어 주는 일이랍니다. 저희들의 태도는 지금 어린 시절에 본 대로 그대로 행동하게 된답니다. 가족간의 사랑이 없으면 연대 의식이 없고 가정은 붕괴되며 나아가서는 사회도 어둡게 된다고 합니다. 할아버지, 할머니와 함께 살지 못하면 자주 만나 뵙도록 도와주세요. 할아버지, 할머니, 아빠, 엄마 그리고 저희들은 서로 사랑하는 가족이에요. 할아버지, 할머니를 사랑하는 우리는 가족간의 연대 의식을 갖게 된답니다.

12. 사랑이 가득한 곳이 되게 해주세요

엄마, 아빠!

라일락 향기가 가득한 5월은 가정의 달, 사랑의 달이라고 어른들은 이야기하십니다. 어린이날, 어버이날, 스승의 날이 있으며 청소년들을 위한 달이라고도 하지요. 부모를 사랑하며 공경하고, 부모와 선생님은 어린이들을 사랑하고 잘 양육하고 교육하여 어린이의 바람직한 성장이 되도록 하기 위해 이런 날들이 있는 것이랍니다. 엄마, 아빠! 저를 낳아 이렇게 잘 길러 주셔서 고맙습니다. 엄마, 아빠를 사랑해요! 또한 저를 가르쳐 주시는 선생님께도 "선생님, 감사합니다. 선생님이 좋아요"라고 말할 수 있도록 가르쳐 주세요. 저를 위해 애쓰시는 부모님—선생님의 관계는 분리될 수 없는 인연이며 일생을 통하여 제게 가장 큰 영향을 주고받는 사이이지요. 우리집—우리 유치원은 사랑이 가득찬 곳으로서 사회의 어떤 위험으로부터 보호되며, 유아기를 행복하게 보낼 수 있는 곳이 되도록 우리 주변을 다시 한번 점검해 주세요. 참으로 내 몸과 마음 그리고 지혜가 조금도 손상되지 않으며 흠 없이 자라고 있는지 말이에요. 할아버지, 할머니, 아빠, 엄마와 함께 365일 언제나 사랑이 가득한 날이 되며 가족간의 깊은 사랑을 심을 수 있는 분위기를 만들어 주세요. 우리 가정에서 할아버지, 할머니가 제일 어른으로 존경받으시며 서로 사랑하는 것을 보며 자라게 해주세요. 왜냐하면 엄마, 아빠도 금방 할머니, 할아버지가 되실테니까요.

13. 아빠와 둘만의 시간이 필요해요

아빠! 제가 이 세상에 처음 태어나던 날을 기억하시나요? 이제 저는 만 세 살, 네 살, 다섯 살이 되어 유치원 어린이가 되었어요. 아빠는 우리집 식구들을 위해 바깥에서 하실 일이 많으실거예요. 그러나 저는 아빠와의 충분한 시간을 필요로 한답니다. 제 속에 숨어 있는 잠재능력이 발달할 수 있는 환경에는 여러 가지가 있지만, 그 중에는 아빠와 함께 하는 시간이 아주 중요하다는 것을 기억해 주세요. 하루에 조금씩이라도 시간을 내어 저와 함께 놀아 주세요. 아빠와 함께 둘만이 유치원 생활에 대해 이것저것 이야기하기, 책읽기, 게임하기, 여러 가지 운동을 하는 것 등 이런 것들은 저를 아주 행복하게 해줄 뿐 아니라 저를 잘 자라도록 한답니다. 무엇이 잘 자라느냐구요? 네! 제 몸과 정서, 언어, 사회성, 인지발달과 도덕성, 친사회적 행동이 아빠와 함께 많이 놀 수 있을 때 더 많이 발달한다는 거예요.

저의 어린 시절이 지나가고 제가 조금 더 크면 아빠와 함께 하는 것보다 친구들이나 다른 사람들과 어울리는 것을 더 좋아하게 될거예요. 지금 이 시기에 아빠와 함께 하는 시간이 필요해요. 그리고 제가 할 일을 스스로 하는 일, 제 문제를 스스로 해결하는 일, 가정 안에서 안정감을 갖고 가정 밖의 다른 사람들과 좋은 관계를 맺는 일 등은 아빠와 함께 할 때 더 잘 배울 수 있다고 합니다. 아빠의 관심이 저에게만 집중되도록 시간을 좀 내 주세요.

14. 부성 실조가 되지 않게 해주세요

엄마, 아빠!

제가 유치원에서 집으로 돌아왔을 때 아무도 계시지 않는다면 마음이 허전하고 불안해진다는 것을 잘 아시지요? 엄마, 아빠는 튼튼한 울타리며 커다란 성벽처럼 저를 지켜 주시니까요. 그런데 아빠께서는 회사일로 너무 바쁘셔서 제가 만날 시간이 없을 때가 많아요. 그러면 저에게 '부성 실조' 현상이 일어나게 된답니다.

부성 실조(Father loss, Father deprivation, Lake of father)란 제가 성장하는 발달과정에서 아빠로부터 받아야 할 적당한 양육과 지도의 결핍 또는 부적절성에 의해 초래되는 지적 · 사회적 · 정서적 행동상의 발달과 성격형성상의 왜곡 및 장애의 현상을 말한답니다. 부성 실조는 부친 부재, 즉 사망, 이혼, 가정 파탄으로 인한 별거뿐만 아니라 장 · 단기간 해외 출장, 유학, 입원 등을 통한 일정 기간 부재에서도 일어나며 또는 가정에서 함께 기거하지만 아빠의 얼굴을 잘 볼 수 없을 때에도 부성 실조 현상이 일어나게 된답니다. 저는 지금 이 시기에 아빠와 함께 하는 시간이 필요하답니다. 조금 더 자라면 아빠와의 시간을 많이 필요로 하지 않을 거예요. 지금이 중요해요. 그러니까 조금만 더 시간을 내 주세요.

15. 긍정적 자아 개념을 갖도록 도와주세요

엄마, 아빠!

제가 어떤 면에서 실제로 능력이 있는데도 불구하고 제 자신에 대해서 나쁘게 속단을 내리지 않도록 도와주세요. 즉, 어떤 활동이나 주어진 문제에 대해서는 상당한 자신을 갖고 있어서 제가 잘한 그 활동을 대수롭지 않게 생각할 수 있을테니까요. 제가 어떤 활동을 잘 할 수 있다는 것을 제 스스로 느낄 수 있는 것은 아주 중요하답니다. 그런가하면 제 자신에 대해 지나치게 허황된 자신감을 갖고 실제 능력보다 더 높게 생각하는 것은 좋지 않답니다. 왜냐하면 이런 생각은 어떤 상황이나 문제에 부딪쳤을 때 대충 훑어보거나 건성으로 처리하게 되는 실수를 하게 되니 말입니다. 또한 어떤 문제에 부딪쳐 나가기 전에 제가 주저하거나 실망을 보일 때 자신감 때문이라고 단정하거나 제가 그것을 해결하지 못할거라고 속단하여 "자신이 없니?", "못하겠니?", "못할거야"라고 말하지 마세요. 주저하거나 실망을 보이는 행동은 제가 부딪친 문제와 관련된 어려움을 실제적으로 이해해 가고 있는 과정이랍니다. 그러니 저를 대신해서 문제를 다 해결해 주고 문제를 처리해 주면 저는 현실적인 자아 개념을 가질 수 없는 아이가 되어 버린답니다. 제가 "못하겠어요"라고 할 때는 제 자신이 이해했는가를 끊임없이 검토하기 때문에 사실상 능력이 있는 아이인 것입니다. 그러므로 덤비지 않고 차근차근 해결해 나가도록 도와주세요. 주저하거나 자신이 없어할 때는 "잘 못할 것이라고 생각하고 있구나. 잘 안 된다고 생각할 수도 있단다. 잘 생각해 보면 ㅇㅇ는 할 수 있단다"라고 말해 주세요. 그리고 잘 했을 때는 "아주 잘 했구나. 훌륭했어"라고 말해 주세요. 그래서 제가 제 자신을 좋게 생각할 수 있도록 도와주세요.

16. 제 모습은 어때요?

제 몸과 마음은 지금 아주 빠른 속도로 자라고 있답니다. 그러므로 활동하기에 편한 옷과 신발, 머리 모습이 무엇보다 중요하답니다. 그런데 제 모습을 잘 살펴보세요. 머리 모양이 유아다운지요? 제 옷은 멋있고 비싼 것보다는 마음대로 움직이며 뒹굴고 놀기에 편하고 화장실에 가서도 혼자서 벗고 입기에 편한 것인지 좀 신경 써 주세요. 요즘같이 추웠다 더웠다 하는 날씨에는 짧은 팔 옷 위에 잠바를 덧입혀 주시면 더울 때는 한 가지를 벗을 수 있잖아요! 제 신발 좀 보세요. 제가 혼자서 신고 벗을 수 있나요? 혼자서 신고 벗을 수 있는 가벼운 것으로 사 주세요. 신발이 너무 무겁고 커서 불편하고 힘이 들어요. 아무리 빨리 자란다 해도 너무 큰 것은 곤란해요. 크고 불편한 옷, 크고 불편한 신발을 신고 다니는 제 모습을 보세요. 민첩하게 움직이며 잘 생각할 수 없군요. 몸을 움직이는 것은 생각을 잘 하게 하는 것과 아주 밀접하게 관련되어 있답니다. 제가 입고 있는 옷과 신발에 얽매여 노예가 되고 있지 않나 살펴봐 주세요. 엄마, 아빠의 취향에 따라 저를 이상한 모습으로 만들어 놓지 마세요.

17. 과잉 보호는 싫어요

엄마, 아빠!

엄마, 아빠께서는 방심하거나 부주의하여 제가 위험한 상황에 처하게 되는 것을 원치 않으시지요. 저는 몸과 마음이 흠 없이 자라야 하니까요. 그러나 저는 지나치게 과잉 보호하면서 제한하는 것을 원치 않아요. 우리가 사는 이 세상에 한 가지 엄연한 사실이 있다면 그것은 아이들은 다치기 쉽고, 병나기 쉽고, 죽음에도 약하다는 것입니다. 그러므로 위험에 대한 경계심은 분명히 필요합니다. 전원 콘센트에 젓가락이나 포크를 넣는 장난은 하지 말며, 세발 자전거를 타고 찻길에 나가지 말아야 하는 것에 관하여 주의를 주셔야 합니다. 그러나 때때로 엄마께서는 저를 유리 상자에 가두어 둔 채 제가 필연적으로 겪게 되는 충돌이나 타박상으로부터 '안전하게' 보호할 수 있는 영역 안에 가두어 두려고 하세요. 이것이 과잉 보호입니다. 제가 과잉 보호 속에 있다는 것은 축구 선수와 같은 운동 선수를 훈련은 시키지 않고 호텔에 눕혀 놓고 맛있는 음식만을 먹이는 것과 같습니다. 잠재적인 작은 위험으로부터 대처해 본 경험이 없으므로 실제로 피해야 하는 위험한 상황을 자초하는 결과를 가져오게 되지요. 제 속에는 제 자신이 자라지 못하고, 제 자신이 누구인지 배울 수 없으며, 엄마, 아빠의 생각만 가득차 있어서 제 자신의 일을 하나도 해내지 못하며, 제 자신이 할 수 있는 일을 결코 배우지 못하여 또래 안에서나 사람들 속에서는 욕구 불만으로 가득차 공공연히 반항하거나 제가 할 일을 거부하게 되는 바람직하지 못한 행동을 하게 되지요. 그러므로 일정한 한계선 내에서는 제가 자유로이 활동할 수 있는 분위기와 활동을 조성해 주세요. 제가 감당할 수 있는 만큼 많은 자유를 허용해 주세요. 제 나이에 맞는 합리적인 한계선을 분명히 알려 주세요. 그리고 실패했을 때는 위로와 용기를 주시고 곤경에 처했을 때도 위험한 상황이 아니면 너무 많이 도와주지 마세요.

엄마, 아빠! 저는 아직 어려서 엄마, 아빠의 보호가 분명히 필요하답니다. 그러나 그 보호가 지나쳐서 과잉 보호가 되지 않도록 해주세요.

18. 남과 다른 아이로 자라게 해주세요

엄마, 아빠!

제가 나이에 비해 말과 행동이 성숙하고, 읽고 쓰고 셈하는 것을 잘 해내고 있으니 영재나 천재가 아닐까 하고 생각하시는군요. 제가 머리를 써서 하는 활동을 잘 해낸다고 생각되실 때 제 운동 기능이 제대로 발달하고 있는지, 친구 관계는 어떤지, 제 감정 상태는 어떠한지 세심히 살펴봐 주세요. 지능이 높아 머리가 좋은 것은 '전체의 나' 중 한 부분에 지나지 않기 때문에 이것만 가지고서는 제가 행복한 사람이 될 수 없답니다. 제 자신의 몸, 감정, 도덕성, 종교심, 사회성과 아울러 모든 것이 조화있게 발달되어야 제대로 된 한 인격체로 성장하게 된답니다. 그런데 요즘 제 마음 상태는 뒤죽박죽 아주 엉망이에요. 엄마는 제 머리가 좋아지는 것 그리고 기능적인 훈련에만 온통 신경을 쓰시며 남보다 뛰어난 아이, 남보다 우수한 아이로 만들기에 전력을 다하시는군요. 그러다 보니 제 정서 상태는 말이 아니예요. 조금만 무엇이 마음대로 안 되도 울고 우물쭈물하고 싸우며 공격적인 행동을 하므로 바람직해 보이지 않는 행동만 하게 된답니다.

엄마, 아빠! 제가 남보다 뛰어난 아이가 되기보다는 남다른 아이로 자랄 수 있도록 해주세요. 그러려면 저를 친구들이나 형제들 사이에서 능력별로 비교하지 마시고 제 개성과 성향, 특성, 기질을 고려해 주세요. 저는 남다르게 태어났다는 것을 좀 기억해 주세요. 형제들을 능력별로 비교하시면 둘 다 망친다는 것을 아시지요? 무엇인가 잘 한다고 생각하는 아이는 자만심을 키워 주고, 잘 못한다고 생각하는 아이는 열등감을 심어 줄테니까요. 이 세상에 저는 단 한 사람뿐이에요. 저만 갖고 있는 독특성을 인정해 주세요. 저는 누구도 닮지 않고 저만의 특성이 있는 남다른 아이예요.

19. 집안에서 물놀이를 할 수 있도록 준비해 주세요

엄마, 아빠!

날씨가 더우니 어른들도 짜증이 나시지요? 그러니 제가 짜증을 내며 말을 잘 안 듣는다고 야단치지 말아 주세요. 이 무더운 여름을 즐겁고 시원하게 그리고 제 몸과 마음이 잘 자라도록 도울 수 있는 방법을 한번 생각해 봐 주세요. 조금만 머리를 쓰시면 멋진 놀이를 준비해 주실 수 있답니다. 집안 한 곳에 물놀이 장소를 만들어 주세요. 좁은 집안에 무슨 풀장을 만드냐구요? 마당 한 구석이나 수돗가, 잔디밭 또는 베란다에 수조(물통)나 아기 욕조 같은 것을 놓을 수 있는 공간이면 아주 훌륭한 물놀이 장소가 될 수 있어요. 그런 공간도 없으면 화장실 욕조나 바닥도 미끄러지지 않도록 해주시면 된답니다. 여기에 적당한 크기의 그릇들과 플라스틱이나 고무용품의 씻을 수 있는 것들, 깨지지 않는 찻잔, 병, 깔대기, 구멍 뚫린 깡통, 우유팩, 요구르트병, 아이스크림통, 뜨거나 가라앉는 물건들, 샴푸, 트리오병 등은 아주 좋은 물놀이 도구가 된답니다. 이때 수영복 차림으로 놀 수 있으면 옷을 버릴 염려가 없어서 더 좋아요.

물은 우리 마음을 안정시켜 아주 즐겁게 해주지요. 물의 다양성은 지적 호기심을 일깨워 주고 쉬운 실험 자료가 되어 기초 과학의 개념으로 이끌어 주며, 성공감과 만족감을 갖게 하고 주의 산만한 마음을 안정시켜 주의 집중력을 길러 준답니다.

이렇게 멋진 물놀이는 제 몸과 마음을 잘 자라도록 도와줄 수 있어요. 특별히 제가 공격적이고 충동적이며 주의 산만하고 또한 외롭고 미숙하며 실패감과 실망감을 자주 갖는다면 물을 뿌리거나 쏟거나 뒤엎거나 휘저으면서 마음 속의 나쁜 감정을 발산하는 안전판으로 물을 사용하게 됩니다. 물은 마음을 가라 앉히고 진정시켜 안도감을 갖도록 하기 때문이에요. 또한 제가 친구들과 잘 어울리지 못할 때는 물놀이를 하면서 제 자신을 주변 환경과 조정하는 능력을 갖도록 도와준대요. 그러니 물놀이는 얼마나 멋진 놀이예요?

엄마, 아빠! 제가 마음껏 물놀이를 할 수 있도록 우리집 한쪽에 물놀이 공간과 자료를 준비해 주시지 않겠어요?

20. 여름방학은 좋은 경험이 되게 해주세요

이제 여름방학이 시작되면 하루종일 집안에서 생활하면서 엄마, 아빠를 짜증나게 할 일을 많이 하게 되겠지요. 집안 가득히 놀잇감을 어질러 놓고 소리 지르며 온통 수라장이 될테니까요. 이럴 때는 그냥 야단만 치지 마시고 한 가지씩 차근차근 제가 해야 할 일을 구체적으로 지적하여 일러주세요. 동화책읽기, 집안에서의 물놀이, 놀이활동 등 하루 일과를 저와 함께 계획해 주세요. 그리고 산이나 바다로 여행을 할 경우 계획을 세우는 일에 저도 함께 참여할 수 있게 해주세요. 그래야 제가 가족의 일원으로서 가족을 위해 할 수 있는 일을 생각할 수 있게 된답니다. 바다로 갈 계획이 다 되어 있다면 "우리 가족이 바다로 피서를 가려고 하는데 어디가 좋을까? 거기에 필요한 것은 무엇무엇일까? 네가 가서 할 수 있는 일은 무엇이 있을까?" 등등에 관하여 이야기해 주시고 여행 중에도 모든 일정 동안에 비록 어리지만 제 생각을 물어봐 주세요. 제 생각이 엄마, 아빠 마음에 좀 안 들지라도 웃어 버리거나 묵살하지 마시고 "ㅇㅇ는 그렇게 생각하니? 또 다른 생각은 없을까?…"라고 말해 주세요. 마음 속으로만 저를 배려해 주시는 것이 아니라 구체적인 계획, 활동에 저를 참여시켜 주세요. 그리고 그 후의 느낌에 대하여 그림이나 말로 표현해 보게 해주세요. 그리하여 다양한 경험활동이 되게 해주세요. 그렇게 해주실 때 제 자신이 가족의 구성원으로서 소중함을 알고 제 생각은 보다 조직적으로 자라게 될 것이며, 나아가 이번 방학은 아주 멋지고 행복한 여름이 될거예요.

부록 03 | 엄마, 아빠! 내 말 좀 들어 주세요

- 2학기 가정통신문

1. 유치원 생활이 다시 시작되었어요
2. 창의적인 어린이로 자라게 해주세요
3. 준수하게 자라고 싶어요
4. 우리는 외모에 대해 신경 써요
5. 가족의 뿌리를 알게 해주세요(추석 주간)
6. 죽음에 관한 이야기도 해요
7. 특기교육이 '잘못된 교육' 이 될 수 있어요
8. 여러 가지 학습지가 문제가 되기도 해요
9. 저도 스트레스를 받고 있어요
10. 실수나 실패할 기회를 주세요
11. 이런 행동들은 제 정서적 문제의 신호예요
12. 엄마, 아빠 '눈맞춤' 을 많이 해주세요
13. '~하지 말기' 규칙보다 '~하기' 규칙을 가르쳐 주세요
14. 용돈을 주시겠어요?
15. 제 이야기를 잘 들어 주세요
16. 지구를 살려 주세요
17. 주고 나누는 것을 가르쳐 주세요
18. 이웃을 생각하게 해주세요
19. 겨울철 놀이에 관심을 가져 주세요
20. 잘 마무리하고 준비하도록 도와주세요

1. 유치원 생활이 다시 시작되었어요

엄마, 아빠!

여름방학이 끝나고 유치원 생활이 다시 시작되었어요. 저희는 몸과 마음이 더욱 많이 자라게 되었지요. 유치원 시기의 여름방학 전과 여름방학 후의 저의 성장발달은 많은 차이를 보여 준답니다. 성장발달이 아주 급격하게 진행되고 있지요. 그러므로 언제나 저를 아기처럼 취급하지 마시고 제 자신의 신체, 정서, 언어, 인지, 사회성 발달 측면을 자세히 살펴봐 주시면서 선생님과 제 발달 상태에 대해 의논해 주세요. 제가 유치원 생활에서 배우고 익혀야 하는 건강생활, 언어생활, 표현생활, 사회생활, 탐구생활에 대하여 선생님께 여쭈어 보세요. 제가 어느 정도 잘 해내고 있는지, 어떻게 하면 더 잘 자라도록 도와주실 수 있는지에 관해 원장 선생님, 우리 선생님과 꼭 상의해 주세요. 그리고 특별히 제 생활에서 보여지는 기본생활습관 형성에 대하여 세심하게 관심을 갖고 지도해 주세요. '세 살 버릇 여든까지…, 3세의 고비, 3세의 위기' 등 이런 말들은 유아기가 너무 중요하기 때문에 나온 말들이에요. 유아기가 지나버리면 제가 잘 자라도록 도울 수 있는 시기를 놓쳐 버리기 때문이랍니다. 유치원 시기의 중요성을 잘 파악하셔서 제가 올바르게 성장해 갈 수 있도록 도와주세요. 지금 제가 이런 것들을 잘 배워서 제 몸에 익숙해 있지 않으면 앞으로 21세기에 세계 여러 나라 사람들과 어깨를 겨루며 살아가는 데 지장이 있을거에요. 이번 학기에도 제 몸과 마음, 제 자세와 행동이 반듯하게 자라도록 유치원 원장 선생님, 우리 선생님과 긴밀한 유대관계를 갖고 상의해 주세요.

2. 창의적인 어린이로 자라게 해주세요

엄마, 아빠!

유아기에 있는 제 세계는 새롭고 놀라우며 호기심으로 가득차 있답니다. 그래서 끊임없이 질문하면서 주변 세계를 탐색해 나가지요.

이러한 제 일상 생활에서 보편적으로 평범한 것보다는 특이하며 남다른 생각을 하고 남다른 특성을 보이며 독창적으로 사고하고 독창적으로 행동할 때 창의적인 사람이라고 말한답니다. 그런 사람은 융통성이 있고 유머가 있으며 경직된 한 가지 생각이나 사고보다는 확산적인 사고를 하게 됩니다. 또한 실험 정신과 모험성이 강하고 어떤 문제에 대하여 민감하게 반응하며 상상력, 자발성이 뛰어나지만 때로는 엉뚱하기도 해서 괴짜처럼 보이기도 한답니다. 이런 창의성은 어떤 특수한 아이에게만 있는 것이 아니라 누구에게나 공통적으로 있지만 주위에 계시는 어른들에 의해서 달라지게 된답니다. 제가 호기심을 갖고 질문하며 어떤 일에 몰두하고 있을 때 무시하거나 방해하지 말아 주세요. 엄마, 아빠의 눈에는 보잘것없고 유치해 보여도 제 생각과 아이디어를 북돋아 인정해 주시고 사고의 가치를 제 마음 속에 심어 주세요. "그래, 참 좋은 생각이구나" 또는 "참, 재미있는 생각을 했구나. 네 머리 속에는 멋진 생각, 재미있는 생각으로 가득차 있구나"라고 말씀해 주세요. 그리고 제게 무엇인가를 물어 보실 때에는 "예"나 "아니오"라는 대답만 할 수 있는 질문을 하지 마시고 다양한 생각으로 표현할 수 있도록 물어 봐 주세요. 예를 들어 "이 사과 맛있니, 맛없니?" 또는 "이 꽃이 예쁘니, 안 예쁘니?"라고 물으시면 그 대답은 뒤가 꽉 막혀서 더이상 다른 말을 생각할 필요도 없이 하나의 대답만 나올 수 밖에 없어요. 그러나 "이 사과 맛이 어떠니?", "이 꽃을 보니 기분이 어떠니?", "네 생각은 어때?", "그것을 어떻게 했으면 좋겠니?", "그것으로 무엇을 할 수 있겠니?", "이렇게 하면 어떻게 될까?", "또 다른 방법은 없을까?"라고 그때그때 형편과 상황에 따라 다양한 방법으로 물어 봐 주세요. 그러면 판에 박힌 생각이 아닌 하나 이상의 다양한 생각을 표현하면서 무한한 가능성과 문제해결을 할 수 있는 사고의 과정을 갖게 되며 창의적인 사고력은 힘차게 뻗어나게 될거예요. 또한 창의력은 공포나 불안, 속상함 속에서 보다 편안함, 안정감을 가질 수 있는 분위기나 수용적인 분위기 속에서 더 잘 개발된다는 것을 잊지 말아 주세요.

3. 준수하게 자라고 싶어요

엄마, 아빠!

제가 만 3세가 되기 전에는 자유롭게 키운다는 명목으로 제멋대로 자라도록 내버려 두셨지요? 그래서 집안에서나 유치원에서 규칙이나 질서, 예절에 대한 제 태도는 엉망진창이에요. 그러니 저의 행동이 엄마, 아빠, 선생님 마음에 들지 않는 것은 당연하지요. 음식을 먹는 일, 화장실을 사용하는 일, 제 놀잇감이나 소지품을 정돈하는 일, 인사를 하는 일, 제 생각을 표현하는 일 등 모든 제 행동이 준수하지 못해 속상하실 거예요.

이러한 것들은 제가 평생 동안 살아갈 하나의 삶의 유형을 만들고 있는 것이랍니다. 그러므로 제가 4살이 되기 전에 이런 일들에 대하여 좀 차근차근하고 침착하게 그리고 자세하게 다정하면서 엄격하게 훈련시켜 주시고 4살이 되면 제 의사를 존중하여 제 스스로 해나갈 수 있도록 도와주세요. 물론 제가 3살 때에는 엄마, 아빠께서 훈련시키는 대로 하지 못하고 떼를 쓰며 제 마음대로 하려고 할 겁니다. 그럴 때에는 단호하게 "~은 이렇게 하도록 해라", "ㅇㅇ야, 네가 이렇게 이렇게 할 때 엄마, 아빠는 기쁘단다"라고 구체적으로 제가 해야 할 행동을 일러 주세요. 제가 해야 할 행동을 구체적으로 일러 주시지 않고 야단만 치시면 저는 무엇을 어떻게 해야 할지 모르기 때문에 혼란스러워 엄마, 아빠 마음에 들지 않는 행동만을 하게 될 거예요.

'엄한 것'과 '자유로운 것'의 구별이 뒤바뀌지 않게 해주세요.

그래서 엄마, 아빠의 간섭, 명령, 지시는 유치원 시기 이전에 끝나서 유치원 큰 반 언니, 오빠가 되면 자유로움 속에서 창의적인 생각을 마음껏 펼치며 반듯한 행동, 예절 바른 행동을 할 때 저는 아주 준수하게 자라게 된답니다. 아직 제 몸과 마음이 준수하게 자라고 있지 못하다고 생각되시면 지금부터라도 자세히 하나씩 하나씩 가르쳐 주세요. 저는 몸과 마음이 준수하게 자라고 싶답니다.

4. 우리는 외모에 대해 신경 써요

엄마, 아빠!

제가 외모에 대해 신경 쓰는 것에 대해 걱정하시는군요. 어린 것이 공연히 쓸데없는 일에 신경 쓰는 것은 바람직하지 않다고 생각하실테죠.

지금 제 또래 아이들은 키가 크고 힘이 센, 키가 작고 왜소한, 허약하거나 뚱뚱한 또는 예쁘고 미운 것 등 외모에 대해 아주 관심이 많답니다. 제 외모나 다른 친구들의 외모에 대해 관심을 갖게 되는 것은 긍정적인 '자기 표현' 의 방법이라고 합니다. 외모에 관심을 가짐으로써 제 스스로 제 자신에 대한 자아상을 갖고 자아 개념을 형성하는 데 중요한 의미를 지니게 된답니다. 그러므로 거울이나 사진에 비친 제 모습 그리고 친구들이나 어른들이 말하는 저에 대한 평가는 제 자신에 대한 자아상을 형성하는 데 아주 중요한 역할을 하게 되지요. 예를 들어 "ㅇㅇ는 키가 작은 꼬마야, ㅇㅇ는 뚱보야, ㅇㅇ는 참 예쁘게 생겼구나" 등등 무심코 던진 주변 사람들의 말에 제 자신은 상처를 받기도 하고 우쭐대기도 한답니다.

특별히 제 외모나 신체가 균형있게 잘 자라고 있지 않다고 생각되시면 친구들이나 어른들이 무책임하게 말하지 않도록 도와주세요. 그리고 이 세상의 모든 사람들은 서로 외모가 다르게 생겼고 생각도 다르고 사는 방법도 다르므로 그 다른 점을 인정해 주고 존중해 주어야 함을 가르쳐 주세요.

예를 들어 "엄마 나는 왜 이렇게 뚱뚱하게 생겼어요?" 또는 "나는 왜 키가 작아요?"라고 제가 말할 때는 "사람들은 얼굴이 모두 다르게 생긴 것처럼 생각하는 것이나 좋아하는 것, 싫어하는 것도 모두 다르단다. 키가 큰 사람이 있는가 하면 작은 사람도 있고, 뚱뚱한 사람이 있는가 하면 날씬한 사람도 있단다. 네가 뚱뚱하든 키가 작든 엄마, 아빠는 이 세상에서 너를 제일 사랑한단다"라고 말씀해 주세요. 그리고 제가 예쁘고 잘 생겼다면 뽐내며 다른 친구들을 무시하는 말과 행동을 하지 않도록 도와주세요. 사람은 겉으로 보이는 외모로만 판단하는 것이 아니라 어떻게 생각하고 어떻게 행동하느냐 하는 것이 더 중요하다는 것을 어려서부터 알도록 가르쳐 주세요. 제가 외모에 대해 이야기할 때 우리는 서로 다르게 태어났으므로 모두 소중한 사람이라는 것을 가르쳐 주실 수 있는 좋은 기회라는 것을 기억해 주세요.

5. 가족의 뿌리를 알게 해주세요(추석 주간)

엄마, 아빠!

즐거운 추석이 가까왔어요. 맛있는 음식을 만들며 할아버지, 할머니를 찾아뵙고 친척들이 함께 모여 조부모님, 증조부님 등 조상들의 산소에 성묘를 가는 일은 정말 즐거운 일이지요. 저는 조상에 대해 알고 싶어요.

명절에 가족들이 모일 때나 산소에 성묘를 갈 때 저에게 조상들의 이야기를 들려 주셔야 해요. "ㅇㅇ야, 지금 여기에 묻히신 분은 너희들의 증조부(모)님이시란다. 아빠의 할아버지이시고 할아버지의 아버지이시란다"라고 말이에요. 그리고 살아 생전 하시던 일, 강조하시던 말씀 등 돌아가신 조상에 관한 이야기를 들려 주시어 우리 가족의 뿌리에 대해 알게 해주세요. 엄마, 아빠! 할아버지, 할머니께서 평소에 하시고 싶은 말씀들을 녹음(또는 녹화)해 두셨다가 가족들이 모이는 명절날이나 추도일 때 들려 주세요. "지금 이 말씀은 ㅇ대 할아버지 말씀이시다. 이것이 네 할아버지의 어린 시절 이야기니라. 너희들이 세상을 살아갈 때에 이것만은 꼭 지키며 살아가도록 하여라" 등등 서두에 이런 말들을 붙여서 말씀해 주시면 저는 할아버지, 할머니, 아빠, 엄마 등 조상들에 대한 자부심과 연대감 등 뿌리에 대한 의식이 자라게 된답니다. 오늘날 사회가 너무나 개인, 가족 이기주의와 부패, 도덕성 불감증, 사회악의 극치에 달하여 사람들이 본래 가졌던 아름다운 품성과 인간성을 잃어가고 있는 것은 가족을 통하여 이룩해야 할 것들을 경시하며 잃어가고 있기 때문이라고 합니다.

엄마, 아빠! 뿌리 없는 나무는 제 구실을 못하듯이 제 자신이 할아버지, 할머니, 아빠, 엄마 그리고 그 밖의 친척들과 좋은 연대감을 갖지 못하면 뿌리 없는 나무와 같은 사람으로 자라게 될 것입니다. 할아버지, 할머니, 삼촌, 고모, 엄마, 아빠를 주시고 또한 많은 친척과 사촌들이 있게 해주셔서 감사합니다. 그리고 조상님들을 통하여 오늘 제가 있게 해주셨으니 뿌리 깊은 나무와 같이 가정 속에서 하늘 향해 쭉쭉 뻗어나는 나무처럼 자라게 해주세요.

6. 죽음에 관한 이야기도 해요

엄마, 아빠!

저와 같이 어린 유아들이 죽음에 관해 무엇을 생각하며, 무엇을 알겠는가라고 말씀하시겠지요?

3세가 지나면 죽음에 관한 질문을 하게 되지요.

예를 들면 "병아리는 왜 죽었어? 엄마, 아빠도 죽어? 엄마, 아빠 죽는 것은 싫어"라고 말하며 애완 동물이 죽었을 때, 추석 성묘 다녀온 후 또는 주위에서 죽은 사람이 있을 때 제가 말하는 것을 보시곤 무척 놀라워하시는 군요. 특히 유아기에는 분리 불안이 강하게 작용하는 때라고 합니다. 죽음은 사람들, 특히 어린이들에게는 충격적인 일일 수가 있으며 사랑하는 가족이나 애완 동물일 때에는 그 충격이 더 클 수가 있지요. 사랑하는 엄마, 아빠가 돌아가실까봐 두렵단 말이에요. 그래서 사람들은 "외국에 가셨단다. 돌아가셨단다. 세상을 떠나셨다"라고 표현함으로써 조금이라도 죽음을 부정하며 위로받고자 한다고 합니다. 사람은 때때로 죽게 되지만 엄마, 아빠는 저의 튼튼한 성벽과 같은 보호자로서 또는 사랑하는 자로서 제 곁에 항상 계실 수 있다는 믿음을 가질 수 있도록 말씀해 주세요.

책임있는 가정의 부모로서 제가 생명이나 죽음과 같은 기본적인 삶의 실제 사건들을 잘 알 수 있도록 도와주셔야 합니다. 제게 죽음에 관해 말씀하실 때는 제가 이해할 수 있는 말들을 사용해서 설명해 주세요. "할머니께서는 하늘 나라에 가셨단다. 하늘 나라에 우리가 갈 때까지 다시는 할머니를 볼 수 없단다. 보고 싶어도 참아야 한단다"라고 분명히 말해 주세요. 제가 충격을 받을까 봐 거짓말로 "ㅇㅇ는 지금 미국에 가셨단다. 네가 크면 오실거야"라고 얼버무려 말하지 마세요. 사실대로 말씀해 주셔서 그 현실을 받아들이도록 도와주세요. 그러나 저는 위로가 필요해요. 저를 꼭 껴안아 주시면서 "엄마는 지금 이렇게 네 옆에 있고 또한 네가 어른이 될 때까지 네 옆에 있을거야. 걱정말아라"라고 말씀해 주세요. 애완 동물이 죽었을 때도 같은 느낌을 갖게 됩니다. 이런 일로 제가 슬퍼하거나 화를 내는 일이 있어도 그냥 내버려 두세요.

슬픔을 마음껏 발산할 수 있도록 제 느낌이나 감정을 말로 표현하여 함께 이야기할 수 있도록 도와주세요. 그리고 때때로 "죽은 이 병아리도 하늘 나라에 가나요?" 라고 물을 때는 "나는 귀여운 그것이 하늘 나라에 갈지 안 갈지는 잘 모른단다. 그러나 지옥처럼 무시무시한 곳에는 가지 않을거야" 라고 말해 주세요.

유아기에도 세상의 이치나 진리에 대하여 느끼며 생각하고 배워 나가게 되므로 제가 이해할 수 있는 범위 내에서 바르게 인식하도록 도와주세요.

7. 특기교육이 '잘못된 교육'이 될 수 있어요

엄마, 아빠!

제가 유치원에 머물러 있는 시간 외에 이것저것 배워야 할 것이 참으로 많군요. 제가 이런 여러 특기활동에 재능이 있는지 한번 고려해 주세요. 다른 아이들이 다 배우니 저 혼자 뒤처지지나 않을까 하여 걱정이 되시지요? 엄마, 아빠께서는 몹시 혼란스러워하시는군요. 그러나 지금 이 유아기에 무엇이 중요한지 또는 지금 제가 여러 학원에 등록하여 배우는 것들이 제 특성이나 기질, 성격 형성 등 여러 발달에 도움이 되는 것인지 아니면 해가 되고 있는지 한번 더 신경을 써서 생각해 주세요. 제가 특기교육을 받는 것에 대한 엄마의 뚜렷한 목적 의식이 무엇인지 곰곰이 생각해 보세요. 이런 활동들이 현재와 앞으로의 제 인생과 정서를 풍부하게 해주는 것 같지 않습니다. 지금 우리 주변에 있는 여러 학원들 그리고 가정으로 배달되어 개별 또는 소그룹으로 하는 활동들이 잘못 선택되었을 때 제게 해가 되고 있다는 것을 아시나요? 어떤 한 부분의 기능이 습득될지는 모르지만 얻는 것보다 창의성이 저해되고 잃는 것도 더 많다는 것을 기억해 주세요.

제게 특기교육을 시키려거든 좀 더 많은 생각과 정보를 갖고 신중한 검토를 한 다음 그 활동과 교육이 제게 꼭 필요한지 결정해 주세요. 너무나 많은 여러 유해한 활동들에 현혹되지 않기 위해 예민한 통찰력이 필요하실 겁니다. 엄마, 아빠의 뚜렷한 교육관을 갖기 위해 유치원 원장 선생님, 우리 선생님과 상의해 주세요. 이런 활동들로 인해 저는 쫓기는 아이가 되고 그 결과는 잘못된 교육이 될 테니까요.

8. 여러 가지 학습지가 문제가 되기도 해요

엄마, 아빠!

요즈음 제 또래의 아이들이 여러 가지 학습지를 많이 하고 있으니 저도 그것을 해야 한다고 생각하시며 조바심을 많이 하시는군요. "영재교육, 재능발달, 지능계발" 이라는 이름 아래 너무나 많은 학습지들이 있는데 이런 것들이 제게 기쁨을 주거나 발달을 도와주는 것은 아니예요. 어떤 것들은 되풀이되는 막연한 암기식의 셈하기와 창의성을 저해하는 내용들로 인해 제 발달에 큰 방해가 되기도 한답니다. 돈을 들여서 저를 망치게 할 필요는 없지 않아요? 문제는 여러 가지 내용들이 제 발달단계에 맞지 않으며, 앞으로의 학교교육과 연계가 되어 제 학교생활에 도움을 줄 수 있는 것이 아닌 것도 많다는 것입니다. 제게 학습지를 꼭 시키고 싶으면 그 학습지 내용이 제 발달단계에 적합한지 유치원 선생님이나 원장 선생님과 상의해 주세요. 그리고 제가 학습지를 해야 한다면 반드시 엄마나 아빠와 함께 즐겁게 이야기를 나누며 할 수 있게 해주세요. 중요한 것은 여러 가지 학습지의 문제를 얼마나 잘 풀어나가느냐 하는 것이 아니라 공부를 하는 자세가 더욱 중요시되어져야 하며, 더욱더 중요한 것은 공부에 대한 즐거운 마음을 갖는 것입니다. 공부는 앞으로 제가 평생 동안 해나가야 할 것인데 처음부터 공부에 대한 압박감, 부담감, 저항감으로 질리게 해버리면 저는 큰일이랍니다. 제 주변에 읽고 쓰고 셈하기 등과 관련된 학습지가 너무 많아서 엄마, 아빠께서 어떤 것이 제게 꼭 필요한 것인지 잘 몰라서 혼란스러워하시는군요. 제가 지금 하고 있는 모든 학습지와 관련된 것들을 모두 가지고 유치원으로 가세요. 그래서 그것이 저한테 도움을 주고 있는지 또한 앞으로 도움을 줄 수 있을 것인지 그 내용과 색상 등 여러 가지 측면에서 제 발달에 적합한 것인지 상의해 주세요. 왜냐하면 저희는 모든 발달이 서로 다르고 능력도 다르기 때문에 일괄적으로 똑같이 학습지를 실시하는 것은 커다란 함정이 있다는 것을 명심해 주세요.

"공부는 꿀처럼 달다" 고 느낄 수 있도록 하는, 즉 공부에 대한 즐거움이 몸에 배도록 하는 유태인 엄마들을 생각해 보세요. 제가 초등학교 들어가기 전 유아 시기에 꼭 이룩해야 할 것은 학습지가 아니라 상황에 따라 문제를 바르게 해결하고 대처해야 하며, 바르게 인사할 줄 알고, 친구들과 잘 어울려 놀며, 제 물건을 정리할 줄 알고, 또한 누구 앞에서나 제 생각을 똑똑하게 말할 수 있도록 하는 것입니다. 여러 가지 학습지나 특기교육에만 너무 신경을 쓰셔서 제가 반듯한 인격체로서 성장하는 데 필요한 것들은 모두 뒷전으로 밀어 놓아 두시면 유치원이나 학교, 어디에서나 사랑받는 어린이, 자랑스런 어린이로 성장하지 못합니다.

지금 제 생활은 어떤지 한번 점검해 보세요.

9. 저도 스트레스를 받고 있어요

엄마, 아빠!

저와 같이 어린 것이 무슨 스트레스를 받느냐구요? 가만히 생각해 보세요. 제가 아침에 잠자리에서 일어나 밤에 다시 잠자리로 들 때까지 얼마나 저를 쫓고 계시는지 아세요? 스트레스는 어른만 받는 것이 아니예요. 스트레스라고 하면 걱정, 근심, 불안, 공포심을 일으킬 수 있는 부정적인 요인도 있구요. 또한 너무 기분 좋은 일로 인하여 제 마음이 균형을 잃을 때 신체적으로나 정신적으로 조화를 이루려고 하는 과정에서도 일어난다고 합니다. 이러한 감정은 제가 엄마 뱃속에 있을 때부터 엄마의 스트레스 호르몬이 태반을 통하여 전달되었으며, 세상에 태어나는 그 자체도 스트레스예요. 그리고 태어나서도 엄마가 곁에 없을 때, 불규칙한 수유방법, 일관성 없는 양육태도, 시끄러운 소리, 엄마의 엄격한 통제와 끊임없이 재촉하는 엄마의 목소리, 가정 불화, 질병, 엄마의 임신, 동생의 출현, 유치원 생활 적응, 친구관계 그리고 여러 가지 학원 등록 등 이런 것들은 제게 스트레스가 되고 있습니다.

특히 '영재아나 천재아' 로 키울 수 있다고 엄마의 마음을 부추기는 상업적인 프로그램과 자료들에 재촉을 당하는 엄마의 마음이 저를 '특별한 아이' 이기를 바라고 쫓고 계시는군요. 제가 갖고 있는 성향, 기질, 능력은 무시된 채 제게 적합하지 않은 여러 프로그램에 등록시켜 얻는 것보다 심한 스트레스 징후를 보이고 있는데도 엄마, 아빠는 깨닫지도 느끼지도 못하시는군요.

지금과 같은 제 나이 때의 유아들은 정서적으로나 신체적으로나 인지적으로 상처받기 쉬운 때라고 합니다. 그래서 이때 스트레스를 받게 되면 저는 이런 문제에 대처할 능력이나 그것을 파악할 수 있는 능력이 없으므로 매우 비합리적이고 비정상적인 심리적 장애나 행동 장애를 갖게 된답니다.

제 생활에서 새로운 것이 시작될 때는 차근차근히 미리 설명을 해주세요. 예를 들어 이사를 가게 될 때, 동생이 태어날 때, 아빠께서 장기간 출장을 가실 때, 엄마나 아빠께서 입원하시게 될 때 말이에요. 제 마음속에서도 미리 생각하고 준비할 것들이 있답니다. 그래서 스트레스를 받기 전에 문제해결 방법을 엄마, 아빠와 함께 의논하는 것을 배우게 될거예요. 제가 스트레스를 받고 있을 때 가장 필요로 하는 것은 엄마, 아빠의 따뜻하고 안정된 가정 분위기 속에서 제가 사랑받고 있다는 것을 느낄 수 있는 것이랍니다.

10. 실수나 실패할 기회를 주세요

엄마, 아빠!

유치원에서 제가 해야 할 일을 혼자 해내지 못하고 우왕좌왕하며 긴장하고 마음을 졸여할 때를 생각해 보신 적 있으세요? 제가 주어진 해결해야 할 일들을 혼자 스스로 해내지 못하므로 매사에 의욕이 없고 자신감이 없으며 마음만 분주하고 불안해 한다는 것을 모르실거예요.

다른 친구들은 무엇인가 열심히 만들고, 그려 보고, 써 보고, 두드려 보고 또 말로 자기 생각을 잘 표현하지만 저는 잘 못해요. 왜냐구요? 지금까지 집에서 엄마, 아빠 등 어른들이 제 일을 다 해주셔서 제 스스로 한번 시도해 볼 수 있는 경험의 기회가 없었잖아요. 물론 제가 너무 귀여워서 또는 제가 잘못하니까 참고 기다려 주지 못하셨지요. 자고 깨어나서 밥을 먹고, 세수하고, 양치질, 옷 입는 일, 장난감을 정리하는 일 등 모두 엄마가 다 해주시고 저는 혼자 해본 것이 없었지요. 또한 엄마, 아빠가 너무 엄격하셔서 꾸지람을 많이 듣고 자랐기 때문이기도 해요. 그래서 유치원이라는 집단에 와서 부딪치는 여러 가지 문제 상황, 해결해야 할 일이 생길 때면 늘 당황스럽고 긴장되기만 한답니다. 저 혼자 스스로 해볼 수 있는 활동과 시간을 주세요. 실수나 실패를 많이 경험해 볼 수 있을 때 제가 혼자 할 수 있는 능력이 생긴답니다. 실수나 실패를 했을 때 좌절감에 빠지지 않도록 좀 잘못해도 야단을 치지 마시고 인내심을 가지고 참고 기다려 주세요. 그리고 제가 최선을 다했을 때 칭찬하고 격려해 주세요. 첫째가 되는 것보다 최선을 다하는 것이 더 값진 것이라는 것도 알게 해주세요. 오히려 그것을 통해 유익한 것을 배울 수 있는 경험이 된답니다. 실패는 많은 것을 가르쳐 주는 놀라운 능력을 갖고 있으며 제가 갖고 있는 참된 능력을 찾도록 이끌어 주는 길잡이가 될 거예요. 그러므로 제가 실패나 실수할 수 있는 자유를 허락해 주세요. 제 머리로 생각하고, 말로 표현하고, 손과 몸으로 해볼 수 있는 것들 모두가 엄마, 아빠 보시기에는 실수, 실패로 보여도 제 속에서는 다음 번에 자신있게 할 수 있는 능력이 길러지고 있다는 것을 잊지 마세요. 이때 명심하셔야 할 것이 또 있어요. 즉, 어떤 상황에서 실패를 허용할 것인지 지혜롭게 판단하셔야 해요. 제게 신체적으로 위험한 일이 아닌가? 정서적으로 상처를 입지 않는가? 그 경험에서 제가 무엇인가 배울 수 있는가? 지금이 바로 제게 가르칠 수 있는 기회인가를 예민한 통찰력을 갖고 잘 살펴봐 주셔야 한다는 것입니다.

저는 아직 확실히 사고할 수 있는 능력도 없고 손발의 대·소근육 발달이 잘 안 되어 있으며 눈과 손의 협응도 잘 안 되는 시기랍니다.

저는 지금 모든 것이 불완전한 시기예요. 이 점을 잊지 마시고 늘 실수나 실패가 허용되고 수용되는 분위기를 만들어 주세요. 그 다음에 제가 해야 할 것을 차근차근 일러주세요.

11. 이런 행동들은 제 정서적 문제의 신호예요

엄마, 아빠!

제가 손톱을 물어 뜯거나, 코를 실룩거리며, 눈을 굴리거나, 깜빡깜빡하며, 머리를 흔들고, 말을 더듬는 일, 손가락을 빠는 행동을 한다든지 그리고 무의식 중에 신체의 한 부분에 반복되는 행동이 나타난다면 그것은 지금 정서적으로 불안정하여 나타나는 습관화된 행동 반응이에요. 뒤죽박죽되어 있는 제 마음을 신체의 한 부분이 대변해 주어 위로를 받고 있는 중이랍니다. 제가 이런 행동들을 한다면 그것을 극복하기 위하여 엄마, 아빠의 사랑과 인내와 이해가 필요하답니다. 제가 어느 때 이런 행동들을 하는지 한번 잘 살펴봐 주세요. 피곤하거나 또는 어떤 일에 싫증이 났거나 좌절을 당했을 때 가장 자주 일어난다는 사실을 아실거예요. 이런 행동으로 만족을 얻는 것처럼 보이지요? 분명히 처음에는 만족했어요. 그러면 어떻게 하시겠어요? 엄마, 아빠의 잔소리나 꾸지람을 들을수록 그런 행동은 더하고 싶어지니 이런 감정적인 것에 의한 습관적인 행동은 직접적으로 야단을 하시면 그 버릇의 강도를 더해 줄 뿐이랍니다. 마치 허큘리스와 애틀리스의 싸움과 같아서 허큘리스가 그의 적을 땅에 집어 던질 때마다 애틀리스는 더욱 힘이 세어지는 것과 같답니다. 그렇다고 엄마, 아빠가 할 수 있는 일이 아무것도 없다는 것은 아니예요. 우선 그런 행동이 나타나더라도 관심을 보이지 말아 주세요. 잔소리도 하지 말고, 언급조차 하지 말며, 그런 일이 없었다는 듯이 행동해 주세요. 다른 사람들이 무슨 말을 하든 잊어버리세요. 상관하지 마세요. 그러는 가운데 매일매일의 제 생활 속에서 즐거움과 만족을 감소시키는 요소가 없는지, 잠은 충분히 자는지, 몸을 충분히 움직이는지, 자주 지루해 하는지, 엄마, 아빠가 너무 엄격하지는 않는지, 최근에 충격적인 일은 없었는지 그리고 가장 중요한 것은 엄마, 아빠로부터 사랑을 충분히 받고, 이해받고, 수용받고 있다고 느끼고 있는지 살펴봐 주세요. 이런 제 정서적 문제의 목록을 작성해 보세요. 그리고 그 행동이 어느 때 일어나는지 체크해 보세요. 그리하여 무엇인가 부족하다고 생각하시면 그것에 대해 적극적으로 대처해 주세요. 이런 행동은 직접적으로가 아니라 간접적인 방법에 의해 고쳐야 한다는 것을 명심해 주세요. 좀 더 많은 시간을 평안하고 만족스럽고 일관성 있는 태도로 저와 함께 보낼 수 있도록 계획해 주세요. 그리하여 제 마음 속에 제 주변에 잠재해 있는 부정적이고 긴장되고 싫증나는 경험들을 긍정적인 경험이 되도록 바꿔 주세요. 제 흥미에 맞는 동기를 마련해 주세요. 그러면 제 마음은 아주 편안해지며 제 정서는 안정되어서 반복되는 그 이상한 행동들은 사라져 버릴거예요.

12. 엄마, 아빠 '눈맞춤'을 많이 해주세요

엄마, 아빠!

제가 엄마, 아빠만 보면 보채고 매달리고 작은 일에도 쉽게 흥분하고 동생(또는 형, 누나)과 자주 싸우며 걸리적거리고 불안정해 보일 때 참으로 짜증이 나실거예요. 하필이면 제가 이런 행동을 할 땐 엄마, 아빠가 몹시 바쁘실 때이거나 또는 어떤 다른 일들에 몰두해 있거나 쫓기고 계실 때랍니다. 그러니 더욱 귀찮으시겠죠? 그렇지만 가만히 생각해 보세요. 왜 제가 그런 행동으로 엄마를 괴롭히고 있는지 말이에요. 아주 간단합니다. 그럴 땐 엄마, 아빠가 저를 안아 주지도 눈을 맞춰 주지도 않았다는 것을 기억하실거예요. 저는 지구 바깥쪽으로 밀려 나가 있는 것처럼 느끼게 된다는 것을 기억해 주세요. 눈맞춤은 저와 의사소통을 잘 하도록 하며 엄마, 아빠의 사랑을 받고 있다고 느낄 수 있는 수단이 되기 때문이에요. 눈맞춤이란 엄마가 제 눈을 똑바로 쳐다보는 거예요. 엄마, 아빠와 눈맞춤을 많이 할수록 저는 사랑으로 살찌고 제 정서 탱크는 풍만하게 채워지게 된답니다. 저와 이야기할 때 유쾌한 목소리와 사랑스러운 미소로 제 눈을 쳐다봐 주세요. 제가 잘못한 행동을 할 때 지시하거나 야단치실 때만 똑바로 제 눈을 쳐다보시면 좋지 않는 습관을 갖게 된답니다.

제가 유치원에서 선생님과 친구들의 얼굴이나 눈을 똑바로 쳐다보지 못하고 눈을 쳐다보면서 말을 하거나 인사하는 것을 잘 못한다면 엄마, 아빠와의 눈맞춤이 잘 안되었기 때문이에요. 제가 자라면서 사람들과의 접촉을 이런 방법으로 한다면 참으로 많은 불이익을 당하는 사람이 될거예요. 왜냐하면 사람들은 눈을 쳐다보면서 밝은 모습으로 상호작용하지 못하는 사람들을 좋아하지 않기 때문이에요. 그리고 친구관계나 다른 사람과의 애정관계를 발전시키기가 어렵다는 것도 생각해 보세요. 다른 사람들의 사랑을 받는 아이가 되는 것은 기민함, 언어능력, 자발성 등 여러 요인이 있겠지만 가장 일관성 있는 요인은 사람들과의 눈맞추기가 잘 되는 아이랍니다. 눈맞추기가 잘 안되면 정서적으로 심하게 박탈된, 즉 정서 탱크가 비어 버리게 되어 정서적으로 혼란되거나 장애를 갖게 되며 정서적 손상으로 오는 위험을 초래하게 될 것입니다. 눈맞추기와 신체적 접촉을 통해 두려움과 불안은 진정되어 안정감과 자신감을 갖게 되고, 모든 학습과 관련된 활동에서 더욱 활발하게 움직이며 잘 배울 수 있게 된답니다.

엄마, 아빠! 사랑스러운 마음으로 저와 눈맞춤 해주세요! 그리고 안아 주세요!

13. '~하지 말기' 규칙보다 '~하기' 규칙을 가르쳐 주세요

엄마, 아빠!

생후 5년 동안은 제가 세상에서 살아갈 때 필요한 사회적인 행동들을 배우게 됩니다. 그 중에서 중요한 것들, 특히 모든 규칙이나 약속, 규범을 배울 수 있지요. 그런데 "큰 소리로 말하지 말아라. 뛰지 말아라. 동생하고 싸우지 말아라. 편식하지 말아라. 울지 말아라…" 등등 끝없이 재촉하는 '~하지 말기 규칙'이 더 많은 것 같아요. '~하지 말기 규칙'은 어른의 기분에 따라 변화될 수 있는 주관적인 결정인 경우가 많기 때문에 제가 얼마나 잘 지켰는지 그 결과에 대해 평가받기가 어렵답니다. 그러나 '~하기 규칙'은 설명될 수 있고 시범을 보일 수 있으며 또한 그렇게 하면 즉시 보상을 받을 수 있기 때문에 더욱 좋아요. 예를 들어 "고맙습니다. 안녕하세요" 등 공손한 말이나 예쁘게 인사를 했을 때는 칭찬으로 보상을 받을 수 있으니까요. 그러므로 제 행동에서 꼭 배워야 할 것들, 그 조항들을 구체적으로 저에게 잘 이해시킨 후 종이에 작성해서 냉장고 등 식구들이 잘 볼 수 있는 곳에 붙여 주세요(예 : 화장실 사용 후 물 내리기, 밖에서 들어오면 손 씻기, 상대방의 얼굴과 눈을 쳐다보고 인사하기, 현관에서 신발을 나란히 벗어 놓기 등). 이런 행동은 아무때나 가르치려 하지 마시고 적절한 상황이 발생할 때마다 그 기회를 놓치지 마시고 어떻게 행동해야 하고 어떻게 말해야 하는가를 정확하게 설명해 주세요. 예를 들어 "아까 옆집 아주머니께서 오셨는데 인사하는 것을 잊고 있더구나. 그 아주머니가 너를 인사도 못하는 어린이라고 생각할까봐 걱정이다", "아줌마, 안녕하세요"라고 반듯하게 서서 허리를 굽히며 인사를 하도록 하여라"라고 일러주세요. 그리고 시범을 보여 주세요. 또한 제가 어른들이 말씀하시는 데 자꾸 끼어 들면 "어른이 말씀하실 땐 끼어들지 말아라"라고 말씀하지 마시고 "ㅇㅇ야, 가장 훌륭하고 올바르게 이야기 하는 법은 모든 사람이 차례로 말하는거야. 그렇게 해야 우리 모두가 하고 싶은 얘기를 할 기회를 갖게 되고 다른 사람이 하는 얘기도 들을 수 있어. 때로는 어른들도 이 규칙을 잊어버리게 되는 데 그러면 아주 혼란스럽게 돼!" 라고 말해 주세요. 그리고 엄마, 아빠도 내가 말하고 있을 때 내 말을 가로채지 않도록 해주세요. 내가 초등학교 입학하기 전에 이런 것들이 구체적으로 몸에 배도록 가르쳐 주세요. 처음에는 '~하기 규칙' 을 지켰을 때마다 따뜻한 미소나 고개를 끄덕인다든지 칭찬 한 마디면 나는 아주 만족한답니다. 이런 보상을 주는 데 1시간 또는 그이상 뜸을 들이지 마세요. 즉각적인 보상이 얼마나 중요한가를 기억해 주세요. 그런데 여기서 주의하실 점이 하나 있어요. '~하기 규칙' 을 소홀히 했는데도 마치 제가 한 것처럼 해서 보상을 주어서는 안 된다는 것입니다.

엄마, 아빠! 저와 같은 유아들은 '~하기 규칙' 을 배우고 싶어해요. 왜냐하면 그런 규칙들은 예의 바른 어른들의 행동이니까요. 저는 어른과 같은 태도로 행동할 수 있는 것을 좋아하며 다른 사람들에게 좋은 인상을 주는 것도 좋아한답니다.

14. 용돈을 주시겠어요?

엄마, 아빠!

제가 요즈음 돈에 대해 관심이 많아지면서 돈을 달라고 떼를 쓰니 속상하시죠? "돈 사용법을 어떻게 가르칠까? 돈을 얼마나 어느 때 주어야 하는가? 돈을 달라고 할 때마다 주어야 하는가?" 등등 여러 가지로 걱정이 되시겠지요. 대개 초등학교 1학년 정도가 되면 덧셈, 뺄셈을 할 수 있으니 스스로 물건을 살 수 있는 능력이 되어 일주일치 용돈을 주어도 괜찮다고 합니다. 그런데 요즈음은 5~6세가 되어도 돈에 관심을 갖고 사는 물건에 셈을 하기도 합니다. 용돈이란 저희가 쓰거나 혹은 제 선택에 따라서 남에게 줄 수도 있는 일정량의 돈을 의미하지요. 이런 용돈은 제게 독립심과 예산의 기본 원리를 가르쳐 주며 돈의 가치는 돈 자체에 있는 것이 아니라 그것으로 무엇을 할 수 있느냐에 달려 있음을 가르쳐 준답니다.

조잡하고 볼품없는 장난감을 사느라고 돈을 다 써 버리면 꼭 사고 싶은 새 장난감을 살 수 없다는 것을 배우게 됩니다. 그러므로 용돈은 삶의 현장을 직접 경험하도록 해주는 것이지요. 제가 지금까지 일주일에 얼마 정도의 돈을 사용했는지 잘 생각하셔서 꼭 사고 싶은 것이 무엇무엇이며, 그 가격은 얼마이며, 그것을 샀을 때 한 주일에 쓸 수 있는 돈이 얼마나 남게 되는가를 생각해 보도록 하세요. 또한 돈이 모자라거나 없어도 그 다음 주일이 되기 전에 더이상 주지 않는다는 것에 대해 말씀해 주시고 제가 돈 관리를 해볼 수 있도록 하시면 어떨까요? 제가 조를 때마다 돈을 주시는 것은 좋지 않아요. 특히 엄마, 아빠의 기분에 따라 돈을 주시지는 마세요. 먹을 것은 될 수 있는 대로 집에서 만들어 준비해 주시고, 돈이란 일을 해서 번 것이므로 함부로 써 버리지 말아야 한다는 것을 알려 주세요. 또한 제가 해야 할 책임 영역, 즉 잠자리들기, 일어나기, 세수하기, 이닦기, 장난감정리하기, 밥먹기 등에 돈을 줌으로써 훈련시키지 말아 주세요. 그리고 집안일을 도울 때에도 그 보상을 돈을 주는 조건으로 시키지 마세요. 그러면 제가 할 일들은 돈을 얻기 위해 하는 것이지 그 일들이 제 자신이 해야 할 일, 즉 책임이 아니라고 생각하게 될테니까요.

15. 제 이야기를 잘 들어 주세요

엄마, 아빠!

제가 무엇을 하는지, 무엇을 요구하는지 잘 모르시고 제 이야기에 귀를 기울이지 않으시면서 제 질문에 대하여 "그것은 알 필요가 없어. 그거야 당연한 것 아니냐"라고 하시면 저는 세상에서 혼자라고 느끼게 된답니다. 그리고 저는 엄마, 아빠의 생활에 방해가 되는 귀찮은 존재라고 느끼게 되지요. 그러면 제 행동은 이상한 소리를 낸다든지, 남을 웃기려고 한다든지, 음식을 너무 많이 먹는다든지, 손가락 빨기, 주의 산만한 행동, 유치한 행동, 공격적인 행동, 질투심, 타인의 친절 거부 등의 바람직하지 않은 행동들로 나타나게 된답니다. 제가 이야기할 때, 요구하고 부탁할 때, 시끄럽고 보챈다고 돈이나 과자를 주어 내보낸다든지, 무시해 버리는 일을 삼가해 주세요. 제 행동에 대하여 따뜻하고 부드러운 말로 그리고 제 키와 눈높이에 엄마, 아빠의 눈을 맞추어서 말씀해 주세요. 그리고 제 이야기에 귀 기울여 성의껏 말씀해 주세요. 철수와 싸우고 들어와서 "철수하고 안 놀아, 미워!"라고 말할 때 "사이좋게 놀아라, 싸우지 말고, 싸우는 어린이는 나쁜 애야"라고 말하지 마세요. 그러면 저는 더 화가 날거예요. 이럴 때 잘 들어 주시는 말씀은 "철수가 밉다고 생각하고 있구나. 철수 때문에 몹시 화가 나 있는 것 같구나"라고 말해 주세요. 그러면 저는 왜 화가 났는지 이야기하게 될 것이며 그 다음엔 문제해결에 대한 방법도 말하게 될거예요. 이럴 때 명령, 훈계, 설명은 효과가 없어요. 제게 무엇인가 말씀을 많이 들려주시려고 하지 마세요. "음! 그랬니? 그랬구나! 그렇구나. 응…" 등으로 제 눈을 쳐다보며 제 말에 따라 반응을 보여 주시는 것이 잘 들어 주시는 것이랍니다. 그러므로 제 입장이 되셔서 제 이야기를 잘 들어 주시는 것이 더 중요해요. 잘 들어 주시는 데는 지혜와 인내가 필요하답니다.

16. 지구를 살려 주세요

엄마, 아빠!

오늘도 우리가 숨을 쉬며 살아가고 있는 것은 참으로 감사한 일이에요. 이 지구에는 사람들이 점점 더 많아져 가며 공장들을 많이 지어서 잘 살 수 있는 나라로 되어 가는 것은 고마운 일이지요. 그러나 자연은 자꾸만 파괴되어 가고 맑은 공기를 마시며 마음 놓고 물을 마시며 마음 놓고 먹을 수 있는 것들이 없어져 가고 있다고 합니다. 저희는 심각한 공해에 오염되고 찌들어 가고 있는 지구에 살고 있어요. 오늘날 사람들이 편리하게 살게 된 것은 고마워할 일이지만 그 편리함 때문에 우리가 살고 있는 지구가 죽어가고 있다면 큰 일이 일어나고 있는 것이랍니다. 지구를 살리는 일을 사람들은 '자연 보호, 환경 보호' 라고 말을 합니다. 지구는 점점 더워져 가고 있고 에너지는 바닥이 나서 더 나올 것이 없으며 도시, 농촌 가릴 것 없이 비, 눈, 안개 심지어는 영롱한 이슬 속에도 산성비가 기준치를 초과하여 위기 현상에 처해 있지만 우리 사람들은 아무 일도 없는 것처럼 살아가고 있답니다. 이런 일들을 해결하기 위해 국가 차원에서 세계 여러 나라와 함께 해야 할 일이 많지만 우리 가정에서 해야 할 일도 있답니다. 우리 가족부터 작은 것에서부터 실천해 나가도록 도와주세요. 쓰레기 분리 수거, 시장 바구니 사용, 무공해 농산물 사 먹기, 재활용품 이용 그리고 일회용품 사용하지 않기 등을 잘 지키도록 해주세요. 주방에서 세제를 적게 사용하는 방법, 세제 사용하지 않고 다른 것으로 대용하는 방법, 기름기 있는 그릇을 닦는 것과 머리를 감는 데 쓰는 샴푸에 대해서도 한번 잘 생각해 보세요.

엄마, 아빠께서 다 잘 아시고 있는 내용들이지만 실제로 생활에서 실천하지 않으시면 아무 소용이 없답니다. '지구 살리기 표' 를 만들어 하루에 한 가지씩 실천했을 때 스스로 체크해 볼 수 있게 해주세요. 우리 가족은 이제부터 지구 살리기 위한 환경 보호 운동가가 되어 주세요.

화이팅! 우리 가족은 지구 살리기 운동가예요.

17. 주고 나누는 것을 가르쳐 주세요

엄마, 아빠!

저희는 3세가 되면 소유에 대한 애착이 강해진답니다. 그래서 제 것을 나누거나 다른 사람에게 준다는 것은 참으로 어려운 일이에요. 주고 나누는 것은 경험이 필요하므로 가르쳐야만 합니다. 가족들의 생일이나 특별한 날에는 모아 둔 용돈으로 조그만 선물을 사는 경험도 주는 경험, 나누는 경험이 될 수 있어요. 제가 먹을 것을 형제들이나 친구들에게 나누어 줄줄 모르고 혼자만 먹고 있을 때 "네 친구 ㅇㅇ는 지금 먹을 것이 없구나. 나누어 먹으면 좋겠다"라고 일러주세요. 그래도 나누어 주지 않으면 "ㅇㅇ야, 네가 친구집에 갔는데 그 친구가 혼자만 먹고 너한테는 주지 않으면 네 기분이 어떻겠니? 나누어 먹어라"라고 명령하세요. 그래도 나누거나 줄줄을 모르면 엄하고 단호하게 말씀하세요. "나눌 줄도 줄줄도 모르는 아이를 엄마는 좋아하지 않는단다"라구요. 주고 나누는 일은 물질적인 책임을 가르치는 일이랍니다. 전쟁과 질병, 기아선상에서 허덕이는 우리보다 못한 위치에 있는 사람들 그리고 르완다 난민 어린이들과 같은 사람들에게 베풀고 나누어 줄 수 있도록 가르쳐 주세요. 엄마, 아빠께서 조금만 신경을 쓰시면 우리 가족이 줄 수 있는 무언가를 필요로 하는 사람들을 우리 주변 어디에서나 발견할 수 있답니다. 소년 소녀 가장들, 외로운 노인들, 가난하게 사는 장애자들, 버려진 미혼모 아이들이 수용되어 있는 영아원 또는 고아원 등에 물질과 시간을 투자하여 봉사하는 엄마, 아빠의 모습을 저에게 보여 주실 때 인간애, 휴머니즘 같은 것이 제 마음 속에서 싹트게 된답니다. 이런 일을 하는 데 시간과 물질을 투자하도록 가르쳐 주세요. 이런 일을 할 때 생색을 내거나 동정으로 하지 말고 위엄있게 그리고 생명에 대한 존경심을 가지고 이 일을 하도록 도와주세요. 그럼으로써 지구촌에 살고 있는 모든 사람들은 모두 중요하고 모두 행복해야 하며 우리는 서로 도우며 살아야 하는 것과 또 어려움은 누구에게나 닥칠 수 있다는 사실도 배우게 될거예요.

18. 이웃을 생각하게 해주세요

엄마, 아빠!

날씨가 추운 겨울이에요. 올해도 이제 마지막 달이군요.

우리집은 따뜻하고 안락하며 맛있는 먹을 것도 많이 있어서 기분이 참 좋아요. 엄마, 아빠, 언니, 동생 등 사랑하는 가족과 행복한 가정을 주신 데 대해 감사할 줄 알고 어려운 이웃을 생각할 줄 아는 어린이로 자라게 해주세요. 이 지구상에는 먹을 것이 없어서 굶어 죽는 사람, 어려움을 겪는 사람, 생활하는 데 모든 것이 부족한 가운데서 자라나는 저와 같은 어린이들도 있다는 것도 알고 넓은 세상을 향해 마음을 넓게 열 수 있도록 해주세요. '우리 가족, 나' 만 생각하는 가족 이기주의에서 벗어나 이웃을 생각하며 배려할 줄 아는 이타심 있는 어린이로 자라게 해주세요. 이런 마음과 행동은 엄마, 아빠가 생활하시는 모습에서 배우게 된답니다. 불우한 이웃을 생각할 줄 알고 그들을 도울 줄 아는 어린이가 이 세상을 위해 일할 수 있는 큰 기둥감이라는 것을 기억해 주세요. 성탄절이 있는 12월에 한 해를 보내면서 모든 사람들을 생각할 줄 아는 우리 가족이 되게 해주세요.

19. 겨울철 놀이에 관심을 가져 주세요

엄마, 아빠!

모든 사람들이 따뜻한 방안에서 지내기를 좋아하는 추운 겨울이 왔어요. 유치원에서 규칙적이고 계획적인 생활을 하는 것처럼 집안에서도 계획을 세우면 규칙적이고 규모 있게 생활할 수 있을거예요. 그렇다고 너무 지나치게 꽉 짜여진 계획은 싫어요. 편안하고 즐거운 분위기 속에서 제 나이에 맞게 놀 수 있는 공간과 자료를 준비해 주세요. 예를 들어 여러 가지 만들기, 눈과 손이 협응하여 조작해 볼 수 있는 놀이, 과자나 화장품 상자, 신문에 함께 들어오는 광고용 종이들도 좋은 놀잇감이 될 수 있어요. 그려 보고, 오려 보고, 풀로 붙이며 놀 수 있거든요. 또한 밀가루와 식용 색소, 식용유 등을 섞어 익반죽한 '밀가루 점토' 를 만들어 플라스틱통에 색깔별로 넣어 주시면 정말 멋진 놀잇감이 된답니다. 밀가루 점토를 주무르고, 비비고, 두드리고, 모양을 찍고, 모양을 만들 수 있는 소도구들과 깔 수 있는 비닐 장판 조각이나 받침판을 함께 준비해 주시면 더욱 좋아요. 그리고 이번 겨울에는 책을 많이 보고 읽을 수 있도록 도와주세요. 같은 책의 똑같은 내용을 몇 번씩 읽어 달라고 할 때는 짜증이 나시겠지만 똑같은 책, 같은 내용, 같은 그림일지라도 읽을 때마다 그림을 볼 때마다 생각과 느낌이 다르답니다. 그리고 엄마, 아빠와 함께 책을 읽는 시간이 제게는 너무나 좋은 걸 알아주세요. 주말에는 어린이 도서관에 데려가 주세요. 거기에 가면 유아들을 위한 책도 준비되어 있을 거예요. 어린이 도서관이 없으면 책방을 엄마, 아빠께서 한번 만들어 주셔도 좋겠어요. 그리고 때로는 엄마, 아빠와 함께 체조를 하며 우리집 주변을 뜀박질도 할 수 있으면 좋겠어요.

지금 이 시기에 제가 무슨 놀이를 하고 자라는가 하는 것은 아주 중요해요. 그래서 유치원을 처음 시작한 프뢰벨 할아버지는 이렇게 이야기하셨대요. "어린 시절 놀이는 오로지 장난은 아닙니다. 그것은 높은 중요성과 깊은 의의를 가집니다. 그러므로 어머니여, 당신 아이의 놀이를 키우십시오. 아버지여, 당신 아이의 놀이를 보호하십시오. 그 아이 장래의 전생활은 이 시기에 그 원천을 기자고 있습니다" 라고요.

20. 잘 마무리하고 준비하도록 도와주세요

엄마, 아빠!

지난 일 년 동안 제가 많이 자랐지요? 몸도 마음도 자라고 생각하는 지혜도 많이 자라서 이젠 자랑스런 대한민국의 어린이랍니다. 이제 2월이 지나면 유치원에서 한 학년씩 진급하게 되고 큰 반 언니들은 초등학교에 입학하게 되니 지금까지도 잘 돌봐 주셨지만 몇 가지만 꼭 부탁을 드립니다. 우선 좋은 책을 읽을 수 있도록 준비해 주시고 그 책을 함께 읽어 주세요. 책을 읽도록 해주시는 것은 엄마, 아빠께서 저에게 물려 주시는 가장 큰 유산 중에 하나랍니다. 앞으로 계속 이 점에 관하여 신경 써 주세요. 그리고 이제 한 살씩 더 먹게 되었으니 너무 어린 아기처럼 취급하지 마시고 좀 인격적으로 대해 주세요. 제 스스로 제가 해야 할 일을 계획하고 결정할 수 있는 기회를 많이 주세요. 저와 관련되는 것은 무슨 일이든 저와 함께 상의해 주세요. 그래야만 제가 인격적으로 존중받고 있음을 배우며 제 생각도 건전하게 자라며 긍정적인 자아 개념을 갖게 될 것입니다. 그리고 제가 학교에 가게 되는 아이라면 학교와 학교 선생님에 대한 좋은 이야기를 들려주세요. 새로 시작하게 될 학교에 대한 기대감을 갖도록 해주세요. “그동안(1년 또는 2년, 3년) 유치원에 잘 다녀서 이젠 의젓하게 참으로 잘 자랐구나. 몸도 마음도 지혜도 이렇게 자란 것을 보니 엄마, 아빠의 마음이 몹시 기쁘단다. 그동안 잘 가르쳐 주신 유치원 선생님께 감사를 드리자꾸나. 그리고 새 학년이 되면(또는 학교에 가게 되면) 새로운 선생님, 새로운 교실, 새 친구들이 많을 것이다. 모두 좋은 분들이고 좋은 네 친구들이 될 것이다. 이렇게 성장한다는 것은 기쁜 일이며 아주 자랑스러운 일이란다”라고 기대감을 갖도록 말씀해 주세요. 그 기대감은 평생 살아가는 동안 새로운 일을 시작할 때마다 갖게 될 희망과 감격 등의 감정과 연관되어 있답니다. 그리고 공부하는 것은 마라톤 선수와 같다고 합니다. 마라톤 선수가 출발점에서 넘어지면 큰일이지요. 제가 학교 공부에 너무 쫓기면 넘어져 버린다는 것을 기억해 주세요. 장거리 마라톤 선수가 출발점에 서게 될 그 마음을 한번 생각해 봐 주세요.

참고문헌

1장

서울대학교 사범대학 교육연구소 (편) (1981). 교육학 용어사전. 서울 : 배영사.
샘터사 (역). 태아는 알고 있다(Thomas Buny). 샘터유아교육신서.
유안진 (1985). 유아교육론. 서울 : 창지사.
이은화, 이경우 (역) (1985). 부모교육입문 - 부모자녀관계. 서울 : 창지사.
이재연, 김경희 (1989). 부모교육. 서울 : 양서원.
장휘숙 (1995). 가족 심리학 - 가족관계의 발달. 서울 : 박영사.
장휘숙 (역) (1989) . 어머니의 역할(Rudolph Schaffer). 서울 : 창지사.
정문자 (역) (1990). 부모교육의 원리와 방법(Harman, D. & Brim, O. G.). 서울 : 교육 과학사.
한국행동과학연구소 (편) (1983). 부모교육. 서울 : 문교부.
현은자 (역) (1992) 어머니의 양육과 타인의 양육(Sandra Scarr). 서울 : 양서원.
황응연, 장휘숙 (역) (1989). 아버지의 역할(Parke, R. D.). 서울 : 창지사.

Bettelheim, B. (1950). *Love is not enough*. New York : Free Press.
Bigner, J. L. (1979). *Parent-child relationship*. New York : Macmillan.
Bjorklund, G. & Burger, C. (1987). Making conference work for parent, teacher and children. *Young children*. Washington, D. C. : NAEYC. 42(2), 26~31.
Brooks, J. B. (1991). *The process of parenting* (3rd Ed). Mayfield Publishing Company.
Douglas, A. A. (1985). Children' s influence on parent' s marriage : Strengthening the husband-wife relationship. *Family strengths 6* : Enhancement of interaction. ed. (Lincoln, Neb. : University of Nebraska, Department of human development and the family, center for family strengths)
Duvall, E. (1946). Conception of parenthood. *American Journal of sociology*, 52, 193~203.
Ellen, P. (1977). *The joy of the only children*. New York : Delacorte.
Fickards, E., Figago, J. (1971). *Parent education : Toward parental competence*. New York : Appliton-Century-Crafts.
Fine, M. J. (1980). *The parent education movement : An introduction, In handbook on parent education*, N. Y. :Academic Press.
Fine, M. J. (1988). *The second handbook on parent education*. N. Y. : Academic Press. *Good school for young children*, N. Y. : Macmillan Publishing Co., Inc.
Hammer, T. J., & Turner, P. H. (1985). *Parenting in contemporary society*. N. Y. : Prentice-Hall.
Johnson, R. Medinnus, G. (1974). *Child psychology : Behavior and development* (3rd ed). New York : Wiley.
Kadushin, A. (1970). Single-parent adoptions : an overview and some relevant research, *The social service review*, 44.

Kenneth, K. (1977). *All our children*. New York : Harcourt Brace Jovanvich.

Knizer, J. (1972). Parental involvement : The elixir of change. In D. N. McFadden (Ed.), *Planning for action*. Washington, D. C. : NAEYC. 83~95.

Leeper, S. H., Skipper, D. S. & Witherspoon, R. C. (1974). *Good school for young children*. N. Y. : Macmillan Publishing Co., Inc.

Lemaster, E. E., & DeFrain, J. (1989). *Parents in contempory American, A sympathetic view*, (5th ed). Wadsworth Publishing Company.

Lemasters, E. E. (1957). Parenthood as crisis. *Marriage and family living* 19, 32~55.

Leonard, B. (1968). *Fatherhood : A sociological perspective*. New York : Random House.

Mead, M (1949). *Male and female*. New York : Morrow.

Morrison, G. S. (1978). *Parent involvement in the home, school and community*. Columbus Ohio Charles E. Merrill Publishing Company.

Murray, A. S. & Richard, J. G. (1985). Societal change and change in family violence form 1975 to 1985 as revealed by two national surveys. *Journal of marriage and the family*, 48, August.

Musgrove, F. (1966). *The family, education and society*. London : Routledge & Kegan Paul.

Neugarten, D. et al., (1987). The changing meanings of age. *Psychology today*. May.

Osborn, D. K. (1967). Some gains from the Head Start experience, *Childhood Education*.

Overlin, G. B. (1959). The influence of the a parent on child, *Education for child rearing*. New York : Russell Sage Foundation.

Parson, T., Bales, R. (1955). *Family, socialization and interaction process*. New York : Free Press.

Rossi, A. (1968). Transition to parenthood. *Journal of marriage and the family*, 30, 26~39.

Schvaneveldt, J., Freyer, M., and Ostler, R. (1970). Concepts of "Goodness" and "Badness" of parents as percevied by nursery school children. *Family Coordinator*, 19, 98~103.

Spodek, B. & Walberg, H. J. (1977). *Early childhood education*. California : McCutchan Publishing Corporation.

Stevens, J. H. (1978). Parent education program what determines effectiveness : *Young Children*, Washington, D. C. : NAEYC. 33(4).

U. S. Department of Health, Education, and Welfare, Office of Child Development. (1973). Head Start program performance standards. *Head Start Policy Manual.*, OCD Notice Washington, D. C. : U. S. Government Printing Office.

Veevers, J. (1973). The social meanings of parenthood. *Psychiatry*, 36, 291~310.

William, R. W. (1979). Margaret Mead : All adualts responsible for young. *Wisconsin state journal*, June, 2, Section 4.

Zelditch, M., Jr. (1955). Role differentiation in the nuclear family. A comparative study. In T. parsons and R. Bales (Eds.). *Family, socialization, and interaction process*. New York : Free Press.

2장

박경란, 이명숙, 전귀연(2003). 현대가족학. 신정도서출판.

손승영(1995). "한국사회의 변화와 가족". 한국가족문화의 오늘과 내일. 여성한국사회연구회(편).

유연주(1999). 건전가정과 건강가족의 개념설정에 대한 논의. 한국가정관리학회지 17(3), 93-

102.
유영주(1993). "가족학이란" 가족학. 하우.
어은주, 유영주(1997). 한국도시가족의 건강성 및 관련변인연구. 한국가정관리학회지 15(4), 269-285.
정현숙, 유계숙(2004). 가족관계. 신정도서출판.
조홍식, 김인숙, 김혜란, 김혜련, 신은주(1997). 가족복지학. 학지사.

Adams. B. IV(1980). *The Family*(3rd ed.). Chicago: Rand McNally.
Cox. F(1999). *Human intimacy: Marriage, the Family and its Meaning*. Belmont, CA: Wadsworth publishing Company.
Otto, H. A. (1962). What is a strong Family? *Marriage and Family Living* 24, 77-81.
Stinnett, N., & DeFrain, J. (1985). *Secrets of Strong Families*. Little. Broun.

3장

두란노(2005), 아버지 학교 - 주님, 제가 아버지 입니다. 두란도 아버지 학교.
서울대학교 사범대학 교육연구소 (편) (1981). 교육학 용어사전. 서울 : 배영사.
샘터사 (역). 태아는 알고 있다(Thomas Buny). 샘터유아교육신서.
유안진 (1985). 유아교육론. 서울 : 창지사.
이연섭(방인옥, 조희숙, 조정숙, 이광자, 박천옥, 지성애, 민송희, 우왕효, 김정규, 정 갑순, 이윤복, 엄기영, 노영희, 나정)외 14명.(2001). 정민사.
이은화, 이경우 (역) (1985). 부모교육입문 - 부모자녀관계. 서울 : 창지사.
이재연, 김경희 (1989). 부모교육. 서울 : 양서원.
이해명(2006). 아빠교육학. 조선일보 D2
장휘숙 (1995). 가족 심리학 - 가족관계의 발달. 서울 : 박영사.
장휘숙 (역) (1989) . 어머니의 역할(Rudolph Schaffer). 서울 : 창지사.
정갑순(2005). 기독교 가정의 자녀교육론. - 주여, 이 아이를 어떻게 기르오리까? - 총신대학교 출판부
정문자 (역) (1990). 부모교육의 원리와 방법(Harman, D. & Brim, O. G.). 서울 : 교육 과학사.
프레드릭 르봐이예.(1979). 폭력없는 탄생. 주정일 옮김. 오른사.
한국행동과학연구소 (편) (1983). 부모교육. 서울 : 문교부.
현은자 (역) (1992). 어머니의 양육과 타인의 양육(Sandra Scarr). 서울 : 양서원.
황응연, 장휘숙 (역) (1989). 아버지의 역할(Parke, R. D.). 서울 : 창지사.
KBS TV, 생로병사, 신의 선물-자연분만. 2006.3.27.

Bettelheim, B. (1950). *Love is not enough*. New York : Free Press.
Bigner, J. L. (1979). *Parent-child relationship*. New York : Macmillan.
Biller, H. B.(1974a)). *Parental and Sex-role Factors in Cognitive and Academic Functioning. In J. K. Cole & R. Dienstbier*(Eds.), Nevraska Symposium on Motivation, Lincoln: University of Nevraska Press.
Bjorklund, G. & Burger, C. (1987). Making conference work for parent, teacher and children. *Young children*. Washington, D. C. : NAEYC. 42(2), 26~31.
Bowlby. J.(1951). *Maternal Care and Mental Health*. Genera: WHO.
Brooks, J. B. (1991). *The process of parenting* (3rd Ed). Mayfield Publishing Company.
Douglas, A. A. (1985). Children' s influence on parent' s marriage : Strengthening the husband-wife relationship. *Family strengths 6* : Enhancement of interaction.

ed. (Lincoln, Neb. : University of Nebraska, Department of human development and the family, center for family strengths)

Duvall, E. (1946). Conception of parenthood. *American Journal of sociology*, 52, 193~203.

Ellen, P. (1977). *The joy of the only children*. New York : Delacorte.

Fickards, E., Figago, J. (1971). *Parent education : Toward parental competence*. New York : Appliton-Century-Crafts.

Fine, M. J. (1980). *The parent education movement : An introduction, In handbook on parent education*, N. Y. :Academic Press.

Fine, M. J. (1988). *The second handbook on parent education*. N. Y. : Academic Press. *Good school for young children*, N. Y. : Macmillan Publishing Co., Inc.

Hammer, T. J., & Turner, P. H. (1985). *Parenting in contemporary society*. N. Y. : Prentice-Hall.

Johnson, R. Medinnus, G. (1974). *Child psychology : Behavior and development* (3rd ed). New York : Wiley.

Kadushin, A. (1970). Single-parent adoptions : an overview and some relevant research, *The social service review*, 44.

Kenneth, K. (1977). *All our children*. New York : Harcourt Brace Jovanvich.

Knizer, J. (1972). Parental involvement : The elixir of change. In D. N. McFadden (Ed.), *Planning for action*. Washington, D. C. : NAEYC. 83~95.

Lamb, M. E.(1975a). *Fathers: Forgotten Contributors to Child Development*. Human Development, 18, 245-266.

Lamb, M. E.(1981). *The Role of the Father in Child Development*, 김광웅, 박성연 옮김.(1995), 아버지 역할과 아동발달, 이화여자대학교 출판부.

Lee, P. C., & Wolinsky, A. L.(1973). *Male Teachers of Young Children: A Preliminary Empirical Study. Young Children*. 28. 342-352.

Leeper, S. H., Skipper, D. S. & Witherspoon, R. C. (1974). *Good school for young children*. N. Y. : Macmillan Publishing Co., Inc.

Lemaster, E. E., & DeFrain, J. (1989). *Parents in contempory American, A sympathetic view*, (5th ed). Wadsworth Publishing Company.

Lemasters, E. E. (1957). Parenthood as crisis. *Marriage and family living* 19, 32~55.

Leonard, B. (1968). *Fatherhood : A sociological perspective*. New York : Random House.

Mead, M (1949). *Male and female*. New York : Morrow.

Morrison, G. S. (1978). *Parent involvement in the home, school and community*. Columbus Ohio Charles E. Merrill Publishing Company.

Murray, A. S. & Richard, J. G. (1985). Societal change and change in family violence form 1975 to 1985 as revealed by two national surveys. *Journal of marriage and the family*, 48, August.

Musgrove, F. (1966). *The family, education and society*. London : Routledge & Kegan Paul.

Neugarten, D. et al., (1987). The changing meanings of age. *Psychology today*. May.

Osborn, D. K. (1967). Some gains from the Head Start experience, *Childhood Education*.

Overlin, G. B. (1959). The influence of the a parent on child, *Education for child rearing*. New York : Russell Sage Foundation.

Park. R. D.(1989). 아버지의 역할. 황응연. 장휘숙 옮김. 창지사.

Parke, R. D., & O' heary, S. E.(1976). Father-Mother-Infant Interaction and Some Unresolved Issues. In K. Riegel & J. Meuchum.(Zds.), *The Developing Inclividual in a Changing World*,(Vol, 2). Social and Environment Issues. The Hague: Mouton.

Parke, R. D. & O' heary, S.(1975). Father-Mother-Infant Interaction in the Newborn Period:

Some Findings, Some Observations, and Some Unresolved Issue. In K. Riegel, & J. Meacham.(Eds.), *The Developing Individual in a Changing World*: Vol. 2. Social and Environmental Issues. The Hague: Mouton.

Parson, T., Bales, R. (1955). *Family, socialization and interaction process.* New York : Free Press.

Pederson, F. A.(1975). *Mother, Father, and Infant as on Interaction System.* Paper Presented to the American Psycholocal Association, Chicago. September.

Peterson, G. H., Mehl, L. E., & Leiderman, P. H.(1979). The Role of Some Birth-related Variables in Father Attachments. *American Journal of Orthopsychiatry*, 49, 330-338.

Rossi, A. (1968). Transition to parenthood. *Journal of marriage and the family*, 30, 26~39.

Schvaneveldt, J., Freyer, M., and Ostler, R. (1970). Concepts of "Goodness" and "Badness" of parents as percevied by nursery school children. *Family Coordinator*, 19, 98~103.

Spodek, B. & Walberg, H. J. (1977). *Early childhood education.* California : McCutchan Publishing Corporation.

Stevens, J. H. (1978). Parent education program what determines effectiveness : *Young Children*, Washington, D. C. : NAEYC. 33(4).

U. S. Department of Health, Education, and Welfare, Office of Child Development. (1973). Head Start program performance standards. *Head Start Policy Manual.*, OCD Notice Washington, D. C. : U. S. Government Printing Office.

Veevers, J. (1973). The social meanings of parenthood. *Psychiatry*, 36, 291~310.

William, R. W. (1979). Margaret Mead : All adualts responsible for young. *Wisconsin state journal*, June, 2, Section 4.

Zelditch, M., Jr. (1955). Role differentiation in the nuclear family. A comparative study. In T. parsons and R. Bales (Eds.). *Family, socialization, and interaction process.* New York : Free Press.

4장

조희숙, 최인숙, 김경중, 정갑순, 신화식, 유왕효, 조경미, 박은준, 최재숙,류인숙 (1994). 아동발달심리. 서울 : 학지사.

Ainsworth, S. (1973). *The development research.* Vol. 3

Bee, H. L. (1989). *The developing child* (5th ed.). New York : Harper & Row.

Bibring, G. (1959). Some considerations of the psychological processes in pregnancy. *In the psychoanalytic study of the child.* (Eds.). Vol. 14, 119.

Chess, S. et al., (1965). *Your child is a person.* New York : Viking.

Fris, H. L. (1976). *The effect of designated and actual sex of infant on adult-infant play.* Dissertation, University of Chicago.

Galinsky, E. (1987). The six stages of parenthood. "parents will recognize themselves again and again this book" *psychology today*, Addison-Wesley Publishing Co., Inc.

Greenberg, M. & Morris, N. (1974). Engrossment : The new born's impact upon the father. *American Journal of orthopsychiatry*, Vol. 44, 520~531.

Klaus, H. & Kennell, H. (1976). *Maternal-infant bonding.* St, Louis : C. V. Mosby, 209~239.

Lamb, L. (1975). Fathers : Forgotten contributors to child development, *Human development*, Vol. 18

Leifer, M. (1977). Psychological changes accompanying pregnancy and motherhood. *Genetic psychology monograph*, Vol. 95, 68.

Lewis, M. & Rosenblum, L. A. (1974). *The effect of the infant on its caregiver*. New York : Wiley.

Neugarten, B. L. (1969). Continuities and discontinuities of psychological issues into adult life, *Human development*, Vol. 12, 121~130.

Veevers, J. (1973). Voluntarily childless : An exploratory study. *Sociology and social research*, 57, 356~366.

5장

김선경(2002). 장애아 통합교육에 관한 부모-조부모-교사의 인식 연구. 한서대학교 대학원 석사학위논문.

양옥승 (1988). 부모교육 프로그램의 유형 - 부모교육 프로그램 탐색. 한국교육학회, 유아교육연구회.

오혜경, 정소영(2003). 영유아기 장애아동의 양육부담과 가족지원. 도서출판신정.

유안진, 김연진 (1993). 부모교육. 서울 : 동문사.

이기숙 (1983). 이스라엘 부모교육 프로그램(HIPPY) : 유아교육 심포지움 I. 한국어린이교육협회.

이원영 (1985). 부모교육론. 서울 : 교문사.

이연섭 (1983). PGEE 프로그램. 유아교육 6호, 한국유아교육협회.

장관식 (1986). "장애 아동 어머니가 갖는 문제점과 사회사업 개입 필요성에 관한 연구". 숭전대학교 대학원 석사학위 논문.

강문희(1990). 부모교육을 통한 장애아지도 방안 연구. 서울여자대학교 논문집 제19집.

정갑순(1998). 유치원장애아통합교육의 가정프로그램 - case study. 총신. 총신대논문집 16집 129-168

정갑순(2005). 장애유아부모교육에 관한 고찰. 유아교육학논집. 한국영유아교원교육학회. 제9권 4호.

조필기(2002). 장애영역 · 학교 학급별 특수교육대상자 부모의 특수교육에 대한 의견조사. 인천교육대학교 교육대학원 석사학위논문.

홍기형 외 (1988). "방송매체를 통한 부모교육 프로그램의 현황 - 부모교육 프로그램 탐색". 한국교육학회, 유아교육연구회.

文部省社會教育局(昭和 52년). 乳兒期の家庭教育長與施策に關おる事例集, 昭51婦(4).

Alberta Education. (1983). *Parent involvement*-an opportunity for you, sub-committee on parent involvement. Early childhood services. Edmonton, Alberta.

Alvy, K. T. (1981). *The enhancement of parenting*. Center for the improvement of child caring.

Baratz, S. S., Baratz, J. C. (1970). Early childhood intervention : He social science base of institutional Racism. *Harvard Educational Review*. Vol. 40, No. 1.

Gilmer, B., Miller, J. O., Gray, S. W. (1970). Intervention with mother and youngchildren : *Study of inter Family effect*. Nashville, Tennessee. DARCEE.

Gordon, I. J. (1977). Parent education and parent involvement : retrospect and prospect, *Childhood Education*. 54. 71~79.

Gordon, I. J., Guinagh, B,. Jester, R. E. (1977). The Florida parent education infant and toddler program. In M. C. Day, & R. K. Parker. *The preschool in Action*.

exploring early childhood programs. Allyn and Bacan Inc.

Greenberg, P. (1989). Parents as parents in young children' s Development and Education ; A New American Fad? Why does it matter? *Young Children.*, 44(4), 61~74.

Hiller, D. K. (1977). Home based program. In B. O. Boegehold & H. K. Cuffaro & W. H. Hooks &. G. J. Klof, *Education before five*, A handbook on preschool education, Bank-street college of education. New York, N. Y. 10025.

Hocutt, A., & Wiegerink. R. (1983). Perspectives on parent involvement in preschool program for handicapped children. In R. Haskins & D. Adams (Eds.), *Parent education and public policy.* Norwood, New Jersey : ABLEX.

Karnes, M. B., Zehrbach, R. R. (1977). Educational intervention at home. In M. C. Day & R. K. Parker. *The preschool in Action.* exploring early childhood programs. Allyn and Bacon Inc.

Lamb, M. E., (1986). The Changing Role of fathers, In M. E. Lamb (Ed.), *The Father' s Role applied perspectines.* N. Y. : Wiley, 3~27.

Lambie, D. Z. (1974). Mothers as teachers. *High/scope foundation report.* Ypsilanti, Mich, : High/Scope Educational Research Foundation.

Levenstein, P. (1975). A message from home : Finding from a program for non-retarded. *Low-income preschoolers.* Mimeo paper, Feb.

Levenstein, P. (1977). The mother-child home program. In, M. C. Day & R. K. Parker. *The preschool in Action*, exploring early childhood programs. Allyn and Bacon Inc.

Lombard, A. (1986). *HIPPY* : A Home instruction program for preschool youngsters. Hebrew Unibersity, Jerusalem, Israel.

McBride, B. A. (1989). Interaction, accessibility, and responsibility ; A view of father involvement and how to encourage it ; *Young Children*, 44(5), 13~27.

Nimnicht, G., Arango, M., Adcock, D. (1977). The parent/child Toy library program. In M. C. Day & R. C. Parker, *The preschool in Action.* exploring Early childhood program, Allyn and Bacon Inc.

Schickedanz, J. A. (1977). Parent, teachers and early education. In B. persky & L. L. colubcheck (Eds). *Early childhood.* Wayne, N. J. : Avery Publishing Group.

Sheare, M., & Shearer, D. E. (1972). The portage project : A model for early childhood education. *Exceptional children.* 3b.

Sheare, M., & Shearer, D. E. (1974). *The Portage project.* paper presented at conference on early intervention for high Risk infants and young children. Chopel Hill, North Carolina.

Bachrach, A. W., Mosley, A. R, Swindle, F.L., & Wood, M, M.(1984). *Developmental Therapy for young Children with Autistic characteristic*, Austin, Texas.

Berkowitz.B.,&Graziano, A.A.(1972). Training Parents or Behavior Therapists: A review, *Behavior Research and therapy*,10. 297-317.

Bolen, J.M.(1973). *Noncategorical preshool Model Program*, L.A.: u. of southern California.

Cook. R. E., Tessier, A. & Armbruster, V. B.(1987). *Adapting Early childhood Curricula for Children with special Need*, Columbus, Ohio; Merrill pup, co.

Fraiberg, s., Smith, N., & Adelson, E.(1969). An Educational Program for blind infants, J. of *Special Education.* 3. 121-140.

Hayden, A. H.(1975). A Center-based Parent Training Model. In J. Grimm(Ed.). *Training Parents to teach : Four Models.* Chapel Hill: u.of North carolina.

Hocutt, A., & Wiegerint, R.(1983). Perspection on Parent Involvement in Preshool Program for Handicapped Children. In R. Haskins & D, Adams(Eds.), *Parent Education and Public policy*, Norwood, New Jersey; ABLEX.

Karnes, M.B.,& Lee, R.C.(1978). Early Childhood : What reaseach and experience say to the teacher of exceptional children. Reston, Va.: *Council for Exceptional Children*

Karnes, M.B. & Lee, R.C.(1980). Involving Parents in the Education of their handicapped Children : An Essential component of an Exemplary program, In M.J Fine(Ed.). *Handbook of Parent Education.*

Karnes, M. B., & Zehrbach, R. R.(1997). Educational intervention at home. In M. C. DAy & R. K. parker. *The Preschool in Action.* exploring early childhood programs. Allyn and Bacon Inc.

Odom, S, L., & Mchean, M. E.(1996). Early Intervention/ *Early Childhood Speacial Education*: Recommended practices. Austin, TX:Pro-ed.

Sheare, M.,& sheare, D. E.(1974). *The Portage Project*, paper presented at conference on early intervention for high risk infants and young children. Chopel. hill, North Carolina.

Sheare. M., & Sheare. D. E.(1972). The Portage project: A model for early childhood education. *Exceptional Children*, 3b

Turnbull, A. P., & Turnbull, H. R.(1997). *Families, professionals, and exceptionality: A special partnership*(3rd ed.). Cloumbus, OH: Merrill

Turnbull, A.P, & Blacher-Dixon, J.(1980). *Mains treaming Ideas for Teaching Young Children.* A 1981-1982 Comprehensive Membership Benefit NAEYC Washington. D.C.

6장

김인자 (역) (1989). P. E. T. 강사지침서. 한국심리상담연구소(K.E.T.I)

이경우 (편역) (1989). STEP : 당신도 유능한 부모가 될 수 있다. 서울 : 창지사.

이은화, 이경우 (역) (1985). 부모 교육 입문 - 부모 자녀 관계. 서울 : 창지사.

이원영 (1985). 부모 교육론. 서울 : 교문사.

현은자 (역) (1992). 어머니의 양육과 타인의 양육(*Sandra Scarr, Mother care/other care*). 서울 : 양서원.

Axline, V. M., & Rogers, C. R. (1984). *Play Therapy*-The inner dynamics of childhood, Houghton Mifflin Company.

Babcock, D. E., & Keepers, T. D. (1976). *Raising kids OK.* New York : Grove Press.

Baker, B. L ., Brightman, A. S., Heifetz, L. J., 4 Murphy, D. M. (1973). *The READ Project Series. Cambridge*, Ⅲ. : Research Press.

Becker, W. C. (1971). *Parent are teachers.* Champaign. : Research Press.

Berne, E. (1961). *Transactional analysis in psychotherapy.* N. Y. : Grove Press.

Berne, E. (1964). *Games people play*-the basic handbook of transactional analysis, the psychology of human relationship, Ballantic books, New York.

Bigner, J. J. (1979). *Parent-child relations.* N. Y. : Macmillan Publishing Co., Inc.

Calvin, S. H., Lindzey, G. (1978). *Theories of personality*, New York : John Wiley & Sons.

Christensen, O. C., & Thamas, C. R. (1980). Driekurs and the search for equality (Eds.), In, M. J. Fine. *Handbook on parent education.* New York : Academic Press, Inc.

DinKmeyer, D., & Mckay, G. (1976). *Systematic training for effective parenting*, circle pines, Minn : American guidance services.

Dreikurs, R., Grunwald, B., & Pepper, F. C. (1964). *Maintaining sanity in classroom* : Illustrated teacher techniques. New York : Harper & Row.

Fine, M. J. (1980). *Handbook on parent education*. New York : Academic Press, Inc.

Ginott, H. G. (1961). *Group psychotherapy with children*. New York : McGraw-Hill.

Ginott, H. G. (1965). *Between parent and child*. New York : Macmillan.

Ginott, H. G. (1969). *Between parent and teenager*. New York : Macmillan.

Ginott, H. G. (1972). *Between teacher and child*. New York : Macmillan.

Gordon, T. (1975). *P. E. T.(Parent Effectiveness Training)*-The tested new way to raise responsible children. A plume book. New American library. New York and scarborough, Ontario.

Gordon, T., Gordon, J. S. (1976). *Parent effectiveness training in action*. Perigee books published the patnam publishing group, New York. N. Y.

Gordon, T. (1980). Parent effectiveness training : A preventive program and it' s effects on families. (Eds.), In, M. J. Fine, *Handbook on parent education*, New York : Academic Press, Inc.

Hall, C. S., & Lindzey, G. (1978). *Theories of personality*. New York : John Wiley & Sons. mc.

Hall, R. V. (1976). *Parent training* : A preventive mental health program. National Institute of Mental Health Grant, University of Kansas.

Harris, T. A. (1969). *I' m OK-You' re OK*. New York : Grove Press.

Lowe, R. N. (1974). *Dreikursian principles of child guidance*. Eugene : University of Oregon Press.

McIntire, R. W. (1970). *For love of children* : Behavioral psychology for parent. Del Mar, Calif. : C. R. M. Books.

O' Dell, S. (1974). Training Parents in behavior modification : *A review*. *Psychological Bulletin*. 81, 418~433.

Orgal, A. R. (1980). Haim Ginott' s approach to parent education (Eds.), In, M. J. Fine, *Handbook on parent education*, New York : Academic Press, Inc.

Patterson, G. R., & Gullion, M. E. *Living with children*, Champaign, III : Research Press.

Peter, D. L., & Neisworth, J. T., Yawkey, T. D. (1989). *Early childhood education from theory to practice*. Books/Cole Publishing.

Simpson, R. L. (1980). Behavior modification and child management (Eds.), In, M. J. Fine. *Handbook on parent education*, New York : Academic Press, Inc.

Sirridge, S. T. (1980). Transactional analysis : promoting OK' ness (Eds.), In, M. J. Fine, *Handbook on parent education*, New York : Academic Press, Inc.

Smith, J. M., & Smith, E. P. (1966). *Child management. Ann Arbor*. Mich : Ann Aebor Publishers.

Steiner, C. M. (1974). *Scripts people care of infant and child*. New York : Norton.

Terner, J., & Pew, W. L. (1978). *The courage to be imperfect* : The life and work of Rudolf Dreikurs, New York : Hauthorn Books.

Watson, J. (1928). *Psychological care of infant and child*. New York : Norton.

7장

강문희, 장연집, 정정옥(2000). 정신건강. 정민사.
김광웅(1999). 유아행동지도. 서울: 교육과학사.
김경중외 11인(1998). 아동발달심리. 학지사.
김영숙, 이경화(2000). 유아, 아동을 위한 정신건강. 교육과학사.
송준만,유효순(1997). 특수아동교육. 교문사.
강복희(1993). 정신건강 수준에 따른 자아개념과 학업성취간의 관계연구. 건국대학교 교육대학원 석사학위논문.
남소현, 김영희(2000). 어머니의 심리적 환경요인과 아동의 외면적 · 내면적 적응행동. 대한가정 학회지, 38(10).
박효숙(2000). 유아의 문제행동 감소를 위한 부모교육 프로그램의 효과. 한국교원대학교 교육대학원 석사학위논문.
박효주(2001). 어머니가 지각한 아동의 가족 영향력과 아동의 문제행동. 충북대학교 교육대학원 석사학위논문.
방주은(2001). 유아의 문제행동 수준에 따른 어머니의 언어 통제 유형연구. 부산대학교 교육대학원 석사학위논문.
박병량(2000). 성공적인 교실운영을 위한 지침서-학급경영.학지사.
백혜영(1994). 정신건강 전문가들의 지역사회 정신건강 개년과 사회복지사의 역할 인식도에 관한 연구. 이화여자대학교 대학원 석사학위논문.
신은혜(1984). 가정의 심리적 환경과 아동의 행동장애에 관한 상관연구. 이화여자대학교 대학원 석사학위논문.
오경자, 이혜련, 홍강의, 하은혜(1997). K-CBCL의 아동 · 청소년 행동평가척도. 서울: 중앙 적성출판사.
유영창(1999). 문제행동과 자아개념의 관계연구. 연세대학교 교육대학원 석사학위논문.
윤요은(1998). 어머니의 정신건강, 양육태도와 유아의 정서 · 행동문제. 계명대학교 교육대학 석사학위논문.
이민식(1999). 부부갈등이 아동의 내면화 및 외면화 문제에 미치는 영향. 연세대학교 대학원 석사학위논문.
이상로(1995). 성격과 행동의 지도. 중앙성적 출판사.
임덕상(1988). 정신건강관리 모형 개발에 관한 연구. 경희대학교 대학원 박사학위청구논문.
유영창(1999). 문제행동과 자아개념과의 관계연구. 연세대학교 교육대학원 석사학위논문.
조재앵(2002). 어머니의 태내환경 및 임신 중 스트레스와 아동의 문제행동. 충북대학교 교육대학원 석사학위논문.
주소희(1992). 이혼가정 자녀의 정신건강에 관한 연구, 이화여자대학교 대학원 석사학위 논문.
한미현(1996). 아동의 스트레스 및 사회적지지 지각과 행동문제. 서울대학교 대학원 박사 학위논문.

Achenbach, T. M.(1991). Manual for the Child Behavior Checklist / 4-18 and 1991 profile Burlington: University of Vermont, *Department of Psychiatryt*.
Ainsworth, N. D. S., Blehar, M., Waters, E., & Wall. S. (1978). *Patterns of Attachment*. Hillsadala. New Jersey: Erlbaum.
Atkinson, R. A., et al.(1983). *The Exceptional Child*. New York, the Center fo Applied Research in Education 85.
Barglow, P., Vaughn, B. E., & Molitor, N.(1987). Effects of Maternal Absence due to Enployment on the Quality of Infant-Mother Attachment in a low -risk sample. *Child Development*, 58. 945-954.

Belsky, J., & Rovine, M.(1987). Temperament and Attachment Security in the Strange Situation: An Emprical Rapprochement. *Child Development*, 58. 787-795.

Bowlby, J.(1969). Attachment and loss (vol. 1): *Attachment*. New York: Basic Books.

Capehart, J. & West, G. & West, B.(1997). *The Discipline Guide for Childrens` Ministry*. Group, Loveland, Colorado.

Charles F. Boyd.(1994). *Different Children, Different Need*. Multnomal publishers, Inc.

Chase-Lansdale, P. L., & Owen, M. T. (1987). Maternal Employment in a Family Context; Effects on Infant-Mother and Infant-Father Attachment. *Child Development*, 58. 1505-1512.

David Elkind.(1987). *Miseducation Preschooler Risk*. 이연섭 역 (1990). 잘못된 교육. 성원사.

Erikson, E. H.(1963). *Childhood and Responsibility*. New York: Norton.

Goodstein, L. D., & Lanyo, R. I. (1979). *Adjustment, Behavior and personality*, Massachusetts: Addison-Wesley publishing company.

Lefrancois G. R.(1988). *Psychology for Teaching*, (6th. ed.). Califonia, Wadworth Publishing Company.

Kaplan, H.I. & Sadock, B. J.(1988). *Synopsis of Psychiatry*, Willians & Willkins 5th.Ed.

Kirk.(1972). *The Education of Exceptional Children*. Boston: Houghton Milflin.

Quay, H. C.(1972). *Patterns of Aggression Withdraw, and Immaturity*. N. Y: John Wiley.

Lawary, J. V.(1954). *Mental Health*, Soual year Book.

Rosanoff, A. J.(1938). *Manual of Psychiatry and Mental Hygiene*, VII. John Wiley & Sons.

Ruthus, S.A.& Nevid, J.S.(1995). *Adjustment and Growth, the Challenge of life* (6 th. Eds.). Harcourt Bracel Company.

Sameroff A. J.&Chandler M. J.(1975). "Reproductive Rish and the Continuum of Care taking Casuality"., In F. D. Horowitzed., *Review of Child Development Research*,Vol. 4.

Szasz, T.(1968). The Mental Health Ethic, in Ethics and Society, Ed., R. T. De George, Macmillan, "Mental Health and Illness are New Words of Discribing Moral Values."

8장

정갑순 (1983). 부모교육의 이론과 실제. 경기도 교육위원회 장학자료.

정갑순 (1990). "부모참여 교육에 관한 연구 - 1980년대 미국을 중심으로". 김옥련 교수 정년기념 논문집, 유아교육, 별책 14호.

홍기형 외 (1984), "부모교육 프로그램 모형 개발 연구 - 취학전 자녀의 부모를 대상으로". 한국교육개발원.

比留問一成 (昭和 57年). 幼稚園 保育園 家庭 父母會の資料. 文教書院.

Becher R. M. (1986). Parent involvement. A review of research and principls of sucessful practice, In Katz, L. G., *Current Topic in Early Childhood Education*(Ed.), Vol. VI. Ablex, Publishing Corportion 85~113.

Berger, E. M. (1981). *Parent as parenters in education*. St Louis, Mo : Mosby.

Bjorklund, G. & Burger, C. (1987). *Making conference work for parent, teachers and children, young children*, NAEYC. 42(2), 26~31.

Chinn, P. C., Winn, T., & Walters, R. H. (1978). *Two way tolking with parents of special children* : A process of positive communication, St, Louis.

Coles, E. K. T. (1977). *Adult education in developing countries* (2nd. Ed.). New York : Pergamon Press

Frederick, B., Baldwin, R., Groue, M. (1986). *A little bit under the weather.* Work/Family Directions Inc., 200 The Riuer- way Boston, MA 02215.

Freud, A. (1952). *The role of the teacher.* Harvard Educational Review, Vol. 22, No. 2. 229~243

Getzels, J. W. (1974). Socialization and education : A note on discontinuities. In H. Leicher (Ed.), *The family as education.* Teachers College Press.

Gilmer, B. R. (1970). *Intervention with mother of young children* : A study of intra family effects. Urbana, III : ERIC.

Jerry, J. Bigner. (1979). *Parent-child relationship.* Macmillan Publishing Co, Inc, 192~194.

Kamii, C., & DeVries, R. (1973). Piaget for early education. In M. Day & R. Parker (Eds.), *The preschool in action.* Boston : Allyn, Bacon.

Katz, L. G. (1980). Mothering and Teaching Some significant Distinction. *Current Topics in Earlychildhood Education*, Voll. III. ERIC, Ablex Publishing Corportion 47~63.

Kidd, J. R. (1976). *How adults learn.* New York : Assoclation.

Klaus, R., Gray, S. (1968). The early training project for disadventaged children : A report after five years. *Monographs of the Society of research in Child development.* 53, No. 120.

Knowles, M. S. (1970). *The modern practice of adult education* : Andragogy versus pedagogy. New York : Association Press.

Lightfoot, S. L. (1978). Warlds apart ; *Relationship between families and school.* New York : Basic Books.

Morrison, G. S. (1978). *Parent Involvement in the home school and community.* columbus, OH : Merrill.

Newson, J., & Newson, E. (1976). *Seven years old in the home enviornment.* Halsted Press, 400~405.

Peters, D. L. & Neisworth, J. & Yawkey, J. (1985). *Early childhood education from theory to practice.* Brooks/Cole Publishing Company Monterey.

Powell, D. R. (1986). Parent Education and support programs. *Young children.* NAEYC. 41(3), 47~52

Ramey, C. T., & Farran, D. C. (1978). *The functional attachments and their infant.* A paper presented to the Annual Meeting of the American Psycological Association.

Rubenstein, J., & Howes, C. (1979). Caregiving and infant behavior in day care and in homes. *Developmental psychology*, 15, 1~24.

Stone, J. G. (1987). *Teacher-parent relationship.* 1987~88 Comprehensive Membership Benefit, NAEYC, Washington, D. C. 20009~5786.

9장

Andrews, S. R. (1982). The skills of mothering : A study of parent · child development centers. *Monographs of the society for research in child development*, 47, (5, Serial No. 198).

Armer, B., Yeargen, C., & Hannah, M. E. (1977). Community polarization over educational programs can be avoided. *Psychology in the schools*, 14, 54~61.

Becher R. M. (1986), Parent Involvement ; A Review research and principle of successful practice, In Katz. L. G., *Current Topics in Early-Childhood Education* (Ed.), Vol. Vl, Ablex Publshing Corporation, 85~113.

Bjorklund, G. & Burger C. (1987). Making conferences work for, Teacher and Children, *Young children*, 42(2), 26~31.

Bronfenbrenner, A. (1974). Is early intervention effective? *A report on longitudinal evoluations of preschool programs*, Vol. 2. Washington, D. C. : office of child development, Department of Health, Education and Welfare.

Brooks, C. (1981). *Parents in class.* New society, 58, 281~296.

Burns, J. (1982). *The study of parental involvement*, 19, 313~319.

Elkind, D. (1988). Parent Involvement, *Young Children*, 43(2), 2~3.

Epstein, A. S., & Weikart, D. P. (1979). The ypsilanti-carnegie infant education project : longitudinal follow-up. *Monographs of the High/Scope educational research foundation* (No. 6). Ypsilanti, MI : High/Scope Press.

Esterson, H., Felelman, C. Krigsman, N., & Warshaw, S. (1975). Time-limited group counseling with parents of pre-adolescent under achievers : A pilot program. *Psychology in the schools*, 12, 79~84.

Evans, E. (1973). *Orienting junior high parents.* Personnel and Guidance, 51, 729~732.

Ferguson, D. (1977). Can you school survive a parent evaluation? *National Elementary Principal*, 56, 71~73.

Filipczak, J. (1973). *Press and community response to behavior modification in the public school.* Paper presented at the meeting of the American psychological Association, Montreal.

Freeman, C. (1985). Adlerian mother study groups : Effects on attitudes and behavior. *Journal of individual psychology*, 31, 37~50.

Gage, N., Crowford, J., Stallings, J., Corno, L., & Stayrook, N. (1978). An experiment on teacher effectiveness and parent-assisted instruction in the third grade. Stanford, CA : *Stanford University Center for Research.* (ERIC Document Reproduction Service No. ED 160 648)

Gallup, G. H. (1981). The 13th annual gallup poll of the public' s attitude toward the public schools. *Phi Delta Koppan*, 63, 33~47.

Garbarine, J. (1976). A preliminary study of some ecological correlates of child abuse : The impact of socioeconomic stress on mothers. *Child Development*, 47, 178~185.

Goodson, B. D., & Hess, R. D. (1975). *Parents as teachers of young children* : An evaluative review of some contemporary concepts and programs. (ERIC Document Reproduction Service No. ED 136 967)

Greemwood, G. E., Breivogel, W. F., & bessent, H. (1972). Some promising approaches to parent involvement. *Theory into practice*, 11, 183~189.

Grotberg, E. (1983). Integration of parent education into human service program. In Haskin & Adams (Eds.), *Parent Education and publicy*, Norwood, New Jersey : ABLEX.

Herman, J. L., & Yeh, J. P. (1980). *Some effects of parent involvement in schools.* paper presented at the annual meeting of the American educational Research Association. Boston. (ERIC Document Reproduction service No. ED 206 963)

Honig, A. S. (1982). Parent Involvement. (Ed.). Bernard Spodek, *Handbook of research in Early Childhood Education*, The Free Press Admission of MacMilan Publishing Co., Inc.

Irvin, D. J. (1979). Effects of parent involvement in a prekindergarten program on children' s cognitive performance. Albany, N. Y. : University of New York. (ERIC Documant Reproduction service No. ED 176 888)

Jester, R. E., & Guinagh, B. J. (1983). The Gordon parent education infant and toddler program. In the consortium for longitudinal studies. *As the twig is bent* : lasting effects of preschool programs. Hillsdale, NJ : Lawrence Erlbaum Associates, Publishers.

Karnes, M. B. & Johnson, L. J. (1989). Training for staff, parents and volunteers working with Gifted young Children, Especially those with disabilite and from low-income home. *Young Children*, 44(3), 49~56.

Lambie, D. Z., Bond, J., & Weikart, D. (1974). *Home teaching with mothers and infants.* Ypsilanti, MI : High/Scope Educational Research Foundation.

Lane, M., Elgey. E. F., & Lewis, M. S. (1971). *Nurseries in cross culture education(NICE).* Final report, San Francisco : SanFrancisco State College.

Levenstein, P., O' rlara, J., & Madden, J. (1983). The mother-child home program of the verbal interaction project. In consortium for longitudinal studies, *As the twig is bent : Lasting effects of preschool programs.* Hillsdale, NJ : Lawrence Erlbaum Associates.

Mager, G. M. (1980). The conditions which influnce teachers in initiating contacts with parents. *Journal of educational research*, 73, 276~282.

McGuire, J. C., & Gottlieb, B. H. (1979). Social support groups among new parents : An experimental study in primary prevention. *Journal of clinical child psychology*, 8, 111~116.

Meighan, R. (1981). A new teacher force? Some issues raised by seeing parents as educators and the implications for teacher education, *Educational Reviwe*, 33, 133~142.

Morgan, E. L. (1989). Talking with parents When concerns compe up, *Young Children*, 44(2), 52~60.

Parke, R. (1984). *Review of child development research.* Vol. 7, The family, Chicago : University of Chicago Press.

Peters, D. L. & Neisworth, J. T. & Yawkey, J. D. (1985). Parent Involvement. *Early Childhood Education from theory to practice*, Brooks/Cole Publishing Company, 352~355.

Powell, D. R. (1984). Enhancing the effectiveness of Parent Education ; an analysis of program assumptions, In Katz, L. G., *Current Topics in Early Childhood Education* (Ed.), Vol. V. Ablex Publishin Coporation, 121~137.

Powell, D. R. (1986). Parent Education and support programs. *Young Children*, NAEYC, 41(3), 47~52.

Rempson, J. (1967). *School-parent programs in depressed urban neighborhoods.* New York : Prager.

Risley, T. (1968). Learning and lollipops. *Psychology Today*, 1(8), 28~31, 62~65.

Rotter, J. C., & Robinson, E. H. (1982). Parent-teacher conferencing : what research says to the teacher. Washington, DC : National Education Association (ERIC Document Reproduction service No. ED 222. 487.)

Seginer, R. (1983). Parents' educational expectations and chlidren' s academic achivements : A literature review. *Merrill-Palmer Quarterly*, 29, 1~23.

Slaughter, D. T. (1983). Early intervention and its effects on maternal and child development, *Monographs of the Society for Research in child development*, 48. (4, Serial No, 202)

Stevens, J. H., Jr. (1978). Parent education programs. *Young Children*, NAEYC, (4), 59~65.
Stone, J. G. (1988), *Teacher-parents relationship*. Washington, D. C. NAEYC, 1~40.
Travers, J., Nauta, M. J., & Irwin, N. (1982). The effects of social programs : *Final report of the child and family resource program's infant toddler conponent* (AAI No. 82~31). Cambridge, MA : Abt Associate, Inc.
Wandersman, L. P. & Kahn, S. (1980). Social support in the transition to parenthood. *Journal of community psychology*, 8,332~342.
Weissbourd, B. (1983). The family support movement : Greater than the sum of its parts. *Zero to three*, 4, 8~10.
Young, C. (1975). *Parents as liaison work* : An evaluative study of title Ⅶ programs, Unpublished doctoral dissertation, University of Illinois, Urbana.
Zigler, E., & Berman, W. (1983). Discerning the future of early childhood intervention. *American psychologist*, 38, 894~906.

부록 01

강은교 (역) (1986). 예언자(Kalhil, G.). 서울 : 문예출판사.
권명달 (역) (1984). 그리스도를 본받는 생활(Swindoll, C. R.). 서울 : 보이스사.
김득룡 (1980). 기독교 교육원론. 총신대학 출판부.
김애마 (역) (1976). 당신과 당신의 어린이. 이화여자대학교 출판부.
김용순 (역) (1977). 크리스천의 가정생활. 서울 : 보이스사.
김윤생 (1989). 크리스천 가정생활대학 - 성경에서 본 100 가정 연구. 할렐루야.
김정준 (역) (1984). 그리스도를 본받아(Thomas, A. K.). 대한기독교서회.
보이스사 (역) (1983). 성경적 육아법(Fugate, R.). 서울 : 보이스사.
신 · 구약 성서
신성종 (1982). 신약총론. 예수교문서선교회.
양은순 (역) (1979). 그리스도를 위해 자녀를 기르자(Murray, A.). 서울 : 생명의 말씀사.
오정숙 (역) (1988). 우리 아이들(Swindoll, C. R.). 서울 : 서울서적.
이경준 (1983). 부모와 자녀(가정을 위한 하나님의 계획 2권). 한국네비게이트선교회.
정성구 (1984). 칼빈주의 사상과 삶. 기독교문서선교회.

Adam, C. (1958). *The methodist book concern*. Clarkes Commentary Vol. 1, 754, New York.
Ashelly, J. (1982). *The spritual needs of christian*. Intervarsity Christian Fellowship of the U.S.A.
Berends, P. B. (1983). *Whole child whole parent*. (A Spritual & Practical Guide to Parenthood) New York : Harper & Raw Publisher.
Campbell, D. K. (1977). *How to really love your child*. Wheaton, Illinoise : Victor Books.
Christenson, L. (1970). *The christian family*. Bethany Fellowship Inc.
Fennema, J. (1980). *Nurturing children in the lord*. New Jersey : Presbyterian and Reformed Publishing Co., Phillipsburg.
Gordon, M. (1977). *The effective fatter*. Wheaton, Illinois : Tyndale House.
Harold, J. S. (1979). *Train up a child and be glad you did*. Accent Books. Inc., U.S.A.
Howard, G. H. (1982). *Heaven help the home*. Scripture Press. Publ, Inc ; Wheaton Illinoise, U.S.A.

찾아보기

인명

O

P

Q

R

S

T

V

W

Y

내 용

저자 정갑순

· 중앙대학교 사범대학 유아교육과 및 동대학원 (석사, 박사)
· Australia Morling Baptist Theological College Visiting Scholar (Children Ministry Study)
· 현재 총신대학교 유아교육과 교수

저서 및 논문

- · 교회학교 영아부 교육 시리즈 4권 (총신대학교 출판부)
- · 기독교 가정의 자녀교육론-주여! 이 아이를 어떻게 기르오리까? (총신대학교 출판부)
- · 유아교육-기독교 교육총서 20 (대한예수교장로회 출판부)
- · 창의적인 유아미술 활동 (공저, 동문사)
- · 유아학습지도 (공저, 문음사)
- · 유아발달심리 (공저, 학지사)
- · 기독교 유아교육의 통합교육과정 (공저, 학지사)
- · 유치원 장애아 통합교육 프로그램 (공저, 정민사) 외 다수

- · 또래집단 안에서의 사회성 발달에 관한 연구
- · 유아의 초인지 발달에 관한 연구
- · 장애아 통합교육의 가정 프로그램-Case Study
- · 그림자를 통한 유아의 사고발달 탐색
- · 기독교 가정 영유아-부모관계에 관한 고찰
- · 장애아 부모교육에 관한 인식연구
- · Self-regulated Problem-solving Awareness among Children
- · A Study of Prosocial Behavior in Young Children
- · Vygotsky' s Theory and Its Application to Christians Early Children Education
- · The Most Effective Way to Impress the Bible on Children-According to the Deut.(6:6-7a 외 다수)

부모교육론

저　자　정갑순
발행인　김기섭

초판 1쇄 발행　1996. 5.　8
개정 1쇄 발행　2006. 9.　2
개정 2쇄 발행　2007. 7. 20

창지사

121-809 서울특별시 마포구 대흥동 161
등록　1977. 4. 28 · 제1-421
영업부　719-2211~2
편집부　719-2213
FAX　701-9386

값　16,000원

ISBN　89-426-0417-x　93370